梵龍大禪師百日追慕輯

선재동자 구도행각

– 중생성불론 –

정신 **배부성** 篇撰
활안 **한정섭** 科註

불교정신문화원

무영당 법룡대종사 조영

무영당 법룡대종사께서는 1914년 평남 맹산에서 출생하여 1934년 금강산 유점사에 출가, 오대산 상원사에서 한암스님을 계사로 비구계를 받고, 상원사·수덕사·유점사·범어사 등 전국 제방 선원에서 수행 정진하시다가 1980년 동화사 주지를 역임하고, 1994년 조계종 종립선원 문경 봉암사 조실을 지내신 뒤 동화사 비로암에서 2005년 12월15일 세수 92세, 법랍 72세로 원적에 들어 전국수좌회 장을 하였다.

圖一

爾時文殊師利菩薩，漸次南行，至福城東，住莊嚴幢娑羅林中。時福城人，從其城出，時有優婆塞、優婆夷、童子、童女，來詣文殊師利童子所。文殊菩薩，安慰開諭，而為演說一切佛法。爾時善財童子，從文殊師利所，聞佛如是種種功德，一心勤求阿耨多羅三藐三菩提，復欲親近諸善知識，問菩薩行，修菩薩道。

1. 선재동자가 복성 동쪽에 이르러 문수보살을 뵙고 남쪽으로 선지식을 찾아갈 것을 지시받는 장면

圖二

善財童子，辭退南行，向勝樂國，登妙峰山，見彼比丘在別山上徐步經行，見已往詣，頂禮其足。時德雲比丘，告善財言：「善男子，我得自在決定解力，信眼清淨，具清淨行，往詣十方一切國土，恭敬供養一切諸佛如來，總持一切諸佛正法，常念一切諸佛，常見一切十方諸佛。我唯得此憶念一切諸佛境界智慧光明普見法門，令一切衆生念佛門，隨諸衆生心之所樂，皆令見佛得清淨故。」

2. 승낙국 덕운비구를 뵙고 제불보견 법문을 듣고 있는 모습

圖三

善財童子，漸次南行，至海門國，向海雲比丘所。時海雲比丘，告善財言：「善男子，我住此海門國，十有二年，常以大海，為其境界，思惟大海廣大無量，甚深難測。我作是念時，此海之下，有大蓮華，忽然出現。彼蓮華之上，有一如來結跏趺坐，伸右手而摩我頂，為我演說普眼法門。我於彼佛所，千二百歲，受持如是普眼法門。若有眾生，來至我所，我悉為其開示解釋，稱揚讚歎，此諸佛菩薩行光明普眼法門。」

3. 해문국 해운비구를 찾아가 보안 법문을 듣고 있는 장면

圖四

善財童子，漸次南行，至楞伽道海岸聚落，見此比丘於虛空中來往經行。時善住比丘告善財言：「善男子，我已成就菩薩無礙解脫門。隨順思惟，修習觀察，即時獲得智慧光明，名究竟無礙。我以得此神通力故，於虛空中，往來自在。世界一切眾生，隨其大小勝劣苦樂，親近我者，悉令安住如是法門。善男子，我唯知此普速疾供養諸佛成就眾生無礙解脫門。」

4. 능엄도량에서 선주비구를 뵙고 널리 부처님들께 공양하는 법문을 듣는 장면

圖五

南方有國,名達里鼻茶,城名自在,其中有人名曰彌伽。善財童子,至自在城,乃見其人,於市肆中,坐於說法師子之座,十千人眾,所共圍繞,說輪字莊嚴法門。彌伽達即下獅子座,於善財所,五體投地,讚歎善財,還昇本座,告善財言:「我已獲得妙音陀羅尼,能分別知三千大千世界中所有語言。善男子,我唯知此菩薩妙音陀羅尼光明法門,能普入一切眾生種種想海。」

5. 달라미다국 자재성중에서 미가장자를 뵙고 묘음다라이 법문을 듣는 모습

圖六

善財童子,漸次遊行,十有二年,至住林城,推求解脫長者。時解脫長者,即入菩薩三昧門。入此三昧已,得清淨身,於其身中,顯現十方各十佛刹極微塵數佛,及佛國土。亦現彼佛往昔所行,神通變化。解脫長者,從三昧起,告善財童子言:「善男子,我唯於此如來無礙莊嚴解脫門,而得入出。得無礙智,住無礙行,了達三昧,普門境界,於三世法,悉皆平等,住於諸佛平等境界。」

6. 주림성 해탈장자에게 여래무애장엄 법문을 듣는 모습

머리말

법계는 원적(圓寂)하여 처음과 끝이 없고
법신은 청정하여 참 모습을 드러내고 있으며
법성은 원융하여 이름과 모양도 없고
항상 연출되어 미치지 않는 곳이 없다.

단지 중생이 어두워 제 마음을 깨달아 알지 못하므로
비로자나여래께서 적멸도량에서 일어나
보리도량에 이르러 비로소 정각을 이루고
널리 일체 중생을 보니 모두 여래의 지혜의 덕상을 갖추었다.

단지 망상 집착으로 깨닫지 못하고 있구나 하시고
인연없는 자비를 베풀어 저 법계의 체상(體上) 위에서
국토의 깨끗하고 더러운 것을 구분하고
청정한 법신 위에 온갖 상호를 장엄하신 뒤
원융법계(圓融法界)에 인과 인연을 말씀하시고
원음연설에 권·실(權·實), 돈·점(頓·漸)의 다름이 있음을 보여서

이렇게 3장 12부를
49년 동안 횡설수설(橫說堅說),
온갖 법계 만법이 한마음에서 나타난 것임을 밝히시니
부처님의 지견을 열어 보여 깨달아 들게 하였던 것이다.

그러나 범부들이 능히 밝게 제마음을 깨닫지 못하고

생사계에서 자재를 얻지 못해
오랜 세월 윤회를 쫓고 있으니
슬프다. 이 누구의 허물인고!
한 마음을 깨닫지 못하고 있으니
바른 깨달음을 이루지 못하고 있도다.

능히 제마음을 깨닫고 보면 그 이름이 곧 부처이고
제마음을 깨닫지 못하면 그 마음이 중생인 것을!
어리석고 깨달은 것은 비록 다르나 마음은 다름이 없나니
그러므로 경에 마음·부처·중생이 차별이 없다 하시고
일체가 유심조(一切唯心造)라 하신 것이다.

이 일승교법은 대심중생이 아니면
능히 한 생각에서 바른 믿음을 내기 어렵다.
저 사리불 목련 같은 무리는 보리장회에 있었으나
장님 귀머거리 같아 보고 듣지 못했으니
어찌 깨달아 돌아갈 수 있겠는가.

선재·용녀의 근기라야 들으면 곧 깨달음을 얻고
인연법을 분명히 알게 되나니
보살도를 배우고 실천하는 사람만이
일생에 공을 마치게 될 것이다.

　　　　　　　　단기 4324년 10월 1일
　　　　　　　금강산인 팔공산 비로암 범룡

범룡큰스님을 추모하며

원융법계에는 본래 거래가 없다 하였지만
사바세계에는 분명 가고 옴이 있습니다.

스님가신 지 어언 100일,
오대산 시봉시절을 생각하면서
스님께서 친히 쓰셔 한암노스님께 바치셨던
보조국사 화엄론 전문을 읽고
사모의 정을 잊지 못해
삼장법사 활안 대종사께 부탁하여
이 책을 출판, 무영탑 앞에 바칩니다.

스님께서는 1914년 평남 영산에서 출생하여
1934년 금강산 유점사로 출가하신 뒤 1941년
오대산 상원사에서 한암 큰스님께 수계하신 뒤
상원사·수덕사·유점사·범어사·송광사 등 제방의 선원에서
수행 정진, 모든 납자들에게 뽄을 보이셨습니다.

특히 1956년경부터 수타사에서
잣나무·옻나무·은행나무 등 유실수와
인삼재배를 시작하였습니다.
우납(愚衲)은 이때부터 농사를 시작
스님께서 태안사에 계실 때는
홍천 서봉사에서 잣 종자 열 가마니를 구입

태안사로 보내드린 일이 있습니다.

그런데 2005년 12월15일에야 스님께서 92세(법랍 72)로 원적
전국 수좌회장으로 치러지는 모습을 보고 새삼스럽게 깨달음을 얻어
남은 사리 일부라도 모시고 스님의 법명처럼
무생으로 살기 발원하고 있습니다.

서봉사는 일찍이 한암큰스님 이후 탄허스님께서 왕래 하시며
법을 펴시던 곳이므로 스님께서
1980년 대 동화사 살림을 맡아 가람 수호하시던 정신과
1994년 조계종 종립선원 봉암사 조실로써
후배들을 양성하시던 일을 생각하면서 각성(覺性)운동에 충실하겠습니다.

불기 2550년 3월 5일
서봉사 주지 정신 배부성 합장

서 론

화엄경(80권 39품)은 크게 세 부분으로 나누어 생각해 볼 수 있다.
첫 번째 6품은 부처님들의 성도 내용이고
두 번째 32품은 보살들의 성불과정이고
세 번째 1품(입법계품)은 범부중생이 성불하는 과정이다.

첫 번째와 두 번째는 3아승지겁(多劫)수행의 결과로 성불하는 것이기 때문에
돈오점수성불론(頓悟漸修成佛論)에 해당되고,
세 번째 1품은 일생성불론이기 때문에
돈오돈수성불론(頓悟頓修成佛論)이 된다.

화엄경 39품은 마지막 1품으로
장소로 말하면 제9회 서다림회(逝多林會)가 되고,
품수로 말한다면 입법계품(入法界品)이 된다.

전체적인 내용은 본회(本會)와 말회(末會) 두 부분으로 생각해 볼 수 있는데,
본회는 행을 통해 깨달아 들어가는 분으로서(行成證入分)
여래가 회주가 되어 과법계(果法界)를 설명한다.
그러므로 과거의 수행했던 것을 다 잊어버리고
당장 법계에 뛰어들어 깨달음을 얻기 때문에 입법계품이라 한 것이다.

다음 말회는 선우(善友)의 가르침을 따라 낱낱이 깨달음을 얻기 때문에
선우가 회주가 되어 법계의 인(因)을 설명한다.
그러므로 다른 사람을 의지하여

낱낱이 깨달음을 지어가는 것이므로 점수행이라 볼 수 있다.
본회에서는 먼저 ① 설법의 장소(기수급고독원)와
② 청법대중을 밝히고 다음에
③ 설법해 주실 것을 청했다.
④ 삼매 속에서
⑤ 멀리 새로운 대중들을 모으고
⑥ 과거의 기억을 되살려
⑦ 찬덕(讚德)하자
⑧ 보현보살이
⑨ 백호광명으로 개발을 돕고
⑩ 문수보살이
⑪ 갓없는 큰 작용을 베풀었다.

말회에서는
첫째, 각위(位)에 나아가 수행하는 모습을 보이는데
문수 1인이 10신을 밝히고,
덕운비구 이하 10인이 10주를 밝히고,
선견비구 이하 10인이 10주,
죽향장자 이하 10인이 10향,
바야신 이하 10인이 10지위를 밝혀
이렇게 50위를 올라가면

둘째, 인연 따라 실상에 들어가는데
여기서는 마야부인 이하 9인이 가르침을 보인다.
셋째, 섭덕성인(攝德成因)은 자씨미륵보살이 하고
넷째, 지혜가 둘이 아닌 것을 문수보살이 가르친다.
그리고 다섯째, 널리 광대한 인(因)은 보현보살이 가르치는데
① 부처님의 가르침을 의지하여 취구(趣求)할 것과
② 선지식들을 뵙고 들은대로 나아갈 것
③ 모든 것을 실제 보고 친히 증득할 것
④ 부처님의 수승한 덕을 생각할 것을 가르치고
⑤ 거듭 이상의 보인(普因)을 제시한다.

이렇게 본회에서 일으킨 60구의 문제를
여래께서는 사자빈신삼매로 답한 것을
선재는 말회에 나아가 53선지식을 통해 별도로 해답을 얻게 되는 것이
보현행원품이고 곧 입법계품이 되는 것이다.

목 차

머리말 ·· 9
범룡큰스님을 추모하며 ··· 11
서론 ·· 13

본론(화엄경 60권~80권)

제1편 본회(本會 : 文殊奇信) ··· 21
1. 서분(序分) : 入法界品 – 화엄경 제60권 ·· 21
  (1) 설법장소와 법회대중 ··· 21
  (2) 청법 ·· 23
  (3) 삼매 해답 ··· 24
    ① 사자빈신삼매 ·· 24
    ② 정토현현 ·· 25
    ③ 삼매의 인과 ·· 26
    ④ 법계동상(法界同相) ··· 26
  (4) 새로운 대중이 모여오다 ··· 27
    ① 시방중(十方衆) ·· 27
    ② 행덕(行德) ·· 31
  (5) 성문불견분(聲聞不見分) ·· 32
    ① 보지 못한 경계 ·· 32
    ② 보지 못한 까닭 ·· 33
    ③ 열 가지 비유 ·· 34
  (6) 찬덕(讚德) ·· 37

① 비로자나원광명보살송 ··· 37
② 불가괴정정진왕보살 찬덕송 ··· 38
③ 보승무상위덕왕보살 찬덕송 ··· 39
④ 무애승장왕보살 찬덕송 ·· 40
⑤ 화현법계원월왕보살 찬덕송 ··· 49
⑥ 법혜광염왕보살 찬덕송 ·· 50
⑦ 파일체마군지당왕보살 찬덕송 ··· 50
⑧ 원지광명당왕보살 찬덕송 ·· 51
⑨ 파일체자용맹지왕보살 찬덕송 ··· 52
⑩ 법계차별원지신통왕보살 찬덕송 ····································· 53
(7) 보현보살 개발분 – 화엄경 제61권 ·· 54
① 방편설법 ·· 54
② 중송(重頌) ·· 55
(8) 호광조익(毫光照益) ··· 56
① 백호광명 ·· 56
② 광명을 의지하여 법을 보다 ··· 56
③ 보고 깨달은 인연 ·· 57
④ 광명의 이득 ·· 57
(9) 문수가 거듭 그 덕을 찬탄하다 ··· 62
(10) 대용무애(大用無涯) ··· 63

제2편 말회 : 선재구법 53선지식 ··· 74
1. 선재구법(善財求法) : 십신(十信) – 화엄경 제62권 ····················· 74
(1) 능화발기(能化發起) ··· 74
(2) 성피화사(成彼化事) ··· 75
① 비구회(比丘會) ·· 75
② 제승회(諸乘會) ·· 77
③ 선재회(善財會) ·· 78
2. 53선지식 참방(參訪) ·· 84
(1) 십주법문(十住法門) ··· 84
① 덕운비구(德雲比丘)의 발심주(發心住) ······································· 84
② 해운비구(海雲比丘)의 치지주(治地住) ······································· 87

목차 17

③ 선주비구(善住比丘)의 수행주(修行住) ··· 91
④ 미가장자(彌伽長者)의 생귀주(生貴住) - 화엄경 제63권 ············· 93
⑤ 해탈장자(解脫長者)의 구족방편주(具足方便住) ··························· 96
⑥ 해당비구(海幢比丘)의 정심주(正心住) ······································· 101
⑦ 휴사 우바이의 불퇴주(不退住) - 화엄경 제64권 ······················· 116
⑧ 구사선인(瞿沙仙人)의 동진주(童眞住) ······································· 121
⑨ 승렬바라문의 법왕자주(法王子住) ··· 124
⑩ 자행동녀의 관정주(灌頂住) - 화엄경 제65권 ···························· 130

(2) 10행법문(十行法門) ·· 133
① 선견비구의 환희행(歡喜行) ··· 133
② 자재주동자의 요익행(饒益行) ··· 136
③ 구족우바이의 무위역행(無違逆行) ··· 138
④ 명지거사의 무굴요행(無屈撓行) ··· 141
⑤ 법보계장자의 이치난행(離癡亂行) - 화엄경 제66권 ················· 144
⑥ 보안장자의 선현행(善現行) ··· 146
⑦ 무염족왕(無厭足王)의 무착행(無着行) ······································· 148
⑧ 대광왕의 난득행(難得行) ··· 151
⑨ 부동우바이의 선법행(善法行) ··· 156
⑩ 변행외도의 진실행(眞實行) - 화엄경 제67권 ···························· 169

(3) 10회향법문(十回向法門) ··· 171
① 육향장자의 구호일체중생이중생상회향(救護一切衆生離衆生相生回向)
   ··· 171
② 바시라선사의 불괴회향(不壞回向) ··· 173
③ 무상승장자의 등일체불회향(等一切佛回向) ····························· 175
④ 사자빈신비구니의 지일체처회향(至一切處回向) ····················· 177
⑤ 바수밀의 무진공덕장회향(無盡功德藏回向) - 화엄경 제68권 ·········· 182
⑥ 비슬지라거사의 수순견고일체선근회향(隨順堅固一切善根回向) ······ 184
⑦ 관음보살의 수순일체중생회향(隨順一切衆生回向) ················· 186
⑧ 정취보살의 진여상회향(眞如相回向) ··· 188
⑨ 대천신의 무박무착해탈회향(無縛無着解脫回向) ····················· 189
⑩ 안주지신의 등법계무량회향(等法界無量回向) ························· 191

(4) 십지법문(十地法門) ··· 193

① 파산파연저야신의 환희지(歡喜地) ··· 193
　　② 보덕정광야신의 이구지(離垢地) – 화엄경 제69권 ················· 200
　　③ 희목관찰중생야신의 발광지(發光地) ···································· 202
　　④ 보구중생묘덕신의 염혜지(焰慧地) – 화엄경 제70권 ············· 216
　　⑤ 적정음해신의 난승지(難勝地) – 화엄경 제71권 ···················· 230
　　⑥ 수호일체성증장신의 현전지(現前地) – 화엄경 제72권 ········· 239
　　⑦ 개부일체수화야신(開敷一切樹華夜神)의 원행지(遠行地) ···· 245
　　⑧ 대원정진력구호의 부동지(不動地) – 화엄경 제73권 ············· 267
　　⑨ 묘덕원만광야신의 선혜지(善慧地) – 화엄경 제74권 ············· 281
　　⑩ 구바녀의 법운지(法雲地) – 화엄경 제75권 ··························· 289
　(5) 십일지법문(十一地法門) ·· 311
　　① 마야부인의 성불문(成佛門: 緣入實相門) – 화엄경 제76권 ···· 311
　　② 정념천녀(正念天女)의 현전문(現前門) ································· 323
　　③ 변우동자(徧友童子)의 법사문(法師門) ································· 324
　　④ 중예동자(衆藝童子)의 방자문(方字門) ································· 325
　　⑤ 현승우바이(賢勝優婆夷)의 이생문(利生門) ························· 327
　　⑥ 견고장자(堅固長子)의 해탈문(解脫門) ································· 328
　　⑦ 묘월장자(妙月長者)의 광명문(光明門) ································· 328
　　⑧ 무승군장자(無勝軍長者)의 무진상문(無盡相門) ·················· 329
　　⑨ 최적정바라문(最寂靜婆羅門)의 원어문(願語門) ·················· 329
　　⑩ 덕생동자·유덕녀의 환주문(幻住門) – 화엄경 제77권 ··········· 330
　　⑪ 미륵보살의 불과문(佛果門: 攝德成因門) ····························· 345
　　⑫ 환원문수(還源文殊) – 화엄경 제80권 ··································· 392
　　⑬ 보현친증(普賢親證) ··· 393

　결론(流通分) ·· 421

Ⅲ 편집후기 ·· 422

본론 (화엄경 60권~80권)

제1편 본회(本會 : 文殊奇信)

1. 서분(序分) : 入法界品[1] — 화엄경 제60권

(1) 설법장소와 법회대중

그 때 세존께서 쉬라아바스티이 제타 숲 외로운 이 돕는 절 크게 장엄한 누각에 계셨다.[2] 보살 5백 사람과 함께 계셨는데 보현보살과 문수사리보살이 우두머리가 되었다.

그 이름은 광염당(光焰幢)·수미당(須彌幢)·보당(寶幢)·무애당(無碍幢)·화당(華幢)·이구당(離垢幢)·일당(日幢)·묘당(妙幢)·보광당(普光幢)보살과 지위력(地威力)·보위력(寶威力)·대위력(大威力)·금강지위력(金剛智威力)·이진구위력(離塵垢威力)·정법일위력(正法日威力)·공덕산위력(功德山威力)·지광영위

---

1) 이 품은 선재동자가 53선지식을 찾아뵙고 일생성불의 과정을 보인 곳으로 80화엄경으로 보면 제60권부터 80권까지 해당된다.
2) 이곳은 지정각 세계와 기세간·중생세간 셋이 원만함을 밝힌 곳이니 원만한 지정각세계는 "그때 세존"까지이고, 기세간은 사위국 기수급고독원 중각당이며 중생세간은 다음에 밝히는 법회대중이다. 당은 회향, 위력은 행, 장은 지(地), 안은 해인데 冠·계·광·당·음·상·승·자재·음은 10지를 낱낱이 밝힌 것이다.

력(智光影威力)・보길상위력(普吉祥威力)보살과 지장(地藏)・허공장(虛空藏)・연화장(蓮華藏)・보장(寶藏)・일장(日藏)・정덕장(淨德藏)・법인장(法印藏)・광명장(光明藏)・제장(臍藏)・연화덕장(蓮華德藏)보살과 선안(善眼)・정안(淨眼)・이구안(離垢眼)・무애안(無碍眼)・보견안(普見眼)・선관안(善觀眼)・청련화안(靑蓮華眼)・금강안(金剛眼)・보안(寶眼)・허공안(虛空眼)・희안(喜眼)・보안(普眼)보살과 천관(天冠)・보조법계지혜관(普照法界智慧冠)・도량관(道場冠)・보조시방관(普照十方冠)・일체불장관(一切佛藏冠)・초출일세간관(超出一世間冠)・보조관(普照冠)・불가괴관(不可壞冠)・지일체여래사자좌관(持一切如來師子座冠)・보조법계허공관(普照法界虛空冠)보살과 범왕(梵王)・용왕(龍王)・일체화불광명(一切化佛光明)・도량(道場)・일체원해음보왕(一切願海音寶王)・일체불광명마니(一切佛光明摩尼)・시현일체허공평등상마니왕장엄(示現一切虛空平等相摩尼王莊嚴)・시현일체여래신변마니왕당망수복(示現一切如來神變摩尼王幢網垂覆)・출일체불전법륜음(出一切佛轉法輪音)・설삼세일체명자음계(說三世一切名字音髻)보살과 대광(大光)・이구광(離垢光)・보광(寶光)・이진광(離塵光)・염광(焰光)・법광(法光)・적정광(寂靜光)・일광(日光)・자재광(自在光)・천광(天光)보살과 복덕당(福德幢)・지혜당(智慧幢)・법당(法幢)・신통당(神通幢)・광당(光幢)・화당(華幢)・마니당(摩尼幢)・보리당(菩提幢)・범당(梵幢)・보광당(普光幢)보살과 범음(梵音)・해음(海音)・대지음(大地音)・세주음(世主音)・산상격음(山相擊音)・변일체법계음(遍一切法界音)・진일체법해뇌음(震一切法海雷音)・항마음(降魔音)・대비방편운뇌음(大悲方便運雷音)・식일체세간고안위음(息一切世間苦安慰音)보살과 법상(法上)・승상(勝上)・지상(智上)・복덕수미상(福德須彌上)・공덕산호상(功德珊瑚上)・명칭상(名稱上)・보광상(普光上)・대자상(大慈上)・지해상(智海上)・불종상(佛種上)보살과 광승(光勝)・덕승(德勝)・상승(上勝)・보명승(普明勝)・법승(法勝)・월승(月勝)・허공승(虛空勝)・보승(寶勝)・당승(幢勝)・지승(智勝)보살과 사라자재왕(娑羅自在王)・법자재왕(法自在王)・상자재왕(象自在王)・범자재왕(梵自在王)・산자재왕(山自在王)・중자재왕(衆自在王)・속질자재왕(速疾自在王)・적정자재왕(寂靜自在王)・부동자재왕(不動自在王)・세력자재왕(勢力自在王)・최승자재왕(最勝自在王)보살과 적정음(寂靜音)・무애음(無碍音)・지진음(地震音)・해진음(海震音)・운음(雲音)・법광음(法光音)・허공음(虛空音)・설일체중생선근음(說一切衆生善根音)・시일체대원음(示一切大願音)・도량음(道場音)보살과 수미광각(須彌光覺)・허공각(虛空覺)・이염각(離染覺)・무애각(無碍覺)・선각(善覺)・보조삼세각(普照三世覺)・광대각(廣大覺)・보명각(普明

覺)·법계광명각(法界光明覺)보살이니, 이런 보살 5백 사람과 함께 계시었다.

이 보살들이 다 보현의 행과 원을 성취하였는지라, 경계가 걸림 없으니 모든 부처의 세계에 두루하는 연고며, 몸을 나툼이 한량없으니 모든 여래에게 친근하는 연고며, 깨끗한 눈이 장애가 없으니 모든 부처님의 신통변화하는 일을 보는 연고며, 이르는 곳이 제한이 없으니 모든 여래의 정각을 이루는 곳에 항상 나아가는 연고며, 광명이 끝이 없으니 지혜의 빛으로 모든 실상의 법 바다에 두루 비추는 연고며, 법문 말함이 다함이 없으니 청정한 변재가 끝이 없는 겁에 다함이 없는 연고며, 허공계와 같으니 지혜의 행하는 바가 다 청정한 연고며, 의지한 데가 없으니 중생의 마음을 따라 육신을 나타내는 연고며, 어리석은 눈병을 제멸하였으니 중생계에 중생이 없음을 아는 연고며, 허공과 같은 지혜니 큰 광명 그물로 법계를 비추는 까닭이다.3)　　<보살중>

5백의 성문들과 함께 있었으니, 다 참 이치를 깨닫고 진실을 증득하였으며 법의 성품에 깊이 들어가 영원히 생사의 바다에서 벗어났으며 부처님의 공덕을 의지하여 맺어 부림의 얽힘을 떠났으며 걸림 없는 곳에 머물러 마음이 고요하기 허공과 같아 모든 의혹을 끊고 믿음으로써 불지혜해에 들어간 이들이었다.　<성문중>

한량없는 세간 임금들과 함께 있으니, 다 한량없는 부처님을 공양하였고 항상 일체 중생을 이익케 하고 청하지 않은 벗이 되어 부지런히 수호하며 서원을 버리지 않고 세간의 훌륭한 지혜의 문에 들어갔으며 부처님의 가르침으로부터 나서 부처님의 바른 법을 보호하며 큰 서원을 일으키고 불종자를 끊지 않으려고 여래의 가문에 나서 온갖 지혜를 구하였다.　　<세주등>

(2) 청법

이 때 보살들과 대덕 성문과 세간 임금들과 그 권속들이 다 이렇게 생각하였다.

"여래의 경계·지혜의 행·가지(加持)·힘·두려움 없음·삼매·머무르심·

---
3) 이상은 보살들의 덕을 찬탄한 곳이다. 이하 성문·세주도 마찬가지인데 세주는 세상의 왕들이고 부처님은 법왕이니 왕중왕이다.

자재하심·몸·지혜를 모든 세간의 하늘과 사람들이 통달함·들어감·믿고 이해함·분명하게 앎·참고 받음·살펴 봄·가려냄·열어 보임·펴서 밝힘·중생들로 하여금 알게 함이 없나니, 부처님의 가피하신 힘·신통하신 위덕의 힘·본래 원력과 그 지난 세상의 선근력·선지식들의 거두어 주는 힘·깊고 깨끗하게 믿는 힘·크게 밝히 아는 힘·보리로 나아가는 청정한 마음의 힘·온갖 지혜를 구하는 광대한 서원력을 제할 것이다.

바라건대 세존께서 우리와 중생들의 갖가지 욕망·이해·지혜·말·자유자재함·머무는 처지·근의 청정함·뜻의 방편·마음의 경계·여래의 공덕을 의지함·말씀하신 법을 들음을 따라서, 여래께서 예전에 온갖 지혜를 구하시던 마음·일으키신 보살의 큰 서원·깨끗케 하신 바라밀다·들어가신 보살의 지위·원만하신 보살의 수행·성취한 방편·닦던 도·얻으신 해탈법·지으신 신통한 일·행하신 전생의 일과 인연이며, 아울러 등정각을 이루고 묘법륜을 굴리고 불국토를 청정하고, 중생을 조복하고, 온갖 지혜의 법성(法城)을 열고 일체 중생의 길을 보이고, 일체 중생의 머무는 데 들어가고, 일체 중생의 보시를 받고, 일체 중생에게 보시의 공덕을 말하고, 일체 중생에게 부처님의 영상을 나타내시던 그러한 법들을 말씀하여 주소서.4)

(3) 삼매 해답

① 사자빈신삼매

그 때 세존께서 보살들의 생각함을 아시고, 큰 자비로 문이 되고 머리가 되고 대자법으로 방편을 삼아 허공에 충만하사 사자빈신삼매(獅子頻伸三昧)5)에 드시었다.

---

4) 500청법대중이 청법한 곳인데, 청할 수 없는 難思법문은 그만 두고라도 설할 수 있는 것이라도 나타내 보이면 좋겠다 청한 것이다.

5) 사자빈신은 인격상이고 정토현현은 위대한 인격자가 사는 세계의 모습이다. 중각은 주처이고, 원림은 환경이며, 허공은 경계이다.

② 정토현현

　이 삼매에 드시니 모든 세간이 모두 깨끗하게 장엄하여지고, 그 때에 이 크게 장엄한 누각이 별안간에 넓어져서 끝닿은 데가 없으니, 금강으로 땅이 되고 보배왕으로 위를 덮고, 한량없는 보배꽃과 마니 보배들을 가운데 흩어서 곳곳에 가득했으며, 모든 보배가 합하여 된 대광마니로 장엄하고 잠부나다 금광연의 보배를 그 위에 얹어서 장엄하게 꾸몄으며, 솟은 누각이 높이 어울리고 구름다리가 곁으로 뻗었으며, 추녀와 지붕이 마주 닿았고 문과 바라지가 서로 향하였으며, 섬돌과 축대와 마루들이 모두 구비하였다. 모든 것을 다 진기한 보배로 장식하였는데, 그 보배들은 하늘이나 사람의 형상으로 되었으며 튼튼하고 훌륭하고 기묘하기 세상에 제일이며, 마니 보배로 그물이 되어 그 위에 덮이었고, 문마다 곁에 당번을 세웠는데 모두 광명을 놓아 법계와 도량밖에 두루 하였고, 층층대와 난간들은 한량이 없어 이루 말할 수 없는데 모두 마니 보배로 되었다.　＜중각강당＞

　그 때에 또 부처님의 신통으로 제타숲이 홀연히 커져서 말할 수 없는 불세계의 티끌 수 국토들과 면적이 같았는데, 묘한 보배들이 사이사이 장엄하고 말할 수 없는 보배가 땅에 깔렸으며, 아승지 보배로 담이 되고 보배 다라수가 길 좌우로 장엄하였으며, 그 사이에는 한량없는 못이 있는데 향수가 가득하여 출렁거리고 소용돌며, 온갖 보배로 된 꽃이 물결을 따라 오른쪽으로 돌면서 저절로 불법의 음성을 내고, 부사의 보배로 된 푼타리카 꽃은 꽃봉오리와 활짝 핀 것들이 물 위에 가득히 퍼졌는데, 여러 보배 꽃나무들이 언덕에 줄지어 섰으며, 여러 가지 정자들은 헤아릴 수 없는 것이 언덕 위에 차례로 벌려 있어 마니 그물로 덮었다.
　아승지 보배는 광명을 놓고 아승지 보배로 땅을 장엄하였으며, 여러 가지 향을 사르니 향기가 진동하고, 다시 한량없는 갖가지 당기를 세웠으니, 이른바 보배 향·옷·번·비단·꽃·영락·화만·방울·마니 보배 일산 당기·큰 마니 보배 당기·광명이 두루 비추니 마니 보배 당기·모든 여래의 이름과 음성을 내는 마니왕 당기·사자마니왕 당기·모든 여래의 본생 일을 말하는 바다 마니왕 당기·일체 법계의 영상을 나타내는 마니왕 당기들이 시방에 두루하여 열을 지어 장엄하였다.　＜원림＞

그때 제타숲 위의 허공에는 부사의한 하늘 궁전 구름·수없는 향나무 구름·말할 수 없는 수미산 구름·말할 수 없는 풍류 노리 구름·미묘한 음성을 내어 여래를 찬탄하는 말할 수 없는 보배 연꽃 보배 자리·하늘 옷을 깔고 보살이 위에 앉아 불공덕을 찬탄하는 말할 수 없는 천왕의 평상으로 된 마니 보배 구름·말할 수 없는 백진주 구름·말할 수 없는 적진주·누각 장엄 거리 구름·말할 수 없는 금강을 비 내리는 견고한 진주 구름이 허공에 가득하게 퍼져 있어 훌륭하게 장식하였다.   <허공장엄>

③ 삼매의 인과

왜냐하면 여래의 선근은 부사의하며, 여래의 선법과 위엄과 힘·여래가 한 몸으로 자재하게 변화하여 모든 세계에 두루하는 것·여래가 신통력으로써 모든 부처님과 불국토의 장엄을 그 몸에 들어오게 함·여래가 한 티끌 속에 모든 법계의 영상을 나타냄·여래가 한 털구멍 속에 과거에 모든 부처님을 나타내심·여래가 낱낱 광명을 놓는 대로 모든 세계에 두루 비침·여래가 한 털구멍에서 모든 세계의 티끌 수 같은 변화하는 구름을 내어 여러 불국토에 가득함·여래가 한 털구멍 속에 모든 시방 세계의 이루고 머물고 무녀지는 겁을 두루 나타냄이 부사의한 연고니라.

④ 법계동상(法界同相)

이 제타숲 외로운 이 돕는 동산에서 부처님 국토가 청정하게 장엄한 것을 보듯이 시방의 온 법계 허공계에 가득한 모든 세계에서도 이와같이 보나니, 이른바 여래의 몸이 제타숲에 계신 데 보살 대중이 다 가득함을 보며, 모든 장엄을 비 내리는 구름을 보며, 모든 보배를 비 내려 광명이 밝게 비추고, 모든 마니 보배를 비 내리고, 모든 장엄한 일산을 비 내려 세계를 뒤덮고, 모든 하늘의 몸을 비 내리고, 모든 꽃나무를 비 내리고, 모든 의복나무를 비 내리고, 모든 보배 화만과 영락을 비 내려 끊이지 아니하여 온 땅 위에 두루하는, 모든 장엄 거리를 비 내리고, 모든 중생의 형상 갖은 갖가지 향을 비 내리고, 모든 미묘한 꽃 그물을 비 내려 계속 끊이지 않고, 모든 천녀를 비 내려 보배 당기·번기를 들고 허공 속에서 오고 가고, 모든 보배 연꽃을 비 내리는데 꽃과 잎

사이에서 갖가지 음악 소리가 저절로 나오고, 모든 사자좌를 비내려 그물과 영락으로 장엄하는 구름을 보게 되었느니라.

(4) 새로운 대중이 모여오다6)

① 시방중(十方衆)

그 때 동방으로 말할 수 없는 불세계 티끌 수 세계해를 지나서 그 밖에 황금동구름당기 세계가 있으니 부처님 명호는 비로자나승덕왕(毘盧遮那勝德王)이며, 대중 가운데 비로자나원광명보살이 말할 수 없는 불세계 티끌 수 보살들과 함께 부처님 계신 데 오면서, 신통력으로 여러 가지 구름을 일으키니, 이른바 하늘 꽃구름·향 구름·가루향 구름·화만 구름·보배 구름·장엄 거리 구름·보배 일산 구름·미묘한 옷 구름·보배 당기 번기 구름·모든 보배 장엄 구름이 허공에 가득하였다.

부처님 계신 데 이르러 부처님 발에 절하고, 동방에서 보배로 장엄한 누각과 시방을 두루 비추는 보배 연화장 사자좌를 변화하여 만들고는, 여의주 보배 그물로 몸에 두르고 권속들과 함께 가부하고 앉았다.

남방으로 말할 수 없는 불세계 티끌 수 세계해를 지나서 그 밖에 금강산세계가 있으니, 부처님 명호는 보광명무승장왕(普光明無勝藏王)이며, 그 대중 가운데 보살이 있으니 이름이 불가괴정진왕(不可壞精進王)이라. 말할 수 없는 부처님 세계의 티끌 수 보살들과 함께 부처님 계신 데 오면서, 모든 보배 향 그물·영락 그물·꽃 띠(帶)·화만 띠와 모든 금강영락·마니 보배 그물·보배 의대(衣帶)·보배 영락 띠·훌륭한 광명 마니 띠·사자마니보배 영락을 가지고 신통력으로 모든 세계해에 가득하였다.

부처님 계신 데 이르러 부처님 발에 절하고, 남방에서 세간에 두루 비추는 마니 보배로 장엄한 누각과 시방을 두루 비추는 보배 연화장 사자좌를 변화하여 만들고는, 모든 보배꽃 그물로 몸에 두루고 권속들과 함께 가부좌 하고 앉았다.

---

6) 새로운 대중은 동·서·남·북, 4유 상하에서 모여온 분들이다.

서방으로 말할 수 없는 불세계 티끌 수 세계를 지나서 그 밖에 마니 보배 등불 수미산 당기세계가 있으니, 부처님 명호는 법계지등(法界智燈)이며, 대중 가운데 보승무상위덕왕(普勝無上威德王)보살이 세계해의 티끌 수 보살들과 함께 부처님 계신데 오면서, 신통력으로 말할 수 없는 세계의 티끌 수 갖가지 바르는 향·사르는 향 수미산 구름, 갖가지 빛 향수 수미산 구름, 모든 땅의 티끌과 같은 광명 마니왕 수미산 구름, 갖가지 불꽃 바퀴로 장엄한 당기 수미산 구름, 갖가지 빛 금강장마니왕으로 장엄한 수미산 구름, 모든 세계를 두루 비치는 염부다나금 마니 보배 당기 수미산 구름, 모든 법계를 나타내는 마니 보배 수미산 구름, 모든 부처님의 잘생긴 모습을 나타내는 마니보배 왕수미산 구름과, 모든 여래의 본생 일 인연을 나타내고 보살들의 행하던 행을 말하는 마니보배왕 수미산 구름, 모든 부처님이 보리장에 앉으심을 나타내는 마니보배왕 수미산 구름을 일으키어 법계에 가득하였다.

부처님 계신 데 이르러 부처님 발에 절하고, 서방에서 모든 향왕으로 된 누각을 변화하여 만드니, 진주 보배 그물이 위에 덮이었고, 또 제석이 그림자 당기 보배 연화장 사자좌를 변화하여 만들고는, 묘한 빛 마니 그물로 몸에 두르며 심왕보배 관으로 머리를 장엄하고 권속들과 함께 가부좌 하고 앉았다.

북방으로 말할 수 없는 불세계 티끌 수 세계해를 지나서 그 밖에 보배 옷 광명 당기세계가 있으니, 부처님 명호는 조허공법계대광명(照虛空法界大光明)이요, 대중 가운데 무애승장왕(無碍勝藏王)보살이 세계해의 티끌 수 보살들과 함께 부처님 계신 데 오면서, 신통력으로 모든 보배 옷 구름을 일으키니, 이른바 황색 보배 광명 옷 구름·갖가지 향을 풍기는 옷 구름·해 당기 마니왕 옷 구름·금빛 치성한 마니 옷 구름·모든 보배 불꽃 옷 구름·모든 별 모양 훌륭한 마니 옷 구름·백옥 및 마니 옷 구름·광명이 비추어 매우 찬란한 마니 옷 구름·광명이 비추어 위세가 치성한 마니 옷 구름·장엄 바다 마니 옷 구름들이 허공에 가득하였다.

부처님 계신 데 이르러 부처님 발에 절하고, 북방에서 마니 보배 바다로 장엄한 누각과 바이두우랴 보배 연화장 사자좌를 변화하여 만들고는, 사자위덕 마니왕 그물을 몸에 두르고 청정한 보배왕으로 동곳을 삼아 권속들과 함께 가부좌 하고 앉았다.

동북방으로 말할 수 없는 부처님 세계의 티끌 수 세계해를 지나서 그 밖에 모두가 환희하는 청정한 광명 그물세계가 있으니, 부처님 명호는 무애안(無碍眼)이며, 그 보살 가운데 이름이 화현법계원월왕(化現法界願月王)보살이 세계해의 티끌 수 보살들과 함께 부처님 계신 데 오면서, 신통력으로 보배·향·사르는 향·꽃·전단·금강·마니·금·옷·연꽃을 일으켜 시방의 모든 세계를 덮었다.

　부처님 계신 데 이르러 부처님 발에 절하고, 동북방에서 모든 법계문 큰 마니 누각과 짝할 이 없는 향왕 연화장 사자좌를 변화하여 만들고는, 마니꽃 그물로 몸에 두르며 묘한 보배광 마니왕관을 쓰고 권속들과 함께 가부좌 하고 앉았다.

　동남방으로 말할 수 없는 불세계의 티끌 수 세계해를 지나서 그 밖에 향 구름 장엄한 당기세계가 있으니, 부처님 명호는 용자재왕(龍自在王)이며, 대중 가운데 법혜광염왕(法慧光焰王)보살이 세계해의 티끌 수 보살들과 함께 부처님 계신 데 오면서, 신통한 힘으로 금빛·한량없는 보배빛·여래의 백호상·여러 가지 보배빛·연화장·뭇보배 나무가지·여래의 정수리 상투·잠부다나금빛·햇빛·별과 달빛 원만한 광명 구름을 일으켜 허공에 가득하였다.

　부처님 계신데 이르러 부처님 발에 절하고, 동남방에서 비로자나 최상 보배 광명 누각과 금강마니 보배 연화장 사자좌를 변화하여 만들고는, 뭇 보배빛 불꽃 마니왕 그물로 몸을 두르고 권속들과 함께 가부좌 하고 앉았다.

　서남방으로 말할 수 없는 불세계의 티끌 수 세계해를 지나서 그 밖에 햇빛 마니왕세계가 있으니, 부처님 명호는 보조제법지월왕(普照諸法智月王)이며, 대중 가운데 최파일체마군지당왕(催破一切魔軍智幢王)보살이 세계해의 티끌 수 보살들과 함께 부처님 계신 데 오면서, 모든 털구멍에서 허공계와 같은 꽃·향·보배·금강·사르는 향·번갯빛·비로자나마니 보배 불꽃 구름·모든 금빛·승장마니왕 광명·세 세상 여래 바다와 같은 광명 '불꽃 구름'을 내니, 하나하나가 다 털구멍에서 나와 허공에 가득하였다.

　부처님 계신 데 이르러 부처님 발에 절하고, 서남방에서 시방 법계의 광명그물을 나타내는 큰 마니보배 누각과 향등불꽃 보배 연화장 사자좌를 변화하여 만들고는, 때 여읜 광 마니그물로 몸에 두르며 일체 중생을 떠나 나아가는 음성을 내는 마니왕으로 잘 꾸민 관을 쓰고 권속들과 함께 가부좌 하고 앉았다.

서북방으로 말할 수 없는 부처님 세계의 티끌 수 세계해를 지나서 그 밖에 비로자나 서원 마니장왕세계가 있으니, 부처님 명호는 보광명최승수미왕(普光明最勝須彌王)이며, 그 대중 가운데 원지광명당(願智光明幢)보살이 세계해의 티끌 수 보살들과 함께 부처님 계신 데로 오면서, 잠깐잠깐에 모든 잘생긴 모습·털구멍·몸의 부분에서, 3세 모든 여래·모든 보살·모든 여래의 대중·모든 여래의 변화한 몸·모든 여래의 본생 몸·모든 성문과 벽지불·모든 여래의 보리장·모든 여래의 신통변화·모든 세간 임금들·모든 청정한 국토의 형상 구름을 내어 허공에 가득하였다.

부처님 계신 데 이르러 부처님 발에 절하고, 서북방에서 시방에 두루 비추는 마니 보배로 장엄한 누각과 세간을 두루 비추는 보배 연화장 사자좌를 변화하여 만들고는, 이 길이 없는 광명진주 그물로 몸에 두르며 보광명마니 보배 관을 쓰고 권속들과 함께 가부좌 하고 앉았다.

하방으로 말할 수 없는 불세계의 티끌 수 세계해를 지나서 그 밖에 세계가 있으니, 이름이 모든 여래의 원만한 빛이 두루 비침이요, 부처님 명호는 허공무애상지당왕(虛空無碍桑智幢王)이며, 대중 가운데 파일체장용맹지왕(破一切障勇猛智王)보살이 세계해의 티끌 수 보살들과 함께 부처님 계신 데로 오면서, 모든 털구멍 속으로 일체 중생의 말 바다·모든 3세 보살의 수행하는 방편 바다·모든 보살이 일으킨 원과 방편 바다·모든 보살이 청정한 바라밀다를 성취하는 방편 바다·모든 보살의 원만한 행이 모든 세계에 두루함·모든 보살이 자제한 작용 이룸·모든 여래가 도량에 나아가 마의 군중을 파하고 정각을 이루는 자재한 작용·모든 여래가 법륜을 굴리던 경전의 이름 바다·모든 마땅한 대로 중생을 교화하고 조복하는 법의 방편 바다·모든 때를 따르고 선근을 따르고 원력을 따라 중생들로 하여금 지혜를 증득하게 하는 방편 바다를 말하는 음성 구름을 내었다.

부처님 계신 데 이르러 부처님 발에 절하고, 하방에서 모든 여래의 궁전 형상을 나타내는 여러 보배로 장엄한 누각과 모든 보배 연화장 사자좌를 변화하여 만들고는, 도량의 그림자를 나타내는 마니 보배관을 쓰고 권속들과 함께 가부좌 하고 앉았다.

상방으로 말할 수 없는 불세계의 티끌 수 세계해를 지나가서 그 밖에 불종성을 말하여 다함없는 세계가 있으니, 부처님 명호는 보지륜광명음(普智輪光明

音)이며, 대중 가운데 법계차별원(法界差別願)보살이 세계해의 티끌 수 보살들과 함께 저 도량에서 떠나 이 사바세계의 석가모니 부처님 계신 데로 오면서, 모든 잘생긴 모습·털구멍·몸의 부분·손발가락·장엄 거리·의복에서 비로자나 등 과거의 모든 부처님과 미래의 모든 부처님들로서 수기를 받기도 하고 못 받기도 한 이와 현재 시방 국토에 계신 모든 부처님과 그 대중들을 나타내며, 또 과거에 단바라밀다를 행하기도 하고 모든 보시를 받은 이의 본생 일들을 나타내며, 시바라밀다를 행하던 본생 일들, 크샤안티 바라밀다를 행하면서 온몸을 오려 내어도 마음이 흔들리지 않던 본생 일들을 나타낸 일, 정진 바라밀다를 행하면서 용맹하게 물러가지 않던 본생 일들, 모든 여래의 선정 바라밀다를 구하여 성취하던 본생 일들, 모든 부처님의 굴린 법들을 구하여 성취한 법과 용맹과 마음을 내어 온갖 것을 모두 버리던 본생 일들, 부처님 뵈옵기·보살의 도를 행하기·중생들을 교화하기를 좋아하던 본생 일들을 나타내며, 또 과거에 내었던 보살의 큰 서원을 청정하게 장엄하는 본생 일들, 또 과거에 보살이 이루던 힘 바라밀다를 용맹하게 깨끗케 하는 본생 일들을 나타내며, 또 과거에 모든 보살이 지혜 바라밀다를 닦아 원만케 하던 본생 일들을 나타내어, 이와 같은 모든 본생 일 바다들이 광대한 법계에 모두 가득하였다.

　부처님 계신 데 이르러 부처님 발에 절하고, 상방에서 모든 금강장으로 장엄한 누각과 제청 금강왕으로 된 연화장 사자좌를 변화하여 만들고는, 모든 보배 광명 마니왕 그물로 몸에 두르며 3세 여래의 이름을 연설하는 마니보배왕으로 상투 동곳을 삼고 권속들과 함께 가부하고 앉았다.

② 행덕(行德)7)

　이러한 시방의 모든 보살과 그 권속들은 모두 보현행원 가운데서 났으니, 청정한 지혜안으로 3세불을 보고, 모든 부처님 여래의 굴리신 법륜인 수우트라 바다를 모두 들었으며, 모든 보살의 자유자재한 저 언덕에 이미 이르렀고, 생각생각마다 큰 신통변화를 나타내어 모든 부처님 여래에게 친근하며, 한 몸이 모든 세계 모든 여래의 대중이 모인 도량에 가득하였다.

　한 티끌 속에 모든 세간의 경계를 나타내어 모든 중생을 교화하고 성취하되

---

7) 이곳은 이들의 덕을 말한 곳이니 "이러한~가득하였다"까지는 행덕이고, "한티끌~알았다"까지는 섭중생덕이고, "모든 보살의~나아갈 수 있었다"까지는 대용자재덕이다.

때를 놓치지 아니하며, 한 털구멍에서 모든 여래의 법을 말하는 음성을 내며, 모든 중생이 눈어리 같음을 알며, 모든 부처님이 그림자 같음을 알며, 모든 길에 태어남이 꿈과 같음을 알며, 모든 업을 지어 과보 받는 것이 거울 속의 영상과 같음을 알며, 모든 생사의 일어남이 더울 적의 아지랑이 같음을 알며, 모든 세계가 변화함과 같음을 알아, 여래의 10력과 두려움 없음을 성취하였고, 용맹 자재하게 사자후하여 그지없는 변재 바다에 깊이 들어갔으며, 모든 중생의 말을 하는 모든 법의 지혜를 얻었고, 허공과 법계에 다님이 걸림없으며 모든 법이 장애가 없음을 알았다.

모든 보살의 신통한 경계를 이미 청정히 하였고, 용맹하게 정진하여 마의 군대를 꺾어 굴복하며, 항상 지혜로 3세를 통달하며, 모든 법이 허공과 같음을 알아 어김이 없고 집착이 없으며, 비록 부지런히 정진하나 온갖 지혜가 마침내 온 데가 없음을 알고, 비록 경계를 보나 온갖 것이 얻을 수 없음을 알며, 방편의 지혜로 모든 법계에 들어가고 평등한 지혜로 모든 국토에 들어갔다. 자유자재한 힘으로 모든 세계가 차례차례 서로 들어가게 하며, 모든 세계의 곳곳마다 태어나서 여러 세계의 갖가지 형상을 보며, 미세한 경계에 광대한 세계를 나타내고 광대한 경계에 미세한 세계를 나타내며, 한 부처님 계신 데서 잠깐 동안에 모든 부처님의 위신이 가피되어 시방 세계를 보는 데 미혹이 없는 잠깐 동안에 다 나아갈 수 있었다.

이러한 모든 보살이 제타숲에 가득 찼으니, 이것은 모두 여래의 위엄과 신통한 힘이었다.

(5) 성문불견분(聲聞不見分)

① 보지 못한 경계

이 때에 큰 성문들이 우두머리인 사리불·대목건련·마하가섭·레바타·아니루타·카비냐·카아타아야나·푸우루나들의 여러 큰 성문들이 제타숲에 있었으니, 모두 여래의 신통력·잘생긴 모습·경계·유희·신통변화·높으심·묘한 행·위덕·머물러 지니심·청정한 세계들을 보지 못하였고, 또 부사의한 보살의 경계·대회·두루 들어감·널리 모여 옴·널리 나아감·신통변화·유희·권속·방소·장엄한 사자좌·보배의 궁전·계신 곳·들어간 삼매의 자재함·관찰·기운 뻗음·용맹·공양·수기 받음·성숙함·건장함·청정한 법의 몸·원만한 지혜의 몸·원하는 몸으로 나타남·육신을 성취함·모든 모습이 구족히 청정함·청정한 법의 몸·늘 있는 광명이 여러 빛으로 장엄함·놓는 큰 광명의 그물·일으키는 변화하는 구름·보살의 몸이 시방에 두루함·행이 원만함을 보지 못하였다.

② 보지 못한 까닭[8]

이러한 일들을 모든 성문 제자들이 다 보지 못하였나니,

ㄱ. 숙인(宿因)

왜냐하면 선근이 같지 않고, 부처님 뵈옵는 자재한 선근을 본래 익히지 않고, 시방세계 모든 불국토의 청정한 공덕을 찬탄하지 않고, 불 세존들의 가지가지 신통변화를 본래 칭찬하지 않고, 본래부터 생사하며 헤매는 가운데서 무상보리심을 내지 않고, 다른 이를 보리심에 머물게 하지 못하고, 여래의 종자를 끊이지 않게 하지 못하고, 중생들을 거두어 주지 못하고, 다른 이를 권하여 보살의 바라밀다를 닦게 하지 못하고, 생사에서 헤매면서 중생에게 권하여 가장 훌륭한 큰 지혜의 눈을 구하게 하지 못하며, 온갖 지혜를 내는 선근을 닦지 아니하고, 여래의 출세하는 선근을 성취하지 못하며, 부처님 세계를 장엄하는 신통과 지혜를 얻지 못하고, 보살안으로 아는 경계를 얻지 못하고, 세간에서 뛰어 나는 함께하지 않는 보리의 선근을 구하지 않고, 모든 보살의 큰 서원을 내지 않고, 가피로 좇아 나지 않고, 모든 법이 눈어리 같고 보살이 꿈 같음을 알지 못하고, 여러 큰 보살의 광대한 환희를 얻지 못한 연고라.

이런 것이 다 보현보살의 지혜안의 경계로서 모든 2승과 함께하지 않는 것이니, 이런 인연으로 여러 큰 성문들이 보지도 알지도 듣지도 들어가지도 얻지도 기억·관찰·요량·생각·분별하지도 못하느니라. 그래서 제타숲에 있으면서도 여래의 여러 가지 큰 신통변화를 보지 못하였다.

---

[8] 숙인은 전생에 닦지 못한 것이고, 현재는 현재 갖추지 못한 것이다. "왜냐하면~보지 못하였다"까지는 숙인이고, "또~보지 못하였다"까지는 현연이다.

ㄴ. 현연(現緣)

또 여러 큰 성문들은 이런 선근·지혜의 눈·삼매·해탈·신통·위덕·세력·자재함·머물 곳·경계가 없는 연고라. 그러므로 이것을 알지도 보지도 들어가지도 증득하지도 머물지도 이해하지도 관찰하지도 견디어 받지도 나아가지도 다니지도 못하며, 또 다른 이들을 위하여 열어 보이고 해설·칭찬·인도하여 나아가게 하지 못하며 향하여 가게하고 닦아 익히게 하고 편안히 머물러 증득하게 하지 못하느니라. 왜냐하면 큰 제자들이 성문승을 의지하여 벗어났으므로 성문도를 성취하고 성문행을 만족하고 성문과에 머무르며, 없다 있다 하는 진리에 결정한 지혜를 얻고 실제에 항상 머물러서 끝까지 고요하며, 크게 가엾이 여김을 떠나서 중생을 버리고 자기의 일에만 머무르고, 저 지혜는 쌓아 모으지도 닦아 행하지도 편안히 머물지도, 원하여 구하지도, 성취하지도, 청정히 하지도, 들어가지도, 통달하지도 않고, 보지도 증하여 얻지도 못하였으므로, 제타숲 속에 있으면서도 여래를 대하여 이렇게 광대한 신통변화를 보지 못하였다.

③ 열 가지 비유

마치 항하의 언덕에 백천억 한량없는 아귀가 있으니, 맨몸뚱이에 굶주리고 목마르고 온 몸에 불이 타며, 까마귀·수리·승냥이·이리들이 다투어 와서 할퀴며, 기갈에 시달리어 물을 먹으려하지마는 강가에 있으면서도 물을 보지 못하고 설사 보더라도 물이 말랐나니, 왜냐하면 두터운 업장이 덮인 탓이니라. 저 성문들도 그와 같아서 제타숲에 있으면서 여래의 광대한 신통력을 보지 못하고 온갖 지혜를 버리었으니 무명의 까풀이 눈을 덮은 탓이며, 일찍이 온갖 지혜의 선근을 심지 못한 탓이니라.   <아귀유>

어떤 사람이 여럿이 모인 데서 편안히 자다가 꿈을 꾸는데, 수미산 꼭대기에 제석천왕이 있는 선경성(譺見城)을 보니, 궁전과 동산 숲이 가지가지로 훌륭하고 천자와 천녀 백천만억 인들이 하늘 꽃을 뿌려 땅에 가득하며, 여러 가지 의복 나무에서는 묘한 의복이 나오고 갖가지 꽃나무에는 아름다운 꽃이 피고, 음악 나무에서는 하늘 음악을 연주하고, 하늘 아씨들은 아름다운 음성으로 노래하고 한량없는 하늘이 즐겁게 놀며, 자신도 하늘 옷을 입고 그곳에서 오고 가는 것을 보지마는, 회중에 있는 사람들은 비록 한 자리에 있으나 알지도 못하고 보지도 못하나니, 왜냐하면 꿈에 보는 것은 그 대중들이 볼 수 있는 것이 아닌 연고니라.

　모든 보살과 세간의 임금들도 그와 같아서 본래부터 선근을 쌓은 힘, 온갖 지혜의 광대한 원을 내었음, 모든 불공덕을 닦음, 보살의 장엄한 도를 수행함, 온갖 지혜의 법을 원만함, 보현행원을 만족함, 모든 보살의 지혜에 들어감, 모든 보살의 머무는 삼매에 유희함, 모든 보살의 경계를 관찰하여 걸림이 없는 연고로, 여래 세존의 부사의한 자유자재한 신통변화를 모두 보거니와, 성문제자들은 보지 못하고 알지 못하나니, 보살의 청정한 눈이 없는 연고니라.

<꿈의 비유>

　마치 설산에는 여러 가지 약초가 많이 있거든, 의사가 거기 가면 모두 잘 알지마는, 사냥꾼이나 목동들은 그 산에 항상 있으면서도 약초를 보지 못하는 것 같이 보살들은 지혜의 경계에 들어가서 자유자재한 힘을 갖추었으므로 여래의 광대한 신통변화를 보지마는, 큰 제자들은 자기만 이익하고 다른 이는 이익하려 하지 않으며 자기만 편안하려 하고 다른 이는 편안케 하려 하지 않으므로 제타숲 속에 있으면서도 알지도 보지도 못하느니라. <설산유>

　마치 땅속에 여러 가지 묻힌 보물과 귀중한 보배가 가득찼는데, 어떤 사람이 총명 지혜가 있어 모든 묻힌 보물을 잘 알고, 또 큰 복력도 있으므로 마음대로 가져다가 부모를 봉양하고 친족들에게 나누어 주고 병들고 늙고 곤궁한 이들을 구제하지마는, 지혜·복덕이 없는 사람은 비록 보물이 묻힌 데 가더라도 알지 못하고 보지 못하여 이익을 얻지 못한 것 같이 큰 보살들은 깨끗한 지혜안이 있으므로 여래의 부사의한 경계에 들어가서 부처의 신통력을 보며 여러 가지 법문에 들어가 삼매의 바다에 놀면서 부처님께 공양하고 바른 법으로 중생들을 깨우치고 4섭법으로 중생들을 거두어 주거니와, 큰 성문들은 여래의 신통력을 보지도 못하고 보살 대중을 보지도 못하느니라. <장물유>

　마치 눈먼 사람이 보배가 많은 섬에 가서 다니고 서고 앉고 누우면서도 모든 보배를 보지 못하여 사용하지 못하는 것같이 제자들도 그와 같아서 제타숲 속에서 세존께 친근하면서도 여래의 자유자재한 신통을 보지 못하며, 보살 대중도 보지 못하나니, 왜냐하면 보살의 걸림 없는 깨끗한 눈이 없어서 차례차례로 법계에 들어가지 못하고 여래의 자재력을 보지 못하는 탓이니라.

<장님유>

어떤 사람이 때가 없는 광명이라는 청정한 눈을 얻으면 모든 어두움이 장애하지 못하므로, 캄캄한 밤중에 백천만억 사람들이 있는 곳에서 가고 서로 앉고 누우면서 여러 사람의 형상과 위의를 이 눈 밝은 사람은 능히 보지마는 이 눈 밝은 이의 오고 가는 행동은 저 여러 사람들이 보지 못하는 것 같이 부처님도 그와 같아서 지혜 눈을 성취하여 청정하고 걸림이 없으므로 모든 세상 사람들을 모두 보지마는, 부처님이 나투시는 신통변화와 큰 보살들이 둘러 모시는 것을 큰 제자들은 보지 못하느니라.   <정안유>

어떤 비구가 대중들 가운데서 온갖 곳에 두루한 선정(徧處定)에 들었으니, 이른바 땅·물·불·바람 온갖 곳에 두루한 선정과, 푸른·누른·붉은·흰 온갖 곳에 두루한 선정과, 하늘·갖가지 중생의 몸·모든 말과 음성 온갖 곳에 두루한 선정과, 모든 반연할 온갖 곳에 두루한 선정들이라. 이 선정에 든 이는 그의 반연함을 보지마는, 다른 대중은 모두 보지 못하나니, 오직 이 삼매에 머무른 이는 제하느니라.
　여래가 나타내는 부사의한 불경계도 그와 같아서 보살들은 보지마는 성문은 보지 못하느니라.   <변정유(徧定喩)>

어떤 사람이 몸 숨기는 약을 눈에 바르면, 대중 가운데서 오고 가고 앉고 서고 하여도 보는 이가 없지마는, 대중의 하는 일은 모두 보는 것 같이 여래도 그와 같아서 세간을 초월하고서도 세간 일을 두루 보거니와, 성문들은 보지 못하나니, 온갖 지혜의 경계에 나아가는 대보살들은 제하느니라.   <묘약유>

마치 사람이 태어나면 두 하늘이 항상 따라다니나니, 하나는 같이 남(同生)이요, 하나는 같은 이름이라. 이 하늘은 항상 사람을 보아도 사람은 이 하늘을 보지 못하는 것 같이 여래도 그와 같아서 보살들 가운데서 큰 신통을 나타내는 것을 큰 성문들은 모두 보지 못하느니라.   <천인유>

어떤 비구가 마음이 자유자재함을 얻어 식이 없어진 선정(滅盡定)에 들면 여섯 감관으로 짓는 업이 모두 행하지 않고 모든 말을 알지도 못하고 깨닫지 못하지마는, 선정력으로 유지되는 연고로 열반에 들지 않느니라. 모든 성문도 그와 같아서 비록 제타숲 속에 있으면서 6감을 갖추었지마는 여래의 자재하심과 보살대중들이 짓는 일을 알지 못하고 보지 못하고 이해하지 못하고 들어가지 못하느니라.

  왜냐하면 여래의 경계는 매우 깊고 광대하여 보기 어렵고 알기 어렵고 측량하기 어렵고 헤아리기 어려우며, 모든 세간을 초월하여 부사의하고 파괴할 이가 없어서 모든 2승의 경계가 아니니라. 그러므로 여래의 자자재한 신통력과 보살 대중의 모임과 제타숲이 모든 청정한 세계에 두루하였지마는, 이러한 일을 여러 큰 성문은 모두 알고 보지 못하나니라. <멸정유(滅定喩)>

(6) 찬덕(讚德)9)

① 비로자나원광명보살송

이 때에 비로자나원광명보살이 불신력을 받들어 찬송하였다.

그대들은 마땅히 살펴보라. 부처님의 도는 부사의하여
이 제타숲에서 신통한 힘을 보이신다. (총송 1, 이하 별송 9)
잘 가진 이의 위신의 힘 나타내심이 다함이 없어
모든 세간들이 미혹하여 알지 못하며

법왕의 깊고 묘한 법 한량이 없고 헤아릴 수 없어
이 나타내시는 여러 가지 신통 온 세상이 측량할 이 없고
법이 모양 없음을 알았으므로 부처라 이름하거니와
모양으로 장엄하심을 칭찬하여도 다할 수 없나니

지금 이 제타숲 속에서 큰 신통의 힘 보이시는 일
깊고 깊어 가이 없으며 말로는 분별할 수 없다네. (이상 4송 찬불)
큰 위덕을 갖춘 한량없는 보살 대중을 보라.
시방의 여러 국토로부터 와서 세존을 뵈옵고

소원이 다 구족하고 행해지는 일 장애 없으매

---

9) 이때 시방의 모든 보살들이 부처님의 덕과, 설법, 헤아릴 수 없는 신통력을 찬탄하였다.

모든 세간 사람들 아무도 측량할 이 없어
모든 연각이나 큰 성문들은
보살의 행하는 경계를 누구도 알지 못하네.

보살의 큰 지혜 모든 지위를 끝까지 마치고
용맹한 당기 높이 세우니 꺾을 수도 흔들 수도 없으며
소문이 널리 퍼진 보살들 한량없는 삼매의 힘으로
나타내는 신통과 변화 법계에 가득히 차네. (이상 5송 찬보살)

② 불가괴정진왕보살 찬덕송

이때 불가괴정진왕보살이 찬송하였다.

모든 불자들이 지혜와 공덕의 광을 그대는 보라.
보리행을 끝까지 갖추고 온 세간을 편안케 하나니.
그 마음 본래 통달하였고 모든 삼매에도 잘 들어가
지혜는 가이없고 경계는 측량 못하네. (內德)

지금 이 제타숲이 가지가지로 장엄되었고
보살 대중이 구름처럼 모여와 여래를 친근히 모시나니
집착이 없고 한량이 없는 대중바다를 그대가 보라.
시방으로부터 여기 와서 연꽃 자리에 앉았으나 (集處)

온 데도 없고 머무름도 없고 의지함도 없고 희론도 없으며
때를 여읜 마음 걸림이 없어 법계의 끝까지 이르네.
지혜의 당기 세우니 견고하여 동요할 수 없고
변화가 없는 법을 알지만 변화하는 일을 나타내며

시방의 한량없는 세계 모든 부처님 계신 데를
한꺼번에 모두 나아가지만 몸은 나누지 아니해. (寂用無碍)
그대가 또 석가 사자의 자재하신 신통을 보라.
여러 보살들을 모두 모여 오게 하나니 (佛力)

모든 부처님 법은 법계가 다 평등하거니와
말로 하는 것이 같지 않음을 이 대중이 모두 통달하며
모든 부처님 언제나 법계에 평등하게 머물러
차별한 법을 연설하시니 그 말씀 다하지 않네. (廣德)

③ 보승무상위덕왕보살 찬덕송

또 보승무상위덕왕보살이 찬송하였다.

그대가 보라. 보살의 광대한 지혜가 원만
때와 때 아닌 것 잘 알고 대승에게 법을 말하며
모든 외도의 여러 가지 희론 꺾어 굴복시키고
중생의 마음을 따라 신통한 힘을 나투네.

바른 깨달음 한량이 있지도 않고 한량이 없는 것도 아니니
한량 있는 것 한량없는 것을 무니께서 모두 초월해. (이상 3송 法說)
해가 허공에 떠서 온갖 곳에 비치듯
부처님 지혜 그와 같아서 3세 법을 통달하였다네.

마치 보름달이 조금도 모자람 없듯이
여래도 그와 같아서 백법이 가득 둥글어.
마치 허공에 뜬 해가 굴러 가고 쉬지 않듯이
여래도 그와 같아서 신통과 변화 항상 계속하시네.

마치 시방의 세계 허공에 걸림 없듯이
세간 등불이 변화를 세상에 나툼도 역시 그러해.
세간에 있는 땅덩이 모든 샘물이 의지했듯이
세상을 비추는 등불 법륜을 의지함도 그러하시네.

마치 맹렬한 바람이 부는 데 장애 없듯이
부처님 법도 그와 같아서 온 세상에 빨리 두루해.
마치 대수륜(大水輪)를 세계가 의지했듯이

지혜 바퀴도 그와 같아서 3세 부처님 의지하였네. (이상 7송 비유)

④ 무애승장왕보살 찬덕송

또 무애승장왕보살이 찬송하였다.

비유컨대 큰 보배 산이 여러 중생을 이익케 하듯이
부처님 산도 그와 같아서 세간을 두루 이익케 하고
비유컨대 큰 바닷물이 깨끗하고 때가 없듯이
부처님을 뵈옴도 그와 같아서 목마른 애정을 덜어 주시고

비유컨대 수미산이 큰 바다에서 솟았듯이
세간 등불도 그와 같아서 법 바다 가운데서 나왔으며
마치 바다에서 보배가 많아 구하는 이가 모두 만족하듯이
스승 없는 지혜도 그와 같아서 보는 이는 모두 깨달아.

여래의 깊고깊은 지혜 한량이 없고 수가 없나니
그래서 신통한 힘을 나타내는 일 부사의하네. (이상 5송 내덕)
마치 공교한 요술쟁이가 여러 가지 술법을 나타내듯이
부처의 지혜도 그와 같아서 자유자재하는 힘 나타내 보이고

마치 여의주 보배가 모든 욕구를 채워 주듯이
가장 훌륭한 이 그와 같아서 청정한 소원을 채워 주고
마치 밝고 깨끗한 보배 모든 물건을 두루 비추듯
부처의 지혜도 그와 같아서 중생들의 마음 두루 비추고

마치 8면으로 된 보배 여러 방위를 평등히 비추듯
걸림 없는 등불도 그와 같아서 온 법계에 두루 비추고
마치 물을 맑히는 구슬 흐린 물을 능히 맑히듯
부처님 뵈옴도 그와 같아서 여러 감관이 깨끗해지네. (이상 5송 大用)

圖七

善財童子，至閻浮提畔，摩利聚落，求見海幢比丘，乃見其在經行地側，結跏趺坐，入于三昧。爾時善財童子，一心觀察海幢比丘，深生渴仰，六月六日。海幢比丘從三昧出，言：「善男子，此三昧名普眼捨得，又名般若波羅蜜境界清淨光明，又名普莊嚴清淨門。入此三昧時，了知一切世界無所障礙，三昧清淨，神通廣大，辯才無盡，善說諸地，為眾生依。」

7. 마리가라국 해당비구에게 보안사득 법문을 듣는 모습

圖八

善財童子，漸漸南行，至海潮處，見普莊嚴園，時休捨優婆夷，坐眞金座。善財童子，往詣其所，頂禮其足，繞無數匝，白言：「我聞聖者，善能誘誨，願爲我說。」休捨告言：「善男子，我唯得菩薩一解脫門，其有衆生得見我者，皆於阿耨多羅三藐三菩提，獲不退轉。嚴淨一切世界盡，我願乃盡。拔一切衆生煩惱習氣盡，我願乃滿。善男子，此解脫名離憂安樂幢，我唯知此一解脫門。」

8. 해조처 보장엄원 휴사우바이를 뵙고 이우안은당 법문을 듣는 모습

圖九

爾時善財童子,漸漸遊行,至那羅素國,推求毗目瞿沙。見一大林,彼仙人在栴檀樹下,敷草而坐,領徒一萬。善財見已,往詣其所,五體投地。時毗目仙人,即伸右手,摩善財頂,執善財手,自見其身,往十方十佛刹微塵數世界中諸佛所,亦聞彼佛隨諸衆生心之所樂,而演說法。仙人言:「善男子,我唯知此菩薩無勝幢解脫,成就一切殊勝三昧,於一切時,而得自在。隨衆生心,觀其根行,而爲利益。」

9. 해초처 나라소국 비목구사선인에게 무승당해탈 법문을 듣는 모습

43

圖十

善財漸次遊行，至伊沙那聚落，見彼勝熱修諸苦行，求一切智。四面火聚，猶如大山，中有刀山，登彼山上，投身入火。婆羅門言：「汝今若能上此刀山，投身火聚，諸菩薩行，悉得清淨。」時善財童子，作如是念：「此將非魔，詐現菩薩善知識相。」作是念時，十千梵天、龍王、諸天，於虛空中，恭敬供養。爾時善財童子，即登刀山，自投火聚，即得菩薩善住三昧，又得菩薩寂靜樂神通三昧。時婆羅門，告善財言：「善男子，我唯得此菩薩無盡輪解脫。」

10. 이사나국 승렬바라문에게 무진륜해탈 법문을 듣는 모습

圖十一

善財童子，漸次南行，至師子奮迅城，推求慈行童女，聞此童女住毗盧遮那藏殿。善財入已，見慈行童女，以梵音聲，而演說法。時慈行童女告善財言：「汝應觀我宮殿莊嚴。」善財頂禮，周徧觀察，悉見法界一切如來，如此皆是慈行童女過去世中善根之力。

爾時童女，告善財言：「善男子，我入此般若波羅蜜普莊嚴門，隨順趣向，思惟觀察。普知一切眾生心行，隨其所應，而爲說法。」

■
11. 사자분신성 자행동녀에게 반야바라밀보장엄 법문을 듣는 모습

圖十二

善財童子,漸次遊行,至三眼國,求見善見比丘,見在林中,經行往返,諸相隨好,悉皆圓滿。無量天龍夜叉,前後圍繞。善財童子,詣比丘所,頂禮其足,曲躬合掌。善見言:「我此生中,於三十八恒河沙佛所,淨修梵行,聽聞妙法,受行其敎。我經行時,一念中一切十方皆悉現前,智慧清淨故。善男子,我唯知此善薩隨順燈解脫門。」

12. 3안국 선견비구에게 수순등해탈 법문을 듣는 모습

圖十三

南方有國土，名曰名
聞，於河渚中有一童
子名自在主。善財即
詣其所，見此童子，
十千童子，所共圍
繞，聚沙爲戲。自在
主言：「我昔於文殊
師利童子所，修學數
算印等法，即得悟入
一切工巧神通智法
門。得知世間算數印
界處等法，亦能療治
一切諸病，造立城邑
園林屋宅，管理田農
商賈一切諸業。我亦
能算知十方所有一切
世界廣狹大小及以名
字。善男子，我唯知
此一切工巧大神通智
光明法門。」

13. 명문국 하저중에서 자재주동자를 만나 오입일체 공교 신통지 법문을 듣는 모습

圖十四

南方有一大城，名曰海住，有優婆夷名爲具足。善財即詣其門，入已，見優婆夷處於寶座，盛年好色。宅中無有衣服飲食，及餘一切資生之物，但於其前置一小器，復有一萬童女圍繞。具足優婆夷告言：「我得菩薩無盡福德藏解脫門，能於如是一小器中，隨諸衆生種種欲樂，出生種種美味飲食，悉令充滿。食我食已，皆菩提樹下，成阿耨多羅三藐三菩提。」

14. 해주성 구족우바이에게 무진복덕장해탈문을 듣는 모습

⑤ 화현법계원월왕보살 찬덕송

또 화현법계원월왕보살이 찬송하였다.

비유컨데 제청보배(帝靑寶)가 모든 빛을 푸르게 하듯이
부처님 뵈온 이도 그와 같아서 보리의 행을 내게 되나니 (1송 見益)
하나하나 티끌 속마다 부처님이 신통을 나투어
한량이 없고 그지없는 보살들을 청정케 하고

깊고깊은 미묘한 힘 그지없이 알 수 없나니
보살의 경계도 세상에서 측량 못하여
여래의 나투시는 몸 청정한 모양으로 장엄하시고
법계에 두루 들어가 보살들을 성취하누나. (이상 3송 益菩薩)

헤아릴 수 없는 부처님 국토 거기서 정각을 이루시니
모든 보살들과 세간임금을 가득히 차고
위없는 석가모니 부처님 모든 법에 자유자재해
신통한 힘을 나타내는 일 끝이 없어 헤아릴 수 없고

보살들의 갖가지 행 한량없고 끝이 없건만
여래의 자재하신 힘으로 모두 다 나타내시며
불자들이 깊은 법계를 잘 닦아 배우고
걸림 없는 지혜 이루어 온갖 법을 분명히 알고

잘 가신이(善逝)의 위신의 힘 대중에게 법륜 굴리니
신통과 변화 두루 충만해 세상을 모두 청정케 하며, (이상 5송 益用徧)
여래는 지혜 원만하고 경계도 청정하여
마치 큰 용왕이 중생들을 건지는 듯. (이상 1송 益周普)

⑥ 법혜광염왕보살 찬덕송

또 법혜광염왕보살이 찬송하였다.
3세 여래의 성문인 큰 제자들
부처님이 발 들고 내리는 일 모두들 알지 못하고
지난 세상·이 세상의 여러 연각들도
여래의 발 들고 내리는 일 모두들 알지 못하는데

하물며 범부들이 번뇌에 속박되고
무명이 덮였거늘 부처님을 어찌 알리 (이상 3송 凡小難思)
정각의 걸림 없는 지혜 말로 할 길 초월하여
얼마인지 모르거든 뉘라서 알고 보리.

비유컨대 밝은 달 빛 끝을 측량 못하나니
부처님 신통도 그러하여 그 끝을 볼 수 없고
하나하나 모든 방편 잠깐잠깐 변화함을
한량없는 겁이 끝나도록 생각하여도 알지 못하며

헤아려서 알 수 없는 온갖 지혜를 생각하는
낱낱 방편문 끝닿을 데를 알 수 없나니 (이상 4송 出難思法)
누구나 이 법에 대하여 광대한 서원만 일으키면
그 사람은 이런 경계를 알고 보기 어렵지 않고

생각하기 어려운 법 바다 용맹하게 닦아 익히면
그 마음은 장애가 없어 이 방편문에 들어가리니
마음은 이미 조복되었고 소원도 크게 넓어서
큰 보리의 가장 좋은 경계 얻으리. (이상 3송 顯能知人)

⑦ 최파일체마군지당왕보살 찬덕송

또 최파일체마군지당왕보살이 찬송하였다.

지혜의 몸은 몸이 아니니 걸림도 없고 생각하기 어려워
설사 생각하는 이 있어도 모든 것 믿기 어렵고 (1송 統顯難思)
부사의한 업으로부터 청정한 이 몸 생기었으니
유난히 묘하게 장엄 3세에 집착이 없어 (1송 擧因顯果)

밝은 광명 온갖 것에 비치니 법계가 모두 청정해
부처의 보리문 열고 여러 가지 지혜를 내고
마치 세간의 햇빛이 지혜의 광명을 놓아
모든 때와 티끌 멀리 여의고 온갖 장애 없애 버리며

3계를 모두 깨끗이 하여 생사의 물결 영원히 끊고
보리의 도를 성취하여 위없는 깨달음 내나니
그지없는 빛깔 나타내니 이 빛이 의지한 데 없어
한량없는 것을 나투지만 하나도 생각할 수 없고

보살이 잠깐 동안에 온갖 법 깨닫지마는
여래의 지혜의 끝간데 어떻게 측량하려나.
온갖 3세 법을 한 생각에 통달하올새
그러므로 부처님 지혜는 끝도 없고 파괴할 수도 없어 (이상 6송 難思相)

지혜 있는 이 이렇게 부처의 보리 생각하나니
이 생각 말할 수 없어 생각으로는 찾지 못하네.
보리는 말할 수 없고 말로 할 길을 뛰어 넘어서
부처님들 여기서 났으매 이 법은 불가사의해. (이상 2송 勸思修)

⑧ 원지광명당왕보살 찬덕송

또 원지광명당왕보살이 찬송하였다.

보리의 끝없는 바다 누구나 잘 생각하면
어리석은 생각 여의고 결정코 법을 받으리. (1송 總標觀成)
결정한 마음 얻기만하면 묘한 행 능히 닦아서

고요한 경계 생각하고 모든 의혹 아주 끊나니

그 마음 피로하지 않고 게으른 생각도 없이
점점 더 닦아 나아가 부처님 법을 끝마치리라.
믿음과 지혜 성취하였고 생각생각에 더욱 증장해
항상 즐겁고 항상 살피나 얻을 것 없고 의지할 법도 없어

한량없는 억천 겁에 닦은 공덕의 행
여러 부처님 구하던 도에 모든 것을 회향하리라.
죽살이 속에 있기는 하나 마음이 물들지 않고
불법에 편안히 머물러 여래의 행을 항상 즐기네.

이 세상에 있는 5온·18계 모든 법들
온갖 것을 모두 버리고 부처의 공덕 구해나 볼까.
범부는 의혹에 얽혀 세상에 헤매는 것을
보살의 마음 걸림이 없어 구원하여 해탈케 하고

보살의 행은 말할 수 없고 모든 세상이 생각도 못하나
온갖 괴로움 두루 없애고 중생들에게 즐거움 주네.
보리의 지혜 이미 얻었고 모든 중생을 가엾이 여겨
밝은 빛으로 세간에 비추어 모든 무리를 건져 내나니.(이상 9송 展轉成益)

⑨ 파일체장용맹지왕보살 찬덕송

또 파일체장용맹지왕보살이 찬송하였다.

한량없는 억천겁 동안 부처님 이름 듣지도 못하거든
하물며 친근히 모시고 모든 의혹 끊을 수 있으랴. (1상 名難聞)
여래는 세간의 등불 모든 법 통달하시고
3세 복을 두루 내어 중생들을 청정케 하며

여래의 미묘한 육신 모든 이의 존경하는 대상

오랜 세월에 항상 앙모하여도 마음에 만족한 줄 몰라
만일 어느 불자가 부처님의 육신을 본다면
모든 집착을 버리고 보리의 길에 회향하오리.
여래의 미묘한 육신 광대한 음성 항상 내며
변재가 걸림이 없어 부처님의 보리 문 열고
한량없고 부사의한 모든 중생 깨우쳐
지혜의 문에 들게 하고 보리의 수기 주시네.

여래가 세간에 나시어 세상에 큰 복밭 되시고
모든 중생 인도하여 복덕의 행 모으게 하며
누구나 부처님께 공양하면 나쁜 길의 두려움 없어지고
모든 괴로움 소멸하여 지혜의 몸 성취하며

누구나 두 발 높은 이 뵈옵고 광대한 마음 내기만하면
이 사람 부처님 항상 만나 지혜의 힘이 증장하고
만일 인간에서 수승한 이 보고 뜻을 결단코 보리에 향하면
이 사람 장래에 성불한 줄을 스스로 알게 되리라. (이상 9송 顯益物)

⑩ 법계차별원지신통왕보살 찬덕송

또 법계차별원지신통왕보살이 찬송하였다.

석가모니 위없는 세존 모든 공덕이 갖추시니
보는 이의 마음이 청정 큰 지혜에 회향하고
여래의 크신 자비 세간에 출현하시어
중생들을 위하여 위없는 법륜 굴리시며 (2송 擧佛德)

여래께서 수없는 겁 동안 중생을 위하여 애쓰시는데
세상 사람들 어떻게 하면 대사의 은혜 갚사오리까. (1송 甚難報)
차라리 한량없는 겁 동안 나쁜 길에서 고통을 받을지언정
여래를 버리고 벗어나기를 구하지 않으리.

차라리 중생을 대신하여 온갖 고통 받을지언정
부처님을 버리고 안락을 구하지 않으리.
차라리 나쁜 길에 있으면서 부처님 이름 항상 들을지언정
선한 길에 태어나 잠깐이라도 부처님 듣지 못함을 원치 않으리.

여러 곳 지옥에 있어 낱낱이 수없는 겁 지낼지언정
부처님을 멀리 여의고 나쁜 길에서 벗어나지 않으리 (4송 發恩心)
모든 나쁜 길에 오래 있기를 어째서 원하는가.
여래를 뵈옵고 지혜를 늘리려 함이니

만일 부처님 뵈오면 모든 고통 없애고
여래의 지혜 경계에 들어가게 되나니.
만일 부처님 뵈오면 온갖 장애가 떠나고
무진한 복덕 길러서 보리를 성취하오리.

여래께서는 영원히 중생들의 의심을 끊고
그들의 좋아하는 마음 따라서 모두 다 만족케 하시네. (4송 荷恩心)

(7) 보현보살 개발분 - 화엄경 제61권

① 방편설법

그 때 보현보살은 모든 보살들의 모임을 두루 관찰하고, 법계·허공계·중생계와 같은 방편과 3세와 같고 모든 겁·중생의 업·욕망·이해·근성·성숙한 때·법의 그림자와 같은 방편으로써 여러 보살들을 위하여 열 가지 법의 글귀로 이 삼매를 열어 보이며 밝혀 연설하였다.
이른바 법계와 같은 모든 불세계의 티끌 속에서 부처님이 나시는 차례와 세계가 이루어지고 무너지는 차례를 나타내고, 허공계와 같은 모든 불세계에서 오는 세월이 끝나도록 여래의 공덕을 찬탄하는 음성을 나타내고, 허공계와 같은 모든 불세계에서 여래가 나시어서 한량없고 그지없는 바른 깨달음을 이루

는 문을 나타내고, 허공계와 같은 모든 불세계에서 부처님은 도량에 보살들이 모인 가운데 앉으셨음을 나타내고, 모든 털구멍에 잠깐잠깐마다 3세불의 변화한 몸을 나타내어 법계에 가득하고, 한 몸이 시방의 모든 세계 바다에 가득하게 평등히 나타내게 하고, 모든 경계 가운데 3세불들의 신통변화를 나타내게 하고, 모든 불세계의 티끌 속에 3세 모든 불세계의 티끌 수와 같은 부처님의 가지가지 신통 변화를 나타내어 한량없는 겁을 지나게 하고, 모든 털구멍에서 3세 모든 부처님의 큰 서원 바다에 음성을 내어 오는 세월이 끝나도록 모든 보살을 열어 교화하고 인도하고, 부처님의 사자좌의 크기가 법계와 같으며 보살들의 모임과 도량의 장엄이 평등하고 차별이 없는데 오는 세월이 끝나도록 가지가지 미묘한 법륜을 굴리는 법의 글귀를 연설함이니라.

이 열 가지가 머리가 되어 말할 수 없는 불세계의 티끌 수 법의 글귀가 있으니, 다 여래의 지혜의 경계니라.

② 중송(重頌)

그 때 보현보살이 이 뜻을 다시 펴려고 불신력을 받자와 여래·모인 대중·부처님들의 생각하기 어려운 경계·부처님들의 그지없는 삼매·부사의한 세계 바다·부사의한 눈어리 같은 법·부사의한 3세불들이 다 평등함·모든 한량없고 그지없는 여러 가지 말하는 법을 관찰하고 게송으로 말하였다.

하나하나 털구멍 속에 티끌 수의 세계 바다가 있어
부처님들이 앉으셨는데 모든 보살대중이 모이었고
하나하나 털구멍 속에 한량없는 세계 바다가 있어
부처님이 보리좌에 앉으셨는데 이와같이 법계에 두루하였고

하나하나 털구멍 속에 모든 세계 티끌의 부처님을
보살대중이 둘러 모시었는데 보현의 행을 말씀하시네.
부처님은 한 국토에 앉으사 시방 세계에 가득하신데
한량없는 보살 구름이 그 곳으로 다 모여들고

억만 세계의 티끌 수 같은 보살의 공덕 바다가
모인 속에서 일어나 시방 세계에 가득하였고

모두 보현의 행에 머물러 법계 바다에 노닐면서
모든 세계를 두루 나타내어 평등하게 부처님 회상으로 들어와서

모든 세계에 편안히 앉아 모든 법문을 들으면서
낱낱 국토에서 억겁 동안 행을 닦나니
보살의 닦는 행은 두루 밝은 법 바다의 행으로
큰 서원 바다에 들어가 부처의 경계에 머무르면서

보현의 행을 잘 통달하고 부처님의 법을 내어
부처의 공덕 바다를 구족하고 신통한 일을 널리 나투며
몸 구름(身雲)이 티끌 수 같아 모든 세계에 가득하게
단 이슬 법을 널리 비 내려 대중들을 부처의 도에 머물게 하네.

(8) 호광조익(毫光照益)

① 백호광명

이 때 세존께서 모든 보살들을 여래의 삼매에 들게 하려고 미간의 흰 털로부터 3세법계를 비추는 큰 광명을 놓았다. 말할 수 없는 불세계 티끌 수 광명으로 권속을 삼아 시방세계의 여러 부처님 국토에 두루 비추었다.

② 광명을 의지하여 법을 보다

이 때에 제타숲에 있는 보살들이 모두 보니 온 법계 허공계에 있는 모든 세계의 낱낱 티끌 속에, 각각 모든 불세계 티끌 수 같은 불국토들이 있는데, 갖가지 이름·빛·청정·머무는 곳·형상이며, 이러한 모든 국토마다 큰 보살들이 도량의 사자좌에 앉아서 등정각을 이루니, 보살 대중이 앞뒤로 둘러싸고 여러 세간 임금들이 공양하였다.
또 보니, 말할 수 없는 불세계의 넓이와 같은 대중이 모인 가운데 아름다운 음성을 내어 법계에 가득차게 바른 법륜을 굴리기도 하고, 혹은 하늘 궁전·용

의 궁전·야차의 궁전과, 건달바·아수라·가루라·긴나라·마후라가·사람인
듯 아닌 듯한 여러 궁전 속에 있기도 하고, 인간의 마을과, 도시와 도성 같은
대처에 있기도 하여, 갖가지 성·이름·몸·모양·공명을 나타내며, 가지가지
위의에 머물고, 가지가지 삼매에 들어, 가지가지 신통 변화를 나타내며, 어떤
때에는 스스로 가지가지 말을 내기도 하고, 또는 여러 가지 보살들로 하여금
여러 가지 대중의 모인 데 있어서 가지가지 말을 하게도 하여, 가지가지 법을
말하였다.   <此衆普見>

 이 회중에 있는 보살 대중이 이러한 부처님 여래의 깊은 삼매와 큰 신통력
을 보는 것 같이, 온 법계 허공계의 동서남북과 네 간방과 상·하방의 바다 가
운데서 중생심을 의지하여 머무르면서, 비롯 없는 과거로부터 현재에 이르는
모든 국토나 모든 중생의 몸이나 모든 허공 가운데 한 털끝만한 곳마다 낱낱
이 티끌 수 같은 세계가 있어 갖가지 업으로 생기어 차례로 머물거든, 그 세계
마다 도량에 모인 보살 대중이 있었다.
 이 보살들도 이렇게 불신력을 보되, 3세를 헐지도 않고 세간을 헐지도 않으
면서, 모든 중생의 마음에 그 영상을 나타내며, 모든 중생심을 따라 미묘한 음
성을 내고, 모든 대중의 모인 데 들어가서 모든 중생앞에 나타나는데, 빛과 모
양은 다르나 지혜는 다르지 않으며, 그들에게 마땅한 대로 불법을 보이며, 모
든 중생을 교화 조복하기를 잠깐도 쉬지 아니하였다.   <化衆普見>

③ 보고 깨달은 인연

 이 불신력을 보는 이들은 다 비로자나여래께서 지난 옛적에 선근으로 거두
어 준 이며, 4섭법으로 붙들어 주신 이거나, 보고 듣고 생각하고 친근하여서
성숙한 이거나, 옛적에 그를 교화하여 무상보리심을 내게 하였거나, 과거에 부
처님들 계신데서 선근을 함께 심었거나, 과거에 온갖 지혜와 교묘한 방편으로
교화하여 성숙케 한 이들이다.

④ 광명의 이득

 그러므로 다 여래의 부사의한 깊은 삼매와 온 법계 허공계의 큰 신통력에

들어갔으니, 법신·육신·옛적에 성취한 행·원만한 여러 바라밀다·장엄하고 청정한 행·보살의 여러 지위·각을 이루는 힘·부처님이 머무는 삼매와 차별 없는 큰 신통 변화·여래의 힘과 두려움 없는 지혜·부처님의 걸림 없는 변재 바다에 들기도 하느니라.

저 보살들이 가지가지 지혜·도·문·들어감·이치와 따라줌·지혜·도를 도움·방편·삼매로 이러한 열 가지 말할 수 없는 불세계의 티끌 수 부처님 신통변화 바다의 방평문에 들어가느니라.

갖가지 삼매란, 이른바 법계를 두루 장엄하는 삼매·3세의 걸림없는 경계를 널리 비추는 삼매·법계의 차별이 없는 지혜 광명 삼매·여래의 경계에 들어가 흔들리지 않는 삼매·그지없는 허공을 두루 비추는 삼매·여래의 힘에 들어가는 삼매·부처의 두려움 없는 용맹으로 기운 뻗고 장엄하는 삼매·모든 법계의 구르는 광 삼매·달처럼 모든 법계에 나타나서 걸림없는 음성으로 크게 연설하는 삼매·두루 청정한 법계의 광명 삼매와, 걸림 없는 비단 법왕 당기 삼매·낱낱 경계 속에서 모든 부처님 바다를 보는 삼매·모든 세간에서 몸을 나타내는 삼매·여래의 차별없는 몸의 경계에 들어가는 삼매·모든 세간을 따라 크게 가엾이 여기는 광을 굴리는 삼매와, 모든 법에 자취가 없음을 아는 삼매·모든 법이 끝까지 고요함을 아는 삼매·얻는 것은 없으나 능히 변화하여 세간에 두루 나타나는 삼매·모든 세계에 두루 들어가는 삼매·모든 불세계를 장엄하고 정각을 이루는 삼매와, 모든 세간 임금의 모양이 차별함을 보는 삼매·일체 중생의 경계를 보는 데 장애가 없는 삼매·모든 여래의 어머니를 내는 삼매·행을 닦아 모든 불공덕의 길에 들어가는 삼매·낱낱 경계마다 신통변화를 나타내어 오는 세월이 끝나도록 하는 삼매·모든 여래의 종자 성품을 보호하는 삼매·결정한 지혜력으로 지금 시방에 있는 불세계 바다가 다 청정하여지는 삼매·잠깐 동안에 모든 부처님의 머무신 데를 두루 비추는 삼매·모든 경계의 걸림없는 짬에 들어가는 삼매와, 모든 세계로 한 불세계를 만드는 삼매·모든 부처님의 변화신을 내는 삼매·금강왕 지혜로 모든 근성 바다를 아는 삼매·모든 여래와 동일한 몸임을 아는 삼매·모든 법계의 나란히 정돈된 것이 생각의 짬에 머무는 것을 아는 삼매·모든 법계의 광대한 국토에서 열반을 보이는 삼매·가장 높은 곳에 머물게 하는 삼매·모든 불세계에서 갖가지 중생의 차별한 몸을 나타내는 삼매·모든 불지혜에 널리 들어가는 삼매·모든 법과 성품과 모양을 아는 삼매와, 한 생각에 3세법을 두루 아는 삼매·잠깐 동안에 법계의 몸을 두루 나타내는 삼매·사자와 용맹한 지혜로 모든 여래의 나시는 차례를 아는 삼매·모든 법계의 경계에 지혜 눈이 원만한 삼매·용맹하게 10력으로 향하여 나아가는 삼매·모든 공덕이 원만한 광명을 놓아 세간에 두루 비추는 삼매·흔들리지 않는 갈무리 삼매·한 법을 말하여 모든 법에 두루 들어가는 삼매·한 법에 대하여 모든 말로 차별하게 해석하는 삼매·모든 부처님의 둘이 없는 법을 연설하는 삼매·3세의 걸림없는 짬을 아는 삼매와, 모든 겁이 차별이 없음을 아는 삼매·10력의 미세한 방편에 들어가는 삼매·모든 겁에 온갖 보살행을 성취하여 끊어지지 않는 삼매·시방에 널리 몸을 나타내는 삼매·법계에서 마음대로 정각을 이루는 삼매·모든 편안하게 느낌을 내는 삼매·모든 장엄 거리를 내어 허공계를 장엄하는 삼매·잠깐잠깐 중생의 수효와 같은 변화하는 몸 구름을 내는 삼매·여래의 깨끗한 허공에 달의 광명 삼매·모든 여래가 허공에 머무름을 항상 보는 삼매와, 모든 불장엄을 열어 보이는 삼매·모든 법과 뜻을 밝게 비추는 등불 삼매·10력의 경계를 비추는 삼매·3세제불의 당기 모양 삼매·모든 부처님의 한 가지 비밀한 갈무리 삼매·생각생각마다 짓는 일이 다 끝까지 이르는 삼매·다함이 없는 복덕광 삼매·그지없는 불경계를 보는 삼매·모든 법에 굳게 머무는 삼매·모든 여래의 변화를 나타내어 다 보고 알게 하는 삼매와, 생각생각마다 부처님 해가 나타내는 삼매·하루 동안에 3세법을 다 아는 삼매·두루한 음성으로 모든 법성이 고요함을 연설하는 삼매·모든 부처님의 자재력을 보는 삼매·법계에 연꽃이 피는 삼매·모든 법이 허공과 같아서 머무는 곳이 없음을 보는 삼매·시방의 바다가 한 방소에 두루 들어가는 삼매·모든 법계가 근원이 없는 데 들어가는 삼매·모든 법의 바다 삼매·고요한 몸으로 온갖 광명을 놓는 삼매와, 한 생각 동안에 모든 신통과 큰 원을 나타내는 삼매·온갖 시간 온갖 처소에서 바른 깨달음을 이루는 삼매·한 장엄으로 모든 법계에 들어가는 삼매·모든 불신을 두루 나타내는 삼매·모든 중생의 광대하고 특수한 신통의 지혜를 아는 삼매·잠깐 동안에 몸이 법계에 두루하는 삼매·1승의 깨끗한 법계를 나타내는 삼매·넓은 문의 법계에 들어가서 큰 장엄을 나타내는 삼매·모든 부처님의 법륜을 머물러 지니는 삼매·모든 법문으로 한 법문을 장엄하는 삼매와, 인드라 그물 같은 원행으로 모든 중생계를 거두어 주는 삼매·모든 세계의 문을 분별하는 삼매·연꽃을 타고 마음대로 걸어다니는 삼매·모든 중생의 갖가지로 차별한 신통의 지혜를 아는 삼매·그 몸을 모든 중생의 앞에 항상 나타내는 삼매·모든 중생 차별한 음성과 말을 아는 삼매·모든 중생의 차별한 지혜와 신통을 아는 삼매·큰 자비가 평등한 갈무리 삼매·모든 불여래의 짬에 들어가는 삼매·모든 여래의 해탈한 곳을 관찰하는 사자의 기운 뻗는 삼매 보살이 이렇게 말할 수 없는 불세계의 티끌 수 삼매로, 비로자나여래의 잠깐마다 모든 법계에 가득하는 삼매의 신통변화 바다에 들어갔느니라.

그 보살들은 모두 큰 지혜와 신통을 구족, 밝고 예리함이 자유자재하여 여러 지위에 머물며, 광대한 지혜로 모든 것을 두루 보고, 모든 지혜의 성품으로 났으며, 온갖 지혜의 지혜가 항상 앞에 나타나서 어리석은 가림을 떠난 청정한 지혜 눈을 얻었다.

여러 중생을 조어하는 스승이 되어 부처님의 평등한 데 머무르며, 모든 법에 분별이 없으며, 경계를 분명히 통달하여 세간의 성품이 고요하여 의지한 데 없음을 알고, 모든 부처의 국토에 두루 나아가나 집착이 없으며, 모든 법을 관찰하나 머무름이 없고, 모든 묘한 법의 궁전에 두루 들어가나 오는 바가 없으며, 모든 세간을 교화하고 조복하여 여러 중생에게 편안한 곳을 나타내었다.

지혜의 해탈이 그의 행할 바가 되어 항상 지혜의 몸으로 탐욕을 떠난 짬에 머물며, 생사의 바다를 뛰어나와 진실한 짬을 보이고, 지혜의 빛이 원만하여 모든 법을 널리 보며, 삼매에 머물러서 견고하여 동요하지 않고, 여러 중생에게 크게 가엾이 여김을 일으키며, 모든 법문은 다 눈어리 같고 모든 중생은 꿈 같고 모든 여래는 그림자 같고 모든 말은 메아리 같고 모든 법은 변화와 같음을 알며, 훌륭한 행과 원을 잘 모으고, 지혜가 원만하고 방편이 청정하여 마음이 매우 고요하며, 모든 다라니 경계에 잘 들어가고 삼매의 힘을 구족하여 용맹하고 겁이 없으며, 밝은 지혜의 눈을 얻어 법계의 짬에 머물고, 온갖 법이 얻을 것 없는 데 이르며, 가없는 지혜의 바다를 닦아 익혀 지혜 바라밀다의 끝인 저 언덕에 이르고, 반야 바라밀다의 거두어 가짐이 되며, 신통 바라밀다로 세간에 널리 들어가고, 삼매 바라밀다를 의지하여 마음이 자재함을 얻었다.

뒤바뀌지 않은 지혜로 모든 이치를 알고, 교묘하게 분별하는 지혜로 법장을 열어 보이며, 드러나게 아는 지혜로 글을 해석하고 큰 서원력으로 법을 말함이 다하지 않으며, 두려움이 없는 큰 사자후로 의지할 데 없는 법을 관찰하기 좋아하고, 깨끗한 법 눈으로 모든 것을 두루 보며, 깨끗한 지혜 달로 세간이 이루고 무너짐을 비추고, 지혜의 빛으로 진실한 이치를 비추며, 복덕과 지혜는 금강산과 같아서 온갖 비유로 미칠 수 없고, 모든 법을 잘 관찰하여 지혜의 근이 증장하며, 용맹하게 정진하여 여러 마를 꺾어 부수고, 한량없는 지혜는 위엄과 광채가 치성하여 몸이 모든 세간에서 뛰어났으며, 모든 법에 걸림없는 지혜를 얻어 다하고 다함없는 짬을 잘 알고, 넓은 짬에 머물러 진실한 짬에 들어가며, 형상 없이 관찰하는 지혜가 항상 앞에 나타나는 것이다.

교묘하게 보살들의 행을 성취하고 둘이 없는 지혜로 여러 경계를 알며, 모든 세간의 여러 길을 두루 보고 모든 불국토에 가고 지혜 등불이 원만하여 모든 법에 어둠이 없으며, 깨끗한 법광명을 놓아 시방세계를 비추고 여러 세간의 진실한 복밭이 되어 보는 이나 듣는 이가 다 소원을 이루며, 복덕이 높고 커서 세간에 뛰어났고, 용맹하고 두려움이 없어 외도들을 굴복하며, 미묘한 음성을 내어 모든 세계에 두루하였다.

널리 부처님을 뵈옵는 마음은 만족할 줄 모르고 불법의 몸에는 이미 자유자재하였으며, 교화할 중생을 따라 몸을 나타내니 한 몸이 모든 불세계에 가득하였다.

이미 자재하여져서 청정한 신통을 얻었고, 큰 지혜의 배를 타고 가는 곳마다 걸림이 없으며, 지혜가 원만하여 법계에 두루하니, 마치 해가 떠서 세간에 비치면 중생심을 따라 빛과 형상을 나타내는 듯, 중생의 근성과 욕망을 알고 모든 법이 다함이 없는 경계에 들어가며, 법성이 남도 없고 일어남도 없음을 알아 크고 작은 것에 자유자재하여 서로 들어가게 하느니라.

불지위의 깊은 뜻을 분명히 알고 무진한 글귀로 매우 깊은 이치를 말하되 한 구절 가운데 모든 다라니 바다를 연설하며, 큰 지혜의 다라니 몸을 얻어 배워 지닌 것을 영원히 잊지 않으며, 한 생각에 한량없는 겁 동안의 일을 기억하고, 한 생각에 3세 모든 중생의 지혜를 알며, 항상 온갖 다라니 문으로 그지없는 불법해를 연설하고, 물러가지 않는 청정한 법륜을 항상 굴리어 중생들의 지혜를 내게 하였다.

불경계의 지혜 광명을 얻어서 잘 보는 깊은 삼매에 들어가며, 모든 법의 장애가 없는 짬에 들어가 온갖 법에 훌륭한 지혜가 자재하며, 모든 경계가 청정하게 장엄하여 시방의 모든 법계에 두루 들어가되 어느 방소에나 이르지 않는 데가 없었다.

모든 티끌 속마다 바른 깨달음을 이루며 색의 성품이 없는 데서 온갖 색을 나타내며 모든 방위를 한 방위에 넣었다.

그 보살들이 이와같이 그지없는 공덕광을 갖추어 항상 부처님들의 칭찬함을 받으니, 갖가지 말로 그 공덕을 말하여도 다할 수 없으며, 타 제타숲속에 있으면서 여래의 공덕해에 들어가서 불광명이 비치는 것을 보았다.   <법덕>

이 때 모든 보살이 부사의한 바른 법의 광명을 얻고 마음이 매우 환희하여,

제각기 그 몸과 누각의 모든 장엄 거리와 앉아 있는 사자좌로써 제타숲 모든 물건에 두루 하였으며, 가지각색 장엄 구름을 나투어 모든 시방 세계에 충만하였으니, 이른바 잠깐 동안에 큰 광명 구름을 낳아 시방에 가득하여 모든 중생을 깨우치며, 모든 마니 보배와 풍경 구름을 내어 시방에 가득하여 미묘한 음성으로 3세불들의 공덕을 일컬어 찬탄하며, 모든 음악 구름을 내어 시방에 가득하여 그 음성 속에서 모든 중생의 업과를 연설하였다.

  모든 보살의 여러 가지 원행의 빛깔 구름을 내어 시방에 가득하여 보살들이 가진 큰 원을 말하며, 모든 여래의 마음대로 변화하는 구름을 내어 시방에 가득하여 모든 불여래의 음성을 말하여 내며, 모든 보살의 잘생긴 모습으로 장엄한 몸 구름을 내어 시방에 가득하여 여래의 모든 국토 생기던 차례를 말하며, 3세 여래의 도량 구름을 내어 시방에 가득하여 모든 여래께서 등정각을 이루는 공덕 장엄을 나타내며, 모든 용왕 구름을 내어 시방에 가득하여 온갖 향을 비내리며, 모든 세간 임금의 몸 구름에 내어 시방에 가득하여 보현보살이 행을 연설하며, 모든 보배로 장엄하여 청정한 불세계 구름을 내어 시방에 가득하여 모든 여래의 바른 법륜 굴림을 나타내었다.

  이 보살들이 부사의한 법광명을 얻었으므로 으레 이런 말할 수 없는 불세계의 티끌 수 큰 신통변화로 장엄한 구름을 일으키는 것이다. <보은 공양>

(9) 문수가 거듭 그 덕을 찬탄하다

  이 때 문수사리보살이 부처님의 신력을 받자와 이 제타숲 속의 여러 신통변화한 일을 거듭 펴려고 시방을 관찰하고 게송을 말하였다.

  그대들은 보시오, 이 제타숲이 부처님 위신으로 끝없이 넓고
  온갖 장엄을 다 나타내어 시방의 온 법계에 가득히 찼고
  서방의 한량없는 모든 국토에 그지없는 종류를 모두 장엄해
  거기 있는 사자좌를 경계 가운데 온갖 모양 분명히 다 나타나고 (2송 嘆廣徧)

  수없는 불자들의 털구멍에서 가지가지 장엄한 불꽃 구름과
  여래의 미묘하온 음성을 내어 시방의 모든 세계 가득히 차고 (1송 찬중생세간)
  보배 꽃 나무에서 몸을 나투니 잘생긴 그 모습이 범천과 같아

선정에서 일어나 걸어다니며 오고 가는 거동이 항상 고요해

여래의 하나하나 털구멍 속에 변화하여 부사의한 몸을 나타내
모두 다 보현보살이 가지가지 상호(相好)를 장엄하였고 (이상 2송 依正互在)
제타숲 위에 있는 허공 중에서 여러 가지 장엄으로 소리를 내어
3세 보살들이 닦아 이루신 갖가지 공덕 바다 널리 말하고

제타숲 속에 있는 보배 나무도 한량없이 미묘한 음성을 내어
모든 중생 가자가지 업의 바다가 제각기 차별함을 연설도 하며
제타숲 속에 있는 여러 경계가 3세 여래들을 다 나타내어
저마다 큰 신통을 일으키는 일 시방의 세계 바다 티끌과 같고 (3송 述上林空)

시방에 널리 있는 갖가지 국토 모든 세계 바다의 티끌 수들이
여래의 털구멍에 다 들어가서 차례로 장엄함을 모두 보겠고
모든 장엄 속에서 나타낸 부처 중생과 같은 수가 세간에 가득
부처마다 큰 광명 모두 놓아서 갖가지로 마땅하게 중생을 교화

향 불꽃과 보배 광과 여러 가지 꽃 갖가지로 미묘하게 장엄한 구름
시방세계 가득하옵고 (이상 3송 述智正覺)
엄청나게 허공과 같은 것들이 시방의 국토를 가득하였고
시방 세계 3세 모든 부처님 여러 가지 장엄한 묘한 도량이
이 동산의 제타숲 경계 가운데 갖가지 모양이 다 나타나고
수많은 보현보살 모든 불자들 백천만겁 동안에 장엄한 세계
그 수효 무량, 중생 같거든 이 숲속에서 모두 보겠네. (이상 總顯普收)

(10) 대용무애(大用無涯)

그 때 저 보살들이 불삼매 광명이 비치었으므로 곧 이러한 삼매에 들어갔으며, 제각기 말할 수 없는 불세계 티끌 수의 크게 가엾이 여기는 문을 얻어 모든 중생들을 이익하고 안락케 하는데, 몸에 있는 털구멍마다 말할 수 없는 불세계 티끌 수 광명을 내고, 낱낱 광명에서 말할 수 없는 불세계 티끌 수 보살

들을 변화하여 나타내니, 그 형상이 세간 임금과 같으며, 일체 중생의 앞에 나타나서 시방 법계에 가득하게 차 있으면서 여러 가지 방편으로 교화하고 조복하였다. <毛孔化>

 말할 수 없는 불세계의 티끌 수 하늘 궁전의 무상한 문도 나타내고, 모든 중생의 태어나는 문·모든 보살의 수행하는 문·꿈 경계의 문·보살의 큰 서원 문·세계를 진동하는 문·세계를 분별하는 문·세계가 지금 생기는 문·단 바라밀 문·모든 여래들이 공덕을 닦느라고 가지가지로 고행하는 시 바라밀 문·온몸을 오려내는 크사안티 바라밀 문·부지런히 닦는 정진 바라밀 문·보살들이 삼매를 닦는 선정 해탈 문·불도가 원만한 지혜의 광명 문·불법을 구하면서 한 글귀 한 토를 위하여 무수한 몸과 목숨을 버리는 문·모든 부처님을 친근하여 모든 법을 물으면서도 고달픈 생각이 없는 문·모든 중생의 시절과 욕망을 따라 있는 곳에 나아가서 방편으로 성숙시키어 온갖 지혜를 바다의 광명에 머물게 하는 문·모든 마를 항복하고 외도들을 제어하여 보살의 복덕력을 드러내는 문·모든 기술학을 아는 문·모든 중생의 차별을 아는 문·모든 중생의 마음으로 좋아함이 차별함을 아는 문·모든 중생의 근성·행동·번뇌·슬기를 아는 문·모든 중생의 가지가지 업을 아는 문·모든 중생을 깨우치는 문도 나타내었다. <諸門化>

 이와 같은 말할 수 없는 불세계 티끌 수 방편문으로 모든 중생이 있는 곳에 나아가 성숙케 하나니, 이른바 천궁·용궁에도 가고 야차·건달·아수라·가루라·긴나라·마후라가 궁전에도 가며, 범왕 궁·인간의 왕궁·염라대왕의 궁에도 가고, 축생·아귀·지옥의 사는 곳에도 가는 것이다. <所化處>

 평등한 큰 자비·큰 원·지혜·방편으로 중생들을 거두어 주는데, 보고서 조복되는 이도 있고, 듣고서, 생각하고서, 음성을 듣고서, 이름을 듣고서, 둥근 광명을 보고서, 광명 그물을 보고서 조복되기도 하나니, 중생들의 마음에 좋아함을 따라서 그들의 처소에 나아가서 이익을 얻게 하였다. <能化心>

 이 제타숲에 있는 모든 보살이 중생들을 성취하기 위하여, 어떤 때에는 갖가지로 장엄한 궁전에 있기도 하고, 어떤 때에는 자기의 누각에서 사자좌에 앉았거든, 도량에 모인 대중이 둘러 모시고 시방에 두루하여 여럿이 보게 하지마는, 이 제타숲 여래의 처소를 떠나지 아니하였다. <所化益>

圖十五

善財童子，漸次而行，至大興城，推求明智長者。見彼居士在其城內，市四衢道七寶臺上，處無數寶莊嚴之座，十千眷屬，前後圍繞。居士言：「如諸菩薩悉能救護一切衆生，善男子，我得隨意出生福德藏解脫門，凡有所須，悉滿其願。且待須臾，汝當自見。」說是語時，無量衆生，皆以菩薩往昔願力，俱來集會。爾時居士，仰視虛空，如其所須，悉從空下，一切衆會，普皆滿足，然後復爲說種種法。

15. 대흥성 명지거사에게 수의출생복덕장해탈문을 얻는 장면

圖十六

善財童子，漸次而行，向師子城，推求寶髻長者。爾時長者，執善財手，將詣所居，示其舍宅。爾時善財，見其舍宅，清淨光明，其宅廣博，十層八門，施諸飲食、寶衣、寶莊嚴具、采女；諸菩薩衆、一切如來充滿其中。長者告言：「我念過去，過佛剎微塵數劫，彼佛入城，我奏樂音，並燒一丸香，而以供養，故獲斯報。善男子，我唯知此菩薩無量福德寶藏解脫門。」

16. 사자궁성 법보계장자에게 무진복덕보장해탈문을 얻은 장소

圖十七

南方有一國土,名曰藤根,其土有城名曰普門,中有長者名爲普眼。善財童子,見彼長者,往詣其所,於前頂禮。長者告言:「善男子,十方衆生,諸有病者,咸來我所,我皆療治,令其得差,然後各爲如應說法。我又善知和合一切諸香要法。我持此香,以爲供養,普見諸佛,所願皆滿。善男子,我唯知此令一切衆生普見諸佛歡喜法門。」

17. 등근국 보문성 보아장자에게 보견제불환희 법문을 듣는 장면

圖十八

善財童子，漸次遊行，至多羅幢城，問無厭足王所在之處，尋即往詣，遙見彼王，坐那羅延金剛之座，十千大臣，前後圍繞，共理王政。無量眾生，作種種惡業，身被五縛，將詣王所，隨其所犯，而治罰之。王告善財言：「善男子，我得菩薩如幻解脫。我此國土，所有眾生，多行殺盜乃至邪見，作餘惡業。我不能令其捨離惡業。我為調伏彼眾生故，化作惡人，造諸罪業，受種種苦。我以如是善巧方便故，令諸眾生捨十惡業。」

18. 다라당성 무염족왕에게 여환해탈 법문을 듣고 있는 장면

圖十九

善財童子，漸次遊行，至妙光大城，見大光王，四衢道中，坐如意摩尼師子寶座，時王告言：「我淨修菩薩大慈幢行。我國土中，一切眾生，皆於我所無有恐怖。若有眾生，貧窮困乏，來至我所，而有求索，我開庫藏，恣其所取。」時大光王，即入此定，城內所有居人，歡喜踊躍，近王所住鳥獸，起慈悲心，一切山原及諸草樹，向王敬禮。時大光王告善財言：「善男子，我唯知此菩薩大慈為首隨順世間三昧門。」

19. 묘광성 대광왕을 뵙고 대자당행 법문을 듣는 장면

圖二十

善財童子，漸次遊行至安住城，不動優婆夷，在其家內，父母守護，與自親屬無量人眾，演說妙法。善財童子，即詣不動優婆夷舍，見彼堂宇，金色光明，遇斯光者，身意清涼。時不動優婆夷，以菩薩柔軟語，慰諭善財：「善男子，過去世中，我於夜分，仰觀星宿，見彼如來如寶山王，我於彼佛所，聞如是法，求一切智。我唯得此求一切法無厭足三昧光明，為一切眾生說微妙法，皆令歡喜。」

20. 안주왕도 부동우바이에게 구일체법 무역족삼매 광명 법문을 듣는 장면

圖二十一

善財童子，經歷國邑，至都薩羅城，尋見徧行外道。城東有山，名曰善德，善財童子於中夜時，見此外道，於其山上平坦之處，徐步經行。徧行千梵衆之所圍繞。徧行言：「我已安住至一切處菩薩行，已成就普門般若波羅蜜。善男子，此都薩羅城中，諸人衆中，我皆以方便，示同其形，隨其所應，而爲說法。如是十方無量世界諸衆生海，我悉以種種方便，種種法門，現種種色身，以種種言音而爲說法，令得利益。」

21. 도살자성 변행외도를 뵙고 일체처보살행 해탈문을 얻은 장소

圖二十二

南方有一國土名為廣大，有鬻香長者，名優鉢羅華。善財漸次遊行，至廣大國，詣長者所，頂禮其足，繞無數匝，合掌而立。長者告言：「善男子，我善別知一切諸香，亦知調合一切香法，又知如是一切香王所出之處。善男子，我唯知此調和香法，遠離一切諸惡習氣，不染世欲，永斷煩惱眾魔罥索，超諸有趣。」

22. 광대국 우발라와 장자에게 조화향 법문을 들은 장소

이 보살들이 어떤 때에는 한량없는 화신(化身) 구름을 나타내기도 하고 동무가 없는 혼자 몸을 나타내기도 하나니, 이른바 사문의 몸·바라문의 몸·고행하는 몸·충성(充盛)한 몸·의사의 몸·장사 주인의 몸·깨끗이 생활하는 몸·배우의 몸·하늘을 섬기는 몸·공교한 기술자의 몸도 나타내어, 모든 시골·도시·서울·마을에 있는 중생들의 처소에 가서 마땅한 대로 갖가지 형상·위의·음성·언론·사는 곳으로써 인드라 그물과 같은 모든 세간에서 보살행을 행할 적에, 세간의 공교한 사업을 말하며, 모든 지혜로 세상을 비추는 등불을 말하며, 모든 중생의 업력으로 장엄하는 것을 말하며, 시방 국토에서 여러 가지 승(勝)을 세우는 지위를 말하며, 지혜 등불을 비추는 모든 법의 경계를 말하며, 일체 중생을 교화하여 성취하면서도 이 제타숲 여래의 처소를 떠나지 아니하였다.　　<分身多類化>

제2편 말회 : 선재구법 53선지식

1. 선재구법(善財求法) : 십신(十信) — 화엄경 제62권

(1) 능화발기(能化發起)

　그 때 문수동자가 선주루각(善住樓閣)으로부터 나와서, 한량없는 함께 수행하는 보살·항상 따르며 시위하는 금강신·중생들을 두루 위하여 부처님께 공양하는 신중신·오래부터 굳은 서원으로 항상 시중하는 족행신·묘한 법을 듣기 좋아하는 주지신·항상 대자비를 닦는 주수신·지혜 빛으로 비추는 주화신·마니로 관을 만든 주풍신·시방의 모든 의식을 잘 아는 주방신·무명의 어둠을 전력으로 제멸하는 주야신·일심으로 부처님 해를 쉬지 않고 밝히는 주주신·법계의 모든 허공을 장엄하는 허공신·중생들 건지어 생사의 바다를 뛰어나게 하는 주해신·온갖 지혜와 도를 돕는 선근을 부지런히 모은 높고 크기 산과 같은 주산신과, 모든 중생의 보살 마음 성을 부지런히 수호하는 주성신·온갖 지혜의 지혜와 위없는 법성을 부지런히 수호하는 용왕·모든 중생을 부지런히 수호하는 야차왕·중생들을 항상 즐겁게 하는 건달바왕·아귀의 길을 항상 제멸하는 구반다왕·모든 중생을 구제하여 생사의 바다에서 뛰어나게 하는 가루왕·여래의 몸을 성취하여 세간에서 뛰어나려 하는 아수라왕·부처님을 뵈옵고 환희하여 허리 굽혀 공경하는 마후라가왕·생사를 싫어하고 부처님 법기를 좋아하는 큰 천왕들·부처님을 존중하여 찬탄하고 공양하는 대범천왕들과 함께 하였다.

　문수는 이러한 공덕으로 장엄한 보살들과 더불어 자기가 있던 데서 떠나 부처님 계신데 와서 세존을 오른쪽으로 한량없이 돌고 모든 공양 거리로 공양하였고, 남쪽으로 인간세상을 향하였다.

(2) 성피화사(成彼化事)

① 비구회(比丘會)

그 때 사리불존자는 불신력을 받자와 문수보살이 여러 보살 대중으로 장엄하고 제타숲에서 나와 남쪽으로 인간을 향하여 가는 것을 보고 생각하기를 '나도 함께 가리라' 하고, 6천 비구와 함께 부처님께 나아가 인사드리고 따라 갔으니 그 이름을 말하면, 해각(海覺)·선생(善生)·복광(福光)·대동자(大童子)·전생(電生)·정행(淨行)·천덕(天德)·군혜(君慧)·범승(梵勝)·적혜(寂慧)비구 등으로 출가한지 얼마 되지 아니한 이들이었다. 모두 한량없는 부처님께 공양하여 선근을 깊이 심어 이해력이 광대하며, 믿는 눈이 밝게 사무치고 마음이 너그러우며, 부처님의 경계를 관찰하고 법의 본 성품을 알아 중생들을 이익케 하며, 항상 불공덕을 부지런히 구하신 분들로서 다 문수사리가 법을 말하여 교화 성취한 이들이었다.

이 때 사리불이 길을 가다가 해각비구에게 말하였다.

"해각이여, 그대는 보라. 문수의 청정한 몸은 잘생긴 모습으로 장엄하였으매 모든 하늘이나 사람들이 헤아릴 수 없느니라. 문수의 둥근 광명이 사무쳐 비추어 한량없는 중생에게 환희심을 내게 하고, 문수의 광명 그물은 중생들의 한량없는 괴롬을 멸하느니라. 문수사리의 대중이 구족함은 다 보살이 옛적에 선근으로 거두어 준 것이니라. 또 문수가 다니는 길은 좌우로 8보씩이 평탄하고 문수가 머무는 곳에 주위 시방 위에 항상 도량이 있어 따라서 작용하게 되느니라. 문수의 다니는 길은 한량없는 복덕의 장엄을 갖추었으므로 좌우로 묻힌 갈무리가 있어 여러 가지 보배가 저절로 나오느니라. 문수는 일찍이 부처님께 공양한 선근으로 말미암아 모든 나무들 사이에서 장엄한 갈무리를 내고, 문수에게는 세간 임금들이 공양 거리 구름을 비 내리며 엎드려 절하고 공경 공양하느니라. 문수에게 시방의 모든 부처님 여래께서 설법하려 할 때에는 미간의 광명을 놓아 보내고 그 몸에 비추고 정수리로 들어가느니라."

그 때 사리불존자는 비구들에게 문수동자는 이렇게 한량없는 공덕으로 구족하게 장엄하였다고 찬탄하였다.

비구들은 이 말을 듣고 마음이 청정하며 믿고 이해함이 견고하여 기쁨을 참지 못하여 뛰놀면서 형체가 부드럽고 전신이 화열하여 근심은 없어지고 업장이 소멸하여, 부처님을 항상 뵈옵고 정법을 구하며 보살의 근기를 갖추고 보살의 힘을 얻었으며, 자비와 큰 서원이 거기서 나고 모든 바라밀다의 깊은 경지에 들어갔으며, 시방의 부처님들이 항상 앞에 나타나서 온갖 지혜에 믿고 좋아함을 내어 함께 가기를 그리워하여 사리불은 그들과 함께 그 곳에 가서 여쭈었다.

"거룩하신이여, 이 비구들이 뵈오려 하나이다."

그 때 문수동자는 한량없는 자재한 보살에게 둘러싸여 비구들을 보자. 비구들은 그의 발에 절하고 합장 공경한 뒤 말하였다.

"저희들이 지금 우러러 뵈옵고 공경하고 예배하는 일과, 그 밖에 모든 선근을, 거룩하신 문수사리와 화상이신 사리불과 석가모니 세존께서 증명하여 아시나니, 거룩하신 당신이 가지신 그러한 몸·음성·모습·자유자재하심을 저희들로 하여금 모두 얻게 하여지이다."

"비구들이여, 선남선녀가 열 가지 대승으로 나아가는 법을 성취하면 여래의 지위에 빨리 들어갈 것이어늘 하물며 보살의 지위이겠는가. 모든 선근을 모으고 모든 부처님을 뵈옵고 섬기고 공양하고, 모든 부처의 법을 구하고, 온갖 바라밀다를 행하고, 모든 보살의 삼매를 성취하고, 온갖 3매에 차례로 들어가고, 시방의 불세계를 두루 장엄하고, 일체 중생을 교화 조복하고, 모든 세계의 모든 겁에서 보살행을 성취하고, 한 중생을 성취하기 위하여 모든 불세계의 티끌 수 바라밀다를 수행하여 여래의 한 가지 힘을 성취하며 이와같이 차례차례로 모든 중생을 성취하기 위하여 여래의 모든 힘을 성취하는 데 마음이 고달프지 않느니라.

선남선녀가 깊은 믿음을 성취하고 이 열 가지 고달프지 않은 마음을 내면, 능히 모든 선근을 기르며, 모든 생사의 길을 여의며, 모든 세간이 종자 성문을 초월하며, 성문과 벽지불의 지위에 떨어지지 않고 여래의 가문에 태어나며, 모든 보살의 소원을 갖추며, 모든 여래의 공덕을 배우며, 모든 보살의 행을 닦으며, 여래의 힘을 얻어 여러 마와 외도들을 굴복시키며, 모든 번뇌를 멸하고 보살의 지위에 들어가서 여래의 자리에 가까와지느니라."

이 때 비구들이 이 법문을 듣고 곧 삼매를 얻으니, 이름이 '걸림 없는 눈으로 모든 부처의 경계를 봄'이라. 이 삼매를 얻었으므로 시방의 한량없고 그지없는 모든 세계의 부처님들과 그 도량에 모인 대중들, 시방 세계의 여러 길에 있는 중생들도 보며, 그 모든 세계가 갖가지 차별상과, 저 일체세계 모든 미세한 티끌, 저 여러 세계에 있는 중생들이 거처하는 궁전을 보니 여러가지 보배로 장엄하였다.

또 저 부처님 여래께서 갖가지 음성으로 법을 연설함을 듣고 말씀과 해석하심을 모두 분명히 알며, 저 세계에 있는 중생들의 근성과 욕망을 잘 관찰하며, 저 세계에 있는 모든 중생들이 전생과 내생에 열 번 태어나던 일도 기억하며, 저 세계의 과거와 미래에 각각 열 겁 동안 일도 기억하며, 또 저 모든 여래의 열 번 본생(本生)의 일·바른 깨달음을 이룸·법륜을 굴림과 열 가지 신통·설법·가르침·변재를 기억하였다.

또 10천 가지 보리심·바라밀다를 성취하여 모두 청정하였으며, 큰 지혜를 얻어 광명이 원만하였으며, 보살의 열 가지 신통을 얻어 부드럽고 미묘하며 보살의 마음에 머물러 견고하여 흔들리지 아니하였다.

이 때 문수보살이 여러 비구들을 권하여 보현행에 머물게 하였다. 보현행에 머물고는 큰 서원 바다에 들어가고, 서원 바다에 들어가서는 큰 서원 바다를 성취하고, 큰 서원 바다를 성취하였으므로 마음이 청정하고, 마음이 청정하였으므로 몸이 청정하고, 몸이 청정하였으므로 몸이 경쾌하고, 몸이 청정하고 경쾌하였으므로 큰 신통을 얻어 물러가지 아니하고, 이 신통을 얻었으므로 문수사리의 발밑을 떠나지 않고서 시방의 모든 부처님 계신 데서 몸을 나타내어 모든 불법을 구족 성취하였느니라."

② 제승회(諸乘會)

이 때 문수보살이 비구들을 권하여 무상보리심을 내게 하고는, 점점 남방으로 가면서 인간 세상을 지내다가 복성의 동쪽에 이르러 장엄당사라숲(莊嚴幢娑羅林)에 머물렀으니, 이 곳은 옛적에 부처님들이 계시면서 중생을 교화하던 큰 탑이 있는 곳이며, 세존께서도 과거에 보살행을 닦으시며 한량없이 버리기 어려운 것을 버리시던 곳이다. 그래서 이 숲은 한량없는 불세계에 소문이 퍼졌으며, 언제나 하늘·용·야차·건달바·아수라·가루라·긴나라·마후라가·사람·사람 아닌 이들이 공양하는 곳이다.

이에 문수사리보살이 권속들과 함께 이 곳에 이르러서 '법계를 두루 비추는 수우트라(經)'를 말씀하니, 백만의 나유타 경들이 되었다.

이 경을 말할 적에 바다 가운데 있던 한량없는 백천억 용들이 와서 법문을 듣고는 용의 길을 싫어하고 바로 불도를 구하여 용의 몸을 버리고 천상이나 인간에 태어나서, 1만 용들이 무상보리에서 물러가지 않게 되었고, 또 한량없고 수없는 중생들은 3승 가운데서 제각기 조복하게 되었다.

③ 선재회(善財會)

ㄱ. 사부대중이 움직이다

이 때에 복성 사람들은 문수동자가 장엄당사라숲 속 큰 탑에 있는 곳에 왔다는 말을 듣고, 한량없는 대중이 복성에서 나와 그 곳에 이르렀다.

그 때 대지(大智)우바새가 오백 우바새 권속과 함께 있었으니, 이른바 수다타·바수다타·복덕광(福德光)·유명칭(有名稱)·시명칭(施名稱)·월덕(月德)·선혜(善慧)·대혜(大慧)·현호(賢護)·현승(賢勝)우바새 등이라. 모두 함께 문수동자 있는 데 와서 발에 엎드려 절하고 오른쪽으로 세 번 돌고 한 곁에 물러가 앉았다. 또 대혜(大慧)·선광(善光)·묘신(妙身)·가락신(可樂身)·현(賢)·현덕(賢德)·현광(賢光)·당광(幢光)·덕광(德光)·선목(善目) 등 우바이와 선재(善財)·선행(善行)·선계(善戒)·선위의(善威儀)·선용맹(善勇猛)·선사(善思)·선혜(善蕙)·선각(善覺)·선안(善眼)·선비(善臂)·선광(善光) 등 5백 동자, 선현(善賢)·대지거사의 딸 선광·현칭(賢稱)·미안(美顔)·견혜(堅慧)·현덕(賢德)·유덕(有德)·범수(梵授)·덕광(德光)·선광(善光) 등 5백 동녀등이 와서 각각 문수동자 발에 엎드려 절하고 오른 쪽으로 세번 돌고 한 곁에 물러가 앉았다.

ㄴ. 삼업조화(三業調化)

그 때 문수동자는 복성 사람들이 다 와서 모인 줄을 알고 그들이 좋아하는 마음을 따라 자유자재한 몸을 나투었으니, 위풍이 찬란하여 대중들을 가리고 인자함으로 그들을 서늘하게 하고, 가엾이 여김으로 법을 말할 생각을 내며, 지혜로 그 마음을 알고 광대한 변재로 법을 말하려 하였다.

또 선재를 살펴보면서 무슨 인연으로 그런 이름을 지었는가 하였다.

이 동자가 처음 태 가운데에 들 적에 그 집안에 저절로 칠보로 된 누각이 생기고, 누각 밑에는 일곱 개 창고가 있으며, 그 창고 위에는 땅이 저절로 벌어지며 칠보의 싹이 나니, 금·은·바이두우랴·파리·진주·자거·마노들이라. 선재동자가 태에 있는 지 열 달만에 탄생하니, 몸과 팔다리가 단정하였고, 일곱 개의 큰 창고가 가로·세로·높이가 각각 7척씩 되는 것이 땅에서 솟아오르니 광명이 찬란하였다.

또 집안에는 저절로 5백 개의 보배 그릇이 있어 갖가지 물건이 가득하였으니, 금강 그릇에는 모든 향이 담기었고, 향 그릇에는 갖가지 옷이, 옥그릇에는 갖가지 맛좋은 음식이, 마니 그릇에는 갖가지 기이한 보배가, 금 그릇에는 은이, 은 그릇에는 금이 담기고, 금은 그릇에는 바이두우랴 마니 보배가, 파리 그릇에는 자거가, 자거 그릇에는 파리가, 마노 그릇에는 진주가, 진주 그릇에는 마노가, 불 마니 그릇에는 물 마니가, 물 마니 그릇에는 불 마니가 가득하였다.

이러한 5백 보배 그릇이 자연히 나오고, 또 여러 가지 보배와 모든 재물들이 온갖 광에 충만하였다. 그러므로 부모와 친척과 관상하는 이들이 이 아이의 이름을 선재라고 부른 줄을 알았다.

또 이 동자가 과거의 여러 부처님께 공양하며 선근을 많이 심었고, 믿고 이해함이 커서 여러 선지식을 항상 친근하였으며, 몸과 말과 뜻으로 짓는 일이 허물이 없고, 보살도를 깨끗이 하며, 온갖 지혜를 구하여 불법의 그릇을 이루었고, 마음이 청정하기 허공과 같으며 보리에 회향하여 장애가 없는 줄을 알았다.

ㄷ. 상근수축(上根隨逐)

그 때 문수보살이 이렇게 선재동자를 관찰하고는 위로하고 일러 주면서 모든 불법을 연설하였으니, 이른바 모든 부처님의 모으는 법·계속하는 법·차례로 하는 법·모인 대중이 청정한 법·법륜으로 교화하는 법·육신이 잘생긴 모습의 법·이 법의 몸을 성취하는 법·말씀하는 변재의 법·광명으로 비추는 법·평등하여 둘이 없는 법을 말하는 것이다.

그 때 문수동자가 선재동자와 대중들을 위하여 이런 법을 말하고는, 은근하게 권하여 세력이 늘게 하며, 그들을 기쁘게 하여 무상보리심을 내게 하였으며, 또 과거에 심은 선근을 기억하게 하였다. 이런 일을 하고는 그 자리에서 다시 중생들에게 마땅하게 법을 말하고 떠났다.

이 때 선재동자는 문수사리에게서 부처님의 이런 여러 가지 공덕을 듣고 한결같은 마음으로 무상보리를 구하며 문수사리를 따라서 게송을 말하였다.

삼계의 생사는 성곽 되고 교만한 마음 담장이며
여러 길은 문이 되고 사랑의 물이 해자(池塹) 되었네.
어리석은 어둠에 덮이어 탐욕과 성내는 불이 치성하니
마왕은 임금이 되어 어리석은 이들이 의지해 있고

탐심과 애욕은 묶는 노끈이요 아첨과 속이는 일 고삐가 되며

의혹의 눈을 가리어 삿된 길로 나아가게 하며
간탐과 질투와 교만이 많아 3악도에 들어도 가고
여러 길에 떨어지면 나고 늙고 병들고 죽는 고통 (이상 4송 沈溺)

묘한 지혜 청정한 해님의 가엾이 여기는 원만한 바퀴
번뇌의 바다 말리시나니 바라건대 나를 살펴 주소서.
묘한 지혜 청정한 달님의 인자하고 때 없는 바퀴
모든 이를 안락케 하시니 바라건대 나를 비춰 주소서.

온갖 법계의 왕이시어 법보로 길잡이 삼아
걸림 없이 허공에 다니시니 바라건대 나를 가르쳐 주소서.
복 많고 지혜 많은 장사 물주(商主) 용맹하게 보리 구하여
중생들을 이익케 하시니 바라건대 나를 보호하소서.

인욕 갑옷 입으시고 손에는 지혜의 검을 들어
마군에 자재하게 항복 받으시니 바라건대 나를 구제하소서.
불법의 수미산 꼭대기에서 선정의 시녀들이 항상 모시고
번뇌의 아수라 멸하시나니 제석이여 나를 살피소서. (6송 希垂拔濟)

3계의 생사 범부의 집이요 의혹과 짓는 업 여러 길의 원인
보살께서 모두 조복하시니 등불처럼 나의 길 비춰 주소서.
여러 나쁜 길 여의시고 모든 착한 일 깨끗하게
세간을 초월하신 이시니 해탈의 문을 보여 주소서.

세간의 뒤바뀐 고집 항상하고 즐겁고 '나'이고 깨끗하단 생각
지혜의 눈으로 모두 여의시니 해탈의 문을 열어 주소서.
바른 길·삿된 길 잘 아시고 분별하는 마음 겁이 없으사
온갖 것 다 아시는 이여 보리의 길을 가리켜 주소서.

부처님의 바른 소견에 머물고 부처님의 공덕 나무 기르며
부처님 법의 묘한 꽃 비 내리시니 보리의 길을 보여 주소서.
과거 · 미래 · 현재의 부처님 간 데마다 두루하시어

해가 세상에 뜬 듯하시니 그 길을 말씀하소서.

온갖 업 잘 아시고 여러 승의 수행을 통달하시니
결정한 지혜 가지신이여 마하연 길을 보여 주소서. (이상 7송 冀成果行)
서원은 바퀴, 자비는 속바퀴 신심의 굴대 참는 건 관해(管轄)
공덕 보배로 잘 꾸미시니 그 수레에 나를 태워 주소서.

다 지니신(總持) 광대한 수렛방(箱) 자비로 장엄한 뚜껑
변재의 풍경 잘 울리나니 그 수레에 나를 태워 주소서.
청정한 범행 돗자리 되고 삼매는 모시는 채녀를
법북의 아름다운 소리 그 수레에 나를 태워 주소서.

네 가지 거둬 주는 무진장 공덕은 장엄한 보배
부끄러움은 굴레와 배띠 그 수레에 나를 태워 주소서.
보시하는 바퀴 항상 굴리며 깨끗한 계율의 향을 바르고
참음으로 꾸미었으니 그 수레에 나를 타게 하세요.

선정과 삼매는 수렛방이요 지혜와 방편은 멍에가 되어
물러가지 않도록 조복하나니 그 수레에 나를 타게 하세요.
큰 서원은 청정한 바퀴 다 지니는 견고한 힘
지혜로 이루어졌나니 그 수레에 나를 타게 하세요.

보현의 행으로 두루 장식하였고 자비한 마음 천천히 굴러서
어디로 가나 겁이 없나니 그 수레에 나를 타게 하세요.
견고하기론 금강과 같고 공교하기는 눈어리 같아
모든 것에 장애 없으니 그 수레에 나를 타게 하세요.

광대하고 매우 청정해 중생들에게 낙을 주는 일
허공이나 법계와 평등 그 수레에 나를 타게 하세요.
업과 번뇌를 깨끗이 하며 헤매는 고통 끊어 버리고
마와 외도를 꺾어 부수니 그 수레에 나를 타게 하세요.

지혜는 시방에 가득하고 장엄은 법계에 두루하여
중생의 서원 만족케 하니 그 수레에 나를 타게 하세요.
청정하기 허공과 같아 애욕과 소견 없애 버리고
모든 중생을 이익하나니 그 수레에 나를 타게 하세요.

서원의 힘은 빠르게 가고 선정의 마음 편안히 앉아
모든 중생을 옮기시나니 그 수레에 나를 타게 하세요.
땅과 같아서 흔들리지 않고 물과 같아서 모두 이익케
이렇게 중생을 옮기시나니 그 수레에 나를 타게 하세요.(이상 15송 讚法求乘)

네 가지로 거둬 주는 원만한 바퀴 다 지니는 청정한 광명
이와 같은 지혜의 해를 나로 하여금 보게 하소서.
법왕의 지위에 이미 들었고 지혜의 관을 이미 쓰셨고
법의 비단을 머리에 맸나니 바라건대 나를 돌봐 주세요. (이상 2송 雙結人法)

ㄹ. 대성중교(大聖重敎)

이 때에 문수사리보살은 코끼리가 한 번 돌듯이 선재동자를 돌아보고 이렇게 말하였다.

"좋다 좋다, 착한 남자여, 그대는 이미 무상보리심을 내었고, 또 선지식을 가까이 하여 보살의 행을 물으며 보살의 도를 닦으려 하는구나. 선지식들을 친근하고 공양함은 온갖 지혜를 구족하는 첫째 인연이니, 이 일에는 고달픈 생각을 내지 말라."

선재동자가 여쭈었다.

"바라옵건대 거룩하신이여, 보살은 어떻게 보살행을 배우며, 닦으며, 어떻게 보살행에 나아가며, 어떻게 보살행을 행하며, 깨끗이 하며, 들어가며, 어떻게 보살행을 성취하며, 따라가며, 생각하며, 더 넓히며, 빨리 원만케 하나이까."

그 때 문수사리보살이 선재동자를 위하여 게송으로 말하였다.

착하다 공덕 갈무리 나에게 찾아 와서
자비한 마음을 내고 위없는 깨달음을 구함이여,
엄청난 서원을 세우며 중생의 괴롬을 없애려고
세상 사람을 위하여 보살의 행을 닦나니 (2송 正讚)

만일 어떤 보살이 생사의 괴롬을 싫어하지 않으면
보현의 도를 갖추어 아무도 깨뜨릴 수 없으리.(1송 略敎)
복의 빛, 복의 위력 복의 처소, 복의 깨끗한 바다
그대 중생을 위하여 보현의 행을 닦으려네. (1송 重讚)

그대가 끝닿은 데 없는 시방의 부처님들을 뵈옵고
법을 들으면 받아 지니고 잊지 않으리.
그대 시방 세계에서 한량없는 부처님 뵈옵고
모든 원력 바다를 성취하면 보살의 행을 구족하리라.

방편 바다에 들어가 부처의 보리에 머물면
지도하는 스승을 따라 배워서 온갖 지혜를 이루게 되리.
그대는 모든 세계에 두루하여 티끌 같은 겁 동안에
보현의 행을 닦아 행하면 보리의 도를 성취하리니

한량없는 세계에서 그지없는 세월에
보현의 행을 닦으면 큰 서원을 이루리니 (5송 廣敎)
이 한량없는 중생들 그대의 소원을 듣고 기쁘게
보리심을 내어서 보현의 법을 배우려 하리. (1승 結益)

　그 때 문수사리보살이 이 게송을 말하고, 선재동자에게 말하였다.
　"착하다. 그대가 이미 무상보리심을 내고 보살행을 구하는 구나. 어떤 중생이 무상보리심을 내는 것이 매우 어려운 일이어니와, 마음을 내고 또 보살행을 구하는 것은 더욱 어려운 일이니라. 온갖 지혜의 지혜를 성취하려거든, 결정코 선지식을 찾아야 하느니라. 선지식을 찾는 일에 고달프고 게으른 생각을 내지 말고, 선지식을 보고는 만족한 마음을 내지 말고, 선지식의 가르치는 말씀을 그대로 순종하고, 선지식의 교묘한 방편에 허물을 보지 말라.
　여기서 남쪽으로 가면 승락국(勝樂國) 묘봉산에 덕운(德雲)비구가 있으니 그대는 그이에게 가서 '보살이 어떻게 보살행을 배우며 닦고, 내지 보살이 어떻게 보현행을 빨리 원만합니까' 물으라."

2. 53선지식 참방(參訪)

(1) 십주법문(十住法門)

① 덕운비구(德雲比丘)의 발심주(發心住)

ㄱ. 의교취구(依敎趣求)
　그 때 선재동자는 이 말을 듣고 기뻐 뛰놀면서 문수보살의 발에 엎드려 절하고 수없이 돌고 은근하게 앙모하면서 눈물을 흘리고 하직하고 남쪽으로 떠났다.
　승락국을 향하여 가서 묘봉산에 올랐다. 그 산상에서 동서남북과 네 간방과 위와 아래로 살펴보고 찾아다니면서 목마르듯이 덕운비구를 보려 하다가 이레가 지난 뒤에 그 비구가 다른 산 위에서 거니는 것을 보았다.

ㄴ. 견문수법(見聞授法)
　선재동자는 그 앞에 나아가서 엎드려 발에 절하고 오른쪽으로 세 번 돌고 앞에 나아가 말하였다.
　"거룩하신이여, 저는 이미 무상보리를 내었사오나, 보살이 어떻게 보살행을 배우고 닦아 어떻게 해야 보살행을 빨리 원만히 성취할 수 있을 것인지 알지 못하나이다. 듣자온즉 거룩하신 이께서 잘 가르쳐 주신다 하오니, 자비하신 마음으로 말씀하여 주옵소서. 어찌 하오면 보살이 무상보리를 성취하나이까?"
　"착하다. 선남자여, 그대가 이미 무상보리심을 내었고, 또 보살행을 물으니, 이것은 어려운 중에 어려운 일이니라. 이른바 보살의 행·경계·해탈도·청정도·청정 광대한 마음·성취한 신통·해탈문 보임·세간에서 짓는 업을 나타내기·중생의 마음을 따라줌·생사하고 열반하는 문·함이 있고 함이 없음을 관찰하되 마음에 집착이 없이 구해야 하느니라.
　나는 자유자재하고 결정하게 이해하는 힘을 얻어서 믿는 눈이 청정하고 지혜의 빛이 밝게 비치므로 경계를 두루 관찰하여 모든 장애를 여의었으며, 교묘하게 관찰하여 넓은 눈이 밝아서 청정한 행을 갖추었으며, 시방의 모든 국토에 가서 여러 부처님을 공경 공양하고, 모든 부처님 여래를 항상 생각하며 모든 부처님의 바른 법을 모두 지니고 시방의 모든 부처님을 항상 뵈옵느니라.

이른바 동방에서는 한·두·열·백·천·백천·억·백억·천억·백천억·나유타 억·백 나유타 억·천 나유타 억·백천 나유타 억 부처님을 뵈오며, 내지 수없고, 한량없고, 그지없고, 같을 이 없고, 셀 수 없고, 일컬을 수 없고, 생각할 수 없고, 헤아릴 수 없고, 말할 수 없고, 말할 수 없이 말할 수 없는 부처님을 뵈오며, 내지 잠부드비이파·사천하·천·2천·3천 세계·불세계의 티끌 수 같은 부처님과, 내지 말할 수 없이 말할 수 없는 불세계의 티끌 수 부처님을 뵈옵느니라.

동방에서와 같이 남·서·북방과 4유·상·하방에서도 역시 그러하며, 낱낱 방위에 계시는 부처님들의 갖가지 빛깔·형상·신통·유희·모인 대중과 장엄한 도량·광명이 끝없이 비치는 일·국토·수명과, 중생들의 갖가지 마음을 따라서 갖가지로 바른 깨달음을 이루는 문을 나타내어서 대중들 가운데서 사자후하느니라.

나는 이 모든 부처님의 경계를 생각하여 지혜의 광명으로 두루 보는 법문을 얻었거니와, 모든 대 보살들의 그지없는 지혜로 청정하게 수행하는 문이야 어떻게 알겠는가.

이른바 지혜의 빛으로 두루 비추는 염불문[1]이니, 모든 부처님 국토의 가지가지 궁전을 청정하게 장엄함을 항상 보는 연고라. 일체 중생으로 생각케 하는 염불문이니, 중생들의 마음을 따라서 부처님을 뵈옵고 청정함을 얻게 하는 연고라. 힘에 편안히 머물게 하는 염불문이니, 여래의 열 가지 힘에 들게 하는 연고라. 법에 편안히 머물게 하는 염불문이니, 한량없는 부처님을 보고 법을 듣는 연고라. 여러 방위에 밝게 비치는 염불문이니, 모든 세계에 있는 차별이 없이 평등한 부처님 바다를 다 보는 연고라. 사람이 볼 수 없는 염불문이니, 모든 미세한 경계에 계시는 부처님들의 자유자재한 신통을 다 보는 연고라.

여러 겁에 머무는 염불문이니, 모든 겁 동안에 여래의 하시는 일들을 항상 보고 잠깐도 버리지 않는 연고라. 온갖 때에 머무는 염불문이니, 모든 시절에 여래를 항상 보고 친근하여 함께 있어서 잠깐도 떠나지 않는 연고라. 모든 세계에 머무는 염불문이니 모든 국토에서 부처님 몸이 온갖 것을 초과하여 평등

---

[1] 염불에는 이름을 부르면서 하는 칭명염불도 있고 모양을 보면서 하는 관상(觀像)염불도 있고, 속으로 생각하는 관상(觀想)염불도 있지만, 여기에서는 정신적 수행으로써의 염불을 20여종 나열한 것이다.

함이 없음을 보는 연고라. 모든 세상에 머무는 염불문이니, 자기 마음이 좋아함을 따라서 3세의 모든 여래를 두루 보는 연고라. 모든 경계에 머무는 염불문이니, 온갖 경계에서 여러 부처님이 차례로 나타나심을 보는 연고라. 고요한데 머무는 염불문이니, 잠깐 동안에 모든 세계에 모든 부처님이 열반을 보이심을 보는 연고라.

　멀리 떠난 데 머무는 염불문이니, 하루 동안에 모든 부처님이 머무시던 데서 떠나가심을 보는 연고라. 광대한 데 머무는 염불문이니, 낱낱 부처님이 모든 법계에 가득하심을 항상 마음으로 관찰하는 연고라. 미세한 데 머무는 염불문이니, 한 털끝에 말할 수 없는 여래가 나타나는 것을 그 곳마다 가서 섬기는 연고라. 장엄한 데 머무는 염불문이니, 잠깐 동안에 모든 세계에서 부처님들이 등정각을 이루고 신통변화를 나타내심을 보는 연고라. 능히 하는 일에 머무는 염불문이니, 모든 부처님이 세간에 나타나서 지혜의 광명을 놓으며 법륜을 굴리심을 보는 연고라.

　자유자재한 마음에 머무는 염불문이니, 자기 마음에 좋아함을 따라서 모든 부처님이 형상을 나타내시는 줄을 아는 연고라. 자기의 업에 머무는 염불문이니, 중생들의 쌓은 업을 따라 영상을 나타내어 깨닫게 하는 줄을 아는 연고라. 신통변화에 머무는 염불문이니, 부처님의 앉으신 큰 연꽃이 법계에 두루하게 핀 것을 보는 연고라. 허공에 머무는 염불문이니, 여래의 소유하신 몸 구름이 법계와 허공계를 장엄하였음을 관찰하는 연고니라. 그렇거늘 내가 어떻게 저의 공덕행을 능히 알며 능히 말하겠는가.

　남쪽에 바라문국 해운 비구가 있으니 그대는 그에게 가서 보살도를 물으라. 해운 비구가 광대한 선 그늘 발기하는 인연을 분별하여 그대로 하여금 광대한 도를 도와주는 지위에 들어가게 하며, 광대한 선근의 힘을 내게 하며, 보리심을 내는 원인을 말하며, 광대한 승(勝)의 광명을 내게 하며, 광대한 바라밀다를 닦게 하며, 광대한 수행바다에 들어가게 하며, 광대한 서원을 만족케 하며, 광대하게 장엄하는 문을 깨끗하게 하며, 광대한 자비의 힘을 내게 하리라."

　그 때 선재동자가 덕운비구에게 절하고 오른쪽으로 돌고 우러러 보면서 물러갔다.

② 해운비구(海雲比丘)의 치지주(治地住)

ㄱ. 의교자문(依敎諮問)
　그 때 선재동자는 한결같은 마음으로 선지식의 가르침을 생각하며, 바른 생각으로 지혜 광명의 문을 관찰하며, 바른 생각으로 보살의 해탈문·보살의 큰 바다의 문·부처님이 앞에 나타는 문·부처님의 방위의 문·보살의 삼매문·부처님의 법칙의 문·부처님의 허공계와 평등한 문·부처님의 차례로 나타나시는 문·부처님의 들어가신 방편의 문을 관찰하면서, 점점 남쪽으로 가서 해문국에 이르렀다.
　해운비구의 있는 데 가서 엎드려 발에 절하고 오른쪽으로 돌기를 마치고 합장하고 이렇게 말하였다.
　"거룩하신이여, 저는 이미 무상보리를 내었고, 위가 없는 온갖 지혜의 바다에 들고자 하오나, 보살이 어떻게 세속 집을 버리고 여래의 집에 태어나며, 죽고 사는 바다를 건너서 부처 지혜의 바다에 들어가며, 범부의 지위를 떠나서 여래의 지위에 들어가며, 죽고 사는 흐름을 끊고 보살행의 흐름에 들어가며, 죽고 사는 바퀴를 깨뜨리고 보살의 서원 바퀴를 이루며, 마의 경계를 없애고 불경계를 나타내며, 애욕 바다를 말리고 자비 바다를 자라게 하며, 모든 난관과 나쁜 길에 들어가는 문을 닫고 큰 열반의 문을 열며, 3세의 성에서 벗어나 온갖 지혜의 성에 들어가며, 모든 노리개(玩好物)를 버려서 일체 중생을 이익케 할 수 있겠나이까."

ㄴ. 찬시법계(讚示法界)
　"착한 남자여, 그대가 무상보리심을 내었는가."
　"그러합니다."
　"착한 남자여, 만일 중생들이 선근을 심지 않고는 무상보리심을 내지 못하나니, 보현 법문의 선근 광명을 얻어야 하며, 참된 길인 삼매의 광명을 갖추어야 하며, 가지가지 광대한 복바다를 내야하며 백정법(白淨法)을 자라게 하는 데 게으름이 없어야 하며, 선지식을 섬기는 데 고달픈 생각을 내지 말아야 하며, 몸과 목숨을 돌보지 말고 쌓아 두는 일이 없어야 하며, 평등한 마음이 땅과 같아서 높낮이가 없어야 하며, 항상 모든 중생을 사랑해야 하며, 생사하는 길을 늘 생각하고 버리지 말아야 하며, 여래의 경계 관찰하기를 항상 좋아해야 능히 보리심을 내게 되느니라.　　<선근공덕>

보리심을 낸다는 것은 크게 가엾이 여기는 마음을 냄이니 일체 중생을 널리 구원하는 연고며, 크게 인자한 마음을 냄이니 모든 세간을 다 같이 복되게 하는 연고며, 안락케 하는 마음을 냄이니 일체 중생들의 괴롬을 없애게 하는 연고며, 이익케 하는 마음을 냄이니 모든 중생이 나쁜 법을 떠나게 하는 연고며, 슬피 여기는 마음을 냄이니 공포하는 이들을 보호하는 연고며, 걸림없는 마음을 냄이니 모든 장애를 여의는 연고며, 광대한 마음을 냄이니 모든 법계에 두루 가득하는 연고며, 그지없는 마음을 냄이니 허공 같은 세계에 가지 않는 데가 없는 연고며, 너그러운 마음을 냄이니 모든 여래를 다 뵈옵는 연고며, 청정한 마음을 냄이니 3세 법에 지혜가 어기지 않는 연고며, 지혜의 마음을 냄이니 온갖 지혜의 바다에 널리 들어가는 연고니라.

내가 이 바라문 나라에 있는지가 12년인데 항상 큰 바다로 경계를 삼노라.

이른바 큰 바다가 광대하여 한량이 없음을 생각하며, 매우 깊어서 측량할 수 없음·점점 깊고 넓어짐·한량없는 보물들이 기묘하게 장엄함·한량없는 물이 쌓였음을 생각하며, 큰 바다의 불빛이 같지 않아 헤아릴 수 없음을 생각하며, 큰 바다는 한량없는 중생이 사는 곳인 줄 알며, 큰 바다는 갖가지 엄청나게 몸 큰 중생을 있게 함을 생각하며, 큰 바다는 큰 구름에서 내리는 비를 모두 받아 둠을 생각하며, 큰 바다는 늘지도 않고 줄지도 않음을 생각하였느니라.

나는 또 이렇게 생각하였으니, 이 세상에는 이 바다보다 더 넓은·더 한량없는 것·더 깊은 것·더 특수한 것이 있는가 하였느니라.   <무상보리심>

내가 이렇게 생각할 적에 이 바다 밑에서 큰 연꽃이 홀연히 솟아나는데, 이 길이 없는 다라니보배로 줄기가 되고, 바이두우랴보배로 연밥이 되고, 잠부다나금으로 잎이 피고, 침수향으로 꽃판이 되고, 마노로 꽃술이 되어 아름답게 피어서 바다 위에 가득하게 덮이었다.

백만 아수라왕이 연꽃 줄기를 잡았는데, 백만 마니 보배로 장엄한 그물이 위에 덮이고, 백만 용왕이 향수를 비 내리고, 백만 가루라왕이 영락과 비단 띠를 둘러서 사방으로 드리우고, 백만 나찰왕은 자비한 마음으로 관찰하고, 백만 야차왕은 공경하며 예배하고, 백만 건달바왕은 갖가지 음악으로 찬탄 공양하고, 백만 천왕은 여러 가지 하늘 꽃·화만·향·사르는 향·바르는 향·가루 향·의복·당기·번기·일산을 비 내리었다.

백만 범천왕은 엎드려 절하고, 백만 정거천(淨居天)은 합장하고 절하며, 전륜왕은 7보로 장엄하여 공양하고, 백만 바다 맡은 신은 한꺼번에 나와서 공경 예배하며, 백만 미광(味光)마니 보배에서 광명이 두루 비치고, 백만 정복(淨福)마니 보배로 장엄하였으며, 백만 보광(凍光)마니 보배로는 청정한 갈무리가 되고, 백만 수승(殊勝)마니 보배는 빛이 찬란하여, 백만 묘장(妙藏)마니 보배는 광명이 그지없이 비치고, 백만 염부당(閻浮幢)마니 보배는 차례로 줄을 지었으며, 백만 금강사자마니 보배는 깨뜨릴 수 없이 청정하게 장엄하고, 백만 일장(日藏)마니 보배는 엄청나게 청정하며, 백만 가락(可樂)마니 보배는 가지각색 빛을 감추고, 백만 여의(如意)마니 보배는 장엄이 끝이 없고 광명이 찬란하게 비치었다.

이렇게 큰 연꽃은 여래가 출세하시는 선근으로 일어났으므로 모든 보살이 믿고 좋아하며, 시방 세계에 모두 나타나는데, 눈어리 같은 법·꿈같은 법에서 났으며, 청정한 업으로 생겼으며, 다툼이 없는 법문으로 장엄하여 함이 없는 인에 들어갔고, 걸림 없는 문에 머물러 시방의 모든 국토에 가득하였으며, 부처님들의 깊은 경계를 따르는 것이며, 수없는 백천 겁 동안에 그 공덕을 칭찬하여도 다할 수 없느니라. 내가 보니, 그 때 연꽃 위에 여래가 가부하고 앉으셨는데, 몸이 여기서부터 색계 꼭대기까지 이르렀고, 보배 연꽃 자리가 헤아릴 수 없고 도량에 모인 대중, 거룩한 모습을 이루심, 잘생긴 모습이 원만함, 신통과 변화, 빛깔이 청정함, 볼 수 없는 정수리, 넓고 긴 혀도 교묘한 말씀, 원만한 음성, 끝이 없는 힘, 청정한 두려움 없음, 광대한 변재도 헤아릴 수 없으며, 또 생각컨대 그 부처님이 지난 옛날에 여러 가지 행을 닦으심, 자재하게 도를 이룸, 묘한 음성으로 법을 말함, 여러 문으로 나타나시어 갖가지로 장엄함, 좌우로 보는 것이 차별함, 모든 것을 이익하여 다 원만케 함도 헤아릴 수 없느니라.

ㄷ. 보안법문

그 때 이 여래께서 오른 손을 펴서 내 정수리를 만지시고 나에게 보안법문(普眼法門)을 연설하시니 모든 여래의 경계를 열어 보이며, 보살행을 드러내며, 부처의 묘법을 열어 밝히니, 법륜이 다 그 가운데 들었으며, 불국토를 깨끗이 하고, 외도의 삿된 이론을 꺾어 부수고, 마군중을 멸하여 중생들을 기쁘게 하며, 중생의 마음과 행을 비추고 중생의 근성을 분명히 알아 중생들의 마음을 깨닫게 하였느니라.

내가 그 여래의 계신 데서 이 법문을 듣고 받아 지니고 읽고 외우고 기억하고 관찰한 것을 어떤 사람이 바닷물로 먹을 삼고 수미산으로 붓을 삼아 이 보안법문의 한 품 가운데 한 문이나, 한 문 가운데 한 법이나, 한 법 가운데 한 뜻이나, 한 뜻 가운데 한 구절을 쓴다 하여도 조금도 쓸 수 없거든, 하물며 다 할 수 있을까 보냐.

내가 그 부처님 계신 데서 1천2백 년 동안에 이 보안법문을 받아 가지고, 날마다 들어 지니는 다라니 광명으로 수없는 품(品)을 받아들이고, 고요한 문(寂靜門) 다라니 광명으로 수 없는 품에 나아가고, 그지없는 도는(無邊施) 광명으로 수없는 품에 두루 들어가고, 곳을 따라 관찰하는 다라니 광명으로 수없는 품을 분별하고, 위엄과 힘 다라니 광명으로 수없는 품을 널리 거둬 가지고, 연꽃 장엄 다라니 광명으로 수없는 품을 끌어내고, 청정한 음성 다라니 광명으로 수없는 품을 연설하고, 허공장 다라니 광명으로 수없는 품을 드러내 보이고, 광명 무더기 다라니 광명으로 수없는 품을 넓히고, 바다광(海藏) 다라니 광명으로 수없는 품을 해석하였느니라.

어떤 중생이든지 시방에서 오는 하늘이나 하늘왕·용이나 용왕·야차나 야차왕·건달바나 건달바왕·아수라나 아수라왕·가루라나 가루라왕·긴나라나 긴나라왕·마후라가나 마후라가왕·사람이나 사람왕·범천왕이나 이런 이들이 나에게 오면, 내가 그들을 위하여 이 법문을 열어 보이고 해석·선양·찬탄하여 사랑하고 좋아하게 하며, 이 부처님들의 보살행 광명인 넓은 눈 법문에 들어가 편안히 머물게 하노라.   <불심출현>

나는 다만 이 넓은 눈 법문을 알거니와, 저 보살들은 모든 보살행의 바다에 깊이 들어가 그 원력을 따라서 수행하고 큰 서원 바다에 들어가고, 한량없는 세월에 세간에 머물며, 모든 중생 바다에 들어가고, 그 마음을 따라 널리 이익케 하고, 모든 중생의 마음 바다에 들어가고, 열 가지 힘과 걸림 없는 지혜 광을 내고, 모든 중생의 근성 바다에 들어가고, 때를 맞추어 교화하여 다 조복하고, 모든 세계 바다에 들어가고, 본래의 서원을 성취하여 불세계를 깨끗이 장엄하고, 모든 부처님 바다에 들어가고, 모든 여래께 항상 공양하기를 원하고, 모든 법 바다에 들어가고, 지혜로 모두 깨닫고, 모든 공덕 바다에 들어가고, 낱낱이 수행하여 구족케 하고, 모든 중생의 말씀 바다에 들어가고, 모든 세계에서 바른 법륜을 굴리는데 내가 어떻게 저러한 공덕의 행을 능히 알고 능히 말하겠는가. 여기서 남쪽으로 60 유순 쯤 가면 랑카산으로 가는 길옆에 바다연안 마을에 선주(善住)비구가 있으니 그대는 그이에게 가서 보살도를 물으라."

③ 선주비구(善住比丘)의 수행주(修行住)

ㄱ. 교취자문(教趣諮問)

그 때 선재동자가 선지식의 가르침·보안 법문·부처님의 신통한 일을 오로지 생각하며, 법문의 글귀를 오로지 지니며, 법바다의 문에 오로지 들어가며, 법의 차별을 오로지 생각하며, 법의 소용돌이에 깊이 들어가며, 법의 허공에 널리 들어가며, 법의 가리움을 깨끗이 하며, 법보의 있는 데를 관찰하면서, 점점 남쪽으로 가다가 랑카산으로 가는 길 옆 해안 마을에 이르러 시방을 살피면서 선주비구를 찾았다.

이 비구가 허공에서 거니는데 수없는 하늘들이 공경하고 둘러 있어 하늘 꽃을 흩으며 하늘 풍류를 지으니, 수없는 번기·당기와 비단들이 허공에 가득하여 공양하고, 여러 용왕들은 허공에서 부사의한 침수향 구름과 뇌성과 번개를 일으켜 공양하고, 긴나라왕은 여러 음악을 연주하여 법답게 찬탄하면서 공양하며, 마후라가왕은 부사의한 보드라운 의복을 허공에 가득하게 베풀고 즐거운 마음으로 공양하고, 아수라왕은 부사의한 마니 보배의 구름을 일으켜 한량없는 광명과 가지가지 장엄이 허공에 가득하여 공양하며, 가루라왕은 동자가 되었는데 한량없는 아가씨들이 둘러쌌으며 필경에 살해하는 마음이 없어져서 허공에서 합장 공양하며, 부사의한 나찰왕들은 한량없는 나찰에게 둘러싸였는데 형상이 장대하고 매우 무섭게 생긴 것이 선주비구의 인자한 마음이 자재함을 보고 허리를 굽히고 합장하여 무리에게 둘러싸여 우러러 공양하며, 부사의한 야차왕들은 제각기 자기의 무리에게 둘러싸여 사면에 둘러서서 공경 수호하며 부사의한 범천왕들은 허공중에서 몸은 굽히고 합장하여 인간의 법으로 찬탄하며, 부사의한 정거천들은 허공에서나 궁전에서 함께 공경 합장하고 큰 서원을 내는 것을 보았다.

이때 선재동자는 이런 일을 보고는 마음이 환희하여 합장 예배하고 이렇게 말하였다.

"거룩하신 이여, 저는 이미 무상보리심을 내었사오나, 보살이 어떻게 불법을 쌓아 모으며, 갖추며, 익히며, 증장하며, 모두 거두며, 끝까지 마치며, 깨끗이 다스리며, 매우 깨끗케 하며, 통달하는지 알지 못하나이다. 제가 듣자온즉 거룩하신 이께서 잘 가르치신다 하오니, 사랑하시고 어여삐 여기사 나에게 말씀하소서.

보살이 어떻게 부처님 뵈옴을 버리지 않고 항상 그곳에서 부지런히 닦고, 보살을 버리지 않고 여러 보살들과 선근이 같고, 불법을 버리지 않고 다 지혜로 밝게 증득하고, 큰 서원을 버리지 않고 일체중생을 두루 이익케 하고, 중생의 행을 버리지 않고 온갖 겁에 머무르면서 고달픈 마음이 없고, 불세계를 버리지 않고 모든 세계를 모두 깨끗하게 장엄하고, 부처님 힘을 버리지 않고 여래의 자유자재하심을 다 보고 알며, 함이 있음을 버리지 않고 여래의 자유자재하심을 다 보고 알고, 함이 있음을 버리지도 않고 머물지도 않으면서 모든 생사하는 길에서 변화하는 것처럼 받으면서 보살행을 닦고, 법문 듣는 일을 버리지 않고 부처님들의 바른 가르침을 다 받고, 지혜의 광명을 버리지 않고 3세에서 지혜로 행할 곳에 두루 들어가나이까."

ㄴ. 칭찬수법(稱讚授法)
이 때 선주비구는 선재에게 말하였다.
"착하다, 그대가 이미 무상보리심을 내었고, 이제 또 마음을 내어 불법과 온갖 지혜의 법과 자연법을 묻는구나.

나는 이미 보살의 걸림 없는 해탈의 행을 성취하였으므로, 오고 가고 다니고 그칠 적에 따라서 생각하고 닦고 관찰하여서, 곧 지혜의 광명을 얻었으니 이 몸이 필경까지 걸림 없음이니라.

이 지혜의 광명을 얻었으므로 일체 중생의 마음과 행을 아는 데·죽고 나는 것을 아는 데·지난 세상일을 아는 데·오는 세상일을 아는 데·지금 세상일을 아는 데·말과 음성이 제각기 다름을 아는 데·의문을 결단하는 데·근성을 아는 데 걸림이 없고, 일체 중생이 교화를 받을 만한 곳에 모두 나아가는 데, 모든 찰나·라바(臘縛)·무후 우르타(廈呼栗多)·낮·밤·시간을 아는 데, 3세 바다(三世海)에서 헤매는 차례를 아는 데, 이 몸으로 시방의 모든 세계를 두루 이르는 데 걸림이 없나니, 왜냐하면 머무름도 없고 짓는 일도 없는 신통한 힘을 얻는 연고니라.

나는 이 신통한 마음을 얻었으므로, 허공중에서 다니고 서고 앉고 눕기도 하며, 숨고 나타나기도 하고, 한 몸도 나타내고 여러 몸도 나타내며, 장벽을 뚫고 나가기를 허공처럼 하고, 공중에서 가부좌하고 자유롭게 가는 것이 나는 새와 같이 하며, 땅속에 들어가기를 물과 같이 하고, 물을 밟고 가기를 땅과 같이 하며, 온 몸의 아래와 위에서 연기와 불꽃이 나는 것이 불더미 같으며, 어떤 때는 모든 땅을 진동케 하고 어떤 때는 손으로 해와 달을 만지기도 하고, 키가 커서 범천의 궁전까지 이르기도 하고 사르는 향 구름·보배불꽃 구름·변화하는 구름·광명 그물 구름도 나타내서 시방 세계를 두루 덮기도 하노라.

한 생각 동안에 동방으로 한 세계로 지나가고, 두 세계·백·천·백천·한량 없는 세계와 말할 수 없이 말할 수 없는 세계를 지나기도 하며, 혹은 잠부드비이파의 티끌 수 세계로 지나가고, 말할 수 없이 말할 수 없는 세계의 티끌 수 세계를 지나가기도 하면서, 그 모든 세계의 불세존 앞에서 법을 듣기도 하며, 그 여러 부처님 계신 데서 한량없는 세계의 티끌 수같이 차별한 몸을 나타내고, 낱낱 몸마다 한량없는 세계의 티끌 수 공양 구름을 내리니, 이른바 모든 꽃·향·화만·가루향·바르는 향·일산·옷·당기·번기·휘장·몸 구름으로 공양하고, 낱낱 여래께서 말씀하시는 법을 내가 모두 받아 지니고 낱낱 국토에 있는 장엄을 내가 모두 기억하노라.

동방에서와 같이 남·서·북과, 네 간방과 상·하방도 그러하며, 이러한 모든 세계에 있는 중생들이 내 몸을 보면 결정코 무상보리를 얻을 것이며, 저 세계의 모든 중생을 내가 다 분명하게 보고 그들의 크고 작고 잘나고 못나고 괴롭고 즐거움을 따라 그 형상과 같은 몸으로 교화하여 성취하며, 만일 나를 친근하는 중생은 모두 이러한 법문에 편안히 머물게 하느니라.

나는 다만 이들 부처님께 공양하고 중생들을 성취시키는 데 걸림 없는 해탈문 만을 알거니와, 저 보살들이 크게 가엾이 여기는 계행·바라밀다 계행·대승의 계행·보살의 도와 서로 응하는 계행·물러가지 않는 계행·걸림이 없는 계행·보리심을 버리지 않는 계행·항상 불법으로 상대할 이를 위하는 계행·온갖 지혜에 항상 뜻을 두는 계행·허공 같은 계행·모든 세간에 의지함이 없는 계행·허물이 없는 계행·손해가 없는 계행·모자라지 않는 계행·섞이지 않는 계행·흐리지 않는 계행·뉘우침이 없는 계행·때를 여읜 계행·청정한 계행·티끌을 여읜 계행, 이러한 공덕이야 내가 어떻게 알며 어떻게 말하겠는가. 여기서 남방에 드라비다국 자재 성에 미가(彌伽)장자가 있으니 그에게 가서 보살도를 물으라."

④ 미가장자(彌伽長者)의 생귀주(生貴住) - 화엄경 제63권

ㄱ. 교취자문(敎趣諮問)
그 때 선재동자는 한결같은 마음으로 법의 광명인 법문을 바로 생각하여, 깊은 믿음으로 나아가 들어가서 부처님을 오로지 생각하여 3보를 끊이지 않게

하며, 욕심을 여읜 성품을 찬탄하고 선지식을 생각하며, 3세를 널리 비추어 큰 서원을 기억하며, 중생들을 두루 구제하되 함이 있는 데 집착하지 않고 필경까지 모든 법의 성품을 생각하며, 모든 세계를 다 깨끗이 장엄하고, 여러 부처님의 도량에 모인 대중에게 마음이 집착하지 아니하면서 점점 남쪽으로 가다가 자재성에 이르러 미가를 찾아가니, 그 사람이 시장 가운데서 법을 말하는 사자좌에 앉았는데, 10천 사람들에게 둘러싸여 바퀴 륜(輪)자 장엄 법문을 연설하고 있었다.

그 때 선재동자가 그의 발아래 절하고 한량없이 돌고 앞에서 합장하고 말하였다.

"거룩하신이여, 저는 이미 무상보리심을 내었나이다. 그러나 보살이 어떻게 보살행을 배우며, 보살도를 닦으며, 여러 생사의 길에 헤매면서도 보리심을 항상 잊지 아니하며, 평등한 뜻을 얻어 견고하여 흔들리지 않으며, 청정한 마음을 얻고 능히 파괴할 이 없으며, 크게 가엾이 여기는 힘을 내어 항상 고달프지 않으며, 다라니에 들어가서 두루 청정함을 얻으며, 지혜의 광대한 광명을 내어 모든 법에 어두움을 여의며, 걸림 없는 이해와 변재의 힘을 얻어 모든 깊은 이치의 광을 결정하며, 바로 기억하는 힘을 얻어 모든 차별한 법륜을 기억하여 가지며, 길을 깨끗케 하는 힘을 얻어 모든 길에서 법을 두루 연설하며, 지혜력을 얻어 모든 법을 능히 결정하고 이치를 분별하는지를 알지 못하나이다."

ㄴ. 칭찬수법(稱讚授法)
"착한 남자여, 그대는 무상보리심을 이미 내었는가."
"그러하나이다."

미가는 문득 사자좌에서 내려와 선재가 있는 데서 땅에 엎드리고, 금꽃·은꽃과 값 많은 보배와 훌륭한 가루 전단향을 흩으며, 한량없는 여러 가지 옷을 그 위에 덮고, 또 한량없는 갖가지 향과 꽃과 공양 거리를 흩어서 공양하고, 일어서서 칭찬하였다.

"착하다. 착하다. 그대가 무상보리심을 능히 내었도다. 만일 무상보리심을 내는 이는 모든 불종자를 끊지 않게 함이며, 모든 불세계를 깨끗이 함이며, 모든 중생을 성숙케 함이며, 모든 법의 성품을 통달함이며, 모든 업종자를 깨달음이며, 모든 행을 원만케 함이며, 모든 서원을 끊지 않음이며, 탐욕을 여읜 성품을 사실대로 이해함이며, 능히 3세에 차별한 것을 분명히 보고, 믿는 지혜를 영원히 견고케 함이니라.

곧 모든 여래의 거두어 주심·부처님의 생각함·보살과 평등함·성현의 찬탄함·범천왕이 절하여 뵈옴·천왕이 공양함·야차의 수호함·나찰의 호위함·용왕의 영접함·긴나라왕의 노래하여 찬탄함·세상 임금의 칭찬하고 경축함이 되느니라.

모든 중생 세계를 편안케 하나니, 이른바 나쁜 길을 버리게 하는, 어려운 데서 벗어나게 하는, 모든 가난의 근본을 끊는, 모든 하늘들이 쾌락하는, 선지식을 만나 친근하는, 광대한 법을 듣고 보살의 길을 비추는, 보살의 지위에 들어가는, 보살의 지위에 머무는 연고니라.

보살의 하는 일이 매우 어려우니, 나기도 어렵고 만나기도 어려우며, 보살을 보기는 곱이나 더 어려우니라.

보살은 모든 중생의 믿을 데가 되나니 낳고 기르고 성취하는 까닭이고, 모든 중생을 건짐이 되나니 여러 괴로움에서 빼어내는 연고며, 모든 중생의 의지할 곳이니 세간을 수호하는 연고이고, 모든 중생을 구호함이 되나니 공포에서 면해 나게 하는 연고며, 보살은 바람 둘레와 같으니 세간을 유지하여 나쁜 길에 떨어지지 않게 하는 연고이고, 땅과 같으니 중생들의 선근을 증장케 하는 연고이고, 큰 바다와 같으니 복덕이 충만하여 다하지 않는 연고니라.

밝은 해와 같으니 지혜의 광명이 널리 비추고, 수미산과 같으니 선근이 높이 솟아나고, 밝은 달과 같으니 지혜의 빛이 나타나고, 용맹한 장수와 같으니 마의 군중을 굴복하고, 임금과 같으니 불법의 성중에서 마음대로 하고, 맹렬한 불과 같으니 중생들의 애착하는 마음을 태우고, 큰 구름과 같으니 한량없는 법비를 내리고, 때 맞춰 오는 비와 같으니 모든 믿음과 싹을 자라게 하고, 뱃사공과 같으니 법 바다의 나루를 보여 인도하고, 다리(橋梁)와 같나니 생사의 흐름을 건너게 하는 연고니라."

미가는 이렇게 선재동자를 찬탄하여 여러 보살을 기쁘게 하고, 얼굴로써 갖가지 광명을 놓아 삼천대천세계를 비추니, 그 가운데 있는 중생들이 이 광명을 만나고는, 용과 귀신과 내지 범천들이 모두 미가의 있는 데로 모여 왔다. 미가 대사는 곧 방편으로 바퀴 륜자 품의 장엄 법문을 보여서 연설하고 분별하여 해석하니, 저 중생들이 그 법문을 듣고는 모두 무상보리에서 물러가지 않게 되었다.

그리고는 미가가 다시 자리에 올라 앉아 선재에게 말하였다.

"나는 이미 묘한 음성 다라니를 얻었으므로, 삼천대천세계에 있는 모든 하늘들의 말과, 용·야차·건달바·아수라·가루라·긴나라·마후라가·사람·사람 아닌 이와 범천들의 말을 모두 분별하여 아노라. 이 3천대천세계와 같이, 시방의 수가 없는 세계와, 내지 말할 수 없이 말할 수 없는 세계들도 역시 그러하니라.

나는 다만 이 보살의 묘한 음성 다라니 광명 법문만을 알거니와, 저 여러 보살은 모든 중생의 여러 가지 생각 바다·시설 바다·이름 바다·말씀 바다에 들어가고, 모든 비밀을 말하는 법구 바다(法句海)와, 모든 것을 끝까지를 말하는 법구 바다, 모든 반연할 것 가운데 온갖 3세에서 반연할 것을 말하는 법구 바다, 상품을 말하는 법구 바다, 상상품을 말하는 법구 바다, 차별을 말하는 법구 바다, 온갖 차별을 말하는 법구 바다에 두루 들어가며, 모든 세간의 주문 바다, 모든 음성의 장엄한 바퀴, 모든 차별한 글자 바퀴의 짬에 두루 들어가나니, 이러한 공덕이야 내가 어떻게 알고 말하겠는가. 여기서 남방으로 가면 주림(住林)마을에 해탈장자가 있으니 그에게 가서 보살도를 물으라."

그 때 선재동자는 선지식으로 말미암아 온갖 지혜의 법에 존중한 마음을 내고 깨끗한 신심을 심고 매우 더 이익하여 미가의 발에 예배하고 눈물을 흘리며 수없이 돌고 사모하고 앙모하면서 하직하고 물러갔다.

⑤ 해탈장자(解脫長者)의 구족방편주(具足方便住)

ㄱ. 교취자문(教趣諮問)

이 때 선재동자는 보살의 걸림 없는 지혜 다라니의 광명으로 장엄한 문을 생각하여, 보살들의 말씀 바다 문에 깊이 들어갔고, 보살들이 모든 중생을 아는 미세한 방편문을 기억하고, 보살들의 청정한 마음의 문을 관찰하고, 보살들의 선근광명문을 성취하고, 보살들의 중생을 교화하는 문을 깨끗이 다스리고, 보살이 중생을 거둬 주는 지혜의 문을 밝히고, 보살들의 광대하게 좋아하는 문을 견고히 하고, 보살들의 훌륭하게 좋아하는 문에 머물러 지니고, 보살들이 갖가지로 믿고 이해하는 문을 깨끗이 다스리고, 보살들이 한량없는 착한 마음의 문을 생각하였다.

그래서 서원이 견고하여 고달픈 생각이 없고, 여러 갑주로 스스로 장엄하며, 정진하는 깊은 마음을 물리칠 수 없으며 깨뜨릴 수 없는 신심을 갖추고 마음이 견고하기가 금강이나 나라연과 같아서 파괴할 이 없으며, 여러 선지식의 가르침을 지니어 모든 경계에서 깨뜨릴 수 없는 지혜를 얻었으며, 넓은 문이 청정하여 행하는 데 걸림이 없으며, 지혜광명이 원만하여 모든 것을 두루 비추며, 모든 지위의 모두 지니는 광명을 구족하여 법계의 갖가지 차별을 알며, 의지함도 머무름도 없이 평등하여 둘이 없으며, 저 성품이 청정하여 두루 장엄하고 여러 행하는 것이 끝까지 이르렀으며, 지혜가 청정하여 집착을 여의었다.

시방의 차별한 법을 알매 지혜가 걸림 없으며, 시방의 차별한 곳에 가되 몸이 고달프지 않으며, 시방의 차별한 업을 다 분명히 알며, 시방의 차별한 부처님을 모두 보며, 시방의 차별한 시간에 깊이 들어갔으며, 청정한 묘한 법이 마음에 가득 차고 넓은 지혜의 삼매가 마음을 밝게 비추며, 마음이 평등한 경계에 항상 들어가 여래의 지혜를 비추어 알며, 온갖 지혜의 흐름이 계속하여 끊어지지 않으며, 몸과 마음이 불법을 떠나지 않았으며, 모든 부처님의 신통으로 가피(加被)하고, 모든 여래의 광명으로 비추어서 큰 서원을 성취하고, 서원의 몸이 모든 세계로 두루하며, 온갖 법계가 다 그 몸에 들어가는 것이다.

점점 걸어서 12년 동안을 다니다가 주림성에 이르러 해탈장자를 두루 찾다가 장자를 보고는 땅에 엎드려 절하고 일어서서 물었다.

"거룩하신 이여, 제가 이제 선지식과 한 데 모였으니, 이는 제가 광대한 좋은 이익을 얻음입니다. 왜냐하면 선지식은 보고 듣고 나타나기도 어려우며, 받들어 섬기기도 가까이 모시기도 어렵고, 대하여 뵈옵기도 만나기도 어렵고, 함께 있기도 기쁘게 하기도 따라 다니기도 어렵사온데, 저는 이제 만났사오니 좋은 이익을 얻은 것이니이다.

저는 이미 무상보리심을 내었사오니, 모든 부처님을 섬기기·만나기·뵈옵기·관찰하기·알기 위함이며, 모든 부처의 평등함을 증득하기·큰 서원을 내기·큰 서원을 채우기·지혜 빛을 갖추기·여러 가지 행을 이루기·신통을 얻기·여러 힘을 갖추기·두려움 없음을 얻기 위함입니다.

또 모든 부처님의 법을 듣기·받기·지니기·이해하기·보호받기 위함이며, 모든 보살의 대중과 한 몸·선근과 평등하여 다름이 없기·바라밀다를 원만하기·수행을 성취하기·청정한 서원을 내기·위신의 장(藏)을 얻기 위함입니다.

모든 보살의 법장의 끝없는 지혜와 큰 광명을 얻기 위함이며, 모든 보살의 삼매인 광대한 장을 얻기, 모든 보살의 한량없고 수없는 신통장을 성취하기, 크게 가엾이 여기는 장으로 모든 중생을 교화하고 조복하여 모두 필경에 저 가에 이르게 하기, 신통 변화의 장을 나타내기, 모든 자유자재한 장에서 자기의 마음으로 자재함을 얻기, 청정한 장 속에 들어가서 온갖 모습으로 장엄하기 위함입니다.

저는 이제 이런 마음·뜻·약(藥)·욕망·희망·사상·존경·방편·끝닿은 데·겸양으로 거룩하신 이의 계신 데 왔나이다.

거룩하신 이께서는 보살들을 잘 가르치사, 방편으로써 얻은 바를 열어 밝히며, 길을 보이며, 나루터를 일러 주며 법문을 주시오며, 아득한 장애를 제거하고 망설이는 살을 뽑고 의혹의 그물을 찢고 마음의 숲을 비추고 마음의 때를 씻어서, 마음을 결백케 하고 마음을 청정케 하고 마음의 아첨을 바로 하고 마음의 생사를 끊고 마음의 착하지 못함을 멈추고 마음의 집착을 풀고, 집착한 데서 마음을 해탈케 하고 물든 애욕에서 마음을 돌리게 하며, 온갖 지혜의 경계에 빨리 들어가게 하고, 위없는 법성(法城)에 빨리 이르게 하고, 크게 가엾이 여김에 머물게 하고, 크게 인자함에 머물고, 보살행에 들어가게 하고 삼매문을 닦게 하고 증득하는 지위에 들게 하고, 법의 성품을 보게 하고 힘을 증장케 하고 행을 익히게 하여 온갖 것에 마음을 평등케 하신다 하더이다.

보살이 어떻게 보살행을 배우며 보살도를 닦으며, 닦아 익힌 것이 빨리 청정하여지며, 빨리 분명하여지는 것을 저에게 말씀하여 주소서."

ㄴ. 정시법계(正示法界)

그 때 해탈장자는 과거의 선근력과 부처님 위신력과 문수동자의 생각하는 힘으로써 보살의 삼매문에 들어갔으니, 삼매의 이름을 모든 불세계를 두루 거두어 그지없이 도는 다라니(普攝一切佛刹無邊施陀羅尼)다.

이 삼매에 들어가서는 청정한 몸을 얻었다. 그 몸에서는 시방으로 각각 10세계의 티끌 수 부처님과, 불국토와 여럿이 모인 도량과 갖가지 광명으로 장엄한 것을 나타내고, 또 저 부처님들이 옛적에 행하시던 신통변화와 모든 서원과 도를 돕는 법과 벗어나는 행과 청정한 장엄을 나타내며, 또 부처님들이 등정각을 이루고 묘한 법륜을 굴리어 중생을 교화함을 보겠으며, 이런 일들이 그 몸 가운데 나타나지마는 조금도 장애되지 아니하였다.

갖가지 형상과 차례로 본래와 같이 머물면서도 섞이거나 혼란하지 아니하니, 이른바 갖가지 국토·모인 대중·도량·장엄들이며, 그 가운데 계시는 부처님들이 갖가지 신통한 마음을 나타내고, 갖가지 법도를 세우고, 갖가지 서원문을 보이었다.

한 세계에서 투시타천궁에 계시어 불사를 짓기도 하고, 한 세계의 투시타천궁에서 죽어서 불사를 짓기도 하는데, 태중에 있기도, 탄생도, 군중에 계시기도, 출가도, 도량에 나아가기도, 마의 군중을 깨뜨리기도, 하늘과 용들이 공경하여 둘러 모시기도, 세상 임금들이 법 말씀하기를 청하기도, 법륜을 굴리기도, 열반에 들기도, 사리를 나누기도, 탑을 쌓기도 하였다.

저 여래께서 갖가지 대중의 모임·세간·태어나는 길·가족·욕망·업·말·근성·번뇌와 습기를 가진 중생들 가운데서, 작은 도량에 있기도 하고 넓은 도량에 있기도 하고 1유순 되는 도량에 있기도 하고 10유순 되는 도량에 있기도 하고, 말할 수 없이 말할 수 없는 세계의 티끌 수 유순되는 도량에 있기도 하면서, 갖가지 신통·말·음성·법문·다라니 문·변재문으로써, 여러 가지 성인의 참 이치 바다에서 여러 가지 두려움 없는 큰 사자후로 중생의 갖가지 선근과 생각을 말하며, 여러 가지 보살의 수기를 주며, 여러 가지 부처의 법을 말하였다.

저 모든 여래의 말씀을 선재동자가 다 들었으며, 부처님들과 보살들이 부사의 삼매와 신통변화를 보기도 하였다.

이 때 해탈장자가 삼매에서 일어나 선재동자에게 말하였다.

"선남자여, 나는 이미 여래의 걸림 없는 장엄 해탈문에 들어갔다 나왔노라. 내가 이 해탈문서 나올 적에 동방의 염부단금광명(閻浮檀金光明)세계 용자재왕(龍自在王) 여래를 도량에 모인 대중이 둘러쌌는데 비로자나장보살의 우두머리가 되었음을 보았다.

또 남방 속질력세계 보향(普香) 여래 도량에 모인 대중이 둘러쌌는데 심왕보살이 우두머리가 되었고,

또 서방 향광세계의 수미등왕 여래를 도량에 모인 대중이 둘러쌌는데 무애심 보살이 우두머리가 되었고,

똑 북방 가사당세계 불가괴금강(不可壞金剛) 여래를 도량에 모인 대중이 둘러쌌는데 금강보용맹 보살이 우두머리가 되었고,

또 동북의 일체상묘보 세계의 무소득경계안(無所得境界眼) 여래 도량에 모인 대중이 둘러쌌는데 무소득선변화 보살이 우두머리가 되었고,

또 동남의 향염광음세계 향등(香燈) 여래 도량에 모인 대중이 둘러쌌는데 금강염혜(金剛焰蕙) 보살이 우두머리가 되었고,

또 서남방 지혜일보광명세계 법계륜당 여래를 도량에 모인 대중이 둘러쌌는데 현일체변화당 보살이 우두머리가 되었고,

또 서북방 보청정세계 일체불보고승당 여래를 도량에 모인 대중이 둘러쌌는데 법당왕 보살이 우두머리가 되었고,

또 상방 불차제출현무진세계 무변지혜광원만당 여래를 도량에 모인 대중이 둘러쌌는데 법계문당왕 보살이 우두머리가 되었고,

또 하방 불광명세계 무애지당 여래를 도량에 모인 대중이 둘러쌌는데 일체

세간찰당왕 보살이 우두머리가 되었음을 보았노라.

내가 이렇게 시방으로 각각 10세계 티끌 수 여래를 보지마는, 저 여래들이 여기 오시지도 아니하고 내가 저기 가지도 아니하느니라.

내가 안락세계 아미타여래를 뵈오려 하면 마음대로 보고 내가 전단세계 금강광명여래나, 묘향세계 보광명여래, 연화세계 보련화광명여래, 묘금세계 적정광여래 묘희세계 부동여래, 선주세계 사자여래, 경광명세계 월각여래, 보사자장엄세계 비로자나 여래를 뵈오려 하면 이런 부처님을 다 보게 되느니라.

그러나 저 여래께서 여기 오시지도 않고 내 몸이 거기 가지도 않나니, 모든 부처님이나 내 마음이 모두 꿈과 같음을 알며, 모든 부처님은 그림자 같고 내 마음은 물 같은 줄을 알며, 모든 부처님의 모습과 내 마음이 눈어리 같음을 알며, 모든 부처님과 내 마음이 메아리 같음을 아나니, 나는 이렇게 알고 이렇게 뵈옵는 부처님이 제 마음으로 말미암은 줄을 생각하노라.

보살들이 불법을 닦아 불세계를 청정케 하며, 묘한 행을 쌓아 중생을 조복하며, 큰 서원을 내고 온갖 지혜에 들어가 자재하게 유희하며, 부사의한 해탈문으로 불보리를 얻으며, 큰 신통을 나타내고 모든 시방 세계에 두루 가며, 미세한 지혜로 여러 겁에 널리 들어가는 이런 것들이 모두 자기의 마음으로 말미암느니라.

그러기에 선남자여, 마땅히 선법으로 제 마음을 붙들며, 법의 물로 제 마음을 윤택케 하며, 모든 경계에서 제 마음을 깨끗이 다스리며, 꾸준히 노력함으로 제 마음을 굳게 하며, 참음으로 제 마음을 평탄케 하며, 지혜로 증득하여 제 마음을 결백케 하며, 지혜로서 제 마음을 명랑케 하며, 부처의 자재함으로 제 마음을 계발하여, 부처의 평등으로 제 마음을 너그럽게 하며, 부처의 10력으로 제 마음을 비추어 살필 것이니라.

나는 다만 이 여래의 걸림 없는 장엄 해탈문에서 드나들거니와, 여러 보살들이 걸림 없는 지혜를 얻고 걸림 없는 행에 머물며, 모든 부처를 항상 보는 삼매를 얻으며, 열반의 짬에 머물지 않는 삼매를 얻으며, 삼매의 넓은 문 경계를 통달하며, 3세 법이 다 평등하며, 능히 몸을 나누어 여러 세계에 두루 이르며, 부처님의 평등한 경계에 머물러 시방의 경계가 앞에 나타나거든 지혜로 관찰하여 분명히 알며, 몸 가운데 모든 세계가 이루어지고 무너짐을 나타내어도 자기의 몸과 여러 세계가 둘이란 생각을 내지 아니하나니, 이렇게 미묘한 행이야 내가 어떻게 알며 어떻게 보겠는가.

여기서 남방으로 가서 잠부드비이파의 경계선에 이르면 마아리카아라(摩利伽羅)국이 있고 거기 해당(海幢)비구가 있으니 그에게 가서 '보살이 어떻게 보살행을 배우며 보살도를 닦나이까'라고 물으라."

이 때 선재동자는 해탈장자의 발에 예배하고 오른쪽으로 돌며 관찰하고, 일컬어 찬탄하여 생각하여 앙모하고 슬프게 울어 눈물을 흘리면서 생각하기를 '선지식을 의지하며 섬기고 공경하며, 말미암아 온갖 지혜를 보았으니, 선지식에게 거슬리는 생각을 내지 아니하며, 선지식에 아첨하거나 속이는 마음이 없으며, 마음으로 선지식께 항상 순종하며, 선지식에게 어머니란 생각을 일으킬 것이니 모든 무익한 법을 버리는 연고며, 선지식에게 아버지란 생각을 일으킬 것이니 모든 선법을 내게 하는 연고니라' 하면서 하직하고 물러갔다.

⑥ 해당비구(海幢比丘)의 정심주(正心住)

ㄱ. 교취자문(敎趣諮問)

그때 선재동자는 일심으로 저 장자의 가르침을 바로 생각하고, 관찰하며, 저 부사의한 보살의 해탈문을 기억하며, 지혜 광명을 생각하며, 법계문에 길이 들어갔고, 보살의 널리 들어가는 문을 향하여 나아가며, 여래의 신통변화를 밝히 보고, 널리 들어가는 문을 이해하며, 부처의 힘으로 장엄함을 분별하며, 보살의 삼매 해탈 경계에 나뉘는 자리를 생각하며, 보살의 차별한 세계가 필경에 걸림이 없음을 통달하며, 보살의 견고하고 깊은 마음을 닦아 행하며, 보살의 큰 서원과 깨끗한 업을 발기하였다.

점점 남방으로 가서 잠부드비이파 경계선인 마아리카아라 마을에 이르러 해당비구를 두루 찾다가, 문득 보니, 그가 거니는 장소 곁에서 가부좌하고 삼매에 들었는데, 숨을 쉬지 아니하고 별로 생각함이 없어서 몸이 편안히 있고 동하지 아니하였다.

ㄴ. 해당비구의 신통

그 발바닥에서 수없는 백천억 장자·거사·바라문들이 나오는데, 모두 갖가지 장엄 거리로 몸을 장엄하였고, 보배관을 쓰고 정수리에 밝은 구슬을 매었으며, 시방의 모든 세계로 가서 모든 보배·영락·의복·법답게 맛있는 음식·꽃·화만·향·바르는 향과, 여러 가지 좋아하고 필요한 물건들을 내리며, 여러 곳에서 여러 빈궁한 중생을 구제하여 거둬 주고, 모든 고통 받는 중생을 위로하여 환희케 하며 마음이 청정하여 위없는 보리의 도를 성취케 하였다.

두 무릎에서는 수없는 백천억 크샤트리야·바라문들이 나오니, 모두 총명하고 슬기로우며, 갖가지 빛깔·형상·의복으로 훌륭하게 장엄하고, 시방의 모든 세계에 두루 퍼져 사랑스러운 말과 일을 같이함으로 중생들을 거두어 주니, 이른바 가난한 이는 넉넉케 하고 병든 이는 낫게 하고 위태한 이는 편안케 하고 공포하는 이는 무섭지 않게 하고, 근심하는 이는 쾌락케 하며, 또 방편으로 권장하고 인도하여 나쁜 짓을 버리고 선법에 머물게 하였다.

허리에서는 중생의 수효와 같은 한량없는 신선들이 나오는데, 풀 옷을 입기도 하고 나무껍질 옷을 입기도 하며, 물병을 들고 위의가 조용하여 시방 세계로 다니면서 공중에서 부처의 묘한 음성으로 여래를 칭찬하고 법을 연설하며, 청정한 범행도 말하며 닦아 익히고, 여러 감관을 조복케 하며, 모든 법이 제성품이 없다고 말하여 자세히 살피고 지혜를 내게 하며, 세간의 논란하는 법을 말하기도 하고 온갖 지혜와 벗어나는 방편을 말하여 차례대로 업을 닦게 하기도 하였다.

두 옆구리로는 부사의한 용과 용의 여자를 내며, 부사의한 용의 신통변화를 보이니, 이른바 부사의한 향·꽃·화만·보배 일산·보배 번기·보배 장엄 거리·큰 마니 보배·보배 영락·보배 자리·보배 궁전·보배 연꽃·보배 관 하늘 몸·채녀 구름을 비 내리어, 허공에 두루 장엄하고 모든 시방 세계의 부처님 도량에 가득하여 공양하며, 중생들로 하여금 기쁜 마음을 내게 하였다.

가슴의 만(卍)자에서는 수없는 백천억 아수라왕을 내니, 모두 헤아릴 수 없이 자유자재한 눈어리를 보여서 백천 세계를 진동케 하며, 모든 바닷물은 저절로 치솟고 모든 산들은 서로 부딪치며, 하늘의 궁전은 모두 흔들리고, 마의 광명은 모두 가리어지고 마의 군중들은 모두 부서지며, 중생들로 하여금 교만한 마음을 버리고 성내는 마음을 없애고 번뇌의 산을 파괴하고 나쁜 법들을 쉽게 하여 투쟁은 없어지고, 영원히 화평하게 하였다.

또, 눈어리의 힘으로 중생들을 깨우쳐서 죄악은 소멸하고, 생사를 무서워하며, 여러 길에서 벗어나고 물드는 고집을 여의어 위없는 보리심에 머물게 하며, 보살행을 닦아 모든 바라밀다에 머물게 하며, 모든 보살이 지위에 들어가서 모든 미묘한 법문을 관찰하고 모든 부처님의 방편을 알게 하니, 이렇게 하는 일이 법계에 두루하였다.

등으로부터는 2승으로 제도할 이를 위하여 수없는 백천억 성문과 독각을 내나니, '나'에 집착한 이에게는 '나'가 없다고 말하며, 항상하다고 집착하는 이에게는 모든 변천하는 법이 다 무상하다고 말하며, 탐심이 많은 이에게는 부정관을 하라 말하며, 성내는 일이 많은 이에게는 인자한 관을 하라 말하며, 어리석은 이에게는 인연으로 일어남을 관하라 말하며, 셋이 균등한 이에게는 지혜와 서로 응하는 경계를 말하며, 경계에 애착한 이에게는 아무 것도 없는 법을 말하며, 고요한 처소에 집착한 이에게는 큰 서원을 내어 모든 중생을 두루 이익케 하는 법을 말하나니, 이런 일들이 법계에 두루하였다.

두 어깨에서는 수없는 백천억 야차왕과 나찰왕들이 나오는데, 갖가지 빛깔로 크기도 하고 짧기도 하여 한량없이 무서운 권속에게 둘러싸여서, 착한 일을 하는 모든 중생과 여러 성현과 보살 대중으로 바르게 머무는 데로 향하는 이나 바르게 머무는 이를 수호하며, 어떤 때는 집금강신으로 나타나서 부처님과 부처님 계신 데를 수호하며, 어떤 때는 모든 세간을 두루 수호하되, 무서워하는 이는 편안케 하고, 병난 이는 쾌차케 하고, 번뇌가 있는 이는 여의게 하고, 허물이 있는 이는 뉘우치게 하고, 횡액이 있는 이는 없어지게 하나니, 이렇게 모든 중생을 이익케 하여 그들로 하여금 죽고 사는 윤회를 버리고 바른 법륜을 굴리게 하였다.

배에서는 수없는 백천억 긴나라왕이 나오는데, 각각 무수한 긴나라 여인들이 앞뒤로 둘러쌓고, 또 수없는 백천억 건달바왕이 나오는데, 각각 무수한 건달바 여인들이 앞뒤로 둘러싸고 있으면서, 각각 수없는 백천의 하늘 풍류를 잡히어 법의 참 성품·모든 부처님·보리심 내는 것·보살의 행을 닦음·모든 부처님이 바른 깨달음 이루는 문과 법륜 굴리는 문, 신통변화 나투는 문을 노래하며 찬탄하였다.

모든 부처님이 열반에 드시는 문·부처의 가르침을 수호하는 문·중생을 기쁘게 하는 문·불세계를 깨끗이 하는 문·미묘한 법을 드러내는 것·장애를 여의는 문·선근을 나게 하는 문을 열어 보이며 연설하여, 이렇게 시방 법계에 두루하였다.

얼굴로는 수없는 백천억 전륜성왕이 나오는데, 칠보가 구족하고 네 가지 군대가 둘러싸며, 크게 버리는 광명을 놓으며, 한량없는 보배를 비 내려 가난한 이는 만족케 하여 영원히 훔치는 행을 끊게 하며, 단정한 백천 아가씨들에게 모두 보시하면서 마음에 집착함이 없어 영원히 음란한 행을 끊게 하며, 인자한 마음을 내어 생명을 죽이지 않게 하며, 진실한 말을 끝까지 하여 허황하고 쓸데없는 말을 하지 않게 하며, 남을 거두어 주는 말을 하고 이간질하지 않게 하며, 부드러운 말을 하게 하고 추악한 말이 없게 하며, 항상 깊고 결정하여 분명한 뜻을 연설하고 소용없고 꾸미는 말을 하지 않게 하며, 욕심 없앨 것을 말하여 탐욕을 제하고 때 낀 마음이 없게 하며, 크게 가엾이 여김을 말하여 분함을 덜고 뜻이 청정케 하며, 진실한 이치를 말하여 모든 법을 관찰하고 인연을 깊이 알게 하며, 참된 이치를 밝게 알고 삿된 소견을 없애며, 의혹을 깨뜨리고 모든 장애를 다 제멸케 하여 이렇게 하는 일이 법계에 가득하였다.

두 눈에서는 수없는 백 천억 해가 나오는데, 모든 지옥과 나쁜 길을 널리 비추어 괴롬을 여의게 하며, 모든 세계의 중간을 비추어 어두움을 덜게 하며, 모든 시방의 중생에게 비추어 어리석은 장애를 여의게 하였다.

더러운 국토에는 청정한 광명을 놓고, 은빛 국토에는 황금빛 광명, 황금빛 국토에는 은빛 광명, 바이두우랴 국토에는 파릿빛 광명, 파리 국토에는 바이두우랴빛 광명, 자거 국토에는 마노빛 광명, 마노 국토에는 자거빛, 광명, 제청(帝靑) 보배 국토에는 일장마니왕(日藏摩尼王) 빛 광명, 일장마니왕 국토에는 제청보배빛 광명, 적진주 국토에는 월광망장마니왕(月光網藏摩尼王) 빛 광명, 월광망장마니왕 국토에는 적진주빛 광명을 놓았다.

한 보배로 된 국토에는 갖가지 보뱃빛 광명, 갖가지 보배로 된 국토에는 한 보배빛 광명을 놓아서, 모든 중생의 마음 숲을 비추어 중생들의 한량없는 사업을 짓게 하며, 온갖 세간의 경계를 장엄하여 중생들의 마음이 맑아서 기쁨을 내게 하였으니, 이렇게 하는 일이 법계에 가득히 찼다.

미간의 흰 털에서는 수없는 백천억 제석이 나오는데, 모두 경계에 대하여 자유자재하게 되었고, 마니 구슬을 정수리에 매었으니 광명이 모든 하늘 궁전에 비치며 모든 수미산왕들을 진동하고, 모든 하늘 대중들을 깨우치며, 복덕의 힘을 찬탄하고 지혜의 힘을 말하며, 좋아하는 힘을 내고 뜻 두는 힘을 지니고 생각하는 힘을 깨끗이 하고 보리심을 내는 힘을 굳게 하며, 부처님 보기를 좋아한다고 찬탄하여 세상의 탐욕을 덜게 하며, 법문 듣기를 좋아한다고 찬탄하여 세상의 경계를 싫어하게 하며, 관찰하는 지혜를 좋아한다고 찬탄하여 세상의 물듦을 끊게 하며, 아수라의 전쟁을 그치고 번뇌의 다툼을 끊으며, 죽기를 두려워하는 마음을 없애고 마군을 항복 받을 원을 내며, 바른 법의 수미산왕을 세우고 중생의 모든 사업을 마련하나니, 이렇게 하는 일이 법계에 두루하였다.

이마에서는 수없는 백천억 범천이 나오는데, 모습이 단정하여 세간에 비길 데 없고, 위의가 조용하고 음성이 아름다워 부처님께 권하여 법을 연설하며, 불공덕을 찬탄하여 보살들을 기쁘게 하며, 중생들의 한량없는 사업을 마련하여

圖二十三

南方有一大城,名曰樓閣,中有船師,名婆施羅。善財童子,既至彼城,見其船師,在城門外海岸上住,百千商人,及餘無量大衆圍繞,説大海法,方便開示佛功德海。船師告言:

「我在此城海岸路中,淨修菩薩大悲幢行。善男子,我知海上一切寶洲,水之大小,安危之相,無不明了,我以成就如是智慧,常能利益一切衆生。若有衆生,得見我身,聞我法者,必得入於一切智海。」

■ 23. 누각성 바시라선사에게 대비당행 법문을 듣는 장면

圖二十四

南方有城名可樂，中有長者名無上勝。善財童子，漸次經歷，到彼城內，見無上勝在其城東大莊嚴幢無憂林中，無量商人，百千居士之所圍繞，理斷人間種種事務，因為說法。時彼長者，告善財言：「善男子，我於此三千大千世界，欲界一切諸眾生中，一切住處，而為說法，令捨非法，令其順行一切善法，於諸世間而作利益。我唯知此至一切處修菩薩行清淨法門，無依無作神通之力。」

24. 가락성 무상승장자에게 지일체처수보살행청정목의무작신통 법문을 듣는 장면

圖二十五

南方有一國土，名曰輸那，其國有城名迦陵迦林，有比丘尼名師子頻申。善財童子，至彼國城，此比丘尼，在勝光王之所捨施日光園中，說法利益無量衆生。善財童子見此大園無量功德，種種莊嚴，皆是菩薩業報成就。比丘尼言：「我得解脫，名智光明門，得出生一切法三昧王，以得此智光明門故，我入如是三昧王，得意生身，於彼一一諸如來所，我皆如是而爲供養。若有衆生來至我所，我即爲說般若波羅蜜。」

25. 수나국 가릉가림성 사자빈신비구니에게 성취일체지해탈문 법문을 듣고 있는 장면

圖二十六

善財童子,漸次遊行,至險難國寶莊嚴城,尋見婆須蜜多女。善財童子,往詣其門,見此女人,顏貌端嚴,色相圓滿。時婆須蜜多女,從其身出廣大光明,普照宅中一切宮殿,遇斯光者,身得清涼。彼即告言:「善男子,我得菩薩解脫,名離貪欲際。隨其欲樂,而為現身,若有眾生,欲意所纏,來詣我所,我為說法,彼聞法已,則離貪欲,得菩薩無著境界三昧。」

■ 26. 험난국 보장엄성 바수밀녀에게 탐욕의 경계를 벗어나는 법문을 듣고 있는 장면

圖二十七

南方有城名善度，中有居士名鞞瑟胝羅。善財漸次遊行，至善度城，詣居士宅，頂禮其足，合掌而立。居士告言：「我得菩薩解脫，名不般涅槃際。我知十方一切世界諸佛如來，畢竟無有般涅槃者，唯除為欲調伏眾生而示現耳。我開栴檀座如來塔門時，得三昧名佛種無盡。我入此三昧，隨其次第見此世界一切諸佛。」

27. 선도성 비슬지라거사에게서 불반열반해탈문에 대한 법문을 듣고 있는 장면

圖二十八

南方有山名補怛洛迦，彼有菩薩名觀自在。善財童子，漸次遊行，至於彼山，見其西面巖谷之中，觀自在菩薩，於金剛寶石上結跏趺坐，無量菩薩皆坐寶石，恭敬圍繞，而爲宣說大慈悲法。菩薩告言：「我已成就菩薩大悲行解脫門，平等教化一切衆生，相續不斷。常在一切如來所，普現一切衆生之前，攝取衆生，我以此方便，令諸衆生，離怖畏已，復教令發阿耨多羅三藐三菩提心。」

28. 보타락가산 관자재보살에게서 대비행해탈문 법문을 듣고 있는 장면

圖二十九

東方有一菩薩,名曰正趣,從空中來,詣觀自在所。爾時善財童子,即往詣彼菩薩所,頂禮其足。正趣菩薩言:「善男子,我得菩薩解脫,名普門速疾行,我從東方妙藏世界,普勝生佛所而來此土,於彼佛所得此法門。從彼發來,已經不可說不可說佛刹極微塵數劫,一一佛刹,我皆徧入,至其佛所,以妙供具而爲供養。我又普見彼世界中,一切衆生,隨其欲解,種種方便,教化調伏,無有休息。」

29. 보타락가산 중 동방정취보살에게 보속질행해탈문을 듣고 있는 장면

圖三十

南方有城，名墮羅鉢底，善財童子，漸次遊行，至於彼城，至大天所，頂禮其足。爾時大天長舒四手，取四大海水，自洗其面，持諸金花以散善財，而告之言：「善男子，我已成就菩薩解脫，名爲雲網。」爾時大天，示現十方寶聚，一切華香，五欲娛樂之具，及諸童女衆，告善財言：「善男子，可取此物供養如來，修諸福德，並施一切攝取衆生，皆令增長善法，發於無上菩提之意。」

30. 타라발지성 대천신을 뵙고 운망해탈문에 대해 설법을 듣고 있는 장면

모든 시방 세계에 두루하였다.

　머리 위에서는 한량없는 불세계의 티끌 수 보살 대중이 나오는데, 모두 훌륭한 모습으로 몸을 장엄하고 그지없는 광명을 놓으며, 가지가지 행을 말하였다. 이른바 보시를 찬탄하여 간탐을 버리고 묘한 보배들을 얻어 세계를 장엄케 하고, 계율을 지니는 공덕을 찬탄하여 중생들로 하여금 나쁜 짓을 영원히 끊고 보살들이 크게 자비한 계율에 머물게 하고, 모든 것이 꿈과 같다고 말하며, 모든 욕락이 재미가 없다고 말하여 중생들로 하여금 번뇌의 속박을 여의게 하였다.

　참는 일을 말하여 모든 법에 마음이 자재하게 하고, 금빛 몸을 칭찬하여 중생들로 하여금 성내는 때를 떠나고 다스리는 행을 일으켜 축생의 길을 끊게 하고, 꾸준히 노력하는 행을 찬탄하여 세간에서 방일하는 일을 여의고 한량 없는 묘한 법을 부지런히 닦게 하였다. 또 선나 바라밀다를 찬탄하여 모든 사람들로 자유자재함을 얻게 하고, 또 반야 바라밀다를 연설하여 바른 소견을 열어 보이어 중생들로 하여금 자유자재한 지혜를 좋아하고 나쁜 소견의 독을 뽑게 하였다.

　또 세간을 가지가지 짓는 일을 말하여 중생들로 하여금 죽고 사는 것을 여의게 하였으나 여러 길에서 뜻대로 태어나게 하고, 또 신통변화를 보이며 목숨에 자재함을 말하여 중생들로 하여금 큰 서원을 내게 하고, 또 다라니를 성취하는 힘, 큰 서원을 내는 힘, 삼매를 깨끗이 다스리는 힘, 뜻대로 태어나는 힘을 말하며, 또 갖가지 지혜를 연설하니 중생들의 근성을 두루 아는 지혜·모든 이의 심행을 두루 아는 지혜·여래의 10력을 아는 지혜·부처님들의 자재함을 아는 지혜등 이렇게 하는 일이 법계에 두루하였다.

　정수리로부터는 수없는 백천억 여래의 몸이 나오는데, 그 몸은 같을 이가 없어 거룩한 모습과 잘생긴 모양으로 청정하게 장엄하였고, 위엄과 빛이 엄숙하고 찬탄하여 금산과 같으며, 한량없는 광명이 시방에 두루 비치고 묘한 음성이 법계에 가득하며, 한량없는 큰 신통을 나타내며, 모든 세간을 위하여 널리 법비를 내렸다.

　이른바 보리도량에 앉은 보살을 위해서는 평등을 두루 아는 법비를 내리고, 관정위 보살을 위해서는 넓은 문에 들어가는 법비, 법왕자지위의 보살을 위해서는 두루 장엄하는 법비, 동자의 지위에 있는 보살을 위해서는 견고한 산의 법비, 불퇴위의 보살을 위해서는 바다광(海藏) 법비, 바른 마음을 성취한 지위의 보살을 위해서는 넓은 경계의 법비, 방편이 구족한 지위의 보살을 위해서는 제 성품 문의 법비, 귀한 집에 태어나는 지위의 보살을 위해서는 세간을 따라 주는 법비, 수행하는 지위의 보살을 위해서는 두루 가엾이 여기는 법비, 새로 배우는 보살에게는 모아 쌓은 광의 법비, 처음 마음을 낸 보살에게는 중생을 거둬 주는 법비, 믿고 이해하는 보살에게는 그지없는 경계가 앞에 나타나는 법비를 내렸다.

항상 세계의 중생들에게는 넓은 문 법비, 범천들에게는 넓은 광 법비, 자재천에게는 힘을 내는 법비, 마군중에게는 마음 당기는 법비, 화락천에게는 깨끗한 생각 법비, 투시타천에게는 뜻을 내는 법비, 수야마천에게는 환희한 법비, 투시타하늘에게는 허공계를 빨리 장엄하는 법비, 야차왕에게는 즐거운 법비, 건달바왕에게는 금강륜 법비, 아수라왕에게는 큰 경계 법비, 가루라왕에게는 그지없는 광명 법비, 긴나라왕에게는 모든 세간의 훌륭한 지혜 법비, 사람의 왕에게는 즐거운 데 집착하지 않는 법비, 용왕들에게는 환한 당법비, 마후라가왕에게는 크게 쉬는 법비, 지옥 중생에게는 바른 생각으로 장엄하는 법비, 축생들에게는 지혜 갈무리 법비, 염마라왕 세계의 중생들에게는 두려움 없는 법비, 액난이 있는 곳 중생에게는 널리 위로하는 법비를 내리어서, 모두 성현의 무리에 들게 하여, 이렇게 하는 일이 법계에 가득하였다.

해당비구는 그 몸에 있는 모든 털구멍마다 아승지 세계의 티끌 수 광명 그물을 내고, 광명 그물마다 아승지 빛깔·장엄·경계·사업을 갖추어서 시방의 모든 법계에 가득하였다.

그 때 선재동자는 일심으로 해당비구를 관찰하면서, 앙모하여 그 삼매의 해탈·부사의한 보살의 삼매·부사의하게 중생을 이익케하는 방편바다·부사의하고 힘이 없는 널리 장엄하는 문·법계를 장엄하는 청정한 지혜·부처님 가지를 받는 지혜·보살의 자재함을 내는 힘·보살의 큰 서원을 견고히 하는 힘·보살의 모든 행을 증장하는 힘을 생각하였다. 이렇게 서서 생각하고 관찰하기를 하루낮·하룻밤을 지내고, 7일 7야·보름·한 달·6개월을 지내고, 또 엿새를 지냈다. 이렇게 지낸 뒤에 해당비구는 삼매에서 나왔다.

ㄷ. 선재의 찬탄

선재동자는 찬탄하였다.

"거룩하신 이여, 희한하시고 기특하시나이다. 이런 삼매는 가장 깊고, 가장 광대하고, 신력을 생각하기 어렵고, 광명이 비길 데 없고, 장엄이 수가 없고, 힘을 제어하기 어렵고, 경계가 평등하고, 시방을 두루 비추고, 이익이 한이 없어서 능히 모든 중생의 한량없는 괴롬을 제하나이다.

이른바 모든 중생으로 하여금 가난한 고통을 여의게 하며, 지옥에서 벗어나게 하며, 축생을 면하게 하며, 액난의 문을 닫으며, 사람과 하늘의 길을 열며, 천상 인간의 중생을 기쁘게 하며, 선정의 경계를 사랑하게 하며, 함이 있는 낙을 놓게 하며, 죽고 사는 것에서 벗어나는 낙을 나타내며, 보리심을 인도하며, 복과 지혜의 행을 증장케 하며, 가엾이 여기는 마음을 증장케 하며, 큰 서원의 힘을 일으키게 하며, 보살도를 분명히 알게 하며, 가장 높은 지혜를 장엄케 하며, 대승경지에 나아가게 하며, 보현행을 환희 알게 하며, 보살의 지혜 광명을 증득케 하며, 모든 보살의 원행을 성취케 하며, 온갖 지혜의 경계에 머물게 하나이다. 이 삼매의 이름은 무엇일 하나이까."

"이 삼매의 이름은 넓은 눈으로 얻음을 버림이라고도 하고 반야 바라밀다 경계의 청정한 광명, 두루 장엄한 청정한 문이라고도 하느니라. 나는 반야 바라밀다를 닦았으므로 이 두루 장엄한 청정한 삼매 등 백만 아승지 삼매를 얻었느니라."

"이 삼매의 경계는 필경에 이것뿐이오니까."

"이 삼매에 드는 때에는 모든 세계를 아는 데 장애가 없고, 모든 세계에 가는 데, 세계를 초과·장엄하고 다스리고 깨끗이 하는데, 부처님을 보는 데, 부처님의 광대한 위엄과 도덕을 관찰하는 데, 부처님의 자재한 신통력을 아는 데, 부처님의 광대력을 증득하는 데, 부처님의 공덕해에 들어가는 데, 부처님의 한량없는 묘법을 닦는 데, 불법 가운데 들어가서 묘한 행을 닦는 데, 불법을 굴리는 평등한 지혜를 증득하는 데, 부처님의 대중이 모인 도량 바다에 들어가는 데, 불법을 관찰하는 데, 크게 가엾이 여기므로 시방 중생을 거둬 주는 데, 크게 인자함을 항상 일으켜 시방에 충만하는 데, 부처님을 보되 만족한 마음이 없는 데, 중생 바다에 들어가는 데, 중생의 근성 바다를 아는 데, 중생의 근기와 차별한 지혜를 아는 데 장애가 없느니라.

나는 오직 이 한 가지 반야 바라밀다 삼매의 광명만을 알거니와, 보살들이 지혜 바다에 들어가 법계의 지경을 깨끗이 하며, 모든 길을 통달하며 한량없는 세계에 두루하며, 다라니에 자재하고 삼매가 청정하며, 신통이 광대하고 변재가 다하지 않으며, 여러 지위를 잘 말하며, 중생의 의지가 되는 일이야, 내가 어떻게 그 묘한 행을 알며 그 공덕을 말하며, 그 행할 것을 알며, 그 경계를 밝히며, 그 원력을 끝까지 마치며, 그 중요한 문에 들어가며, 그 증득한 것을 밝히며, 그 원력을 끝까지 마치며, 그 중요한 문에 들어가며, 그 증득한 것을 통달하며, 그 길의 부분을 말하며, 그 삼매에 머물며, 그 마음의 경지를 보며, 그 가진 바 평등한 지혜를 얻겠는가. 여기서 남으로 가면 바다 조수 마을에 변장엄 동산에 우바이가 있으니 그에게 가서 보살도를 물으라."

그 때 선재동자는 해당비구에게서 견고한 몸을 얻고 묘한 법의 재물을 얻었으며, 깊은 경계에 들어가서 지혜가 밝게 통달하고 삼매가 환히 비치며, 청정한 지혜에 머물러 깊은 법을 보았고, 마음은 청정한 문에 편안히 머물고 지혜광명이 시방에 가득하여, 환희한 마음으로 한량없이 뛰놀며, 땅에 엎드려 발에 절하고 한량없이 돌고 공경 앙모하며, 생각하고 관찰하며, 찬탄하고 앙모하여 그 이름을 염하고 그 동작을 생각하고 그 음성을 기억하고, 그 삼매와 큰 서원과 행하는 경계를 생각하며, 그 지혜와 청정한 광명을 받으면서 하직하고 물러갔다.

⑦ 휴사 우바이의 불퇴주(不退住) - 화엄경 제64권

ㄱ. 교취자문(敎趣諮問)

이 때 선재동자가 선지식의 힘을 입고 가르침을 의지하여 선지식을 생각하면서 선지식에게 깊이 사랑하는 마음을 내어 이렇게 생각하였다.

"선지식이 나로 하여금 부처님을 보게 하고 법을 듣게 하였도다. 선지식은 나의 스승이니 나에게 불법을 보여 준 연고며, 선지식은 나의 눈이니 나에게 부처 보기를 허공과 같이 하게한 연고며, 선지식은 나의 나룻목이니 내가 부처님 여래의 연못에 들어가게 하는 연고라."

하면서, 점점 남으로 가서 해조마을에 이르렀다.

변장엄 동산을 보니, 여러 보배로 된 담이 두루 둘리었는데, 모든 보배나무는 열을 지어 장엄하고, 보배 꽃나무는 여러 가지 묘한 꽃을 내려 땅에 흩었고, 보배 향나무는 향기가 자욱하게 시방에 풍기고, 보배 화만 나무는 큰 보배 화만을 내려간 데마다 드리우고, 마니 보배왕나무는 큰 마니 보배를 내려 널리 퍼져 가득하고, 보배옷나무는 가지각색 옷을 내려 알맞게 두루 널렸고, 음악나무는 바람을 따라 내는 음악이 매우 아름답기가 하늘 풍류보다 지나치고, 장엄거리나무는 각각 훌륭하고 기묘한 물건을 내려 곳곳마다 널리어 장엄하였다.

그 땅은 청정하여 고하가 없는데, 그 가운데는 백만 궁전이 있으니, 큰 마니 보배로 합하여 되었고, 백만 누각에는 잠부다나금이 위에 덮이었고, 백만 궁전은 비로자나마니 보배가 사이사이 장엄하였다.

1만의 목욕하는 못은 여러 보배로 합하여 되었고, 7면으로 된 난간이 두루 둘렸으며, 7보로 된 계단 길이 4면으로 뻗었고, 8공덕을 가진 물이 고요하게 가득하였는데 물의 향기가 하늘의 전단과 같으며, 금모래가 밑에 깔리고 물을 맑히는 구슬이 사이사이 장식되었으며, 오리·기러기·공작·구기라 새들이 그 속에서 놀며 화평한 소리를 내었다.

보배 다라나무가 주위로 행렬을 지어 섰는데, 보배 그물이 덮이고 금으로 만든 풍경을 달아서 가는 바람이 불면 아름다운 소리를 내고, 보배 휘장을 둘러치고 보배 나무가 둘러섰으며, 무수한 마니 보배 당기를 세워서 백천 유순까지 광명이 비치며, 그 가운데 또 백만 못이 있는데 흑전단 앙금이 밑에 깔리고, 여러 가지 기묘한 보배로 연꽃이 되어 물 위에 덮었으며, 큰 마니보배 꽃에서는 빛이 찬란하였다.

동산안에 또 광대한 궁전이 있으니 이름이 장엄당(莊嚴幢)이라. 묘한 해장보배(海莊寶)로 땅이 되고, 바이두우랴 보배로 기둥이 되고, 잠부나다금이 위에 덮이고 광장(光藏)마니로, 장엄하였으며, 무수한 보배는 빛이 찬란하게 누각과 대청에 가지가지로 꾸미었고, 아루나향과 각오(覺悟)향에서 묘한 향기를 풍겨 모든 것에 퍼졌다.

그 궁전 안에 한량없는 보배 연꽃 자리가 둘러 놓였으니, 시방에 환하게 비치는 마니 보배와, 비로자나 마니보배·세간에 환히 비치는 마니 보배·묘장(妙藏)마니 보배·사자장(師子藏)마니 보배·이구장(離垢藏)마니 보배·넓은 문 마니 보배·광엄(光嚴)마니보배·큰 바다에 머무는 장 청정 마니 보배·금강사자 마니 보배 연꽃자리 들이다.

동산 가운데에는 또 백만 가지 휘장이 있으니, 옷·화만·향·꽃·가지·마니·진금·장엄 거리·음악·코끼리·신통변화·말·신통연화·제석에 쓰는 마니 보배 휘장 들의 수효가 백만이다.

또 백만 가지 보배 그물이 위에 덮였으니, 보배 풍경·보배 일산·보배 몸·해장진주·야청빛 바이두우랴 마니 보배·사자 마니·월광(月光) 마니·종종형상 뭇향·보배관·보배 영락·그물, 이런 것들이 수효가 백만이다. 또 백만 가지 큰 광명으로 비추었으니 불꽃가마니 보배·일장 마니 보배·월당 마니 보배·향불꽃 마니 보배·승장(勝藏)마니 보배·연화장 마니 보배·염당(焰幢) 마니 보배·큰 등불 마니 보배·시방에 비치는 마니 보배·향빛 마니 보배 광명들이 수효가 백만이다. 백만 가지 장엄 거리와 백만 가지 흑전단향을 내리고 거기서 묘한 음성이 나고, 하늘 만다라보다 더 좋은 백만 가지 만다라꽃을 흩고, 하늘 영락보다 더 좋은 백만 가지 영락으로 장엄하고, 하늘 화만보다 더 좋은 백만 가지 보배 화만 띠를 곳곳에 드리우고, 하늘 옷보다 더 좋은 백만 가지 여러 빛깔 옷과 백만 가지 잡색 마니 보배에서는 기묘한 빛이 널리 비치었다.

백만 천사들은 즐겁게 앙모하여 엎드려 절하고, 백만 채녀들은 허공에서 몸을 던져 내려오고, 백만 보살들은 공경하고 친근하면서 법문 듣기를 좋아하였다.

이 때 휴사 우바이는 황금 자리에 앉아서 해장진주 그물관을 쓰고, 하늘 것보다 더 좋은 진금 팔찌를 끼고, 검푸른 머리카락을 드리우고, 큰 마니 그물로 머리를 장엄하고, 사자입 마니 보배로 귀고리를 하였고, 여의 보배로 영락을 만들고, 온갖 보배 그물로 몸을 덮어 드리웠는데, 백천억 나유타 중생이 허리를 굽혀 공경하며, 동방에서 한량없는 중생이 모여 왔으니, 범천·범중천·대범천·범보천·자재천들과, 내지 사람과 사람 아닌 이들이요, 남·서·북방과 4유 상·하방도 역시 그러하였다.

이 우바이를 보는 이는 모든 병이 다 없어지고, 번뇌의 때를 여의고 나쁜 소견을 뽑아 버렸으며, 장애의 산을 부수고 걸림 없이 청정한 경계에 들어가며, 모든 선근을 더욱 밝히고, 감관을 기르며, 지혜의 문에 들어가고, 다라니 문에 들어가서, 삼매문·서원문·미묘한 수행문·공덕문들이 앞에 나타나며, 마음이 광대하고 신통을 구족하며 몸에는 장애가 없이 모든 곳에 이르는 것이다.

그때 선재동자는 두루 장엄 동산에 들어가 두루 살피다가 휴사 우바이가 묘한 자리에 앉은 것을 보고, 그 곳에 나아가 발에 절하고 수없이 돌고 말하였다.

"거룩하신이여, 저는 이미 무상보리심을 내었사오니, 보살이 어떻게 보살행을 배우며, 보살도를 닦는지를 일러 주시옵소서."

ㄴ. 정시법계(正示法界)
"선남자여, 나는 오직 보살의 한 해탈문을 얻었으니, 나를 보거나 듣거나 생각하는 이나, 나와 함께 있는 이나 나에게 이바지하는 이는 모두 헛되지 아니하리라.

만일 중생으로서 선근을 심지 못하고, 선지식의 거두어 줌을 받지 못하고, 부처님들의 보호함이 되지 않는 이는 마침내 나를 보지 못하느니라. 어떤 중생이나 나를 보기만하면 다 무상보리에서 물러가지 아니하니라.

동방의 부처님들이 항상 여기 오셔서 보배 자리에 앉아 나에게 법을 말하며, 남·서·북방과 4유 상·하방에 계시는 부처님들도 다 여기 오셔서 보배 자리에 앉아 나에게 법을 말하느니라.

나는 항상 부처님을 보고 법을 들음을 떠나지 않고, 여러 보살과 함께 있노라. 나의 대중은 8만4천억 나유타인데 모두 이 동산에서 나와 함께 수행하며, 무상보리에서 물러가지 아니하고, 다른 중생들도 이 동산에 있는 이는 다 물러가지 않는 지위에 들어가느니라."

"거룩하신 이께서 무상보리심을 낸 지는 얼마나 오래 되었나이까."

"나는 과거 연등(然燈) 부처님에게서 범행을 닦고 공경하고 공양하면서 법문을 들었고, 그 전에는 이구(離垢) 부처님에게 출가하여 도를 배우며 바른 법을 받아 지녔고, 그 전에는 묘당(妙幢), 승수미(勝須彌), 연화덕장(蓮華德藏), 비로자나, 보안(寶眼), 범수(梵壽), 파루나천(婆樓那天) 부처님에게서 배우던 것을 기억하노라.

나는 과거의 한량없는 겁 동안, 한량없이 태어나면서 이렇게 차례차례 36항하의 모래수 부처님들을 받들어 섬기고 공경·공양하며 법을 듣고 받아 지니고 범행을 닦던 일을 기억하거니와, 그 이전의 일은 부처의 지혜로나 알 것이고 나로서는 헤아릴 수 없노라.

보살의 처음으로 마음을 내는 것이 한량이 없나니, 모든 법계에 충만한 연고라. 보살의 크게 가엾이 여기는 문이 한량이 없나니, 모든 세간에 널리 들어가는 연고라. 보살의 큰 서원의 문이 한량이 없나니 시방 법계에 끝까지 이르는 연고라. 보살의 크게 인자한 문이 한량이 없나니 모든 중생에게 널리 덮이는 연고라. 보살의 닦는 행이 한량이 없나니 모든 세계에서 모든 겁 동안에 닦은 연고라. 보살의 삼매의 힘이 한량이 없나니 보살도가 물러가지 않게 하는 연고라. 보살의 모두 지니는 힘이 한량이 없나니 모든 세간을 능히 지니는 연고라. 보살의 지혜 광명의 힘이 한량이 없나니 3세 능히 증득하여 들어가는 연고라. 보살의 신통한 힘이 한량이 없나니, 한 음성으로 모든 것을 다 이해케 하는 연고라. 보살의 청정한 몸이 한량이 없나니 모든 부처의 세계에 두루하는 연고니니라."

"얼마나 오래면 무상보리를 얻게 되나이까."

"보살은 한 중생을 교화하고 조복하기 위하여 보리심을 내지 아니하며, 백 중생 내지 말할 수 없이 말할 수 없는 곱 중생이나 한 세계의 중생 내지 말할 수 없이 말할 수 없는 곱 세계의 중생을 교화하기 위하여 보리심을 내지 않고, 잠부드비이파의 티끌 수 세계, 삼천대천세계 내지 말할 수 없이 말할 수 없는 곱 삼천대천세계의 티끌 수 세계 중생을 교화하고 위하여 보리심을 내지 않으며, 한 여래 내지 말할 수 없이 말할 수 없는 곱 여래를 공양하기 위하여 보리심을 내지 않고, 한 세계 가운데 내지 말할 수 없이 말할 수 없는 곱 세계

가운데 차례로 세상에 나시는 여래를 공양하기 위하여 보리심을 내지 아니하며, 한 삼천대천세계 내지 말할 수 없이 말할 수 없는 곱 세계의 티끌 수 세계 가운데 차례로 세상에 나시는 여래를 공양하기 위하여 보리심을 내지 않느니라.

한 세계 내지 말할 수 없이 말할 수 없는 곱 세계를 깨끗이 하기 위하여 보리심을 내지 아니하며, 한 삼천대천세계 내지 말할 수 없이 말할 수 없는 곱 삼천대천세계의 티끌 수 세계를 깨끗이 하기 위하여 보리심을 내지 않느니라.

한 여래 내지 말할 수 없이 말할 수 없는 곱 여래의 남기신 법을 머물러 지니기 위하여 보리심을 내지 아니하며, 한 세계 내지 말할 수 없이 말할 수 없는 곱 세계 여래의 남기신 법을 머물러 지니기 위하여 보리심을 내지 아니하며, 한 잠부드비이파 티끌 수 세계 내지 말할 수 없이 말할 수 없는 곱 세계의 티끌 수 세계 여래의 남기신 법을 머물러 지니기 위하여 보리심을 내지 않느니라

간략히 말하면 한 부처의 서원만을 채우고, 한 부처의 국토에만 가고, 한 부처의 대중에만 들고, 한 부처님의 법만 지니고, 한 부처님의 법륜만 굴리고, 한 세계의 여러 겁의 차례만 알고, 한 중생의 마음 바다만 알고, 한 중생의 업 바다만 알고, 한 중생의 수행 바다만 알고, 한 중생의 번뇌 바다만 알고, 한 중생의 번뇌 습기(習氣) 바다만 알고, 내가 말할 수 없이 말할 수 없는 곱 부처 세계의 티끌 수 중생의 번뇌 습기 바다만 알기 위하여 하지 않는 연고로 보리심을 내느니라.

모든 중생을 다 교화하고 조복케 하고, 모든 부처님을 다 섬기고 공양하고, 모든 부처의 국토를 다 깨끗이 하고, 모든 부처님의 바른 가르침을 다 보호하고 지니고, 모든 여래의 서원을 다 성취하고, 모든 부처님의 국토에 모두 가고, 모든 부처님의 대중에 다 들어가고, 모든 세계의 여러 겁의 차례를 다 알고, 모든 중생의 마음 바다를 다 알고, 모든 중생의 근성 바다를 다 알고, 모든 중생의 업 바다를 다 알고, 모든 중생의 수행 바다를 다 알고, 모든 중생의 번뇌 바다를 다 멸하고, 모든 중생의 번뇌습기 바다를 다 빼내어 각각 아무 남음이 없게 하려고 보리심을 내느니라. 중요한 것을 추려서 말하면 보살은 이러한 백만 아승지 방편행을 하기 위하여 보리심을 내느니라. 보살행은 모든 법에 두루 들어가서 다 증득하고 모든 세계에 두루 들어가서 다 깨끗이 하려는 연고니라. 그러기에 온갖 세계를 깨끗이 하여 마치면 나의 서원도 마치고 모든 중생의 번뇌 습기를 뽑아 끝내면 나의 서원도 만족할 것이니라."

"이 해탈의 이름은 무엇이라 하나이까."

"이 해탈은 '근심 없고 편안한 당기'라 하느니라.

나는 다만 이 한 해탈문만을 알거니와, 보살들의 마음이 바다 같아서 모든 불법을 받아들이며, 수미산 같이 뜻이 견고하여 동요할 수 없으며, 선견약(善見藥)과 같아서 중생들의 번뇌병을 치료하며, 밝은 해 같아서 중생의 어두운 무명을 깨뜨리며, 땅덩이 같아서 모든 중생의 의지할 데가 되며, 좋은 바람 같아서 모든 중생의 이익을 지으며, 밝은 등불 같아서 중생들의 빛을 내며, 큰 구름 같아서 중생에게 고요한 법을 비추며, 깨끗한 달 같아서 중생에게 복덕의 빛을 놓으며, 제석 같아서 모든 중생을 수호하는 일이야 내가 어떻게 알며 그 공덕의 행을 말하겠는가. 여기서 남쪽으로 가면 바다의 조수 미는 곳에 나라소국이 있고 거기 비목다라구사 선인이 있으니 그에게 가서 보살도를 물으라."

선재동자는 그의 발에 절하고 수없이 돌고 은근하게 앙모하여 눈물을 흘리면서 이렇게 생각하였다.

"보리는 얻기 어렵고, 선지식을 친근하기·만나기 어렵고, 보살의 근기를 얻기·깨끗이 하기 어렵고, 함께 소행할 선지식을 만나기, 이치대로 관찰하기, 가르치는 대로 수행하기, 착한 마음을 내는 방편을 만나기, 온갖 지혜를 증장케 하는 법의 광명을 만나기 어렵구나."

이렇게 생각하고는 하직하고 물러갔다.

⑧ 구사선인(瞿沙仙人)의 동진주(童眞住)

ㄱ. 교취자문(敎趣諮問)

그때 선재동자는 보살의 바른 가르침을 따라 생각하고, 보살의 깨끗한 행을 따라 생각하며, 보살의 복력을 증장하려는 마음을 내고, 모든 부처님을 분명히 보려는 마음·모든 부처님을 내려는 마음·모든 큰 서원을 증장하려는 마음·시방의 모든 법을 두루 보려는 마음·모든 법의 참된 성품을 밝게 보려는 마음·모든 장애를 두루 없애려는 마음·법계를 관찰하여 어두움이 없으려는 마음·청정한 여의 보배로 장엄하려는 마음·모든 마를 항복 받으려는 마음을 내면서, 점점 다니다가 나라 소국에 이르러 비목다라구사를 두루 찾았다.

큰 숲이 있는데 아승지 나무로 장엄하였다. 가지가지 나뭇잎은 울창하게 펴지고, 꽃나무는 아름답게 피었으며, 과실나무는 계속하여 익었고, 보배나무는 마니 열매를 비 내리며, 큰 전단나무는 간 데마다 열을 지어섰고, 침수향나무는 좋은 향기를 풍기며, 유쾌한 향나무는 묘한 향으로 장엄하고, 파아타라 나무가 사면에 둘러섰으며, 니그로다(尼拘律) 나무는 밑둥이 높이 솟았고, 잠부나다 나무에서는 단 과실이 항상 떨어지고, 울파라꽃·파드마꽃으로 연못을 장엄하였다.

이 때 선재동자는 그 선인이 전단나무 아래서 풀을 깔고 앉아서 1만 무리를 거느리고 있는데, 사슴 가죽을 입기도 하고 나무껍질을 입기도 하고, 풀을 엮어서 옷을 만들기도 하였으며, 상투를 짜고 고리를 드리운 이들이 앞뒤로 둘러 모시고 있는 것을 보았다. 선재동자는 그 앞에 나아가서 엎드려 절하고 이렇게 말하였다.

"저는 이제 참 선지식을 만났나이다. 선지식은 온갖 지혜에 나아가는 문·법·배(船)·횃불·길·등불·다리·일산·눈·조수이니, 나로 하여금 진실한 도에 들게 하고 여래의 지위에 이르게 하고 지혜 보배의 성에 이르게 하고 열 가지 힘이 빛을 내게 하고 열반성에 들어가게 하고 평탄하고 험한 길을 보게 하고 험난한 곳을 건너게 하고 크게 인자한 그늘을 내게 하고 법성의 문을 보게 하고 크게 가엾이 여기는 물을 만족케 하는 연고라."

이렇게 말하고는 땅에서 일어나 한량없이 돌고 여쭈었다.

"거룩하신이여, 저는 이미 무상보리심을 내었사오나, 보살이 어떻게 보살행을 배우며 보살도를 닦는지를 알지 못하오니 말씀하여 주소서."

ㄴ. 칭찬수법(稱讚授法)

비목다라구사는 그 무리들을 돌아보고 이렇게 말하였다.

"선남자들아, 이 동자는 이미 무상보리심을 내었으며 모든 중생에게 두려움 없음을 보시하며 모든 중생에게 이익을 주며, 모든 부처의 지혜바다를 관찰하며, 모든 감로의 법비를 마시려 하며, 모든 광대한 법 바다를 측량하려 하며, 중생들을 지혜 바다에 머물게 하려하며, 광대한 자비 구름을 일으키려 하며, 광대한 법비를 내리려 하며, 지혜의 달로 세간을 두루 비추려 하며, 세간의 지독한 번뇌를 멸하려 하며, 중생들의 모든 선근을 기르려 하는구나-."

이 때 여러 신선 무리는 이 말을 듣고 가지각색 묘한 향과 꽃으로 선재에게 흩고 절하고 두루 돌며 공경하고 이렇게 말하였다.

"이제 이 동자는 반드시 모든 중생을 구호하고, 모든 지옥의 고통을 멸하고, 모든 축생의 길을 끊고, 염라대왕의 세계를 바꾸어 놓고, 여러 험난한 문을 닫고, 애욕바다를 말리고, 괴롬 덩어리를 없애고, 무명의 어둠을 깨뜨리고, 탐애의 결박을 끊고, 복덕의 철위산으로 세간을 둘러싸고, 지혜의 수미산으로 세간을 드러내고, 청정한 지혜의 해를 뜨게 하고, 선근의 법장을 열어 보이고, 세간 사람들에게 험하고 평탄함을 알게 하리라."

이 때 비목다라구사가 여러 신선에게 말하였다.

"선남자여, 만일 어떤 이가 무상보리심을 내면 반드시 온갖 지혜의 도를 성취하리라. 이 착한 남자는 이미 무상보리심을 내었으므로 마땅히 모든 불공덕 바탕을 깨끗이 하리라."

비목다라구사는 선재동자에게 말하였다.

"선남자여, 나는 보살의 이길 이 없는 당기 해탈(無勝幢解脫)을 얻었노라."

"이길 이 없는 당기 해탈은 그 경계가 어떠하오니까."

이 때 비목선인은 오른 손을 펴서 선재의 정수리를 만지며 선재의 손을 잡았다. 그 때 선재동자는 자기의 몸이 시방으로 10세계의 티끌 수 세계에 가서 10세계의 티끌 수 불소에 이르렀음을 보았고, 저 세계와 모인 대중과 부처님의 잘생긴 모습이 여러 가지로 장엄하였음을 보았으며, 또 그 부처님이 중생들의 마음을 따라서 법을 연설함을 듣고 한 글자 한 구절을 모두 통달하여 따로따로 받아 지니어 범하지 아니하였다.

또 저 부처님이 갖가지 지혜로 모든 서원을 깨끗하게 다스림도 보고, 저 부처님이 청정한 서원으로 모든 힘을 성취함도 보고 저 부처님의 중생들의 마음을 따라 나타내는 모습도 보고, 저 부처님의 큰 광명 그물의 가지각색 빛이 청정하고 원만함도 보고, 또 부처님의 걸림없는 큰 지혜와 큰 광명의 힘도 알았다.

또 자기의 몸이 여러 부처님 계신 데서 하루낮 하룻밤을 지내기도 하고, 이레를 지내기도 하고, 혹은 반 달·한 달·1년·10년·백년·천년·억년을 지내기도 하며, 혹 아유다 억년·나유타 억년, 혹 반 겁·한 겁·백 겁·천 겁·백천억 겁으로 내지 말할 수 없이 말할 수 없는 세계의 티끌 수 겁을 지내는 것을 보기도 하였다.

그 때 선재동자는 보살의 이길 이 없는 당기 해탈의 지혜 광명이 비춤으로 해서 비로자나장 삼매의 광명을 얻고, 다함없는 지혜 해탈삼매의 광명이 비춤으로 해서 여러 방위를 두루 거두는 다라니 광명을 얻고, 금강륜 다라니문의 광명이 비춤으로 해서 매우 청정한 지혜의 마음 삼매 광명을 얻고, 넓은 문 장엄장 반야바라밀다의 광명이 비춤으로 해서 불허공장륜(不虛空藏輪) 삼매의 광명을 얻고, 일체불법륜삼매의 광명이 비춤으로 해서 3세 그지없는 삼매광명을 얻었다.

이 때 비목선인이 선재의 손을 놓으니, 선재동자는 자기의 몸이 도로 본 고장에 있음을 보았다. 그 때 비목서인은 선재에게 말하였다.

"그대는 생각 하는가."

"그러하옵니다. 이것이 다 거룩하신 선지식의 힘인 줄 아옵니다."

"나는 다만 이 보살의 이길 이 없는 당기 해탈만을 알거니와, 저 보살이 모든 훌륭한 삼매를 성취하여, 모든 시절에 자유자재하고 잠깐 동안에 부처님의 한량없는 지혜를 내고 불지혜 등불로 장엄하여 세간을 두루 비추며, 한 생각에 3세 경계에 두루 들어가서 형상을 나누어 시방 국토에 두루 가며, 지혜 몸이 모든 법계에 들어가서 중생의 마음을 따라 그의 앞에 나타나서, 그의 근성과 행을 관찰하고 이익케 하며, 매우 사랑스러운 깨끗한 광명을 놓는 일이야 내가 어떻게 알며, 저의 공덕의 행·훌륭한 서원·장엄한 세계·지혜의 경계·삼매의 행하는 데·신통변화·해탈의 유희·몸이 각각 차별함·음성이 청정함·지혜의 광명을 말하겠는가.

여기서 남쪽 이사나마을 승렬(勝熱)바라문에게 가서 보살도를 물으라."

이 때 선재동자는 즐거워 뛰놀면서 그의 발에 절하고 수없이 돌고 은근하게 앙모하면서 하직하고 남쪽으로 떠났다.

⑨ 승렬바라문의 법왕자주(法王子住)

ㄱ. 교취자문(教趣諮問)

이 때 선재동자는 보살의 이길 이 없는 당기 해탈의 비침을 받은 연고로 부처님의 부사의한 신통력에 머물며, 보살의 부사의한 해탈과 신통한 지혜를 증득하며, 보살의 부사의한 삼매의 지혜 광명·모든 시기에 닦는 삼매의 지혜 광명·모든 경계가 다 생각을 의지하여 존재한 것임을 아는 삼매의 지혜 광명·모든 세간에서 가장 훌륭한 지혜 광명을 얻었다.

모든 곳에 몸을 나타내고 끝까지 이른 지혜로 둘이 없고 분별이 없는 평등한 법을 말하며, 밝고 깨끗한 지혜로 경계를 두루 비추며, 들은 법을 모두 알아가지며, 청정한 마음과 지혜로 법의 성품을 결정하여 알고 마음에는 보살의 묘한 행을 항상 버리지 않았다.

온갖 지혜를 구하되 영원히 물러가지 아니하고 10력과 지혜의 광명을 얻었으며, 묘한 법을 부지런히 구하여 싫은 생각이 없으며, 바르게 행을 닦아 불경계에 들어갔으며, 보살의 한량없는 장엄을 내고 그지없는 큰 서원이 모두 청정하였으며, 다함이 없는 지혜로 그지없는 세계 그물을 알고, 검약하지 않은 마음으로 한량없는 중생 바다를 제도하며, 그지없는 보살의 모든 수행하는 경계를 알고, 그지없는 세계의 여러 가지 차별·장엄을 보며 미세한 경계에 들어가며, 여러 가지 이름을 알며 그지없는 중생의 여러 가지 지혜를 알며 행을 보며 성숙한 행을 보며 차별한 생각을 보았다.

이렇게 선지식을 생각하면서 점점 가다가 이사나 마을에 이르러, 승렬바라문이 모든 고행을 닦으며 온갖 지혜를 구하는 것을 보니, 사면에 있는 불 무더기가 큰 산과 같은데, 그 속에 칼산(刀山)이 있어 높고 가파르기 그지없었다. 승렬바라문이 그 산 위에 올라가서 몸을 날려 불 구덩에 들어가는 것이었다.

선재동자가 그의 발에 절하고 합장하고 서서 말하였다.

"거룩하신 이여, 저는 이미 무상보리심을 내었사오나, 보살이 어떻게 보살행을 배우며 어떻게 보살도를 닦는지를 알지 못하나이다. 듣자온즉 거룩하신 이께서 잘 가르친다 하오니 말씀하여 주소서."

ㄴ. 칭찬수법(稱讚授法)

"그대가 만일 이 칼산 위에 올라가서 몸을 불 구렁에 던지면 모든 보살행이 모두 청정하여지리라."

선재동자는 이렇게 생각하였다.

'사람의 몸을 얻기 어렵고, 모든 난을 여의기, 난이 없어짐을 얻기, 청정한 법을 얻기, 부처님 만나기, 모든 감관을 구비하기, 불법을 얻기, 선한 사람을 만나기, 선지식을 만나기, 이치대로 가르침을 받기, 바른 생활을 하기, 법을 따라 행하기 어렵다더니, 이것은 마가 아닌가. 마가 시키는 것이 아닌가. 마의 험악한 도량이 보살인 듯이 선지식의 모양을 꾸며 가지고, 나에게 선근의 난을 짓고 수명의 난을 지어서 나의 온갖 지혜의 길을 닦는 것을 장애하고, 나를 끌어서 나쁜 길에 들어가게 하고, 나와 법문을 막고 나의 불법을 막는 것이 아닌가.'

이렇게 생각할 때에 10천 범천이 허공에서 이렇게 말했다.

"그런 생각을 하지 말라. 그런 생각을 하지 말라. 이 거룩한 이는 금강불꽃삼매의 광명을 얻었고, 크게 정진하여 중생을 건지려는 마음이 물러가지 아니하였으며, 모든 탐애의 바다를 말리려 하고, 모든 삿된 소견의 그물을 찢으려 하고, 모든 번뇌의 섶을 태우려 하고, 모든 의혹의 숲을 비추려 하고, 모든 늙어 죽는 공포를 끊으려 하고, 모든 3세의 장애를 무너뜨리려 하고, 모든 법광명을 놓으려 하느니라.

우리 범천들이 흔히 사견에 집착하여 스스로 생각하기를 '우리가 자유자재한 이며, 능히 짓는 이가 되어, 이 세간에서 가장 훌륭하다' 하였더니, 이 바라문이 다섯 군데 뜨거움으로 몸을 볶는 것을 보고는 우리의 궁전에 사랑하는 마음이 없고, 여러 가지 선정에서도 재미를 얻지 못하여서, 함께 와서 바라문에게 청하였노라.

그때 바라문은 신통력으로 크게 고행함을 보이면서 우리에게 법을 말하며 우리의 모든 소견을 없애 주고, 모든 교만을 제하여 주며, 크게 인자함에 머물고 크게 가엾이 여김을 행하며, 광대한 마음을 일으키고 보리심을 내게 하여, 항상 부처님을 뵙고 항상 묘법을 듣고는 온갖 곳에 마음이 걸리지 아니하였다."

또 10천의 마의 무리가 공중에서 하늘 마니 보배로 바라문의 위에 흩고, 선재동자에게 말하였다.

"이 바라문이 다섯 군데 뜨거움으로 몸을 볶을 때에 그 불광명이 나의 궁전의 장엄 거리를 가리고 권속들과 함께 그의 처소에 왔더니, 이 바라문이 나에게 설법하여, 나와 한량없는 다른 천자와 천녀들로 하여금 무상보리에 물러가지 않게 하였느니라."

또 10천의 자재천왕이 허공중에서 하늘꽃을 뿌리고 이렇게 말하였다.

"이 바라문이 다섯 군데 뜨거움으로 몸을 볶을 때에 그 불의 광명이 나의 궁전에 있는 장엄 거리를 가리어 먹덩이 같게 하므로 나는 거기에 애착하지 않고 권속들과 함께 그의 처소에 왔더니, 이 바라문이 나에게 법을 말하여 나로 하여금 마음이 자재하게 하고 번뇌에도 태어나는 데도 모든 업장·삼매·장엄 거리에도 몸속에도 내지 모든 불법에까지 자재하게 하였느니라."

또 10천의 화락천왕이 허공에서 하늘 음악을 연주하여 공경·공양하고 이렇게 말하였다.

"이 바라문이 다섯 군데 뜨거움으로 몸을 볶을 때에 그 불의 광명이 나의 궁전의 장엄 거리들과 채녀들에게 비추매 나는 욕망을 내지도 구하지도 않고 몸과 마음이 부드러워져서 무리들과 함께 그의 처소에 왔더니, 바라문이 나에게 법을 말하며 나의 마음이 청량하고 깨끗하고 순일하여지고, 부드러워지고 환희하게 하며, 내지 깨끗한 10력과 깨끗한 몸을 얻게 하고 한량없는 몸을 내며, 내지 부처의 몸·말·음성·마음을 얻으며, 온갖 지혜의 지혜까지 구족히 성취하게 하였느니라."

또 10천의 투시타 천왕과 천자 천녀와 한량없는 권속들이 허공에서 묘한 향을 뿌려서 공경하며 절하고 이렇게 말하였다.

"이 바라문이 다섯 군데 뜨거움으로 몸을 볶을 적에 우리 하늘들과 권속들이 자기의 궁전을 좋아하지 않고, 그의 처소에 와서 그의 설법을 들었더니, 우리들은 경계에 탐하지 않고 욕심이 적어 넉넉함을 알았으며, 마음이 기쁘고 마음이 만족하여 선근을 내고 보리심을 내었으며, 내지 모든 불법을 원만하였느니라."

또 10천의 33천이 있어 권속들과 천자와 천녀들에게 둘러싸여서 허공중으로 만다라꽃을 내리어 공경·공양하면서 이렇게 말하였다.

"이 바라문이 다섯 군데 뜨거움으로 몸을 볶을 적에 우리들은 천악에는 즐거운 생각을 내지 않고 그의 처소에 왔더니, 바라문이 우리에게 모든 법이 무상하고 파괴되는 것이라 말하여, 우리로 하여금 모든 낙을 버리고 교만을 끊게 하여 위없는 보리를 사랑하게 하였느니라.

우리들이 이 바라문을 보았을 적에 수미산 꼭대기가 6종으로 진동하므로 우리들은 무서워서 보리심을 내었는데 견고하여 동요하지 않았느니라."

또 이사발라용왕과 난다·우파난다 용왕등 10천 용왕이 있어 허공에서 흑전단을 비 내리고, 한량없는 용녀들은 하늘 음악을 연주하며 하늘 꽃과 하늘 향수를 비 내려서 공경·공양하며 말하였다.

"이 바라문이 다섯 군데 뜨거움으로 몸을 볶을 적에, 그 불의 광명이 모든 용의 궁전에 비치어, 용들로 하여금 뜨거운 모래의 공포와 금시조의 공포를 여의고, 성내는 일을 제하고 몸이 청량하여졌으며, 마음에 흐림이 없어 법을 듣고 믿었으며, 용의 종류를 싫어하고 지성으로 업장을 뉘우쳐 없애며, 무상보리심까지 내어 온갖 지혜에 머물렀느니라."

또 10천의 야차왕이 허공중에서 가지가지 공양 거리로 이 바라문과 선재동자에게 공경·공양하고 말하였다.

"이 바라문이 다섯 군데 뜨거움으로 몸을 볶을 적에 나와 권속들은 중생에게 가엾이 여기는 마음을 내었고, 모든 나찰과 구반다들도 인자한 마음을 내었다. 인자한 마음을 가졌으므로 중생들을 해롭게 하지 아니하고 나에게로 왔다. 나와 그들은 자기의 궁전에 좋아하는 생각이 없었고, 함께 바라문의 처소에 갔더니, 그는 우리에게 적당한 법을 말하여 모두 몸과 마음이 안락하였으며, 한량없는 야차와 나찰과 구반다들도 위가 없는 보리심을 냈느니라."

또 10천의 건달바왕이 허공중에서 이렇게 말하였다.

"이 바라문이 다섯 군데 뜨거움으로 몸을 볶을 적에 그 광명이 나의 궁전에 비치어 우리들로 부사의한 한량없는 쾌락을 받게 하였다. 그래서 우리들은 그의 처소에 갔더니, 이 바라문이 우리에게 법을 말하여 무상보리에서 물러가지 않게 하였느니라."

또 10천의 아수라왕이 큰 바다에서 나와 허공에 있으면서 오른 무릎을 펴고 합장하여 절하고 이렇게 말하였다.

"이 바라문이 다섯 군데 뜨거움으로 몸을 볶을 적에 우리 아수라들의 궁전과 바다와 육지들이 모두 진동하여 우리들로 하여금 교만과 방일을 버리게 하였으므로, 우리들은 그의 처소에 가서 그의 법문을 듣고 아첨과 허황함을 버리고 참는 지위에 머물러서 견고하여 동하지 않으며 10력을 원만히 하였느니라."

또 10천의 가루라왕이 있는데, 용맹을 가진 왕이 우두머리가 되었더니, 외도의 동자형으로 변하여 허공중에서 이런 말을 외쳤다.

"이 바라문이 다섯 군데 뜨거움으로 몸을 볶을 적에, 그 불 광명이 우리 궁전에 비치니 온갖 것이 진동하여 모두 무서워하였다. 그래서 우리들이 그의 처소에 갔더니, 바라문이 우리에게 적당하게 법을 말하여 크게 인자함을 익히고 크게 가엾이 여김을 칭찬하고 죽고 사는 바다를 건너게 하며, 탐욕의 수렁에서 중생들을 빼내어 보리심을 찬탄하고 방편의 지혜를 일으키며, 적당하게 중생들을 조복하였느니라."

또 10천의 긴나라왕이 허공중에서 이렇게 외쳤다.

"이 바라문이 다섯 군데 뜨거움으로 몸을 볶을 적에 우리가 있는 궁전의 여러 다라나무·보배풍경 그물·보배 비단 띠·음악나무·묘한 보배나무와 모든 악기에서 저절로 불법의 소리·물러가지 않는 보살승의 소리와, 위없는 보리를 구하는 소리를 내어 말하였다.

'어느 곳 어느 나라에는 아무 보살이 보리심을 내었다. 어느 쪽 나라에서는 아무 보살이 고행을 행하고 버리기 어려운 것을 버렸으며, 내지 온갖 지혜의 행을 깨끗이 하였다. 어느 쪽 어느 나라에서는 아무 보살이 도량에 나아갔으며, 내지 어느 쪽 어느 나라에는 아무 여래가 불사를 마치고 열반에 들었다' 하였느니라.

어떤 사람이 잠부드비이파의 모든 초목을 갈아서 작은 티끌을 만들면, 그 티끌 수효는 알 수 있다 하더라도, 나의 궁전에 있는 보배 다라나무와 내지 악기에서 말하는 보살의 이름·여래의 이름·내는 서원·닦는 행들은 그 끝닿은 데를 알지 못하리라.

우리는 부처의 소리·법의 소리·보살승의 소리를 듣고 매우 기뻐서 바라문의 처소에 왔더니, 그 때 바라문은 나에게 적당하게 법을 말하여 나와 다른 한량없는 중생들로 하여금 무상보리에서 물러가지 않게 하였느니라."

또 한량없는 욕계 하늘들이 허공중에서 아름다운 공양 거리로 공경·공양하고 이렇게 외쳤다.

"이 바라문이 다섯 군데 뜨거움으로 몸을 볶을 적에 불의 광명이 아비지옥 등 여러 지옥에 비치어 모든 고통 받던 일이 쉬었으며, 우리들도 그 불의 광명을 보고 깨끗한 신심을 내었고, 신심을 내었으므로 거기서 죽어서 하늘에 태어났으며, 그 은혜를 알았으므로 바라문의 처소에 와서 공경 앙모하여 싫은 생각이 없었고, 바라문은 우리에게 법을 말하여 한량없는 중생들이 보리심을 내었느니라."

그 때 선재동자는 이런 법문을 듣고 매우 기뻐서 바라문에 대하여 진실한 선지식이란 마음을 내어 엎드려 절하고 이렇게 말하였다.

"제가 거룩하신 선지식에게 착하지 못한 마음을 내었나이다. 저의 참회를 받아 주옵소서."

바라문은 선재동자에게 게송을 말하였다.

보살이 누구든지 선지식의 가르침을 순종하면
모든 의심 두려움 없어지고 편안히 있어 마음이 흔들리지 않으리.
이런 사람들은 광대한 이익 얻으리니
보리수 아래 앉아서 위없는 깨달음 이루리라.

그때 선재동자는 즉시 칼산에 올라가서 몸을 불구렁에 던졌다. 내려가는 중간에서 보살의 잘 머무는 삼매를 얻었고, 몸이 불꽃에 닿자 또 보살의 고요하고 즐거운 신통 삼매를 얻었다. 그리고 선재동자가 여쭈었다.

"매우 신기하옵니다. 이런 칼산과 불무더기에 몸이 닿을 적에 편안하고 쾌락하였나이다."

"나는 다만 이 보살의 다함이 없는 바퀴 해탈문을 얻었거니와, 저 보살의 큰 공덕 불꽃으로써 모든 중생의 도를 볼 적에 끊을 번뇌를 불살라 남지 않고 물러가지 않게 하며, 다하지 않는 마음·게으르지 않는 마음·겁이 없는 마음으로 금강장(金剛藏) 나라연 같은 마음과 빨리 수행하고 지체하지 않는 마음을 내며, 바람 둘레와 같이 여러 가지 노력과 큰 서원을 두루 지니려는 마음이 물러가지 않는 것이야 내가 어떻게 알며 그 공덕의 행을 말하겠는가.

여기서 남쪽으로 가면 사자분신성이 있고, 그 성중에 자행(慈行)동녀가 있으니 그이에게 가서 보살도를 물으라."

⑩ 자행동녀의 관정주(灌頂住) - 화엄경 제65권

ㄱ. 교취자문(敎趣諮問)

그때 선재동자는 선지식에게 가장 존중하는 마음을 내며, 광대하고 청정한 이해를 내어, 항상 대승을 생각하고 부처 지혜를 일심으로 구하며, 부처님 뵈옵기를 원하고 법의 경계를 관찰하며, 걸림 없는 지혜가 항상 앞에 나타나서, 모든 법의 참된 짬·항상 머물러 있는 짬·모든 3세와 찰나의 짬·허공과 같은 짬·둘이 없는 짬·모든 법의 분별이 없는 짬·모든 이치의 걸림이 없는 짬·모든 겁의 무너지지 않는 짬·모든 여래의 짬이 없는 짬을 결정하게 알며, 모든 부처에게 분별하는 마음이 없고, 모든 생각의 그물을 찢어 집착이 없으며, 부처님들의 대중이 모인 도량도 취하지 않고, 부처님의 청정한 국토도 취하지 않으며, 중생들은 모두 '나'가 없음을 알고, 모든 소리는 다 메아리와 같음을 알고, 모든 빛은 다 그림자와 같은 줄 알고 점점 남쪽으로 가다가 사자분신성에 이르러 여러 곳으로 다니면서 자행동녀를 찾았다.

이 동녀는 사자당왕의 딸로서 5백 동녀가 시종이 되고 비로자나장 궁전에 있으며, 용승전단이 발이 되고 금실그물을 두루고 하늘 옷을 깐 자리에 앉아 묘법을 연설한다는 말을 들었다.

이 말을 듣고 선재동자는 왕궁에 나아가 자행동녀를 찾는데, 한량없는 사람들이 궁중으로 들어가는 것을 보고, 선재동자는 "당신들은 어디로 가느냐"고 물으니, "우리는 자행동녀에게 가서 묘법을 들으려 한다"고 대답하였다.

선재동자는 생각하기를 '이 왕궁의 문은 제한이 없으니 나도 들어가리라' 하고 들어가서 비로자나장 궁전을 보았다.

파리로 땅이 되고 바이두우랴로 기둥을 만들고 금강으로 벽이 되었으며, 잠부나다금으로 담을 쌓았고, 백천 광명은 창호가 되고 아승지 보배로 꾸미었으며, 보장(寶藏) 마니 거울로 장엄하고 세상에 제일가는 마니 보배로 장식하였는데, 수없는 보배 그물이 위에 덮였으며, 백천의 황금 풍경에서는 아름다운 소리가 나와서, 이렇게 부사의한 보배로 훌륭하게 꾸몄으며, 자행동녀는 살갗이 금빛이요 눈은 자주빛이고 머리카락은 검푸르며, 범천의 음성으로 법을 연설하고 있었다.

선재는 앞에 나아가 발에 엎드려 절하고 수없이 돌고 합장하고 서서 말하였다.

"거룩하신이여, 저는 이미 무상보리심을 내었아오나, 보살이 어떻게 보살행을 배우며 어떻게 보살도를 닦는지를 알지 못하나이다. 들자온즉 거룩한 이께서 잘 가르치신다 하오니 말씀하여 주소서."

ㄴ. 칭찬수법(稱讚授法)
"그대는 나의 궁전에 장엄한 것을 보라."
선재동자는 엎드려 절하고 두루 살펴보았다.
낱낱 벽·기둥·거울·모양·형상·마니 보배·장엄 거리·황금 풍경·보배 나무·보배 형상·보배 영락에 온 법계의 여러 여래께서 처음 마음을 내고 보살행을 닦고 큰 서원을 만족하고 공덕을 갖추고 정등각을 이루는 일과 묘한 법륜을 굴리다가 열반에 드시는 일이 영상처럼 나타나니, 마치 깨끗한 물속에 일월성신과 모든 물상이 비치는 듯하였다. 이런 것이 모두 자행동녀가 지난 세상에 심은 선근의 힘이었다.
이 때 선재동자는 궁전의 장엄에서, 본 부처님들의 여러 가지 모양을 생각하면서 합장하고 자행동녀를 쳐다보았다.
"이것은 반야 바라밀다의 두루 장엄하는 문이니, 내가 36항하사 부처님 계신 데서 이 법을 얻었는데, 저 여래들이 각각 다른 문으로써 나로 하여금 이 반야 바라밀다로 두루 장엄문에 들어가게 하였으며, 한 부처님이 말씀한 것은 다른 부처님이 다시 말하지 아니하였느니라."
"이 반야 바라밀다로 두루 장엄하는 문의 경계는 어떠하나이까."
"내가 이 반야 바라밀다로 두루 장엄하는 문에 들어가서 따라 나아가면서 생각하고 관찰하고 기억하고 분별할 적에 넓은 문 다라니를 얻으니, 백만 아승지 다라니문이 앞에 나타났느니라.
이른바 불세계·불·법·중생·과거·미래·현재·항상 머무는 짬 다라니문이며,
복덕·복덕으로 도를 돕는 거리·지혜·지혜로 도를 돕는 거리·여러 소원·여러 소원을 분별하는 모든 행을 모으는·행을 청정케 하는·행을 원만케 하는 다라니문이며,
업·업이 없어지지 않는·업이 흐르는·업으로 짓는·나쁜 업 버리는·바른 업 닦는·업이 자재한 착한 행·착한 행 유지하는 다라니문이며,
삼매·삼매를 따르는·삼매를 관찰하는·삼매의 경계·삼매에서 일어나는·신통한 다라니문이며,

마음 바다·갖가지 마음·곧은 마음·마음 숲을 비추는·마음을 조복하여 청정케 하는 다라니문이며,

중생의 나는 데·중생의 번뇌 행·중생의 번뇌 습기·번뇌의 방편·중생의 지혜·중생의 행·중생의 행이 같지 않음·중생의 성품·중생의 욕망·중생의 생각을 아는 다라니문이며,

시방을 두루 보는·법을 말하는·크게 가엾이 여기는·크게 인자한·고요한·말하는 길·방편과 방편 아닌·따라 주는·차별한·널리 들어가는·걸림 없는 짬·널리 두루하는·불법·보살법·성문법·독각법·세간법 다라니문이며,

세계가 이뤄지는·세계가 무너지는·깨끗한 세계·더러운 세계·더러운 세계에 깨끗한 세계를 나타내는·깨끗한 세계에 더러운 세계를 나타내는·순전히 더러운 세계·순전히 깨끗한 세계·평탄한 세계·평탄치 못한 세계·엎어진 세계·인드라 그물 세계·세계가 구르는·생각을 의지해서 머무름을 아는·작은 것이 큰 데 들어가는·큰 것이 작은 데 들어가는 다라니문이며,

부처님들을 보는·부처님 몸을 분별하는·부처의 광명으로 장엄하는·부처의 원만한 음성·부처의 법륜·부처의 법륜을 성취하는·차별한 부처의 법륜·차별 없는 부처의 법륜·부처의 법륜을 해석하는·부처의 법륜을 굴리는·불사를 짓는·부처의 대중 모임을 분별하는·부처의 대중이 모임에 들어가는 다라니문이며,

불력을 두루 비추는·부처님들의 삼매 부처님들 머무시는·부처님의 지닌·부처님의 변화하는·부처님이 중생의 마음과 행을 아는·부처의 신통으로 변해 나타나는·투시타 하늘궁에 머무시며 내지 열반에 듦을 보이시는·한량없는 중생을 이익케 하는·매우 깊은 법에 들어가는·미묘한 법에 들어가는 다라니문이며,

보리심·보리심 일으키는·보리심을 도와주는·모든 서원·모든 행·신통·벗어나는·다 지님이 청정한·지혜바퀴 청정한·지혜가 청정한·보리가 한량없는·제 마음이 청정한 다라니 문이니라.

나는 다만 이 반야 바라밀다 두루 장엄하는 해탈문을 알거니와, 저 보살의 마음이 광대하기 허공과 같고, 법계에 들어가 복덕이 만족하며, 출세간법에 머물러 세간행을 멀리하며, 지혜 눈이 걸림이 없어 법계를 두루 관찰하며, 지혜의 마음이 광대하여 허공과 같으며, 모든 경계를 다 분명히 보며, 걸림 없는 지위의 큰 광명장을 얻어서 온갖 법과 뜻을 잘 분별하며, 세간행을 행하여도 세간 법에 물들지 않으며, 능히 세상을 이익케 하고, 세간에서 파괴한 것이 아

니며, 모든 세상의 의지가 되고 모든 중생의 마음을 두루 알며, 그들에게 알맞게 법을 말하여 온갖 시기에 항상 자유자재함이야 내가 어떻게 알며 그 공덕행을 말하겠는가. 여기서 남쪽으로 가면 3안국이 있고 거기 비구가 있으니 저에게 가서 보살도를 물으라."

(2) 10행법문(十行法門)

① 선견비구의 환희행(歡喜行)

ㄱ. 교취자문(敎趣諮問)

이 때 선재동자는 보살의 머물러 있는 행이 깊음을 생각하고, 보살의 증득한 법·들어간 곳·중생의 미세한 지혜·세간의 생각을 의지하여 있음·중생의 행과 마음의 흐름·중생의 그림자 이름·말·장엄한 법계·가지가지 업과 행·업으로 장식한 세간이 깊음을 생각하면서 점점 남쪽으로 갔다.

3안국에 이르러서는 도성·마을·골목·저자·내·평원·산골짜기 등에서 두루 다니며 선견(善見) 비구를 찾다가 숲 속에서 거닐며 왔다갔다 함을 보았다.

한창 나이에 용모가 아름답고 단정하여 보기에 반가우며, 검푸른 머리카락이 오른쪽으로 돌아 어지럽지 아니하고, 정수리에는 살 상투가 있고, 피부가 금빛이요, 목에는 세 줄 무늬가 있고, 이마는 넓고 번듯하며, 눈은 길고도 넓어 청련화 같고, 입술은 붉고 깨끗하여 빔바나무 열매 같으며, 가슴에는 만(卍)자가 있고, 일곱 군데가 평평하며, 팔은 가늘고도 길고 손가락에는 그물막이 있으며, 손바닥과 발바닥에는 금강 같은 바퀴 금이 있고, 몸은 유난히 아름다워 정거천인 같고, 위와 아래가 곧고 단정하여 니야그로다나무 같으며, 거룩한 모습과 잘생긴 모양이 모두 원만하여 설산과 같아 가지가지로 꾸미었고, 눈은 깜짝이지 않고 둥근 광명이 한 길이었다.

지혜는 넓어 큰 바다와 같아 여러 경계에 마음이 흔들리지 않으며, 잠기듯 일어나는 듯, 지혜도 같고 지혜 아님도 같으며, 움직임과 희롱 거리 언론이 모두 쉬었고, 부처님이 행하던 평등 경계를 얻었으며, 크게 가엾이 여김으로 중생들을 교화하여 잠깐도 버리지 않으며, 일체 중생을 이익하기 위하며 여래의 법문을 열어 보이기 위하며, 여래의 행하던 길을 밟기 위하여 느리지도 빠르지도 않게 자세히 살피며 지나가는 것이다.

한량없는 하늘·용·야차·건달바·아수라·가루라·긴나라·마후라가·제석·범천왕·사람·사람 아닌 이들이 앞뒤에 호위하였고, 방위 맡은 신이 방위를 따라 돌아다니면서 앞을 인도하며, 발로 다니는 신은 보배 연꽃을 들고 발을 받들고, 그지없는 광명 신장은 빛을 내어 어둠을 깨뜨리며, 잠부나다 숲 맡은 이는 여러 가지 꽃을 내리고 부동장(不動藏) 땅 맡은 신은 보배광을 나타내며, 두루 빛난 허공 맡은 신은 허공을 장엄하고, 성취덕(成就德) 바다 맡은 이는 마니 보배를 비내리며, 때 없는 광 수미산신은 엎드려 예배하고 허리 굽혀 합장하며, 걸림 없는 힘 바람 맡은 신은 묘한 향과 꽃을 내리고, 춘화(春和) 밤 맡은 신은 몸을 장엄, 온 몸을 땅에 엎드리며, 항상 깨달은 낮 맡은 신은 여러 방위를 두루 비추는 당기를 들고 허공에 있으면서 큰 광명을 놓았다.

이 때 선재동자는 비구에게 나아가 엎드려 발에 절하고 합장하고 말하였다.

"저에게 보살행을 가르쳐 주시옵소서."

ㄴ. 정시법계(正示法界)

"선남자여, 나는 나이도 젊었고 출가한 지도 오래지 않거니와, 이승에서 38항하의 모래수 부처님 처소에서 범행을 깨끗이 닦았으니, 어떤 부처님 처소에서는 하룻낮·하룻밤 동안 범행을 닦았고, 어떤 부처님 처소에서는 7일 7야 동안 범행을 닦았으며, 어떤 부처님 처소에서는 반 달·한 달·1년·백 년·만 년·억년 나유타 년·내지 말할 수 없이 말할 수 없는 해·한 소겁·반 대겁·한 대겁·백 대겁·내지 말할 수 없이 말할 수 없는 대겁을 지냈노라.

그 동안에 묘한 법을 듣고 그 가르침을 받들어 행하며, 모든 서원을 장엄하고 증득할 곳에 들어가 모든 행을 닦아서 여섯 가지 바라밀다를 만족하였으며, 또 그 부처님들이 성도하고 법을 말하심이 각각 차별하여 어지럽지 아니하며, 남기신 교를 호지하여 열반하신 데까지 이름을 보았으며, 또 저 부처님의 본래 세운 서원과 삼매력으로 모든 불국토를 깨끗이 장엄하며, 일체행 삼매에 들어간 힘으로 모든 보살행을 깨끗이 닦으며, 보현법으로 뛰어나는 힘으로써 여러 부처의 바라밀다를 청정히 하심을 알았느니라.

또 내가 거닐 적에 잠깐 동안에 모든 시방이 다 앞에 나타났으니 지혜가 청정한 연고라. 잠깐 동안에 모든 세계가 앞에 나타났으니 말할 수 없이 말할 수 없는 세계를 경과하는 연고며, 불세계가 깨끗이 장엄하였으니 큰 서원을 성취한 연고며, 중생의 차별한 행이 앞에 나타났으니 10력의 지혜를 만족한 연고며, 부처님들의 청정한 몸이 앞에 나타났으니 보현행원을 성취한 연고며, 세계의 티끌 수 여래께 공경 공양하였으니 부드러운 마음으로 여래께 공양하려는 서원을 성취한 연고며, 여래의 법을 받나니 아승지의 차별한 법을 증득하여 법륜을 유지하는 다라니의 힘을 얻은 연고며, 보살의 수행 바다가 앞에 나타나나니 모든 행을 깨끗이 하여 인드라 그물과 같은 서원력을 얻은 연고며, 삼매 바다가 앞에 나타나나니 한 삼매문으로 모든 삼매문에 들어가서 서원력을 청정케 하는 연고며, 여러 근성바다가 앞에 나타나나니 모든 근성의 짬을 알고 한 근성에서 여러 근성을 보는 서원에 힘을 얻은 연고며, 세계의 티끌 수 시간이 앞에 나타나나니 모든 시간에 법륜을 굴리는데 중생계는 다하여도 법륜은 다함이 없는 원력을 얻은 연고며, 모든 3세 바다가 앞에 나타나나니 모든 세계에서 모든 3세의 나뉘는 지위를 분명히 아는 지혜 광명과 원력을 얻은 연고라.

나는 다만 이 보살이 따라 주는 등불의 해탈문을 알거니와 저 보살들이 금강등과 같아서 여래의 가문에 진정하게 태어나서 죽지 않는 목숨을 성취하면 지혜의 등불을 항상 켜서 꺼질 적이 없으며, 몸이 견고하여 파괴할 수 없고, 눈어리 같은 육신을 나타냄이 마치 인연으로 생기는 법이 한량없이 차별한 것 같거든, 중생의 마음을 따라 제각기 형상과 모습을 나타내어 세상에 짝할 이 없으며, 독한 칼이나 화재로도 해할 수 없음이 금강산과 같아서 파괴할 수 없으며, 모든 마와 외도를 항복 받고, 몸이 훌륭하기는 황금산과 같아서 인간 천상에 가장 제일이며, 소문이 멀리 퍼져서 듣지 못한 이가 없고, 세간을 보되 눈앞에 대한 듯하며, 깊은 법장을 연설함이 바다가 다하지 않는 것 같고, 큰 광명을 놓아 시방에 두루 비치니, 만일 보는 이가 있으면 모든 장애의 산을 헐고 모든 착하지 못한 근본을 뽑아 버리고 광대한 선근을 심으리니, 이런 사람은 보기도 어렵고 세상에 나기도 어렵거늘, 내가 어떻게 알며 그 공덕의 행을 말하겠는가. 여기서 남으로 가면 소문난 나라, 물가에 한 동자가 있으니 그에게 가서 보살행을 물으라."

그 때 선재동자는 보살의 용맹하고 청정한 행을 끝마치려 하며, 보살의 큰 힘과 광명을 얻으려 하며, 보살의 이길 이 없고 다함이 없는 공덕행을 닦으려 하며, 보살의 견고한 큰 원을 만족하려 하며, 보살의 넓고 크고 깊은 마음을 이루려 하며, 보살의 한량없이 훌륭한 행을 가지려 하며, 보살의 법에 만족한 생각이 없고 모든 보살의 공덕에 들어가려 하며, 모든 중생을 거두어 제어하려 하며, 죽고 사는 숲과 벌판에서 초월하려 하며, 선지식을 항상 뵈옵고 듣잡고 섬기고 공양하는 데 게으른 생각이 없어서, 그의 발에 절하고 한량없이 돌고 은근하게 앙모하면서 하직하고 물러갔다.

② 자재주동자의 요익행(饒益行)

ㄱ. 교취자문(敎趣諮問)

이 때 선재동자는 선견비구의 가르침을 받고 기억하고 외며 생각하고 익혀서 분명하게 결정하였으며, 그 법문에 깨달아 들어가고, 하늘·용·야차·건달바 무리들에게 앞뒤로 둘러싸여 소문난 나라로 향하면서 자재주동자를 두루 찾았다.

이 때 하늘·용·건달바들이 공중에서 선재에게 "이 동자는 지금 물가에 있느니라." 그 곳에 나아가 이 동자를 보니, 10천 동자에게 둘러싸여 모래장난을 하고 있었다. 선재는 그 발에 절하고 한량없이 돌고 합장하고 공경하면서 한 곁에 서서 말하였다.

"저에게 보살도를 일러주소서."

ㄴ. 정시법계(正示法界)

"나는 옛날에 문수사리동자에게서 글씨·수학·산수·결인 따위의 법을 배워서 온갖 공교한 신통과 지혜의 법문에 들어가 이로 인하여 세간의 글씨·수학·산수·결인·18계·12처 등의 법을 알았으며, 또 풍병·간질·조갈·헛것 들리는 모든 병을 치료하며 또 성시·마을·동산·누각·궁전·가옥들을 세우기도 하고, 갖가지 약을 만들기도 하고, 전장·농사·장식하는 직업을 경영하기도 하며, 지고 버리고 나아가고 물러가는 일에 모두 적당하게 하였으며, 또 중생들의 모습을 잘 분별하여, 선을 짓고 악을 지어 착한 길에 태어나고 나쁜 길에 태어날 것을 알며, 이 사람은 성문의 법을 얻고 이 사람은 연각법을 얻고 이 사람은 온갖 지혜 들어가는 일들을 다 잘 알고 중생들에게 이런 법을 배우도록 하며, 증장하고 결정하여 끝까지 청정케 하였노라.

나는 또 보살의 계산하는 법을 알았으니 일백 락차가 한 구지요, 구지 구지가 한 아유타, 아유타 아유타가 한 나유타, 나유타 나유타가 한 빈바라, 빈바라 빈바라가 한 궁갈라, 널리 말하여 내지 울파라 울파라가 한 파드마, 파드마 파드마가 한 아승지, 아승지 아승지가 한 취(趣), 취 취가 한 비유, 비유 비유가 한 무수니라.

무수 무수가 한 무수 곱, 무수 곱 무수 곱이 한 한량없음, 한량없음 한량없음이 한 한량없음 곱, 한량없음 곱 한량없음 곱이 한 그지없음, 그지없음씩 그지없음이 한 그지없음 곱, 그지없음 곱 그지없음 곱이 한 같을 이 없음, 같을 이 없음 같을 이 없음이 한 같을 이 없음 곱, 같을 이 없음 곱 같을 이 없음 곱이 한 셀 수 없음이니라.

셀 수 없음 셀 수 없음이 한 셀 수 없음 곱, 셀 수 없음 곱 셀 수 없음 곱이 한 일컬을 수 없음, 일컬을 수 없음 일컬을 수 없음이 한 일컬을 수 없음 곱, 일컬을 수 없음 곱 일컬을 수 없음 곱이 한 생각할 수 없음, 생각할 수 없음 생각할 수 없음이 한 생각할 수 없음 곱, 생각 할 수 없음 곱 생각 할 수 없음 곱이 한 헤아릴 수 없음, 헤아릴 수 없음 헤아릴 수 없음이 한 헤아릴 수 없음 곱, 헤아릴 수 없음 곱 헤아릴 수 없음 곱이 한 말할 수 없음이니라.

말할 수 없음 말할 수 없음이 한 말할 수 없음 곱, 말할 수 없음 곱 말할 수 없음 곱이 한 말할 수 없이 말할 수 없음, 이것을 또 말할 수 없이 말할 수 없음 곱한 것이 한 말할 수 없이 말할 수 없음 곱이니라.

나는 이 보살의 산수하는 법으로 한량없는 유순의 광대한 모래더미를 계산하여 그 안에 있는 알맹이 수효를 다 알고, 또 동방에 있는 모든 세계의 가지가지 차별과 차례로 머물러 있음을 계산하여 알며, 남·서·북방과 네 간방과 상·하방도 그와같이 알고 시방에 있는 모든 세계의 넓고 좁고 크고 작은 것과 이름과, 그 가운데 있는 모든 겁·부처님·법·중생·업·보살·진리의 이름을 다 분명히 아노라.

나는 다만 이 온갖 공교한 큰 신통과 지혜의 광명 법문만을 알거니와, 저 보살이 모든 중생의 수효를 알며, 모든 법의 종류와 수효도 알고, 모든 법의 차례한 수효도 알고, 모든 3세 수효를 알고, 모든 중생의 이름을 알고, 모든 여래의 수와 이름을 알고, 모든 보살의 수와 이름을 아는 것이야, 내가 어떻게 그 공덕을 말하며 그 수행을 보이며 그 경계를 드러내며 그 훌륭한 힘을 말하며, 그 좋아함을 말하며 그 도를 돕는 것을 말하며 그 큰 원을 나타내며 그 묘한 행을 찬탄하며 그 바라밀다를 열어 보이며 그 청정함을 연설하며 그 훌륭한 지혜의 광명을 드러내겠는가.

여기서 남쪽 해주성에 구족 우바이가 있으니 그이에게 가서 보살도를 물으라."

이 때 선재동자는 이 말을 듣고 온 몸에 털이 곤두서며 기쁘고 뒤놀아 희유하게 믿고 좋아하는 마음을 얻었고, 널리 중생을 이익케 하려는 마음을 성취하였으며, 모든 부처님이 세상에 나시는 차례를 분명히 보고, 깊은 지혜와 청정한 법륜을 다 통달하였으며, 모든 길에 몸을 나타내고 3세 평등한 경계를 잘 알며, 다하지 않은 공덕 바다를 내고 큰 지혜의 자재한 광명을 놓으며 3세의 성에 감긴 쇠통을 열고는, 그의 발에 엎드려 절하고 한량없이 돌고 은근하게 앙모하면서 하직하고 물러갔다.

③ 구족우바이의 무위역행(無違逆行)

ㄱ. 교취자문(敎趣諮問)

이 때 선재동자는 선지식의 가르침이 큰 바다와 같아서 큰 비를 받아들여도 만족함이 없음을 관찰하고 이렇게 생각하였다. '선지식의 가르침은 봄 날씨와 같아서 모든 선법의 싹을 자라게 하며 보름달과 같아서 비치는 곳마다 서늘케 하며 여름의 설산과 같아서 모든 짐승의 갈증을 제하며 연못에 비치는 해와 같아서 모든 착한 마음의 연꽃을 피게 하며 잠부나무와 같아서 모든 복과 지혜의 꽃과 열매를 모으며 큰 용왕과 같아서 허공에서 자재하게 유희하며 수미산과 같아서 한량없는 선법의 33천이 그 가운데 머무르며 제석과 같아서 모든 대중이 둘러 호위하여 가릴 이가 없고 능히 외도의 아수라 군중을 항복 받는다'고, 생각하면서 점점 나아갔다.

바다에 머무르는 성에 이르러 곳곳으로 다니며 이 우바이를 찾았다. 그 때 여러 사람이 말하기를 "그 우바이는 지금 이 성중에 있는 그의 집에 있느니라" 하였다.

선재는 그 말을 듣고 그 문 밖에 나아가 합장하고 섰다. 그 집은 매우 넓은데 가지가지로 장엄하였고, 보배로 쌓은 담이 둘리었고 사면에는 보배로 장엄한 문이 있었다.

선재가 들어가니 그 우바이가 보배 자리에 앉았는데, 젊은 나이에 살결이 아름답고 단정하며, 소복단장에 머리카락이 드리웠고, 몸에는 영락이 있으며 거룩한 모습에는 위덕과 광명이 있어 불보살을 제하고는 미칠 이가 없으며, 그 집 안에는 10억의 자리를 깔았는데 천상·인간에 뛰어났으니 모두 보살업으로 이루어진 것이다. 집 안에는 의복 음식 살림살이 도구가 없고, 앞에는 조그만 그릇 하나를 놓았다.

또 1만의 동녀가 둘러 모셨으니 위의와 몸매가 천상의 채녀들과 같고, 묘한 장엄 거리로 몸을 단장하였으며, 음성이 아름다워 듣는 이가 기뻐하는 이들이 좌우에 모시고 있으면서 앙모하고 생각하고 허리를 굽히며 머리를 숙이고 시중을 들고 있었다.

그 동녀들의 몸에서는 묘한 향기가 나서 모든 곳에 풍기니, 중생들이 이 향기를 맡기만 하면 물러가지 아니하여, 성내는 마음도 없고 원수가 맺히지도 않으며, 간탐하는 마음·아첨하는 마음·구부러진 마음·미워하고 사랑하는 마음·성내는 마음·못난이 마음·교만한 마음이 없고, 평등한 마음을 내고 자비한 마음을 일으키고 이익케 하는 마음을 내며, 계율을 지니는 마음에 머물러 탐하는 마음이 없으며, 그 소리를 들은 이는 기뻐하고 그 모습을 보는 이는 탐욕이 없어지는 것이다.

그 때 선재동자는 구족우바이를 보고 그 발에 절하고 말하였다.

ㄴ. 정시법계(正示法界)
"거룩하신 이여, 저에게 보살도를 가르쳐 주옵소서."
"나는 보살의 다하지 않는 복덕장해탈문을 얻었으므로, 이렇게 작은 그릇에서도 중생들의 갖가지 욕망을 따라서 가지가지 맛좋은 음식을 모두 배부르게 하나니, 가령 백·천·백천·억·백억·천억·백천억 나유타 중생과 내지 말할 수 없이 말할 수 없는 중생이거나, 가령 잠부드비이파 티끌 수·한 사천하 티끌 수 중생이거나, 소천·중천·대천·내지 말할 수 없이 말할 수 없는 세계의 티끌 수 중생이거나, 가령 시방 세계의 모든 중생들이라도 그들의 욕망을 따라 모두 배부르게 하여도, 그 음식은 끝나지도 않고 적어지지도 않느니라.

음식이 그러한 것처럼 갖가지 좋은 맛·자리·의복·이부자리·수레·꽃·화만·향·바르는 향·사르는 향·가루 향·보배·영락·당기·번기·일산·살림기구들도 좋아하는 대로 모두 만족케 하느니라.

또 가령 동방의 어떤 세계에 있는 성문이나 독각이 나의 음식을 먹으면 모두 성문이나 벽지불과를 얻어 맨 나중 몸에 머무느니라. 한 세계가 백천억·백천억 나유타 세계와 잠부드비이파 티끌 수·한 사천하 티끌 수·소·중천 국토·삼천대천 국토, 내지 말할 수 없이 말할 수 없는 세계의 티끌 수 세계에 있는 모든 성문과 연각이 내 음식을 먹으면 모두 성문이나 벽지불과를 얻어 맨 나중 몸에 머무느니라. 동방이 그런 것 같이 남·서·북방과 네 간방과 상·하방도 그와 같느니라.

또 동방의 한 세계나, 내지 말할 수 없이 말할 수 없는 세계의 티끌 수 세계에 있는 일생보처 보살이 나의 음식을 먹으면 모두 보리수 밑에 앉아 무상보리를 이루나니, 동방과 같이 남·서·북방과 네 간방과 상·하방도 그와 같느니라.' 하고 물었다.

"그대는 나의 이 10천 동녀들을 보는가."

"보나이다."

"이 10천 동녀가 우두머리가 되는 것처럼, 이런 아승지 권속들이 모두 나와 더불어 행·원·선근·벗어나는 길·청정한 이해·청정한 생각·청정한 길·한량없는 깨달음·모든 감관 얻음·광대한 마음·행하는 경계·이치·뜻·분명히 아는 법·깨끗한 모습·한량없는 힘·끝까지 정진함·바른 법의 음성·종류를 따르는 음성·청정하고 제일가는 음성이 같느니라.

한량없이 청정한 공덕을 찬탄함·청정한 과보·크게 인자함·두루하여 모든 것을 구호함·크게 가엾이 여김이 두루하여 중생들을 성숙함·청정한 몸의 업이 연을 따라 모은 것이 보는 이를 기쁘게 함·청정한 입의 업으로 세상의 말을 따라서 법으로 교화함·모든 부처님의 대중이 모은 도량에 나아감·모든 부처님 세계에 가서 부처님들께 공양함·모든 부처님 세계에 가서 부처님들께 공양함·모든 법문을 나타내어 보임·보살의 청정한 행에 머무름이 같느니라.

이 10천 동녀들은 그릇에 좋은 음식을 담아서 한 찰나 동안에 시방에 두루 가서 모든 나중 몸을 받은 보살·성문·독각들에게 공양하며, 내지 여러 아귀들에게까지 배를 채우게 하느니라.

이 10천 동녀들은 나의 이 그릇을 가지고 천상에 가면 하늘들을 만족하게 먹이고 인간에 가면 사람들을 만족하게 먹이느니라. 잠깐만 기다리면 그대가 스스로 보리라."

이렇게 말할 적에 한량없는 중생이 네 문으로 들어오니 모두 이 우바이의 본래의 소원으로 청한 것이라. 모여 오는 대로 자리를 펴고 앉게 하고, 그들이 달라는 대로 음식을 주어 배부르게 하니라.

그리고 선재동자에게 말하였다.

"나는 다만 이 다하지 않는 복덕장 해탈문을 알거니와, 저 보살들의 모든 공덕은 큰 바다와 같아서 깊이가 한이 없고, 허공과 같아서 광대하기 가이없으며, 여의주와 같아서 중생의 소원을 만족케 하고, 큰 마을과 같아서 구하는 대로 얻게 되며, 수미산과 같아서 모든 보배가 두루 모이었고, 깊은 고방과 같아서 법의 재물을 항상 쌓아 두며, 밝은 등불과 같아서 어두움을 깨뜨리고, 높은 일산과 같아서 여러 중생을 가리어 주는 일이야 내가 어떻게 알며 그의 공덕을 어떻게 말하겠는가. 남쪽 대흥성에 명지거사가 있으니 그에게 가서 보살행을 물으라."

④ 명지거사의 무굴요행(無屈撓行)

ㄱ. 교취자문(敎趣諮問)

이 때 선재동자는 다함이 없이 장엄한 복덕장 해탈의 광명을 얻고, 복덕의 큰 바다를 생각하고, 복덕의 허공을 관찰하고, 복덕의 마을에 나아가고, 복덕산에 오르고, 복덕광을 붙들고, 복덕의 못에 들어가고, 복덕의 연못에 노닐고, 복덕의 바퀴를 깨끗이 하고, 복덕장을 보고, 복덕문에 들어가고, 복덕의 길에 다니고, 복덕 종자를 닦으면서 점점 걸어서 대흥성에 이르러 명지거사를 두루 찾았다.

선지식에게 갈앙심을 내고 선지식으로 마음을 닦고 선지식에게 뜻이 견고하여지고, 방편으로 선지식을 구하는 마음이 물러가지 않고, 선지식을 섬기려는 마음이 게으르지 아니하였으며, 선지식을 의지하므로 모든 착한 일이 원만해지고 복이 생기고 행이 증장하고 다른 이의 가르침을 받지 않고도 모든 선지식을 섬기게 되는 줄을 알았다.

이렇게 생각할 때에 선근이 자라고 깊은 마음을 깨끗이 하고 근기와 성품을 늘게 하고 덕의 근본을 더하게 하고 큰 소원이 많아지고 큰 자비가 넓어지며, 온갖 지혜에 가깝고 보현의 도를 갖추며, 모든 부처님의 바른 법을 밝게 비추고 여래의 열 가지 힘과 광명이 증장하였다.

이 때 선재동자는 그 거사가 그 성내의 네 길거리 칠보대 위에서 무수한 보배로 장엄한 자리에 앉은 것을 보았다. 그 자리가 훌륭하여 청정한 마니 보배로 자체가 되고 금강 제청보배로 다리가 되었으며, 보배 노끈으로 두루 얽었고 5백 가지 보배로 장식하였는데, 하늘 옷을 깔고 하늘 당기와 번기를 세우고 큰 보배 그물을 덮고 보배 휘장을 쳤으며, 잠부나다금으로 일산을 만드니, 바이두우랴 보배로 일산대가 되어 사람들이 그 위에 받고 있었다.

청정한 거위의 깃으로 부채가 되었으며, 여러 묘한 향을 풍기고 여러 하늘 꽃을 내리며, 좌우에서는 5백 가지 음악을 연주하니 그 소리가 아름답기 하늘 풍류보다 뛰어나서 듣는 중생들이 모두 기뻐하며, 10천 권속이 앞뒤에 둘러섰는데, 모습이 단정하여 사람들이 보기를 좋아하며 하늘의 장엄으로 훌륭하게 꾸몄으니, 하늘 사람 가운데 가장 수승하여 비길 데 없으며, 보살의 뜻을 이미 성취하였고, 명지거사와 더불어 옛선근이 같은 이들이라, 시위하고 서서 명령을 받았다.

그 때 선재동자는 그의 발에 엎드려 절하고 여쭈었다.

"거룩하신 이여, 저는 모든 중생을 이익케 하고, 괴롬에서 벗어나게 하고, 끝까지 안락케 하고, 생사의 바다에서 뛰쳐나오게 하고, 법의 보배섬에 머물게 하고, 모든 중생의 사랑의 물결을 말리게 하고, 모든 중생들이 큰 자비심을 일으키게 하고, 애욕을 버리게 하고, 부처 지혜를 앙모하게 하고, 생사의 거친 벌판에서 벗어나게 하고, 부처의 공덕을 좋아하게 하고, 3세의 성에서 나오게 하고, 모든 중생을 온갖 지혜의 성에 들어가게 하려고, 무상보리심을 내었사오니, 보살이 어떻게 보살행을 배우며, 보살도를 닦으며, 모든 중생의 의지할 곳이 되올지 알지 못하나이다."

ㄴ. 칭찬수법(稱讚授法)

"착하다, 그대가 능히 무상보리심을 내었도다. 무상보리심을 내는 것은 그 사람을 만나기 어려우니라. 만일 이 마음을 내면, 그 사람은 능히 보살의 행을 구하리니, 선지식을 만나는 데 만족함이 없을 것이며, 선지식을 친근하는 데 게으름이 없을 것이며, 선지식을 공양하는 데 고달프지 않을 것이며, 선지식을 시중드는 데 근심을 내지 않을 것이며, 선지식을 찾는 데 물러가지 않을 것이며, 선지식을 생각하여 버리지 않을 것이며, 선지식을 섬기어 쉬지 않을 것이며, 선지식을 앙모하여 그칠 때가 없을 것이며, 선지식의 가르침을 행하여 게으르지 않을 것이며, 선지식의 마음을 받자와 그르침이 없을 것이니라.' 하고 물었다.

그대는 나의 이 대중을 보는가."

"예, 보나이다."

"나는 그들이 무상보리심을 내게 하였더니, 여래의 가문에 나서 백 법을 증장하고 한량없는 바라밀다에 편안히 있으며, 부처의 10력을 배워 세간의 종자를 여의었으며, 여래의 종성에 머물러 죽고 사는 윤회를 버리고, 바른 법륜을 굴리어 3악도를 없애며, 바른 법에 머물러 보살들과 같이 모든 중생을 구원하느니라.

나는 마음대로 복덕이 나오는 광의 해탈문을 얻었으므로 무릇 필요한 것은 다 소원대로 되나니, 이른바 의복·영락·코끼리·말·수레·꽃·향·당기·일산·음식·탕약·방·집·평상·등불·하인·소·양과, 시중꾼들의 모든 살림살이에 필요한 물건이 찾는 대로 만족하며, 내지 진실한 법문까지 연설하느니라.

잠깐만 기다리면 그대가 마땅히 보게 되리라."

이렇게 말할 적에 한량없는 중생이 갖가지 방위·세계·국토·도시로부터 오는데, 종류가 각각 다르고 욕망이 같지 않지마는, 과거의 서원으로 그지없는 중생들이 모두 와서 제각기 자기의 욕망대로 청구하였다.

그 때 거사는 여러 중생이 모인 줄을 알고 잠깐 생각하면서 허공을 우러러 보니, 그들의 요구하는 것들이 허공에서 내려와서 모든 대중의 뜻을 만족케 하였다.

그리고 다시 갖가지 법을 연설하니 이른바 아름다운 법을 얻어 만족한 이에게는 가지가지 복덕을 모으는 행, 빈궁을 여의는 행, 모든 법을 아는 행, 법으로 기쁘고 선정으로 즐거운 음식을 성취하는 행, 모든 거룩한 모습을 닦아 구족하는 행, 굴복하기 어려움을 증장하여 성취하는 행, 위없는 음식을 잘 통달하는 행, 다함이 없는 큰 위엄과 덕의 힘을 성취하여 마와 원수를 항복 받는 행이요, 좋은 마실 것을 얻어 만족한 이에게는 법을 말하여 나고 죽는 데서 애착을 버리고 부처의 법맛에 들어가게 하며, 갖가지 좋은 맛을 얻은 이에게는 법을 말하여 부처님 여래의 맛좋은 모양을 얻게 하고, 수레를 얻어 만족한 이에게는 갖가지 법문을 말하여 마하아야나 수레를 타게 하며, 의복을 얻어 만족한 이에게는 법을 말하여 청정한 부끄러움의 옷과 내지 여래의 청정한 모습을 얻게 하였으며, 이와 같이 모든 것을 만족케 한 뒤에 마땅한 대로 법을 연설하니, 법문을 듣고는 본고장으로 돌아갔다.

그 때 거사는 선재동자에게 보살의 부사의한 해탈의 경계를 보이고 말하였다.

"나는 다만 이 뜻대로 복덕을 내는 광 해탈문을 알거니와, 저 보살이 보배 손을 성취하여 모든 시방의 국토를 두루 덮고, 자유자재한 힘으로 모든 살림살이 도구를 비 내리나니, 이른바 가지각색 보배·영락·보배관·의복·음악·꽃·향·가루 향·사르는 향·보배 일산·당기 번기를 비 내려, 모든 중생의 있는 곳과 여래의 대중이 모인 도량에 가득하여, 모든 중생을 성숙하기도 하고 모든 부처님께 공양하기도 하는 것이야, 내가 어떻게 알며 그 공덕과 자재한 신통력을 말하겠는가.

저 남쪽 사자궁 성에 법보계 장자가 있으니 그에게 가서 보살도를 물으라."

이 때 선재동자는 환희하여 뛰놀면서 공경 존중하며 제자의 예를 극진히 하고 이렇게 생각하였다.

'이 거사가 나를 생각하시므로 내가 온갖 지혜의 길을 보게 되었으니, 선지식을 사랑하는 소견을 끊지 아니하고, 선지식을 존중하는 마음을 무너뜨리지 않고, 선지식의 가르침을 항상 따르고, 선지식의 말씀을 결정하게 믿고, 선지식을 섬기는 마음을 항상 내리라' 하면서, 그의 발에 엎드려 절하고 한량없이 돌고 은근하게 앙모하면서 하직하고 떠났다.

⑤ 법보계장자의 이치난행(離癡亂行) - 화엄경 제66권

ㄱ. 교취자문(敎趣諮問)

이 때 선재동자는 명지거사에게서 이 해탈문을 듣고, 저 복덕바다에 헤엄치고, 복덕 밭을 다스리고, 복덕 산을 쳐다보고 복덕나루에 나아가고 복덕 광을 열고 복덕의 법을 보고 복덕 바퀴를 깨끗이 하고, 복덕 덩이를 만들고 복덕의 힘을 내고 복덕의 세력을 늘리면서, 점점 남방으로 가서 사자궁성을 향하여 법보계장자를 두루 찾았다.

그 장자가 시장 가운데 있음을 보고, 곧 나아가 발에 엎드려 절하고 수없이 돌고 합장하고 서서 말하였다.

"거룩하신이여, 저에게 보살행을 가르쳐 주옵소서. 저는 그 도를 의지하여 온갖 지혜에 나아가려 하나이다."

ㄴ. 수기법계(授記法界)

이 때 장자가 선재의 손을 잡고 거처하는 데로 가서 그 집을 보이면서 "착한 남자야 내 집을 보라"고 말하였다.

그 때 선재는 그 집을 보니, 청정하고 광명이 찬란하여 진금으로 되었는데, 은으로 담을 쌓고 파리로 전각이 되고 바이듀우랴 보배로 누각이 되고 자거로 기둥이 되었으며, 백천 가지 보배로 두루 장엄하고 적진주 보배로 사자좌를 만들었는데, 마니로 휘장이 되었고 진주로 그물을 만들어 위에 덮었으며, 마니로 된 못에는 향수가 넘치고 한량없는 보배 나무가 행렬을 지어 둘러 있으니 그 집이 굉장히 넓어서 열 층으로 여덟 문이 있었다.

선재동자는 들어가서 차례로 살펴보았다. 맨 아래층에서는 음식을 보시하고, 2층에서는 보배 옷을 보시하고 3층에서는 모든 보배 장엄 거리를 보시하고, 4층에서는 여러 처녀와 모든 훌륭한 보물을 보시하고, 5층에서는 제5지 보살이 구름처럼 모여서 법을 연설하여 세간을 이익케 하며 모든 다라니문과 삼매의 결인과 삼매의 행과 지혜의 광명을 성취하였다.

6층에서는 모든 보살이 매우 깊은 지혜를 이루어 법의 성품을 분명히 통달하였고, 광대한 다라니와 삼매의 걸림 없는 문을 성취하여 다니는 데 걸림이 없고 두 가지 법에 머물지 아니하며 말할 수 없이 묘하게 장엄한 도량에 있으면서, 여럿이 모인 데서 반야 바라밀다문을 분별하여 보이었으니 이른바 고요한 광 반야바라밀다문을 비롯하여, 중생들의 지혜를 잘 분별하는·흔들 수 없는·욕심을 여읜 광명·항복할 수 없는·중생을 비추는 바퀴·바다 광·넓은 눈으로 버리는·무진장에 들어가는·모든 방편 바다·모든 세간 바다에 들어가는·걸림 없는 변재·중생을 따라 주는·걸림 없는 광명·과거의 인연을 항상 살피며 법 구름을 펴는 반야 바라밀다문들이라. 이러한 백만 아승지 반야 바라밀다문을 말하였다.

7층에서는 보살들이 메아리 같은 지혜(如響忍)를 얻고 방편과 지혜로 분별하며 관찰하여 벗어남을 얻었다.

8층에서는 한량없는 보살이 그 안에 모였는데 다 신통을 얻고 물러가지 아니하며, 능히 한 음성으로 시방 세계에 두루하고 몸이 모든 도량에 나타나 온 법계에 두루하지 않은 곳이 없으며, 부처의 경계에 두루 들어가서 부처님 몸을 보며, 모든 부처님의 대중 가운데서 우두머리가 되어 법을 연설하였다.

9층에서는 일생보처 보살들이 거기 모이었다.

10층에서는 모든 여래가 가득하게 있는데, 처음 발심한 때로부터 보살행을 닦으며 생사를 초월하여 큰 서원과 신통을 이루고 불국도량에 모인 대중을 청정케 하며, 바른 법륜을 굴리어 중생을 조복하였다. 이런 여러 가지를 모두 분명히 보게 하였다.

이 때 선재동자는 이런 것을 보고 여쭈었다.

"무슨 인연으로 이렇게 청정한 대중이 모였으며, 어떤 선근을 심어서 이런 과보를 얻었나이까."

"내가 생각하니, 과거 불세계의 티끌 수 겁 전에 세계가 있었는데, 이름은 원만장엄이요, 부처님 이름은 무변광명 법계보장엄왕(無邊光明法界普莊嚴王)여래로서 10호를 구족하였느니라. 그 부처님께서 성에 들어오실 적에 내가 음악을 연주하고 공양을 올렸으며, 그 공덕으로 세 곳에 회향하며, 모든 빈궁과 곤액을 영원히 여의고, 부처님과 선지식을 항상 뵈오며, 바른 법을 항상 들었으므로 이 과보를 얻었느니라.

나는 다만 보살의 한량없는 복덕 보배 광 해탈문을 알거니와, 저 보살들이 부사의한 공덕의 보배 광을 얻고, 분별없는 여래의 몸바다에 들어가서 분별없고 가장 높은 가장 높은 법 구름을 받으며, 분별없는 공덕의 도구를 닦고, 분별없는 보현의 수행 그물을 일으키며, 분별없는 삼매의 경계에 들어가서, 분별 없는 보살의 선근과 평등하고, 분별없는 보현의 수행 그물을 일으키며, 분별없는 삼매의 경계에 들어가서, 분별없는 보살의 선근과 평등하고, 분별없는 여래의 머무시는 데 머무르며, 분별없는 3세의 평등함을 증득하며, 분별없는 넓은 눈 경계에 머무르며, 모든 겁에 있으면서도 고달픔이 없는 일이야 내가 어떻게 그 공덕행을 말하겠는가.

저 남쪽에 등 뿌리국 보문성에 보안장자가 있으니 그에게 가서 보살행을 물으라."

⑥ 보안장자의 선현행(善現行)

ㄱ. 교취자문(教趣諮問)

그 때 선재동자는 법보계장자에게서 이 해탈문을 듣고 부처님들이 한량없이 알고 보는 데 깊이 들어가고, 보살의 한량없이 훌륭한 행에 편안히 머물고, 한량없는 방편을 통달하고, 한량없는 법문을 구하고, 한량없이 믿고 이해함을 깨끗이 하고, 한량없는 근기를 예리하게 하고, 한량없는 욕망을 성취하고, 한량없는 수행을 통달하고, 한량없는 서원의 힘을 증장하고, 이길 이 없는 당기를 세우며, 지혜를 일으켜 보살법을 비추면서 점점 나아갔다.

등뿌리 나라에 이르러서는 그 성이 있는 데를 물으며 찾았다. 비록 어려운 일을 당하여도 수고를 생각지 않고 오직 선지식의 가르침을 바로 생각하면서, 항상 가까이 모시고 섬기며 공양하려고 여러 감관을 가다듬고 방일함을 여의었다.

그러다가 본문성을 보았는데 백천 마을이 주위에 둘러 있고 성가퀴가 높고 도로가 넓었다. 장자가 있는 것을 보고, 앞에 나아가 엎드려 절하고 합장하고 서서 말하였다.

"거룩하신이여, 저에게 보살행을 가르쳐 주소서."

ㄴ. 칭찬수법(稱讚授法)

"좋다, 그대가 능히 무상보리심을 내었도다. 나는 모든 중생의 여러 가지 병을 아노니, 풍병·황달병·해소·열병·귀신의 침책·방자의 독과, 물에 빠지고 불에 상한 것과 이렇게 생기는 여러 가지 병을 내가 모두 방편으로 치료하노라.

시방중생들로 병이 있는 이는 모두 나에게 오라. 내가 다 치료하여 낳게 하며, 또 향탕으로 몸을 씻기고 향·꽃·영락과 좋은 의복으로 잘 꾸며 주고, 음식과 재물을 보시하여 조금도 모자람이 없게 하노라.

그런 뒤에 그들에게 각각 알맞게 법을 말하노니, 탐욕이 많은 이는 부정관을 가르치고, 미워하고 성내는 일이 많은 이는 자비관을 가르치고, 어리석음이 많은 이는 가지가지 법의 모양을 분별하도록 가르치고, 세 가지가 평등한 이는 썩 나오는 법문을 가르치노라.

그들로 하여금 보리심을 내게 하려고 모든 불공덕을 찬탄하며, 크게 가엾이 여기는 생각을 일으키려고 나고 죽는 데 한량없는 고통을 나타내며, 공덕을 늘게 하려고 한량없는 복과 지혜를 모으는 것을 찬탄하며, 큰 서원을 세우게 하려고 모든 중생을 조복하는 것을 칭찬하며, 보현행을 닦게 하려고 보살들이 모든 세계에서 온갖 겁 동안에 여러 가지 행을 닦는 것을 말하노라.

그들로 하여금 부처의 거룩한 모습을 갖추게 하려고 단나 바라밀다를 칭찬하며, 부처의 깨끗한 몸을 얻어 온갖 곳에 이르게 하려고 시라 바라밀다를, 부처님의 청정하고 부사의한 몸을 얻게 하려고 인욕 바라밀다를, 여래의 이길 이 없는 몸을 얻게 하려고 정진 바라밀다를, 청정하고 같을 이 없는 몸을 얻게 하려고 선정 바라밀다를, 여래의 청정한 법의 몸을 드러내려고 반야 바라밀다를, 세존의 깨끗한 육신을 나타내게 하려고 방편 바라밀다를, 중생들을 위하여 모든 겁에 머물게 하려고 서원 바라밀다를, 청정한 몸을 나타내어 모든 부처님 세계에 지나가게 하려고 힘 바라밀다를 청정한 몸을 나타내어 중생들의 마음을 따라 기쁘게 하려고 지혜 바라밀다를, 끝까지 깨끗하고 묘한 몸을 얻게 하려고 모든 착하지 않은 법을 아주 떠날 것을 칭찬하노니, 이렇게 보시하여서 각각 돌아가게 하였느니라.

나는 또 여러 가지 향을 만드는 중요한 법을 아노니, 이른바 같을 이 없는 향·신두파아라 향·이길 이 없는 향·깨닫는 향·아루나파티향·굳은 혹 전단 향·우라가 전단향·침수 향·모든 감관 흔들리지 않는 향이니, 이런 향을 만드는 법을 다 아노라.

또 나는 이 향으로 공양하고 여러 부처님을 뵈옵고 소원이 만족하였으니, 이른바 모든 중생의 구호하고 불세계를 깨끗이 하며 모든 여래께 공양하는 소원이니라.

또 이 향을 사를 적에 낱낱 향에서 한량없는 향기가 나와 시방 모든 법계와 모든 불도량에 풍기니, 향의 궁궐도 되고 향의 전각도 되며, 이렇게 향 난간·

향 담·향 망루·향 창호·향 누각·향 반월·향 일산·향 당기·향 번기·향 휘장·향 그물·향 형상·향 장엄 거리·향 광명·향 구름 비가 곳곳에 가득하여 장엄하였느니라.

나는 다만 모든 중생으로 하여금 부처님을 두루 보고 기뻐하는 법문만을 알 거니와, 저 보살들이 큰 약왕과 같아서 보는 이·듣는 이·생각하는 이·함께 있는 이·따라 다니는 이·이름을 일컫는 이들이 모두 이 일을 얻어 헛되게 지내는 이가 없으며, 어떤 중생이 잠깐 만나더라도, 반드시 모든 번뇌를 소멸하고 부처님 법에 들어가 모든 괴롬을 여의며, 모든 생사에 무서움이 아주 없어지고, 두려움이 없는 온갖 지혜에 이르며, 모든 늙고 죽는 산이 무너지고 평등하고 고요한 낙에 머무는 일이야 내가 어떻게 알며 어떻게 그 공덕행을 말하겠는가.

이 남쪽 다라당성에 무염족왕이 있으니 그에게 가서 보살도를 물으라."

⑦ 무염족왕(無厭足王)의 무착행(無着行)

ㄱ. 교취자문(教趣諮問)

그 때 선재동자는 선지식의 가르침을 기억하고 생각하며, '선지식은 나를 거두어 주고 보호하며, 나로 하여금 무상 삼보리에서 물러가지 않게 하리라' 생각하며 환희한 마음·깨끗이 믿음·광대하고 화창한 마음·뛰놀고 경축하는 마음·묘하고 고요한 마음·장엄하고 집착이 없는 마음·걸림 없고 평등한 마음·자유자재 하고·법에 머무는 마음·불세계 두루 가고 불장엄을 보는 마음·10력을 버리지 않는 마음을 내었다.

점점 남쪽으로 가면서 나라를 지나고 마을과 도시를 지나서 다라당성에 이르러 무염족왕의 있는 데를 물었더니, 사람들은 이렇게 대답하였다.

"그 왕은 지금 정전에서 사자좌에 앉아 법으로 교화하여 중생을 조복하는데, 다스릴 이는 다스리고 거두어 줄이는 거두어 주며, 죄 있는 이는 벌주고 소송을 판결하며, 외롭게 나약한 이는 어루만져 주어서, 모두 살생·훔치는 일·잘못된 음행을 아주 끊게 하고, 거짓말·이간하는 말·욕설·비단 말을 못하게 하며, 또 탐욕·성내는 일·잘못된 소견을 여의게 합니다."

이 때 선재동자는 여러 사람의 말을 따라 찾아갔다.

그 왕이 나라연 금강좌에 앉았는데, 아승지 보배로 평상 다리가 되고 한량없는 보배 형상으로 장엄하였으며, 잠부나다향으로 반월을 만들어 이마에 장엄하고, 제청마니로 귀고리를 만들어 잠부나다향으로 반월에 만들어 이마에 장엄하고, 제청마니로 귀고리를 만들어 쌍으로 드리웠으며, 가없는 보배로 영락을 만들어 목에 걸었고, 하늘 마니로 팔찌를 만들어 팔을 단장하였다.

잠부나다금으로 일산을 만들었으니, 여러 보배를 사이사이 장식해서 살이 되고, 큰 바이두이랴 보배로 대가 되고, 광미(光味)마니로 꼭지가 되었으며, 여러 가지 보배로 만든 풍경에서 아름다운 소리를 내며 큰 광명을 놓아 시방에 두루한 이러한 일산을 그 위에 받았다. 그 아래 앉은 아나라왕은 큰 세력이 있어 다른 무리들을 굴복하매 능히 대적할 이가 없으며, 때 없는 비단으로 정수리에 매었고 10천 대신이 앞뒤에 둘러 모시고 나라 일을 처리하였다.

그 앞에는 10만 군졸이 있는데, 형상이 추악하고 의복이 누추하며, 무기를 손에 들고 눈을 부릅뜨고 팔을 뽐내어 보는 사람들이 모두 무서워하였다.

한량없는 중생들이 왕의 법령을 범하는데, 남의 물건을 훔치거나 목숨을 살해하거나 유부녀를 간통하거나 삿된 소견을 내었거나 원한을 내었거나 탐욕과 질투를 품었거나 하여, 이러한 나쁜 짓을 저질렀으면 몸에 오랏줄을 지고 왕의 앞에 끌려오며, 저지른 죄에 따라서 형벌을 주었다.

손과 발을 끊기도 하고 귀와 코를 베기도 하고, 눈도 뽑고 머리도 찍으며, 가죽을 벗기고 몸을 오리며, 끓는 물에 삼고, 타는 불에 지지며, 높은 산에 끌고 올라가서 밑에 떨어뜨리기도 하여서, 이런 고통이 한량이 없으니, 부르짖고 통곡하는 형상이 중합지옥(衆合地獄)과 같았다.

선재동자는 이것을 보고 이렇게 생각하였다.

'나는 모든 중생을 이익케 하려고 보살행을 구하고 보살도를 닦는데, 이 왕이 선법은 하나도 없고 큰 죄업을 지으며, 중생을 핍박하여 생명을 빼앗으면서도 장래의 나쁜 길을 두려워하지 않으니, 어떻게 여기서 법을 구하며 대비심을 내어 중생을 구호하겠는가.'

이렇게 생각하는데 공중에서 어떤 하늘이 말하였다.

"그대는 마땅히 보안장자의 가르친 말을 생각하라."

선재동자는 우러러 보면서 말하였다.

"나는 언제나 생각하는 것이요, 감히 잊지 아니하노라."

"그대는 선지식의 말을 떠나지 말라. 선지식은 그대를 인도하여 험난하지 않고 편안한 곳에 이르게 하느니라. 보살의 교묘한 방편 지혜·중생을 거두어 주는 지혜·중생을 성숙케 하는 지혜·중생을 수호하는 지혜·중생을 조복하는 지혜를 헤아릴 수 없느니라."

이 때 동자는 이 말을 듣고 왕의 처소에 나아가 그 발에 엎드려 절하고 여쭈었다.

"거룩하신이여, 저에게 보살도를 가르쳐 주소서."

ㄴ. 수기법계(授記法界)

이 때 왕은 선재의 손을 잡고 궁중으로 들어가서 함께 앉아 말하였다.

"그대는 내가 있는 궁전을 보라."

선재동자는 왕의 말대로 살펴보았다. 그 궁전은 넓고 크기 비길 데 없었으며 모두 묘한 보배로 이루어졌는데 칠보로 담을 쌓아 주위에 둘러 있고, 백천 가지 보배로 누각이 되었는데 가지가지 장엄이 다 아름답고 훌륭하며, 부사의한 마니 보배로 짠 그물이 위에 덮였으며 10억 시녀들이 단정하고 아름답고 가고 오는 거동이 볼 만하며, 모든 일이 교묘하여 일어나고 눕고 하는데 공순한 마음으로 뜻을 받들고 있었다.

이 때 아나라왕이 선재에게 말하였다.

"어떻게 생각하는가. 내가 만일 참으로 악업을 짓는다면, 이런 과보와 이런 육신·권속·부귀·자유자재함을 얻었겠는가. 나는 보살의 눈어리 같은 해탈을 얻었느니라. 나의 국토에 있는 중생들이 살생하고 훔치고, 내지 삿된 소견 가진 이가 많아서, 다른 방편으로는 그들의 나쁜 업을 버리게 할 수 없어 나는 저런 중생을 조복하기 위하여, 나쁜 사람으로 화하여 여러 가지 죄악을 짓고 갖가지 고통을 받는 것이니, 저 나쁜 짓 하는 중생들이 보고서 무서운 마음·싫어하는 마음·겁내는 마음을 내어 그들이 짓던 모든 나쁜 업을 끊고 무상보리심을 내게 하려는 것이니라.

나는 이렇게 교묘한 방편으로써 중생들로 하여금 10악업을 버리고 10선도를 행하여 끝까지 쾌락 편안하고 필경에 온갖 지혜의 지위에 머물게 하려는 것이니라.

나의 몸과 말과 뜻으로 짓는 일이 지금까지 한 중생도 해친 일이 없느니라. 내 마음에는 차라리 오는 세상에 무간 지옥에 들어가 고통을 받을지언정 잠깐만이라도 모기 한 마리나 개미 한 마리를 괴롭게 하려는 생각을 내지 아니하거든, 하물며 사람일까보냐. 사람은 복밭이라, 모든 선법을 능히 내는 연고니라.

나는 다만 이 눈어리 같은 해탈을 얻었거니와, 저 보살들이 죽고 사는 것이 없는 법의 지혜를 얻고, 모든 세계가 모두 눈어리 같고 보살의 행이 모두 요술과 같고, 모든 세간이 모두 그림자 같고, 모든 법이 모두 꿈과 같은 줄을 알았으며, 실상의 걸림없는 법문에 들어가서 제석천왕의 진주 그물 같은 행을 닦으며, 걸림없는 지혜로 경계에 행하고 모든 것이 평등한 삼매에 들어가서 다라니에 자유자재함을 얻는 일이야 내가 어떻게 알며 어떻게 그 공덕행을 말하겠는가. 저 묘광성 대광왕에게 가서 물으라." 하였다.

⑧ 대광왕의 난득행(難得行)

ㄱ. 교취자문(敎趣諮問)

그 때 선재동자는 한결같은 마음으로 저 왕의 얻은 눈어리 같은 지혜 법문·해탈을 생각하고, 눈어리 같은 법성을 관찰하며, 눈어리 같은 소원 법을 깨끗이 하고, 3세 변화를 생각하면서 점점 남쪽으로 갔다.

인간의 도시와 마을에 이르기도 하고 거친 벌판과 산골짜기 험한 곳을 지나면서도 고달픈 생각도 없고 쉬지도 않다가 어떤 성에 들어가서 물으니

"이 성이 묘광성이고, 이 성이 대광왕께서 계시는 곳이라."

고 하였다. 선재동자는 기뻐서 뛰놀면서 이렇게 생각하였다.

"나의 선지식이 이 성중에 있으니, 이제 친히 뵈옵고 보살들의 행하는 행·뛰어나는 중요한 문·증득한 법·부사의한 자유자재함과 평등·용맹·경계가 엄청나게 청정함을 들어야겠다."

이렇게 생각하고 묘광성에 들어가서 성안을 둘러보니 칠보로 성이 되고, 칠보로 된 해자가 일곱 겹으로 둘리었는데 8공덕수가 가득히 찼고, 바닥에는 금모래가 깔리고, 우파아리꽃·파드마꽃·쿠물다꽃·푼다리카꽃들이 위에 덮였으며, 보배 다라나무가 일곱 겹으로 줄지어 서 있었다.

일곱 가지 금강으로 담이 되어 둘리었으니, 이른바 사자광명 금강 담·이길 이 없는 금강 담·깨뜨릴 수 없는 금강 담·무너뜨릴 수 없는 금강 담·견고하고 장애 없는 금강 담·훌륭한 그물광 금강 담·티끌 없이 청정한 금강 담 등이 무수한 마니 보배로 장엄되고 갖가지 보배로 성가퀴가 되어 있었다.

성의 가로 세로는 10유순이요, 둘레는 8면인데, 면마다 8문을 내었고, 모두 칠보로 찬란하게 장식하였으며, 바이두우랴 보배로 땅이 되고, 가지가지로 장엄하여 매우 찬란하며, 성 안에는 10억의 가로가 있는데, 가로들 사이에는 한량없는 만억 중생이 살고 있으며, 수없는 잠부나다금 누각에는 바이두우랴 마니그물이 위에 덮이고, 수없는 은 누각에는 적진주 마니 그물이, 수없는 바이두우랴 누각에는 묘장(妙藏)마니 그물이, 수없는 파리 누각에는 때 없는 광 마

니왕 그물이, 수없는 광명이 세간에 비추는 마니 누각에는 일장마니왕 그물이, 수없는 제청마니 누각에는 묘광(妙光)마니왕 그물이, 수없는 중생바다마니왕 누각에는 불꽃광명마니왕 그물이, 수없는 금강 보배 누각에는 이길 이 없는 당기마니왕 그물이, 수없는 흑전단 누각에는 하늘 만다라꽃 그물이, 수없는 무등향왕 누각에는 가지각색 꽃 그물이 각각 위에 덮이었다.

그 성에는 또 수없는 마니 그물・보배 풍경 그물・하늘 향 그물・하늘꽃 그물・보배 일산형상 그물과, 수없는 보배 옷 휘장・보배 일산 휘장・보배누각 휘장・보배 화만 휘장들이 덮였으며 간 데마다 보배 일산과 당기・번기를 세웠다. 이 사이에 누각이 있으니 이름이 정법장(正法藏)이라, 아승지 보배로 장엄하였는데 광명이 찬란하여 가장 훌륭하기 비길 데 없어 보는 중생들은 싫은 줄을 모르며 대광왕은 그 가운데 있었다.

그 때 선재동자는 이 모든 보물이나 내지 남・여 6진경계에는 조금도 애착이 없고, 다만 최고의 법을 생각하여 일심으로 선지식을 만나기만 원하면서 점점 다니다가 대광왕이 거처하는 누각에서 얼마 멀지 아니한 4거리에서 여의주 보배로 만든 연화장광대장엄사자좌에 앉아 있는 것을 보았다.

청유리로 사자좌의 다리를 만들고 황금 비단으로 휘장이 되고, 여러 보배로 그물이 되고 썩 좋은 하늘 옷을 깔았는데, 그 위에 대광왕이 가부하고 앉았다. 28종의 거룩한 모습과 80가지 잘생긴 모습으로 몸을 장엄하였으니 진금산과 같이 빛이 치성하고 맑은 허공에 뜬 해와 같이 광채가 찬란하며 보름달과 같이 보는 이마다 시원해 하고 범천왕이 범천무리 가운데 있는 것 같으며 큰 바다와 같아서 공덕의 보배가 한정이 없고 설산과 같아서 잘생긴 모습의 숲으로 꾸미었으며, 큰 구름과 같이 법의 우뢰를 진동하여 여러 무리를 깨우치고 허공과 같이 갖가지 법문의 별들을 나타내며, 수미산처럼 네 가지 빛이 중생의 마음 바다에 비치고 보배섬처럼 여러 가지 지혜보배가 가운데 가득하였다.

왕이 앉은 평상 앞에는 금・은・바이두우랴・마니・진주・산호・호박・보패・구슬 등의 모든 보배와, 의복・영락과 모든 음식이 한량없고 그지없이 가득 쌓였다. 또 한량없는 백천만억 훌륭한 수레와 백천만억 하늘의 풍류와 묘한 향과 탕약, 살림 사는 도구들의 모든 것이 훌륭하며, 한량없는 젖소는 굽은 뿔이 금빛이요, 한량없는 천억의 단정한 여인들은 기묘한 전단향을 몸에 바르고, 하늘 옷과 영락으로 가지가지 장엄하였으며, 64종의 기능을 모르는 것이 없고, 세상의 인정과 예법을 다 잘 알았다.

중생들의 마음을 따라 보시하여 주는데, 성중이나 마을이나 길거리에는 모든 필수품을 쌓아 두고, 길거리마다 20억 보살이 있어서 이런 물건으로 중생들에게 보시하였다. 중생을 두루 거두어 주고, 기쁘게 하고, 뛰놀게 하고 중생들의 마음을 깨끗케 하고, 중생들을 시원케 하고, 중생들의 번뇌를 없애고, 중생들로 하여금 모든 이치를 알게 하고, 중생들을 온갖 지혜의 길에 들어가게 하고, 중생들이 대적하는 마음을 버리게 하고, 중생들이 몸과 말과 뜻으로 짓는 나쁜 짓을 여의게 하고, 중생들의 나쁜 소견을 뽑고, 중생들로 하여금 모든 업을 깨끗케 하기 위한 연고였다.

　이 때 선재동자는 땅에 엎드려 그의 발에 절하고 공경하여 오른 쪽으로 한량없이 돌고 합장하고 서서 말하였다.

　"거룩하신이여, 저에게 도를 말씀하여 주소서."

ㄴ. 수기법계(授記法界)

"나는 보살의 크게 인자한 당기의 행을 닦고 만족하였니라. 나는 한량없는 백천만억 내지 말할 수 없이 말할 수 없는 부처님의 처소에서 이 법을 묻고 생각하고 관찰하고 닦아서 장엄하였느니라.

　나는 이 법으로 왕이 되고 이 법으로 가르치고 거두어 주고 세상을 따라가고 중생을 인도하고, 수행케 하고, 나아가게 하고, 방편을 주고, 이익하게 하고, 행을 일으키게 하고, 법의 성품에 머물러서 생각케 하며, 중생들로 하여금 인자한 마음에 머물러서 인자함으로 근본을 삼아 인자한 힘을 갖추게 하며, 이리하여 이익하는 마음·안락한 마음·불쌍히 여기는 마음·거두어 주는 마음·중생을 수호하여 버리지 않는 마음·중생의 괴롬 뽑기에 쉬는 마음이 없게 하느니라.

　나는 이 법으로써 중생들로 하여금 끝까지 쾌락하고 항상 기쁘며, 몸에는 괴롬이 없고 마음은 청량하며, 생사의 애착을 끊고 바른 법락을 즐거워하며, 번뇌의 더러움을 씻고 나쁜 업장을 깨뜨리며, 생사 흐름을 끊고 진정한 법의 바다에 들어가고 모든 중생의 길을 끊고 온갖 지혜를 구하며, 마음 바다를 깨끗이 하여 무너지지 않는 신심을 내게 하노라. 나는 이 크게 인자한 당기의 행에 머물러서 바른 법으로 세간을 교화하느니라. 따라서 내 나라에 있는 모든 중생은 모두 나에게 공포함이 없느니라.

　어떤 중생이 빈궁 궁핍하여 나에게 와서 구걸하면, 나는 고방 문을 열어 놓고 마음대로 가져가게 하며 말하기를 '나쁜 짓을 하지 말고 중생을 해치지 말고 여러 가지 소견을 일으키지 말고 집착을 내지 말라. 만일 필요한 일이 있거든 나에게 오거나 내 길거리에 가면, 모든 물건이 갖가지 구비되어 있으니 마음대로 가져가고 조금도 어려워하지 말라' 하느니라.

이 묘광성에 있는 중생들은 모두 보살들로서 대승의 뜻을 내었으며, 마음의 욕망을 따라서 보는 것이 같지 아니하니라. 어떤 이는 이 성이 좁다고 보고, 어떤 이는 넓다고 보며, 흙과 자갈로 땅이 된 줄로 보기도 하고, 여러 보배로 장엄한 줄로, 흙을 모아 담을 쌓은 줄로, 보배로 쌓은 담이 둘리었다고, 돌과 자갈이 많아서 땅이 울퉁불퉁하다고, 한량없는 마니 보배로 장엄하여 손바닥처럼 평탄하다고, 집들이 흙과 나무로 지어졌다고, 궁전·누각·증대·창호·난간·문 들이 모두 보배로 되었다고 보기도 하느니라.

만일 중생이 마음이 청정하여 선근을 심었으며, 부처님께 공양하여 온갖 지혜의 길로 나아갈 마음을 내어서 온갖 지혜로써 끝까지 이르는 곳이라 하거니와, 내가 과거에 보살행을 닦을 적에 거두어 주었던 사람이면 이 성이 여러 가지 보배로 장엄하였다고 보지마는 다른 이들은 더러운 줄로 보느니라.

이 국토에 있는 중생들이 5탁악세에서 나쁜 짓을 많이 지었으므로, 내가 가엾이 여기는 마음으로 구호하여 보살들의 인자한 마음이 으뜸이 되어 세간을 따라 주는 삼매에 들어가게 하노라. 이 삼매에 들어가는 때에는, 중생들이 가졌던 무서워하는 마음·해롭게 하는 마음·원수로 생각하는 마음·다투는 마음들이 모두 소멸되나니, 왜냐하면 보살들의 인자한 마음이 으뜸이 되어 세간을 따라주는 삼매에 들어가면 으레 그렇게 되느니라. 잠깐만 기다리면 마땅히 보게 되리라."

이 때에 대광왕이 이 삼매에 들어가니 그 성의 안팎이 여섯 가지로 진동하며 보배 땅·담·강당·궁전·누각·섬돌·창호 등 모든 것에서 묘한 음성을 내며 왕을 향하여 경례하며, 묘광성 내에 사는 사람들이 모두 한꺼번에 환희하여 뛰놀면서 왕이 있는 데를 향하여 땅에 엎드리고, 마을이나 영문이나 도시에 사는 사람들도 모두 와서 왕을 보고 환희하여 예배하며, 왕의 처소에 가까이 있던 새와 짐승들도 서로 쳐다보고 자비한 마음을 내어 왕을 향하여 공경·예배하며, 모든 산·들·초목들도 두루 돌면서 왕을 향하여 예경하고 못·물·샘·강·바다가 모두 넘쳐 솟아서 왕의 앞으로 흘러갔다.

10천의 용왕은 향기 구름을 일으키며 번개치고 뇌성하면서 보슬비를 내리고, 도리천왕·수야마천왕·투시타천왕·선변화(蹴變化)천왕·타화자재천왕 등 10천왕들이 우두머리가 되어 허공에서 여러 가지 풍악을 잡히고, 무수한 천녀들은 노래하고 찬탄하면서 수없는 꽃구름·향 구름·보배 화만 구름·보배 옷 구름·보배 일산 구름·보배 당기 구름·보배 번기 구름을 비 내리며 공중에 장엄하여 왕에게 공양하였다.

　애라바나 큰 코끼리는 자유로운 힘으로 공중에서 무수한 큰 보배 연꽃을 펴 놓으며, 무수한 보배 영락·띠·화만·장엄 거리·꽃·향 따위의 갖가지 기묘한 것을 드리워 훌륭하게 장엄하고, 무수한 채녀들은 갖가지로 노래하고 찬탄하였다.

　잠부드비이파 안에 또 한량없는 백천만억 나찰왕·야차왕·구반다왕·비사차왕들이 있는데, 바다에 있기도 하고 육지에 살기도 하면서, 피를 마시고 살을 먹어 중생을 해치던 것들이, 자비심을 일으키고 이익한 일을 행하며, 뒷 세상을 분명히 알고 나쁜 업을 짓지 아니하며, 공경 합장하여 왕에게 예배하였다.

　잠부드비이파와 같은 다른 세 천하와 내지 삼천대천세계와 시방의 백천만억 나유타 세계에 있는 모든 악독한 중생들도 모두 그러하였다.

　이 때 대광왕이 삼매에서 일어난 선재동자에게 말하였다.

　"나는 다만 이 보살의 크게 인자함이 으뜸이 되어 세간을 따라주는 삼매문을 알거니와, 저 보살들은 높은 일산이 되나니 여러 중생을 두루 그늘 지어 덮어 주는 연고며, 행을 닦음이 되나니 하·중·상품의 행을 평등하게 행하는 연고며, 땅덩이가 되나니 인자한 마음으로 모든 중생을 맡아 지니는 연고며, 보름달이 되나니 복덕의 광명이 세간에 평등하게 나타나는 연고며, 청정한 해가 되나니 지혜의 빛으로 모든 알아야 할 경계를 비추는 연고며, 밝은 등불이 되나니 모든 중생의 마음속에 어두움을 깨뜨리는 연고며, 물 맑히는 구슬이 되나니 중생들의 마음속 속이고 아첨하는 흐름을 밝히는 연고며, 여의주가 되나니 모든 중생의 소원을 만족케 하는 연고며, 큰 바람이 되나니 중생들로 하여금 빨리 삼매를 닦아서 온갖 지혜의 성중에 들어가게 하는 연고니라.

　그런 것이야 내가 어떻게 그 행을 알며 그 덕을 말하며 그 복덕의 큰 산을 측량하며 그 공덕의 별을 우러르며 그 서원의 바람 둘레를 관찰하며 그 깊은 법문에 들어가며 그 장엄한 큰 바다를 보이며 그 보현의 행하는 문을 밝히며 그 삼매의 굴을 열어 보이며 그 대자비한 구름을 찬탄하겠는가. 저 남쪽 선주성, 부동 우바이에게 가서 물으라." 하였다.

⑨ 부동우바이의 선법행(善法行)

ㄱ. 교취자문(敎趣諮問)

그 때 선재동자는 묘광성에서 나와 길을 걸어가면서 바른 생각으로 대광왕의 가르침을 생각하고, 보살의 크게 인자한 당기의 수행하는 문을 기억하며, 보살의 세간을 따라주는 삼매의 광명문을 생각하며, 그 부사의한 서원과 복덕의 자유자재한 힘을 증장하며, 중생을 성숙시키는 지혜를 견고히 하며, 함께 수용하지 않는 큰 위덕을 관찰하며, 차별한 모양을 기억하며, 청정한 권속을 생각하며, 짓는 업을 생각하고서는, 환희, 청정심·맹렬하게 날카로운 마음·즐기는 마음·뛰노는 마음·다행해 하는 마음·흐르지 않은 마음·견고·광대한 마음·다함이 없는 마음을 내었다.

이렇게 생각하고는 슬픈 듯이 눈물 흘리면서 "선지식은 진실로 희유하여 모든 공덕의 처소·보살의 행·보살의 깨끗한 생각·다라니 바퀴·삼매의 광명을 내며, 모든 부처님의 법비를 널리 내리며, 모든 보살의 서원한 문을 나타내 보이며, 생각할 수 없는 지혜의 광명을 내며, 모든 보살의 근과 싹을 증장한다"고 생각하였다.

또 생각하기를 "선지식은 모든 나쁜 길을 널리 구호하며 여러 평등한 법을 널리 연설하며, 모든 평탄하고 험난한 길을 널리 보이며 대승의 깊은 이치를 널리 열며, 보현의 모든 행을 널리 권하여 일으키며, 온갖 지혜의 성에 널리 인도하여 이르게 하며, 법계의 큰 바다에 두루 들어가게 하며, 3세의 법 바다를 널리 보게 하며, 여러 성인의 도량을 널리 주며, 모든 흰 법을 널리 증장케 한다"고 하였다.

선재동자가 이렇게 슬퍼하고 생각할 때에 항상 따라 다니며 보살을 깨우쳐 주는 여래의 심부름 하늘이 공중에서 말하였다.

"선남자여, 선지식의 가르치는 대로 수행하면 불세존이 모두 환희하며, 선지식의 말을 순종하면 온갖 지혜의 지위에 가까와지며, 선지식의 말에 의혹이 없으면 모든 선지식을 항상 만날 것이며, 마음을 내어 항상 선지식을 떠나지 않으려 하면, 모든 이치를 구족하게 되리라. 그대는 선주성에 가라. 부동우바이 큰 선지식을 만나게 되리라."

이 때 선재동자는 그 삼매의 지혜 광명에서 일어나서 점점 가다가 선주성에 이르러 물으니 "부동우바이는 처녀로서 집에서 부모의 보호를 받으면서 한량 없는 그의 친족들에게 묘법을 말합니다" 하였다.

선재동자는 이 말을 듣고 기쁘기가 부모를 본 듯하여 곧 부동우바이의 집으로 들어섰다. 그 집에서는 금빛 광명이 두루 비치는데, 이 광명을 받는 이는 몸과 뜻이 청량하였다.

선재동자는 그의 광명이 몸에 비치자 희유한 모양을 아는 삼매의 등 5백 가지 삼매문을 얻었다. 이 문을 얻자 몸과 마음이 부드럽기 이레 된 태와 같으며, 또 묘한 향기를 맡으니 하늘·용·건달바 등 사람과 사람 아닌 이에게 있는 향이 아니었다.

선재동자가 그의 처소에 나아가 공경 합장하고 한결같은 마음으로 살펴보았다. 그 용모는 단정 기묘하여 시방 세계의 모든 여인들로는 미칠 수 없거든, 하물며 이를 지나갈 이가 있겠는가. 다만 여래의 정수리에 물을 부은 보살들만은 제외할 뿐이다.

입에서 묘한 향기가 나오는 일·궁전의 장엄·권속들도 그와 같을 이가 없거든, 하물며 그보다 지나갈 이가 있겠는가. 시방 세계의 모든 중생이 이 우바이에게는 물드는 마음을 일으키는 이가 없으며, 잠깐 보기만 하여도 모든 번뇌가 스스로 소멸하느니라. 마치 백만의 대범천왕은 결정코 욕계의 번뇌가 생기지 않듯이, 이 우바이를 보는 이의 번뇌도 그와 같으며, 시방 중생들이 이 여인을 보고는 싫은 생각이 없나니, 다만 큰 지혜를 구족한 이는 제외할 것이니라.

이 때 선재동자는 허리를 굽혀 합장하고 바른 생각으로 관찰하였다. 이 여인의 몸은 자유자재하여 헤아릴 수 없으며, 빛깔과 용모는 그와 같은 이가 이 세상에는 없고 광명은 사무쳐 비추어 그를 장애할 것이 없어서 중생들을 위하여 많은 이익을 지으며, 털구멍에서는 묘한 향기가 항상 나오고, 권속이 그지없고 궁전이 제일이며, 공덕이 깊고 넓어서 끝닿은 데를 알 수 없으므로 환희심으로 찬탄하였다.

청정한 계를 항상 지키고 넓고 큰 인욕을 닦아 행하며
꾸준히 노력하여 물러가지 않으니 광명이 온 세계에 밝게 비치네.

선재동자는 게송을 마치고 여쭈었다.
"거룩하신이여, 저에게 보살도를 일러주소서."

   ㄴ. 칭찬수법(稱讚授法)
이 때 부동우바이는 보살의 부드러운 말과 뜻에 맞는 말로 선재동자를 위로

하였다.

"착하다, 착하다. 그대는 능히 무상보리심을 내었도다. 나는 보살이 꺾을 수 없는 지혜장(智慧藏)해탈문을 얻었으며, 보살의 견고하게 받아 지니는 수행문을 얻었으며, 보살의 모든 법에 평등한 모두 지니는 수행문과 보살의 모든 법을 밝히는 변재문, 보살의 모든 법을 구하여 고달픔이 없는 삼매의 문을 얻었노라."

"보살의 꺾을 수 없는 지혜장 해탈문과 내지 모든 법을 구하여 고달픔이 없는 삼매의 문은 그 경계가 어떠하나이까."

"그것은 알기 어려우니라."

"부처님의 신통을 받자와 말씀하여 주소서. 저는 선지식을 인하여 능히 믿고 받아 지니고 알고 통달하오며, 나아가 관찰하고 닦아 익히며 순종하여 모든 분별을 떠나서 끝까지 평등하겠나이다."

"지난 세상 이구(離垢)겁에 수비(修譬)불시대에 전수(電授) 국왕이 있어 한 딸을 두었으니 그가 곧 나의 몸이다. 그때 음악 소리가 그쳤을 밤중에 부모와 형제는 모두 잠에 들었고, 5백의 동녀들도 자고 있었다. 나는 누각 위에서 벽을 보고 있다가 허공에 계시는 그 부처님을 뵈오니 보배산과 같았고, 한량없고 그지없는 하늘·용 등의 8부 신장과 보살들이 둘러 모시었으며, 부처님 몸에서 큰 광명 그물을 놓아 시방세계에 두루하는데 장애됨이 없었고 부처님의 털구멍마다 묘한 향기가 나오는데 나는 그 향기를 맡고 몸이 부드러워지고 마음이 환희하였다.

나는 누각에서 내려와 땅에 서서 열 손가락을 모아 부처님께 예배하였고, 또 부처님을 살펴보았으나 정수리를 볼 수 없었으며, 좌우를 살펴보았으나 끝닿은 데를 알 수 없었고, 부처님의 거룩한 모습과 잘생긴 모양을 생각하였으나, 만족하지 아니하였다. 나는 생각하기를 '불세존께서는 어떠한 업을 지었으므로, 이렇게 훌륭한 몸을 얻었으며, 거룩한 모습이 원만하고 광명이 구족하며, 권속을 많이 두고 궁전이 장엄하며, 복덕과 지혜가 청정하고 다라니와 삼매가 부사의하며, 신통이 자재하시고 변재가 걸림이 없는가' 하였노라.

그 때 여래께서 나의 생각을 아시고 말씀 하시기를 "너는 깨뜨릴 수 없는 마음을 내어 모든 번뇌를 없애라. 이길 이 없는 마음을 내어 모든 집착을 깨뜨리라. 물러가지 않는 마음을 내어 깊은 법문에 들어가라. 참고 견디는 마음을 내어 나쁜 중생을 구호하라. 의혹이 없는 마음과 만족이 없는 마음을 내어 부처님 뵈오려는 생각을 쉬지 말고 만족할 줄 모르는 마음을 내어 부처님 뵈오려는 생각을 쉬지 말라. 만족할 줄 모르는 마음을 내어 모든 여래의 법비를 받으라. 옳게 생각하는 마음을 내어 모든 부처님의 광명을 내라. 크게 머물러 지니는 마음을 내어 여러 부처님의 법륜을 굴리라. 널리 유통하려는 마음을 내어 여러 중생의 욕망을 따라 법보를 널리 베풀라" 하시었느니라.

나는 그 부처님 계신 데서 이러한 법을 듣고, 온갖 지혜를 구하며 부처의 열 가지 힘을 구하며 부처의 육신과 잘생긴 모습·모인 대중·국토·위의·수명을 구하였노라. 이런 마음을 내니 그 마음이 견고하기 금강과 같아서 모든 번뇌나 2승들로는 깨뜨릴 수 없었느니라.

내가 이 마음을 낸 후부터 잠부드비이파의 티끌 수 겁을 지내면서 탐욕을 생각하는 마음도 내지 않았는데, 하물며 그런 일을 행하였겠는가. 저러한 겁 동안에 나의 친족에게도 성내는 마음을 일으키지 않았는데 하물며 다른 중생에게 일으켰겠는가. 저러한 겁 동안에 나의 몸에도 '나'라는 소견을 내지 않았는데, 하물며 모든 도구에 내 것이란 생각을 내었겠는가. 저러한 겁 동안에 죽을 때·날 때·태에 들었을 때에 한번도 미혹하여 중생이란 생각이나 기억이 없는 마음(無記心)을 내지 않았는데, 하물며 다른 때일까보냐. 저러한 겁 동안에 꿈속에서 한 부처님을 뵈온 것도 잊지 않았는데, 하물며 보살의 열 가지 눈으로 본 것일까보냐.

저러한 겁 동안에 받아 지닌 여러 부처님의 바른 법을 한 글자 한 구절도 잊지 않았고, 내지 세속의 말까지도 잊지 않았는데, 하물며 부처님의 입으로 말씀한 것일까보냐. 저러한 겁 동안에 받아 지닌 모든 여래의 법 바다에서 한 글자 한 구절도 생각하지 않는 것이 없고 관찰하지 않는 것이 없으며, 내지 세속의 법도 역시 그러하니라. 저러한 겁 동안에 이러한 모든 법 바다를 받아 지니고 일찍 한 법에서도 삼매를 얻지 못한 것이 없으며, 내지 세간의 기술의 법에서도 낱낱이 그러하였느니라. 저러한 겁 동안에 모든 여래의 법륜을 머물러 지녔으며 지니는 곳마다 한 글자 한 구절도 버린 적이 없으며, 한번도 세상 지혜를 내지 않았으니, 오직 중생을 조복하기 위한 것은 제외할 것이니라. 저러한 겁 동안에 부처 바다를 뵈옵고 한 부처님에게서도 청정한 서원을 성취하지 못한 것이 없으며, 내지 여러 화신 부처님에게서도 역시 그러하였느니라.

저러한 겁 동안에 내가 본 중생들 중에서 한 중생에게도 무상보리심을 내도록 권하지 않는 적이 없으며, 성문이나 벽지불의 뜻을 내도록 권한 일이 없느니라. 저러한 겁 동안에 모든 불법에 대하여 한 글자 한 구절에도 의혹을 내지 않고 두 가지 생각·분별하는 생각·갖가지 생각·집착하는 생각·낫다 못하다는 생각·사랑하고 미워하는 생각을 내지 않았느니라.

　나는 그 때부터 항상 불보살·진실한 선지식을 보았으며, 항상 부처님의 서원·보살행·보살의 바라밀다문·보살의 처지인 지혜의 광명문·보살의 무진장문·그지없는 세계의 그물에 들어가는 문·그지없는 중생계를 내는 원인의 문을 들었으며, 항상 청정한 지혜의 광명으로 모든 중생의 번뇌를 없애고, 지혜로 모든 중생의 선근을 생장케 하고, 모든 중생의 좋아함을 따라 몸을 나타내고, 청정하고 훌륭한 말로 법계의 모든 중생을 깨우치노라.

　나는 보살의 온갖 법을 구하여 싫음이 없는 장엄문을 얻었고, 모든 법이 평등한 지위의 다 지니는 문을 얻어서, 헤아릴 수 없이 자재한 신통변화를 나타내는 것을 그대는 보고자 하느냐"

　선재동자는 진심으로 보기를 원한다고 말하였다. 그 때 부동우바이가 용장(龍藏)사자좌에 앉아서, 모든 법을 구하여 싫음이 없는 장엄삼매문과, 공하지 않은 바퀴 장엄삼매문과 열 가지 힘의 지혜 바퀴가 앞에 나타나는 삼매문과 불종무진장(佛種無盡藏)삼매문에 들어갔으며, 이렇게 만 가지 삼매문에 들어갔다.

　이 삼매문에 들어갈 때에 시방으로 각각 말할 수 없는 불세계의 티끌 수 세계가 6종으로 진동하며 다 청정한 바이두우랴로 이루어졌고, 낱낱 세계마다 백억 4천하와 백억 여래가 있는데, 어떤 이는 투시타천에 계시고, 혹은 열반에 들기도 하며, 낱낱 여래께서 광명 그물을 놓아 법계에 두루하니, 도량에 모인 대중이 청정하게 둘러 있으며, 미묘한 법륜을 굴리어 중생들을 깨우치었다.

　이 때 부동우바이가 삼매에서 일어나 선재에게 말하였다.

　"그대는 이것을 보았는가."

　"예, 저는 모두 보았나이다."

　"나는 다만 이 모든 법을 구하여 싫음이 없는 삼매의 광명을 얻고, 모든 중생에게 미묘한 법을 말하여 기쁘게 하거니와, 저 보살들이 가루라처럼 허공으로 다니면서 걸림이 없이 모든 중생 바다에 들어가서 선근이 성숙한 중생을 보고는 곧 들어다가 열반의 저 언덕에 두며, 또 장사꾼들처럼 보배 섬에 돌아가서 여래의 열 가지 힘과 지혜의 보배를 구하며, 또 고기잡는 사람처럼 바른 법의 그물을 가지고 생사의 바다에 들어가 애욕의 물 속에서 중생들을 건져내되, 마치 아수라왕이 3세의 큰 성과 번뇌의 바다를 흔들듯하느니라.

　또 해가 허공에 뜨듯이 애욕의 진흙에 비추어 마르게 하며, 또 보름달이 허공에 뜨듯이 교화 받을 사람의 마음 꽃을 피게 하며, 또 땅덩이가 두루 평등하듯이 한량없는 중생이 머물러 있으면서 모든 선한 법의 싹을 증장케 하며, 또

圖三十一

爾時善財童子，漸次遊行，趣摩竭提國菩薩場內安住神所。百萬地神，同在其中，放大光明，無數音樂一時俱奏，象王師子王等，皆生歡喜，踊躍哮吼。時安住地神，以足按地，百千億阿僧祇寶藏，自然涌出。地神告言：
「善男子，我得菩薩解脫，名不可壞智慧藏。常以此法，成就眾生。乃往古世，有劫名莊嚴，世界名月幢，佛號妙眼，於彼佛所，得此法門，修習增長，未曾捨離。」

31. 마가다국 보리도량에서 안주지신에게 불가괴지혜당 법문을 듣고 있는 장면

161

圖三十二

閻浮提摩竭提國迦毗羅城，有主夜神，名婆珊婆演底。善財童子，至於彼城，從東門入。佇立未久，便見日沒，見彼夜神於虛空中，處寶樓閣香蓮花藏師子之座，身真金色，一切星宿炳然在體，於其身上一一毛孔，皆現化度無量無數惡度眾生，令其免離險難之像。時彼夜神告善財言：
「我得菩薩破一切眾生癡暗法光明解脫門，我於夜闇人靜，見諸眾生，諸險難處，我時即以種種方便而救濟之。」

■
32. 마가다국 카필라성 바산바연저주야신에게 파일체중생치암법광명해탈 법문을 듣고 있는 장면

圖三十三

閻浮提摩竭提國菩提場內，有主夜神名普德淨光。善財童子，漸次遊行，至普德淨光夜神所，頂禮其足。夜神言：「菩薩成就十法，能圓滿菩薩行。善男子，我得菩薩解脫，名寂靜禪定樂普遊步，普見三世一切諸佛，亦見彼佛清淨國土。不起一切妄想分別，大悲救護一切眾生，修習初禪二禪三禪四禪，以清淨智普入法界。我修此解脫門時，以種種方便，成就眾生。」

33. 마가다국 보리장중에서 보덕정광주야신을 만나 뵙고 적정선정보유보 법문을 듣고 있는 장면

圖三十四

菩提道場右邊，有一夜神名喜目觀察眾生。爾時善財童子，發意欲詣喜目觀察眾生夜神所，見彼夜神，在於如來眾會道場，坐蓮花藏師子之座，入大勢力普喜幢解脫。於其身上一一毛孔，出無量種變化身雲，隨其所應，以妙言音，而為說法，普攝無量一切眾生，皆令歡喜而得利益。

34. 보리도량 오른쪽에서 희목관찰 중생신을 뵙고 대세력 보희당 법문을 듣고 있는 장면

圖三十五

此眾會中有一夜神，名普救眾生妙德。善財童子，往詣夜神所。時彼夜神，為善財童子，示現菩薩調伏眾生解脫神力，以諸相好，莊嚴其身，於兩眉間放大光明，其光普照一切世間。時彼夜神，還復本形，夜神言：「此世界中，有如是等佛剎極微塵數劫，一切如來，於中出現，我皆承事，恭敬供養，彼諸如來，所說正法，我皆憶念，為無量眾生，廣作利益，普賢諸行，悉得成滿。善男子，我唯知此菩薩普現一切世間調服眾生解脫。」

35. 보리도량 오른쪽 보구중생묘덕신을 뵙고 조복중생해탈문 법문을 듣고 있는 장면

圖三十六

善財往寂靜音海夜神所，頂禮其足。時彼夜神告善財言：「善男子，我得菩薩念念出生廣大喜莊嚴解脫門。我以無量法施，攝諸眾生，種種方便，教化調伏，令離惡道，受人天樂。善男子，菩薩修行十大法藏，得此解脫。善男子，我於往昔過二佛剎極微塵數劫，發阿耨多羅三藐三菩提心，修菩薩行，然後乃生此娑婆世界賢劫之中，未來所有一切諸佛，我皆如是親近供養。」

36. 보리도량에서 적정음해주야신을 만나 광대희장엄 법문을 듣고 있는 장면

圖三十七

菩提場如來會中，有主夜神名守護一切城增長威力，善財童子，行詣夜神所，見彼夜神，坐一切寶光明摩尼王師子之座，無數夜神所共圍繞。時彼夜神，告善財言：「善男子，我得菩薩甚深自在妙音解脫，善能開示諸佛法藏故。我以如是淨法光明，饒益一切眾生，集善根助道法時，常作十種觀察法界，以十千陀羅尼輪，而爲眷屬，恒爲眾生，演說妙法。」

37. 보리도량 여래회중에서 수호일체 성증장 위력신에게 심심자재묘음 법문을 듣고 있는 장면

圖三十八

爾時善財童子，往詣開敷一切樹花夜神所。夜神言：「我已成就菩薩出生廣大喜光明解脫門，入此解脫，能知如來普攝眾生巧方便智。乃往古世，閻浮提中有一王都，有五濁起，一切人眾，壽命短促，資財乏少，多苦少樂。爾時大王，普施一切眾生，隨有所須，悉今充足。有長者女名寶光明，以偈讚歎一切法音圓滿蓋王。善男子，圓滿蓋如來正等覺是也，寶光童女者，即是我身。」

38. 보리도량에서 개부일체수화신을 만나 광대희광명해탈문을 듣고 있는 장면

큰 바람이 향하는 곳에 걸림이 없듯이, 모든 나쁜 소견의 나무를 뽑아 버리며, 또 전륜왕처럼 세간에 다니면서 네 가지 거둬 주는 일로 중생들을 거두어 주는 일이야 내가 어떻게 알며 어떻게 그 공덕행을 말하겠는가. 저 남쪽 투사사아라성에 변행 외도에게 가서 보살도를 물으라."

⑩ 변행외도의 진실행(眞實行) — 화엄경 제67권

ㄱ. 교취자문(教趣諮問)

그 때 선재동자는 부동우바이에게서 법을 듣고 일심으로 기억하여 가르친 것을 모두 믿어 받고 관찰하면서 점점 나아가 투라사아라 성에 이르렀다. 해가 질 무렵에 성중에 들어가서 상점과 골목과 네거리로 다니면서 변행외도를 찾았다.

성 동쪽에 산이 있으니 이름이 선득(善得)이라. 밤중 쯤 되어 선재동자가 산 꼭대기를 보니 초목과 바위에 광명이 환하게 비추어 마치 해가 처음 뜨는 듯 하였다. 이것을 보고 기쁜 마음으로 이렇게 생각하기를 "내가 아마 여기서 선지식을 만나려나 보다' 하고, 성에서 나와 산으로 올라갔다. 이 외도가 산 위의 평탄한 곳에서 천천히 거니는데, 생긴 모습이 원만하고 위엄과 광채가 찬란하여 대범천왕으로도 미칠 수 없으며, 10천의 범천들이 호위하고 있었다.

선재동자는 그 앞에 나아가 엎드려 절하고 한량없이 돌고 합장하고 서서 말하였다.

"거룩하신이여, 저에게 보살도를 말씀하여 주소서."

ㄴ. 칭찬수법(稱讚授法)

"착하다, 착하다. 나는 모든 곳에 이르는 보살행에 편안히 머물렀고, 세간을 두루 관찰하는 삼매문을 성취하였고, 의지한 데 없고 지음이 없는 신통력을 성취하였고, 넓은 문 반야 바라밀다를 성취하였노라.

나는 넓은 세간에서 가지가지 방소·형상·행과 이해로 온갖 길에 나고 죽나니, 이른바 하늘·용·야차·건달바·아수라·가루라·긴나라·마후라가·지옥·축생의 길이며, 염라왕 세계와 사람과 사람 아닌 이들의 모든 길이니라.

열 가지 소견에 빠지고 2승을 믿고 대승을 좋아하는 이런 중생들 가운데서 나는 가지가지 방편과 지혜의 문으로 이익케 하노라. 혹 모든 세간의 갖가지 기술을 연설하여 온갖 공교한 기술 다라니 지혜를 갖추게 하며, 네 가지로 거두어 주는 방편을 말하여 온갖 지혜의 길을 구족케 하기도 하며, 모든 바라밀다를 말하여 온갖 지혜의 지위로 회향케 하기도 하며, 보리심을 칭찬하여 위없는 도의 뜻을 잃지 않게도 하며, 보살행을 칭찬하여 불국토를 깨끗이 하고 중생을 제도하려는 소원을 만족케도 하며, 나쁜 짓을 하면 지옥 따위에 빠져 여러 가지 고통 받는 일을 말하며 나쁜 업을 싫어하게도 하며, 부처님께 공양하고 선근을 심으면 온갖 지혜의 과보를 얻는다 말하여 환희한 마음을 내게도 하며, 모든 여래·응공·정등각의 공덕을 찬탄하여, 부처의 몸을 좋아하고 온갖 지혜를 구하게도 하며, 부처님의 위엄과 공덕을 찬탄하여 부처님의 무너지지 않는 몸을 좋아하게도 하며, 부처님의 자유자재한 몸을 찬탄하여 여래의 가릴 수 없는 큰 위덕을 구하게도 하노라.

또, 이 투라사아라 성중의 여러 곳에 있는 여러 종류의 남녀들 가운데서, 나는 갖가지 방편으로 그들의 형상과 같이 나투고 그에게 알맞게 법을 말하거든, 그 중생들은 내가 어떤 사람인지, 어디서 왔는지를 알지도 못하거니와 듣는 이로 하여금 사실대로 수행케 하노라.

이 성에서 중생들을 이익케 하는 것처럼 잠부드비이파의 여러 성중·도시·마을 사람이 사는 곳에서도 이와 같이 이익케 하노라.

잠부드비이파에 있는 96종 외도들이 제각기 야릇한 소견으로 고집을 세우거든, 나는 그 가운데서 방편으로 조복 모든 잘못된 소견을 버리게 하며 잠부드비이파에서와 같이 다른 사천하에서도 그렇게 하고, 사천하에서와 같이 삼천대천세계에서도 그렇게 하며, 삼천대천세계에서와 같이 시방의 한량없는 세계의 중생 바다에서도 중생의 마음을 따라서 갖가지 방편·법문·몸·말로써 설법하여 이익케 하느니라.

나는 다만 이 모든 곳에 이르는 보살의 행만을 알거니와, 저 보살들이 몸은 온갖 중생의 수효와 같고, 중생들과 차별이 없는 몸을 얻으며, 변화한 몸으로 모든 길에 두루 들어가 모든 곳에 태어나되, 여러 중생의 앞에서 청정한 광명으로 세간에 널리 비추고 걸림 없는 소원으로 온갖 겁에 머무르며, 제석의 그물같은 비등할 이 없는 행을 얻어, 모든 중생을 항상 이익케 하고 항상 함께 거처하면서도 집착이 없으며, 3세에 두루 평등하여 '나'가 없는 지혜로 널리 비추고 크게 자비한 빛으로 모든 것을 관찰하는 일이야, 내가 어떻게 알며 그 공덕의 행을 말하겠는가. 저 남쪽에 광대국에 가면 향장사 울파라꽃(청련화) 장자가 있으니 그에게 가서 물으라."

(3) 10회향법문(十回向法門)

① 육향장자의 구호일체중생이중생상회향(救護一切衆生離衆生相回向)

ㄱ. 교취자문(敎趣諮問)

그 때 선재동자는 선지식의 가르침을 인하여 몸과 목숨도 돌보지 않고, 재물에도 집착하지 않고, 여러 사람을 좋아하지도, 5욕락을 탐하지도, 권속을 그리워하지도, 왕의 지위를 소중히 여기지도 않고 오직 모든 중생을 교화하고, 불국토를 깨끗이 하고, 모든 부처님께 공양하고, 법의 참된 성품을 알고, 모든 보살의 공덕 바다를 닦아 모으고, 모든 공덕을 닦아 행하여 물러가지 않고, 모든 겁마다 큰 서원으로 보살행을 닦고, 모든 불도량에 모인 대중 속에 들어가고, 한 삼매의 문에 들어가서 모든 삼매문의 자재한 신통력을 나타내고, 부처님의 한 털구멍에서 모든 부처님을 보아도 만족함이 없고, 모든 법의 지혜 광명을 얻어서 모든 불법장을 보호 유지하기를 원하였다.

이러한 모든 불보살의 공덕을 일심으로 구하면서 점점 나아가 광대국에 이르러서는 장자의 앞에 가서 엎드려 발에 절하고 한량없이 돌고 합장하고 서서 여쭈었다.

"거룩하신이여, 저는 이미 무상보리심을 내었삽고, 모든 부처님의 평등한 지혜를 구하려 하며, 한량없는 큰 서원을 만족하고, 가장 높은 육신을 깨끗이 하고, 청정한 법신을 뵈오려 하고, 광대한 지혜의 몸을 알고자 하며, 모든 보살행을 깨끗이 다스려 모든 보살삼매를 밝히려 하며, 모든 보살의 다라니에 머물고자 하며, 모든 장애를 없애려 하며, 여러 시방 세계에 다니려 하오나, 보살이 어떻게 보살행을 배우며 보살도를 닦아서 온갖 지혜의 지혜를 내는지를 알지 못하나이다."

ㄴ. 칭찬수법(稱讚授法)

"착하다, 그대가 능히 무상보리심을 내었도다. 나는 모든 향을 잘 분별하여 알며, 모든 향을 조화하여 만드는 법을 아노니, 이른바 사르는 향·바르는 향·가루 향이며, 이런 향이 나는 곳도 아노라.

또 하늘·용·야차의 향과, 건달바·아수라·가루라·긴나라·마후라가·사람·사람 아닌 이들의 향을 잘 알며, 또 병을 다스리는 향·나쁜 짓을 끊는 향·환희심을 내는 향·번뇌를 늘게 하는 향·번뇌를 없애는 향·함이 있는 법에 애착을 내게 하는 향·함이 있는 법에 싫은 생각을 내게 하는 향·모든 교만과 방일을 버리는 향·마음을 내어 염불하는 향·법문을 이해하는 향·성인이 받아쓰는 향·모든 보살의 차별한 향·모든 보살의 지위의 향들이니라.

이런 향의 형상·생기는 일·나타나고 성취함·청정하고 편안함·방편·경계·위덕·작용·근본의 모든 것을 내가 다 통달하노라.

인간에 향이 있는데 이름은 상장(象藏)이요, 용이 싸울 적에 생기며, 한 개만 살라도 큰 향 구름을 일으키어 서울에 덮으며, 이레 동안 세향우(細香雨)를 내리나니, 몸에 닿으면 몸이 금빛이 되고, 의복이나 궁전이나 누각에 닿아도 금빛으로 변하며, 바람이 날려 궁전 안에 들어가면 그 향기를 맡은 중생은 이레 동안 밤낮으로 환희하고 몸과 마음이 쾌락하며, 병환이 침로하지 못하고 모든 근심이 없어져 놀라지도 무섭지도 어지럽지도 성내지도 않으며, 인자한 마음으로 서로 대하고 뜻이 청정하여지거든, 나는 그것을 알고 법을 말하여, 그들로 무상보리심을 내게 하느니라.

말라야산의 우두 전단향은 몸에 바르면 불구렁에 들어가도 타지 않고, 바닷속의 무숭 향은 북이나 소라에 바르면 소리가 날 적에 모든 적군들이 모두 물러가고, 아나바탑타 못 가의 연화장 침수향은 삼씨만큼만 태워도 향기가 잠부드비이파에 풍기며, 중생들이 맡으면 모든 죄를 여의고 계행이 청정하여지느니라.

설산의 아누다라 중생이 맡으면 마음이 결정되어 물드는 집착을 여의며 내가 말하면 때 여읜 삼매를 얻지 못하는 이가 없느니라.

나찰 세계에 해장 향은 전륜왕만이 사용하는데, 한 개만 피워 풍겨도 전륜왕과 네 가지 군대가 모두 허공에 날고, 선법천(善法天)의 정장엄 향은 한 개만 피워 풍겨도 여러 하늘들로 하여금 부처님을 생각하게 하느니라.

수야마천의 정장향은 한 개만 피워 풍겨도 수야마천 무리들이 천왕의 처소로 모여와서 함께 법을 듣느니라.

투시타천의 선아바라 향은 일생보처보살이 앉은 앞에서 한 개만 피워도 큰 향구름을 일으켜서 법계를 뒤덮고 모든 공양 거리를 비 내려 모든 불보살들께 공양하고 선변화천(善變化天)의 탈의 향은 한 개를 피워도 이레 동안에 모든 장엄 거리를 비 내리느니라.

나는 다만 향을 화합하는 법을 알거니와 저 보살들이 모든 나쁜 버릇을 여의어 세상 탐욕에 물들지 않으며, 번뇌 마군의 오랏줄을 아주 끊고 여러 길에서 뛰어나며, 지혜의 향으로 장엄하여 세간에서 물들지 않으며, 집착이 없는 계율을 구족하게 성취하며 집착이 없는 지혜를 깨끗이 하고 집착이 없는 경계에 향하며, 모든 곳에 애착이 없고 마음이 평등하여 집착도 없고 의지함도 없음이야, 내가 어떻게 그 묘한 행을 알며, 그 공덕을 말하며, 그 청정한 계율의 문을 나타내며, 그 허물이 없이 짓는 업을 보이며, 그 물들지 않는 몸과 뜻의 행을 말하겠는가. 저 남쪽 누각성 파시라 성인에게 가서 물으라."

② 바시라선사의 불괴회향(不壞回向)

ㄱ. 교취자문(教趣諮問)

이 때 선재동자는 누각성을 향하면서 길을 살피니, 길이 높고 낮고 평탄하고 험하고 깨끗하고 더럽고 굳고 곧음을 보았다. 점점 나아가면서 이렇게 생각하였다.

'내가 마땅히 저 선지식을 친근하리니, 선지식은 보살도를 수행함을 성취할 원인이며, 바라밀다의 도·중생을 거둬 주는 도·법계에 두루 들어가되 장애가 없는 도·모든 중생에게 나쁜 꾀를 덜게 하는 도·모든 중생에게 교만한 도를 여의게 하는 도·모든 중생에게 번뇌를 없애는 도·모든 중생에게 여러 가지 소견을 버리게 하는 도·모든 중생에게 온갖 나쁜 소견을 버리게 하는 도·모든 중생으로 온갖 지혜의 성에 이르게 하는 도를 수행함을 성취할 원인이 되리라.

왜냐하면 선지식에게서 모든 착한 법을 얻고, 선지식의 힘으로 온갖 지혜의 길을 얻는 연고이니라.'

이렇게 생각하면서 점점 걸어가다 누각성에 이르니 과시라선인이 성문밖 바닷가에 있으면서 백천의 장사꾼들과 한량없는 대중에게 둘러 싸여서 바다의 일을 말하며, 불공덕 바다를 방편으로 일러 주는 것을 보고, 말했다.

"거룩하신이여, 보살의 도를 말씀하여 주소서."

ㄴ. 칭찬수법(稱讚授法)

"좋다, 그대는 이미 무상보리심을 내었고, 이제 또 큰 지혜를 내는 인, 모든 생사의 괴로움을 끊는 인, 온갖 지혜의 보배섬에 가는 인, 무너지지 않는 대승인, 2승들이 생사를 두려워하고 고요한 삼매의 소용돌이에 머무름을 멀리 여의는 인, 큰 서원의 수레를 타고 모든 곳에 두루하여 보살행을 수행하되 장애가 없는 청정한 도의 인, 보살행으로 깨뜨릴 수 없는 온갖 지혜를 장엄하는 청정한 도의 인, 모든 시방의 법을 두루 관찰하되 장애가 없는 청정한 도의 인, 온갖 지혜의 바다에 빨리 들어가는 청정한 도의 인을 묻는구나. 나는 이 성의 바닷가에 있으면서 보살의 크게 가엾이 여기는 당기의 행을 깨끗하게 닦았노라.

염부제에 있는 빈궁한 중생들을 보고 그들을 이익케 하려고 보살행을 닦으며, 그들의 소원을 모두 만족케 하는데, 먼저 세상 물건을 닦게 하고 지혜를 내게 하고 선근력을 늘게 하고 보리심을 일으키게 하고 보리의 원을 깨끗케 하고 크게 가엾이 여기는 마음을 견고케 하고 생사를 없애는 도를 닦게 하고 생사를 싫어하지 않는 행을 내게 하고 모든 중생 바다를 거둬 주게 하고 모든 공덕 바다를 닦게 하고 모든 법 바다를 비추게 하고 모든 佛바다를 보게 하고 온갖 지혜의 지혜 바다에 들어가게 하노라.

나는 여기 있어서 이렇게 생각하고 뜻을 가지고 모든 중생을 이익케 하노라. 바다에 있는 모든 보배의 섬·처소·종류·종자를 알며, 나는 모든 보배를 깨끗케 하고 연마하고 내고 만들 줄을 알며, 나는 모든 보배의 그릇·쓰임·경계·광명을 알며, 나는 모든 용궁·야차 궁전·부다(部多) 궁전의 처소를 알고 잘 회피하여 그들의 난을 면하노라.

또 소용도는 데·얕은 데·깊은 데와 파도가 멀고 가까운 것과 물빛이 좋고 나쁜 것들이 여러 가지로 같지 아니한 것을 잘 분별하여 알며, 또 일월성신이 돌아가는 도수와 밤·낮·새벽·저녁과 해 그림자와 누수(漏水)가 늦고 빠름을 잘 분별하여 알며, 또 배의 철물과 나무가 굳고 연한 것과 기관이 만만하고 거셈과 물이 많고 적음과 바람이 순하고 거슬림을 알며, 모든 편안하고 위태한 것을 분명하게 알고서 갈 만하면 가고 못 갈 만하면 안 가노라.

나는 이런 지혜를 성취하여 모든 중생을 이익케 하노라. 나는 안전한 배로 장자 무리를 태우고 편안한 길을 가게 하며 다시 법을 말하여 기쁘게 하면서, 보배섬으로 인도하여 여러 가지 보물을 주어 만족케 한 연후에 염부제로 돌아오노라.

나는 큰 배를 가지고 이렇게 다니지만 한번도 실수한 일이 없노라. 어떤 중생이 내 몸을 보거나 내 법을 들은 이는 영원히 나고 죽는 바다를 무서워하지 않고 온갖 지혜의 바다에 들어가고 모든 애욕의 바다를 말리고 지혜의 광명으로 3세 바다를 비추며 모든 중생의 고통 바다를 끝나게 하며, 모든 중생의 마음 바다를 깨끗이 하고 모든 세계 바다를 빨리 청정케 하며, 시방의 큰 바다에 두루 가서 모든 중생의 근성 바다를 알고 모든 중생의 수행 바다를 순종하노라.

나는 다만 이 크게 가엾이 여기는 당기의 행을 얻었으므로, 만일 나를 보거나 내 음성을 듣거나 나와 함께 있거나 나를 생각하는 이는 하나도 헛되지 않게 하거니와, 저 보살들의 생사의 바다에 다니면서도 모든 번뇌 바다를 물들지 않고 모든 허망한 소견 바다를 버리며, 모든 법성 바다를 살피고, 4섭법으로 중생 바다를 거두어 주며, 이미 온갖 지혜의 바다에 머물러서 모든 중생의 애착 바다를 소멸하고 모든 시간의 바다에 평등하게 있으면서 신통으로 중생바다를 제도하며 때를 놓치지 않고 중생 바다를 조복하는 일이야 내가 어떻게 알며, 그 공덕행을 말하겠는가. 남쪽 즐거운 성에 무상승(無上勝)장자가 있으니 그에게 보살도를 물으라."

③ 무상승장자의 등일체불회향(等一切佛回向)

ㄱ. 교취자문(敎趣諮問)

이 때 선재동자는 크게 인자하므로 두루하는 마음과 크게 가엾이 여기므로 윤택한 마음을 일으켜 계속하여 끊이지 아니하고, 복덕과 지혜 두 가지로 장엄하며, 모든 번뇌의 때를 버리고 평등법을 증득하여 마음이 높고 낮지 아니하며, 착하지 않은 가시를 뽑아 모든 장애를 없애며 견고하게 정진함으로 담과 해자를 삼고 매우 깊은 삼매로 정원을 만들며, 지혜의 햇빛으로 무명의 어두움을 깨뜨리고 방편의 봄바람으로 지혜의 꽃을 피게 하며, 걸림 없는 서원이 법계에 가득하고 마음은 항상 온갖 지혜의 성에 들어가서, 이렇게 보살도를 구하면서, 점점 그 성에 이르니 무상승장자가 그 성 동쪽 크게 장엄한 당기 근심 없는 숲 속에 있었다. 한량없는 장사치와 백천 거사들이 둘러쌌으며, 인간의 갖가지 일을 끊어 버리고 법을 말하여, 그들의 모든 교만을 아주 뽑고 나와 내 것을 여의게 하며, 쌓아둔 것을 버리고 간탐한 때를 없애며, 마음이 정청하여 흐리고 더러움이 없으며, 깨끗이 믿는 힘을 얻어 항상 부처님을 보고 법을 받아 지니기를 좋아하며, 보살의 힘을 내고 보살행을 일으키며, 보살의 삼매에 들어가 보살의 지혜를 얻으며, 보살의 바른 생각에 머물러 보살의 욕망이 늘게 하고 있었다.

이 때 선재동자는 그 장자가 대중에게 법을 말함을 보고, 물었다.

"거룩하신이여, 저는 일심으로 보살행을 구하옵나이다. 보살이 어떻게 보살행을 배우며 보살도를 닦나이까. 닦고 배울 적에 모든 중생을 항상 교화하며 모든 부처님을 항상 뵈오며, 모든 불법을 항상 들으며 머물러 지니며 모든 법문에 항상 들어가며, 모든 세계에 들어가서 보살행을 배우며 모든 겁에 머물러 있으면서 보살도를 닦으며, 모든 여래의 신통력을 능히 알며 모든 여래의 생각하여 주심을 능히 받으며, 모든 여래의 지혜를 능히 얻겠나이까."

ㄴ. 칭찬수법(稱讚授法)

"좋다, 그대는 무상보리심을 이미 내었구나. 나는 모든 곳에 이르는 보살행 하는 문과, 의지함이 없고 지음이 없는 신통력을 성취하였노라. 어떤 것을 모든 곳에 이르는 보살행 하는 문이라 하는가. 나는 이 삼천대천세계의 욕계에 사는 모든 중생들, 이른바 33천·수야아마천·타화자재천·선변화천·투시타천·마의 하늘과, 그 외에 모든 하늘·용·야차·나찰·구반다·건달바·아수라·가루라·긴나라·마후라가·사람과 사람 아닌 이의 마을·성중·도시 모든 곳에 있는 중생들 가운데서 법을 말하노라.

그래서 그른 법을 버리고 다툼을 쉬고 싸움을 제하고 성냄을 그치고 원수를 풀고 속박을 벗고 옥에서 나와 공포를 없애고 살생을 끊으며, 내지 삿된 소견과 나쁜 짓과 하지 못할 일을 모두 금하게 하며, 모든 선법을 순종하여 배우고 모든 기술을 닦아 익히어 모든 세간에서 이익을 짓게 하며, 그들에게 갖가지 언론을 분별하여 환희심을 내고 점점 성숙하게 하며, 외도를 따라서 훌륭한 지혜를 말하며 모든 소견을 끊고 불법에 들어오게 하며, 내지 색계의 모든 범천에서도 그들에게 훌륭한 법을 말하노라.

이 삼천대천세계에서와 같이 내지 시방의 열곱 말할 수 없는 백천억 나유타 세계의 티끌 수 세계에서도 내가 그들에게 불·보살·성문·독각법을 말하며, 지옥·지옥으로 가는 길을 말하며, 축생·축생의 차별·축생의 고통·축생으로 가는 길을 말하며, 염라왕의 세계·염라왕 세계의 고통·염라왕 세계로 가는 길을 말하며, 하늘 세계·하늘 세계의 락·하늘 세계로 가는 길을 말하며, 인간·인간의 고통과 락·인간으로 가는 길을 말하노라.

보살의 공덕을 드러내 보이려 하며 생사의 걱정을 여의게 하며, 온갖 지혜를 가진 이의 묘한 공덕을 알게 하며 모든 세계에서 미혹하여 받는 고통을 알게 하며 걸림이 없는 법을 보게 하며 모든 세간이 생기는 원인을 보이려 하며, 모든 세간의 고요한 락을 나타내려 하며 중생들의 집착한 생각을 버리게 하며 부처의 의지함이 없는 법을 얻게 하며 모든 번뇌의 둘레를 없애려 하며 여래의 법륜을 굴리게 하려고, 나는 중생들에게 이런 법을 말하노라.

나는 다만 모든 곳에 이르는 보살이 수행하는 청정한 법문과 의지함이 없고 지음이 없는 신통력을 알거니와, 저 보살들이 모든 자유자재한 신통을 갖추고 모든 불세계에 이르며, 넓은 눈의 지위를 얻어 모든 음성과 말을 들으며, 모든 법에 들어가 지혜가 자재하며, 다투는 일이 없고 용맹하기 짝이 없으며, 넓고 큰 혀로 평등한 음성을 내며, 몸이 훌륭하여 보살들과 같으며, 여래들과 더불어 끝까지 둘이 없고 차별이 없으며, 지혜의 몸이 광대하게 3세에 두루 들어가며, 경계가 즈음이 없어 허공과 같은 일이야 내가 어떻게 알며, 그 공덕의 행을 말하겠는가.

수나국의 가릉가림성에 사잔빈신 비구니가 있으니 그에게 보살의 도를 물으라."

④ 사자빈신비구니의 지일체처회향(至一切處回向)

ㄱ. 교취자문(教趣諮問)

그 때 선재동자가 떠나가다가 저 나라에 이르러 이 비구니를 두루 찾았다. 한량없는 사람들이 말하기를, "그 비구니는 승광왕(勝光王)이 보시한 햇빛동산에서 설법하여 한량없는 중생을 이익케 한다"고 하였다.

이 때 선재동자는 그 동산에 가서 두루 살펴보았다. 그 동산에 큰 나무가 있으니 이름이 보름달이요, 형상은 누각과 같고, 큰 광명을 놓아 한 유순을 비추었다. 또 잎나무가 있으니 이름이 두루 덮음이라. 모양은 일산 같고 바이두우랴 검푸른 광명을 놓았다. 또 꽃나무가 있으니 이름이 화장이라. 모양이 높고 커서 설산과 같으며, 여러 꽃비를 내려 다함이 없는 것이 도리천의 파아리자아타나무와 같았다.

또 단 이슬 과실나무가 있으니 모양이 금산과 같아서 항상 광명을 놓으며 갖가지 과실이 구족하였다. 또 마니보배나무가 있으니 이름이 비로자나장이요, 형상이 비길 데 없으며 심왕마니보(心悟摩尼寶)가 맨 위에 있고 아승지 빛깔 마니 보배가 두루 장엄하였다. 또 의복나무가 있으니 이름이 청정이요, 가지각색 의복이 널리어 장식하였다. 또 음악나무가 있으니 이름이 환희요, 음성이 아름다워 하늘 풍류보다 훌륭하였다. 또 향나무가 있으니 이름이 두루 장엄이라. 항상 묘한 향기를 내어 시방에 풍기며 걸리는 데가 없었다.

동산에는 또 냇물과 샘과 못이 있으니 모두 칠보로 장엄하였고, 흑전단 앙금이 가운데 쌓이고 상품 금모래가 밑에 깔렸으며 8공덕수가 가득히 찼는데, 울파라꽃 · 파드마꽃 · 쿠무다꽃 · 푼다리카꽃들이 위에 덮이었다.

한량없는 보배나무가 행렬을 지어 둘러서고, 나무 밑에서 사자좌를 놓았으니, 갖가지 보배로 장엄하고 하늘 옷을 펴고 묘한 향기를 풍기며, 보배 비단을 드리우고 보배 휘장을 쳤으며, 잠부나다금 그물을 위에 덮었고 풍경에서는 바람이 흔들려 아름다운 소리를 내었다.

어떤 나무 아래는 연화장 사자좌를 놓고, 어떤 나무 아래는 향왕마니장 사자좌를 놓고, 어떤 나무 아래는 용장엄 마니왕장 사자좌를 놓고, 어떤 나무 아래는 보사자취(寶師子聚) 마니왕장 사자좌를 놓고, 어떤 나무 아래는 비로자나 마니왕장 사자좌를 놓고, 어떤 나무 아래는 시방 비로자나 마니왕장 사자좌를 놓았는데, 낱낱 사자좌마다 각각 10만 사자좌가 둘리어 있고 각각 한량없는 장엄을 갖추었다.

이 큰 동산에는 여러 보배가 가득 찼으니 마치 바다 가운데 있는 보배섬과 같았고, 가린타 옷이 땅에 깔렸으니 보드랍고 아름다워 발이 편안하여, 밟으면 들어가고 들면 나오며, 한량없는 새들이 화평한 소리를 내며, 보배전단숲에는 가장 훌륭하게 장엄하고 가지각색 꽃이 끊임없이 내리는 것은 제석천왕의 꽃동산 같고, 비길 데 없는 향기가 항상 풍기는 것은 제석천왕의 선법당(善法堂) 같았다.

여러 음악 나무와 보배 다라나무에서는 보배 풍경이 묘한 소리를 내는 것이 자재천의 선구천녀(善口天女)가 노래하는 것 같았고, 여러 여의수(如意樹)에는 가지각색 옷이 드리워 장엄하여 큰 바다에 한량없는 빛이 있는 것 같았으며, 백천 누각에는 여러 보배로 장엄한 것이 도리천궁의 선견성(善見城)과 같았고, 보배 일산을 멀리 받은 것은 수미산과 같고 광명이 널리 비치는 것은 범천왕의 궁전과 같았다. 그 때 선재동자가 이 동산을 보니, 한량없는 공덕과 갖가지 장엄이 모두 보살업보로 이루어지고 세상에서 벗어난 선근으로 생기고 부처님들께 공양한 공덕으로 되었으므로 모든 세간에서 같을 이가 없었다. 이것이 다 사자빈신비구니가 법이 눈어리와 같음을 알면서도 넓고 크고 청정한 복덕과 선업을 쌓은 원인으로 생긴 줄을 알았으며, 삼천대천세계의 하늘·용의 8부신중과 한량없는 중생이 이 동산에 모여와도 비좁지 않으니, 왜냐하면 이 비구니의 부사의한 위덕과 신통으로 생긴 연고니라.

이 때 선재동자는 사자빈신비구니가 모든 보배나무 아래 놓인 사자좌에 두루 앉아 있음을 보았다. 몸매가 단정하고 위의가 고요하며 여러 감관이 조화하여 큰 코끼리 같고, 마음에 때가 없음이 깨끗한 못과 같으며, 구하는 대로 베풀어 줌이 화수분과 같고, 세상 법에 물들지 않음은 연꽃과 같으며, 마음에 두려움이 없기는 사자왕과 같고, 깨끗한 계율을 보호하여 흔들리지 않음은 수미산과 같으며, 보는 이마다 서늘케 함은 묘한 향과 같고, 여러 중생의 번뇌를 덜어 줌은 설산에 있는 전단향과 같으며, 보는 중생의 괴롬이 소멸함은 선견약과 같고, 보는 이마다 헛되지 않음은 바루나 하늘과 같으며, 모든 선근을 길러 줌은 기름진 밭과 같았다.

낱낱 사자좌에 모인 대중도 같지 아니하고 말하는 법문도 각각 달랐다. 어떤 자리에는 정거천 무리가 둘러앉았는데 대자재 천자가 우두머리가 되고, 이 비구니가 말하는 법문을 다함이 없는 해탈이라. 어떤 자리에는 범천 무리가 둘러앉았는데, 애락범왕(愛樂梵王)이 우두머리가 되고, 이 비구니가 말하는 법문은 보문차별청정언음륜(普門差別淸淨言音輪)이다. 어떤 자리에는 타화자재천의 천자·천녀들이 둘러앉았는데, 자재천왕이 우두머리가 되고, 이 비구니가 말하는 법문은 보살청정심이라.

선변화천의 천자·천녀들이 둘러앉은 데는 선변화천왕이 우두머리가 되고 법문은 모든 법을 좋게 장엄함, 투시타천의 천자·천녀들이 둘러앉은 데는 투시타천왕이 우두머리가 되고 법문은 심장선(心藏旋), 수야마천의 천자·천녀들이 둘러앉은 데는 수야아마천왕이 우두머리가 되고 법문은 그지없는 장엄, 33천의 천자·천녀들이 둘러앉은 데는 제석천왕이 우두머리가 되고 법문은 싫어 떠나는 문, 백 광명용왕·난타용왕·우바난타용왕·마나사용왕·이라발난타용왕·아나바달다용왕등의 용자와 용녀들이 둘러앉은 데는 사가라용왕이 우두머리가 되고 법문은 부처님의 신통한 경계 광명장엄, 야차의 무리가 둘러앉은 데는, 비사문천왕이 우두머리가 되고 법문은 중생을 구호하는 광, 건달바 무리가 둘러앉은 데는 지국(持國) 건달바왕이 우두머리가 되고 이 비구니가 말하는 법문은 다함없이 기쁨이라.

아수라 무리가 둘러앉은 데는 나후아수라왕이 우두머리고 법문은 빨리 법계를 장엄하는 지혜의 문, 가루라 무리가 둘러앉은 데는 빨리 잡는 가루라왕이 우두머리고 법문은 모든 생사의 바다를 공포하게 동요함, 긴나라 무리가 둘러앉은 데는 큰 나무 긴나라왕이 우두머리가, 법문은 부처 수행의 광명, 마후라가 무리가 둘러앉은 데는 암라숲 마후라가왕이 우두머리고 법문은 부처의 환희한 마음, 한량없는 백천 남자·여자가 둘러앉은 데는 법문은 썩 훌륭한 행, 나찰 무리들이 둘러앉은 데는 정기를 항상 빼앗는 큰 나무 나찰왕이 우두머리고, 법문은 가엾이 여기는 마음을 냄이라.

성문승을 믿고 좋아하는 중생들이 둘러앉은 데는 법문이 훌륭한 지혜의 광명, 연각승을 믿고 좋아하는 중생들이 둘러앉은 데는 법문이 부처님 공덕의 광대한 광명, 대승을 믿고 좋아하는 중생들이 둘러앉은 데는 넓은 문 삼매 지혜의 광명 문, 처음으로 마음을 낸 보살들이 둘러앉은 데는 모든 부처의 서원 덩어리, 제2지 보살들이 둘러앉은 데는 때를 여읜 바퀴, 제3지 보살들이 둘러앉은 데는 고요한 장엄, 제4지 보살들이 둘러앉은 데는 온갖 지혜를 내는 경계, 제5지 보살들이 둘러앉은 데는 묘한 꽃 갈무리, 제6지 보살들이 둘러앉은 데는 비로자나장, 제7지 보살들이 둘러앉은 데는 두루 장엄한 땅, 제8지 보살들이 둘러앉은 데는 법계에 두루한 경계의 몸, 제9지 보살들이 둘러앉은 데는 얻은 것 없는 힘의 장엄, 제10지 보살들이 둘러앉은 데는 걸림 없는 바퀴, 집금강신들이 둘러앉은 데는 금강지혜의 나라연 장엄이라.

선재동자가 보니, 이러한 여러 길에 있는 중생들로서 이미 성숙한 이와 이미 조복한 이와 법 그릇 될 만한 이들은 이 동산에 들어와서, 제각기 자리 아래 둘러앉았는데 사자빈신비구니가 그들의 욕망과 이해함이 승하고 못한 차별을 따라서 법을 말하며 무상보리에서 물러가지 않게 하였다.

왜냐하면 이 비구니는 넓은 눈으로 모두 버리는 반야 바라밀다 문과, 모든 불법을 말하는, 법계가 차별한, 모든 장애를 없애는, 모든 중생의 착한 마음을 내는, 훌륭하게 장엄한, 걸림 없는 진실한 광의, 법계에 원만한, 마음 갈무리의 반야 바라밀다 문과, 모든 것을 내는 광의 반야 바라밀다 문에 들어갔다.

이 12종 반야문을 머리로 삼아 수없는 백만 반야 바라밀다에 들어갔으며, 이 햇빛 동산에 있는 보살과 중생들을 다 사자빈신비구니가 처음으로 권하여 마음을 내게 하였고 정법을 받아 지니고 생각하고 닦아서 무상보리에서 물러가지 않게 한 이들이다.

이 때 선재동자는 사자빈신비구니의 이러한 숲동산·사자좌·거니는 것·모인 대중·신통·변재를 보았고, 또 부사의한 법문을 듣고 광대한 법 구름이 마음을 윤택하게 하여 '내가 마땅히 오른쪽으로 한량없는 백천 바퀴를 돌리라' 생각하였다.

이 때 이 비구니가 큰 광명을 놓아 그 동산과 모인 대중과 장엄에 비추니, 선재동자는 자기의 몸과 동산에 나무들이 오른쪽으로 이 비구니를 도는 것을 보았다. 한량없는 백천만 바퀴를 돌고는 선재동자가 합장하고 서서 여쭈었다.

"거룩하신이여, 저에게 보살의 도를 말씀하여 주소서."

ㄴ. 수기법계(授記法界)
"착한 남자여, 나는 온갖 지혜를 성취하는 해탈을 얻었노라."

"무슨 까닭으로 온갖 지혜를 얻었다 하나이까."

"이 지혜의 광명은 잠깐 동안에 3세 모든 법을 두루 비추느니라."

"이 지혜의 광명은 경계가 어떠하나이까."

"나는 이 지혜의 광명문에 들어가서 모든 법을 내는 삼매왕을 얻었으며, 이 삼매를 인하여 뜻대로 태어나는 문을 얻게 되어, 시방 모든 세계의 투시타천궁에 있는 일생보처 보살의 처소에 나아가고, 그 낱낱 보살의 앞에 말할 수 없는 세계 티끌 수 몸을 나타내고 낱낱 몸을 말할 수 없는 세계의 티끌 수 공양을 하였으니, 이른바 천왕의 몸과 내지 인간왕의 몸으로 꽃구름을 들고 화만 구름을 들며, 사르는 향·바르는 향·가루 향·의복·영락·당기·번기·비단·일산·보배 그물·보배 휘장·보배 광·보배 등 따위의 모든 장엄 거리를 받들어 공양하였느니라.

투시타천궁에 계시는 보살과 같이, 태에 들고 나고 집에 있고, 출가하고, 도량에 나아가서 바른 깨달음을 이루고, 바른 법륜을 굴리고, 열반에 들며, 이러한 중간에 천궁에 있기도 하고, 용궁에 있기도 하고 사람의 궁전에 있기도 하는 그 여러 여래의 계신 데서 이렇게 공양하였느니라.

어떤 중생이나 내가 이렇게 부처님께 공양한 줄을 아는 이는 모두 무상보리에서 물러가지 않고, 어떤 중생이나 나에게 오면 나는 반야 바라밀다를 말하여 주었느니라.

나는 모든 중생을 보아도 중생이란 분별을 내지 않았으니, 지혜 눈으로 보는 연고며, 모든 말을 들어도 말이란 분별을 내지 않으니 마음에 집착이 없는 연고며, 모든 여래를 뵈어도 여래라는 분별을 내지 않으니 법의 몸을 통달한 연고며, 모든 법륜을 머물러 가지면서도 법륜이란 분별을 내지 않으니 법의 성품을 깨달은 연고며, 한 생각에 모든 법을 두루 알면서도 모든 법이란 분별을 내지 않으니 법이 눈어리 같음을 아는 연고니라.

나는 다만 온갖 지혜를 성취하는 해탈을 알거니와, 저 보살들이 마음에 분별이 없어 모든 법을 두루 알며, 한 몸이 단정하게 앉아서도 법계에 가득하며, 자기의 몸에 모든 세계를 나타내며, 잠깐 동안에 모든 부처님 계신 데 나아가며, 자기의 몸 안에 모든 부처님의 신통력을 나타내며, 한 털로 말할 수 없는 불세계를 두루 들며, 내 몸의 한 털구멍에 말할 수 없는 세계의 이루어지고 무너짐을 나타내며, 한 생각에 말할 수 없이 말할 수 없는 중생들과 함께 있으며, 한 생각 동안에 말할 수 없이 말할 수 없는 모든 겁에 들어가는 일이야 내가 어떻게 알며 그 공덕행을 말하겠는가. 남쪽 험난국의 보배장엄성에 바수밀다 여인이 있으니 그에게 보살도를 물으라."

⑤ 바수밀의 무진공덕장회향(無盡功德藏回向) — 화엄경 제68권

ㄱ. 교취자문(教趣諮問)

그 때 선재동자는 큰 지혜·광명이 비치어 마음이 열리며 생각하고 관찰하여 법성을 보고, 모든 음성을 아는 다라니문·법륜을 받아 지니는 다라니문·중생의 돌아가 의지할 데가 되는 크게 가엾이 여기는 힘·법의 이치를 관찰하는 광명의 문·법계에 가득한 청정한 서원·시방의 모든 법을 두루 비추는 지혜의 광명·세계를 두루 장엄하는 자유자재한 힘·보살업을 널리 발기하는 원만한 서원을 얻고서, 점점 가다가 험난국의 보배로 장엄성에 이르러 간 데마다 바수밀다 여인을 찾았다.

성중의 어떤 사람은 이 여인의 공덕과 지혜를 알지 못하고 이렇게 생각하였다.

'이 동자는 여러 감관이 고요하고 지혜가 명철하며, 미혹하지도 않고 산란하지도 않으며, 앞으로 한 길 쯤을 자세히 보면서 게으르지도 않고 집착함도 없으며, 눈을 깜박이지도 않고 마음이 흔들리지도 않으며, 너그럽고 깊기는 큰 바다와 같으니, 이 바수밀다 여인에게 사랑하는 마음이나 뒤바뀐 마음이 없을 것이며, 깨끗하다는 생각을 내거나 욕심을 내어서 이 여인에게 반하지도 아니할 것이다. 이 동자는 마의 행을 행하지도 마의 경계에 들어가지도 탐욕의 수렁에 빠지지도 마의 속박을 받지도 아니하여, 하지 아니할 것은 능히 하지 아니할 것이어늘, 무슨 뜻으로 이 여인을 구하는가.'

그 중에는 이 여인이 지혜가 있는 줄을 아는 이가 있어서 선재에게 말하였다.

"좋다, 좋다. 그대는 이제 이 바수밀다 여인을 찾으니, 그대는 이미 광대한 좋은 이익을 얻었도다. 그대는 결정코 부처의 자리를 구할 것이며, 모든 중생의 의지가 되려는 것이며, 결정코 모든 중생의 탐애의 화살을 뽑을 것이며, 결정코 모든 중생이 여자에게 대하여 가지는 깨끗하다는 생각을 깨뜨리게 할 것이다. 바수밀다 여인은 이 성중의 저자 북쪽에 있는 자기의 집에 있느니라."

선재동자는 이 말을 듣고 즐거워 뛰놀면서 그의 문 앞에 이르렀다. 그 집을 살펴보니, 크고 훌륭하여 보배 담·보배 나무·보배 해자가 각각 열 겹으로 둘려 있고, 그 해자에는 향수가 가득하고 금모래가 깔렸으며, 하늘의 보배꽃과 아팔라꽃·쿠물다꽃·푼다리카꽃들이 물 위에 덮여 피었다.

궁전과 누각이 여기저기 세워졌는데, 문과 창호가 간 데마다 마주 섰고, 모두 그물과 풍경을 베풀었으며, 번기와 당기를 세우고 한량없는 보배로 훌륭하게 꾸미었다. 바이두우랴로 땅이 되었는데 여러 가지 보배가 사이사이 장식되었고, 침향을 피우고 전단향을 발랐으며, 보배 풍경은 바람에 흔들려 소리를 내고 하늘 꽃을 흩어 땅에 깔았으니, 갖가지로 아름다움을 이루 말할 수 없으며, 모든 보물 고방은 그 수가 백천이고, 열 군데의 숲 동산으로 장엄하였다.

이 때 선재동자는 그 여인을 보았다. 용모는 단정하고 모습이 원만하며, 살갗은 금빛이요, 눈매와 머리카락이 검푸르러 길지도 짧지도 않고 크지도 작지도 않아서 욕계의 사람이나 하늘로는 비길 수 없었다. 음성이 미묘하여 범천보다도 뛰어나며, 모든 중생의 갖가지 말을 모두 구족하여 알지 못함이 없었으며, 글자와 문장을 잘 알고 언론이 능란하며, 눈어리 같은 지혜를 얻어 방편의 문에 들어갔고, 보배 영락과 장엄 거리로 몸을 단장하고 여의주로 관을 만들어 머리에 썼다.

또 한량없는 권속들이 둘러 모셨으니, 선근·행·소원이 같고 복덕의 큰 갈무리가 구비되어 다하지 아니하였다.

그 때 바수밀다 여인의 몸에서 광대한 광명을 놓아 그 집의 모든 궁전에 비추니, 이 광명을 받는 이는 모두 몸이 시원하고 상쾌하였다. 선재동가 합장하고 서서 말하였다.

"거룩하신 이여, 보살도를 말씀하여 주소서."

ㄴ. 정수법계(正授法界)

"착한 남자여, 나는 해탈을 얻었으니 이름은 탐욕의 짬을 여읨이니라. 그들의 욕망을 따라 몸을 나타내노니, 하늘이 나를 볼 적에는 나는 천녀의 형상이 되어 광명이 훌륭하여 비길 데 없으며, 그와 같이 내지 사람이나 사람 아닌 이가 볼 적에는 나도 그와 같이 되어 그들의 욕망대로 나를 보게 하노라.

어떤 중생이 애욕에 얽매여 나에게 오거든, 나는 그에게 법을 말하면 그가 법을 듣고는 탐욕이 없어지고 보살의 집착 없는 경계의 삼매를 얻느니라. 어떤 중생이 잠깐만 나를 보아도 탐욕이 없어지고 보살의 환희한 삼매를 얻고, 잠깐만 나와 말하여도 탐욕이 없어지고 보살의 걸림 없는 음성 삼매를 얻고, 잠깐만 내 손목을 잡으면 탐욕이 없어지고 보살의 모든 불세계에 두루 가는 삼매를 얻고, 내 자리에 잠깐만 올라와도 탐욕이 없어지고 보살의 해탈한 광명삼매를 얻고, 잠깐만 나를 살펴보아도 탐욕이 없어지고 보살의 고요하게 장엄한 삼매를 얻고, 잠깐만 나의 활개 뻗는 것을 보아도 탐욕이 없어지고 보살이 외도를 굴복시키는 삼매를 얻고, 나의 눈을 깜짝이는 것을 보기만 하여도 탐욕이 없어지고 보살의 불경계에 광명삼매를 얻고, 나를 끌어안으면 탐욕이 없어지고 보살이 모든 중생을 거두어 주고 떠나지 않는 삼매를 얻고, 나의 입술만 한번 빨아도 탐욕이 없어지고 보살이 모든 중생의 복덕을 늘게 하는 삼매를 얻느니라.

무릇 중생들이 나에게 가까이 하면 모두 탐욕을 여의는 짬에 머물러 보살의 온갖 지혜가 앞에 나타나는 걸림 없는 해탈에 들어가느니라."

"거룩한 이께서는 어떠한 선근을 심고 무슨 복업을 닦았사온대 이렇게 자재함을 성취하였나이까."

"지난 세상에 부처님이 나셨으니 이름이 고행(高行)이었고, 그 나라의 서울은 묘문(妙門)이었느니라. 그 고행여래께서 중생을 불쌍히 여기시고 서울에 들어오시어 성문의 턱을 밟으니, 그 성 안에 있던 모든 것이 진동하며 갑자기 넓어지고 모든 보배로 장엄하며, 한량없는 광명이 서로 비추고, 가지각색 보배꽃을 땅에 흩으며 하늘 풍류를 한꺼번에 잡히고 모든 하늘이 허공에 가득하였느니라.

나는 그 때에 장자의 아내가 되었는데 이름은 선혜였다. 부처님의 신통을 보고 마음을 깨달았다. 남편과 함께 부처님 계신 데 가서 보배 돈 한푼으로 공양하였더니, 그 때 문수사리동자가 부처님의 시자가 되었다가 나에게 법을 말하여 무상보리심을 내게 하였느니라.

나는 다만 이 보살의 탐욕의 짬을 여읜 해탈을 얻었거니와, 저 보살들이 그지없이 교묘한 방편의 지혜를 성취하여 그 광대한 광의 경계가 비길 데 없는 일이야 내가 어떻게 알며 그 공덕행을 말하겠는가. 저 남쪽 선도(善度)성에 비슬지라 거사에게 가서 물으라. 그는 늘 전단좌부처님탑에 공양하였으니라."

⑥ 비슬지라거사의 수순견고일체선근회향(隨順堅固一切善根回向)

ㄱ. 정수법계(正授法界)
그 때 선재동자는 선도성 거사의 집에 나아가 물었다.
"거룩하신 이여, 저에게 말씀하여 주소서."
"선남자여, 나는 보살의 해탈을 얻었으니 이름이 열반의 짬에 들지 않음이라. 나는 이렇게 여래가 이미 열반에 들었다거나 지금 열반에 든다거나, 장차 열반에 들리라거나 하는 생각을 내지 아니하노라. 모든 세계의 불여래들이 필경에 열반에 드는 이가 없는 줄을 알거니와, 중생을 조복하기 위하여 일부러 보이는 것을 제외할 것이니라.

내가 전단좌여래의 탑 문을 열 때에 삼매를 얻었으니 이름이 불종자가 다함이 없음이라. 나는 생각마다 이 삼매에 들고, 생각마다 한량없이 훌륭한 일을 아느니라."

"이 삼매는 그 경계가 어떠하나이까."

"내가 이 삼매에 들고는 차례차례 이 세계의 부처님들을 보았으니, 이른바 가섭불·구나함모니불·구류손불·시기불·비바시불·티샤불·푸샤불·무상승(無上勝)불·무사연화불이니, 이런 이들이 우두머리가 되었으며, 잠깐 동안에 백·천·백천·억·천억·백천억·아유다 억·나유타 억 부처님을 보며, 내지 말할 수 없이 말할 수 없는 세계의 티끌 수 부처님들을 차례로 다 보노라.

또 저 부처님들이 처음으로 마음을 내고 선근을 심고 훌륭한 신통을 얻고 큰 원을 성취하고 묘한 행을 닦고 바라밀다를 구족하며, 보살의 지위에 들어가서 청정한 법의 지혜를 얻고 마군들을 항복 받고 정등각을 이루어 국토가 청정하고 대중이 둘러싸고 있음을 보노라.

큰 광명을 놓으며 묘한 법륜을 굴리며 신통으로 변화하는 갖가지 차별을 내가 다 지니고 다 기억하고 살펴보고 분별하여 나타내노라. 미래의 미륵불 등 여러 부처님과 현재의 비로자나불 등 여러 부처님도 다 그와 같이 하며, 이 세계에서와 같이, 시방 세계에 계시는 3세 모든 부처님·성문·독각·보살 대중들도 그와 같이 하느니라.

나는 다만 이 보살들이 얻는 열반의 짬에 들지 않는 해탈을 얻었거니와, 저 보살들이 한 생각의 지혜로 3세를 두루 알며, 잠깐 동안에 모든 삼매에 두루 들어가며, 여래의 지혜해가 항상 마음에 비치어 모든 법에 분별이 없으며, 모든 부처님이 다 평등하고, 여래와 나와 모든 중생이 평등하여 둘이 없음을 알며, 모든 법이 성품이 청정함을 알아 생각함도 없고 움직임도 없지마는, 모든 세간에 두루 들어가며, 모든 분별을 여의고 부처의 법인(法印)에 머물러서 법계의 중생들을 모두 깨우치는 일이야 내가 어떻게 알며 그 공덕의 행을 말하겠는가. 저 남쪽 포타락카산에 관자재(觀自在)보살이 있으니 그에게 보살도를 물으라." 하고 게송을 말하였다.

바다 위에 산이 있고 성인 많으니 보배로 이루어져 매우 깨끗해
꽃과 과일 나무들이 우거져 섰고 샘과 못과 시냇물이 갖추 있는데
용맹하고 장부이신 관자재보살 중생을 이익하려 거기 계시니

가서 모든 공덕 물어 보아라 그대에게 큰.방편을 일러 주리라.

⑦ 관음보살의 수순일체중생회향(隨順一切衆生回向)

ㄱ. 교취자문(敎趣諮問)

그 때 선재동자는 일심으로 저 거사의 가르침을 생각하여 저 보살의 해탈하는 갈무리에 들어가고, 저 보살의 생각을 따라 주는 힘을 얻었고, 저 부처님들의 나타나시는 차례를 기억하고, 계속하는 차례를 생각하고, 명호의 차례를 지니고, 설법을 관찰하고, 갖추신 장엄을 알고, 정등각을 이룸을 보고, 부사의한 업을 분명하게 알고서, 점점 다니다가 그 산에 이르러 간데마다 이 대 보살을 찾고 있었다.

문득 바라보니, 서쪽 골짜기에 시냇물이 굽이쳐 흐르고 수목이 우거지고 부드러운 향풀이 오른쪽으로 쏠려서 땅에 깔렸는데, 관자재보살이 금강석 위에서 가부하고 앉았고, 한량없는 보살들도 보석 위에 앉아서 공경하여 둘러 모셨으며, 관자재보살이 대자대비한 법을 말하여 그들로 하여금 모든 중생을 거두어 주게 하고 계시었다.

선재가 보고는 기뻐 뛰놀면서 합장하고 눈도 깜짝이지 않고 쳐다보면서 생각하기를 "선지식은 곧 여래며, 모든 법 구름이며, 모든 공덕광이라, 만나기 어렵고 10력의 원인이며, 다함이 없는 지혜의 횃불·복덕의 싹·온갖 지혜의 문·지혜 바다의 길잡이·온갖 지혜에 이르는 길을 도와주는 기구로다' 하고 곧 대 보살이 계신 데로 나아갔다.

ㄴ. 칭찬수법(稱讚授法)

그 때 관자재보살은 멀리서 선재동자를 보고 말하였다.

"잘 왔도다. 그대는 대승의 마음을 내어 중생들을 널리 거두어 주고, 정직한 마음으로 불법을 구하고 자비심이 깊어서 모든 중생을 구호하며, 보현의 묘한 행이 계속하여 앞에 나타나고, 큰 서원과 깊은 마음이 원만하고 청정하며, 불법을 부지런히 구하여 모두 받아 지니고, 선근을 쌓아 만족함을 모르며, 선지식을 순종하여 가르침을 어기지 않고, 문수사리의 공덕과 지혜의 바다로부터 났으므로 마음이 성숙하여 불세력을 얻고, 광대한 삼매의 광명을 얻었으며, 오로지 깊고 묘한 법을 구하고, 항상 부처님을 뵈옵고 크게 환희하며, 지혜가 청정하기 허공과 같아서 스스로도 분명히 알고 다른 이에게 말하기도 하며, 여래의 지혜의 광명에 편안히 머물러 있도다."

이 때 선재동자는 관자재보살의 발에 엎드려 절하고 여쭈었다.

"거룩하신 이여, 저에게 보살도를 말씀하여 주소서."

"좋다, 좋다. 그대는 이미 무상보리심을 내었도다. 나는 보살의 크게 가엾이 여기는 행의 해탈문을 성취하였고, 이 문으로 모든 중생을 평등하게 교화하여 끊이지 아니하며, 이 문에 머물렀으므로 모든 여래의 처소에 항상 있으며 모든 중생의 앞에 항상 나타나서, 보시·사랑하는 말·이롭게 하는 행·같이 일함·육신의 나눔·갖가지 부사의한 빛과 깨끗한 광명·음성·위의로써 중생을 거두어 주기도 하며, 법을 말하기도 하고 신통변화를 나타내기도 하며, 그의 마음을 깨닫게 하여 성숙케 하기도 하고, 같은 형상으로 변화하여 함께 있으면서 성숙케 하기도 하노라.

나는 이 크게 가엾이 여기는 행문을 수행하여 모든 중생을 구호하려 하노니, 모든 중생이 험난한 길에서 공포를 여의며, 번뇌의 공포·미혹한 공포·속박될 공포·살해될 공포·빈궁한 공포·생활하지 못할 공포·나쁜 이름을 얻을 공포·죽을 공포·여러 사람 앞에서의 공포·나쁜 길에 태어날 공포·캄캄한 속에서의 공포·옮아 다닐 공포·사랑하는 이와 이별할 공포·원수를 만나는 공포·몸을 핍박하는 공포·마음을 핍박하는 공포·근심 걱정의 공포를 여의어지이다 하노라.

또, 여러 중생이 나를 생각하거나 나의 이름을 일컫거나 나의 몸을 보거나 하면, 다 모든 공포를 면하여지이다 하노라.

나는 이런 방편으로써 중생들의 공포를 여의게 하고, 다시 가르쳐서 무상보리심을 내고 영원히 물러가지 않게 하노라.

나는 다만 이 보살의 크게 가엾이 여기는 행문을 얻었거니와, 저 보살들이 보현의 모든 원을 깨끗이 하였고, 보현행에 머물러 있으면서, 모든 선법을 항상 행하고, 모든 삼매에 항상 들어가고, 모든 그지없는 겁에 항상 머물고, 모든 3세법을 항상 알고, 모든 그지없는 세계에 항상 가고, 모든 중생의 나쁜 짓을 항상 쉬게 하고, 모든 중생의 착한 일을 항상 늘게 하고, 모든 중생의 죽고 사는 흐름을 항상 끊는 일이야 내가 어떻게 알며, 그 공덕행을 말하겠는가."

그 때 동방의 정취보살이 공중으로부터 사바세계에 와서 윤위산 꼭대기에서 발로 땅을 누르니, 사바세계는 6종으로 진동하고 모든 것이 여러 가지 보배로 장엄하였다.

정취보살이 몸에서 광명을 놓아 해·달·모든 별·번개의 빛을 가리니, 하늘

·용들의 8부와 제석·범천·사천왕의 광명들은 먹 덩이와 같아지고, 그 광명이 모든 지옥·축생·아귀·염라왕의 세계를 두루 비추어 모든 나쁜 길의 고통을 소멸하여 번뇌가 일어나지 않고 근심 걱정을 여의게 하였다.

또 모든 불국토에서 모든 꽃·향·영락·의복·당기·번기를 내리며, 이러한 여러 가지 장엄 거리로 부처님께 공양하고, 또 중생의 좋아함을 따라 모든 궁전에서 몸을 나타내어 보는 이들을 모두 기쁘게 하였다.

그런 뒤에 관자재보살이 있는 데로 오니, 관자재보살이 선재동자에게 말하였다.

"그대는 이 정취보살이 여기 오는 것을 보느냐."

"보나이다."

"그대는 그에게 가서 보살도를 물으라."

⑧ 정취보살의 진여상회향(眞如相廻向)

ㄱ. 수기법계(授己法界)

이 때 선재동자는 가르침을 받들고 곧 그 보살이 계신 데 나아가 그의 발에 엎드려 절하고 합장하고 서서 여쭈었다.

"거룩하신 이여, 저에게 보살도를 말하여 주소서."

"선남자여, 나는 보살의 해탈을 얻었으니 이름이 보문속질행(普門速疾行)이니라."

"어느 부처님에게서 이 법문을 얻었으며, 떠나오신 세계는 여기서 얼마나 멀며, 떠나오신 지는 얼마나 오래 되나이까."

"이 일은 알기 어려우니라. 모든 세간의 하늘·사람·아수라·사문·바라문들이 알지 못하느니라. 오직 용맹하게 정진하여 물러가지 않고 겁이 없는 보살들로서, 모든 선지식이 거두어 주고 부처님이 생각하시고 선근이 구족하고 뜻이 청정하여, 보살의 근기를 얻고 지혜의 눈이 있는 이라야, 능히 듣고 지니고 알고 말하느니라."

"제가 불신력과 선지식의 힘을 받자와 능히 믿고 받겠사오니 말씀하여 주소서."

"나는 동방 묘장(妙藏)세계의 보승생(普勝生)부처님 계신 데로부터 이 세계에 왔으며, 그 부처님 처소에서 이 법문을 얻었고, 거기서 떠난 지는 말할 수 없이 말할 수 없는 불세계의 티끌 수 겁을 지냈느니라. 낱낱 찰나마다 말할 수 없이 말할 수 없는 세계의 티끌 수 걸음을 걸었고, 낱낱 걸음마다 말할 수 없이 말할 수 없는 세계의 티끌 수 불세계를 지나왔는데, 낱낱 부처님 세계마다 모두 들어가서 그 부처님께 아름다운 공양 거리로 공양하였으니, 그 공양 거리는 모두 위없는 마음으로 이룬 것이며, 지음이 없는 법으로 인정한 것이며, 여러 여래께서 인가한 것이며, 모든 보살이 찬탄하는 것이니라.

나는 또 저 세계의 모든 중생을 보고 그 마음 그 근성을 다 알고, 그들의 욕망과 이해를 따라서 몸을 나타내어 법을 말하는데, 광명을 놓기도 하고 재물을 보시하기도 하여 갖가지 방편으로 교화 조복하여 조금도 쉬지 아니하되 동방에서와 같이 남·서·북방과 네 간방과 상·하방에서도 그와 같이 하였느니라.

나는 다만 이 보살의 넓은 문 빠른 행의 해탈을 얻었으므로 빨리 걸어 모든 곳에 이르거니와, 저 보살들이 시방에 두루하여 가지 못하는 데가 없으며, 지혜의 경계도 같아서 차별이 없고, 몸을 잘 나투어 법계에 두루하되, 모든 길에 이르고 모든 세계에 들어가며 모든 법을 알고 모든 세상에 이르러 평등하게 모든 법문을 연설하며, 한꺼번에 모든 중생에게 비추고, 부처님들에게 분별을 내지 아니하며, 모든 곳에 장애함이 없는 일이야 내가 어떻게 알며, 그 공덕행을 말하겠는가. 남쪽 드바이라파티성 대천에게 가서 물으라."

⑨ 대천신의 무박무착해탈회향(無縛無着解脫回向)

ㄱ. 교취자문(敎趣諮問)

그 때 선재동자는 보살의 광대행에 들어가서 보살의 지혜의 경계를 구하며, 보살의 신통한 일을 보고, 보살의 훌륭한 공덕을 생각하고, 보살의 크게 환희함을 내고, 보살의 견고한 정진을 일으키고, 보살의 부사의하고 자유자재한 해탈에 들어가고, 보살의 공덕의 지위를 행하고, 보살의 삼매에 경지를 관찰하고, 보살의 다 지니는 지위에 머물고, 보살의 크게 원하는 지위에 들어가고, 보살의 변재의 지위를 얻고, 보살의 모든 힘의 지위를 이루고서, 점점 다니다가 그 성에 이르러 대천신(大天神)의 처소를 물으니, 사람들이

"이 성안에 있어서 광대한 몸을 나타내고 대승에게 법을 말한다."

하였다. 그 때 선재동자는 대천신에게 가서 그의 발에 절하고 앞에서 합장하고 말하였다.

"거룩하신 이여, 저에게 보살도를 말씀하여 주소서."

ㄴ. 수기법계(授己法界)

이 때 대천이 네 손을 길게 펴서 네 바다의 물을 움키어 얼굴을 씻으며 황금 꽃을 선재에게 흩고 말하였다.

"착한 남자여, 모든 보살은 보고 듣기 어렵고 세간에 나오는 일이 드물며, 중생 가운데 가장 제일이며 사람들 중에 푼다리카꽃이니라. 중생들의 돌아갈 곳이며 중생을 구원하는 이며, 세간을 위하여 평안할 곳이 되고 큰 광명이 되며, 미혹한 이에게 편안한 길을 가리키고, 길잡이가 되어 중생을 인도하여 불법의 문에 들게 하며, 법의 대장이 되어 온갖 지혜의 성을 수호하느니라.

보살은 이와 같이 만나기 어려우니, 오직 몸과 말과 뜻에 허물이 없는 이라야 그 형상을 보고 그 변재를 들으며 온갖 시간에 항상 앞에 나타나느니라.

나는 이미 보살의 해탈을 성취하였으니 이름이 구름 그물이니라."

"구름 그물 해탈의 경계가 어떠하오니까."

이 때 대천은 선재의 앞에서 금·은·바이두우랴·파리·자거·마노·큰 불꽃보배·때 여읜 광 보배·큰 광명 보배·시방에 두루 나타나는 보배·보배관·보배 인장·보배 영락·보배 귀고리·보배 팔찌·보배 자물쇠·진주 그물·가지각색 마니 보배·모든 장엄 거리·여의주 더미들을 산 같이 나타내었다.

또 모든 꽃·화만·향·사르는 향·바르는 향·의복·당기·번기·음악·다섯 가지 오락 기구를 산더미 같이 나타내며, 또 수없이 백천만억 아가씨들을 나타내고, 대천이 선재동자에게 말하였다.

"이 물건을 가져다가 여래에게 공양하여 복덕을 닦고, 또 모든 중생에게 보시하여 그들로 보시 바라밀다를 배우고 어려운 것들을 버리게 하라. 내가 그대에게 이런 물건을 보여 주고 그대로 하여금 보시를 행하게 하듯이, 모든 중생을 위하여서도 그렇게 하며, 이 선근으로써 삼보와 선지식에게 공양 공경하여 선법을 증장케 하고 위없는 보리심을 내게 하라.

어떤 중생이 다섯 가지 욕락을 탐하여 방일하는 이에게는 부정한 경계를 보여 주고, 성 잘 내고 교만하여 언쟁을 좋아하는 이에게는 매우 무서운 형상을 보여 주되, 나찰 따위가 피를 빨고 살을 씹는 것을 보여서 놀래고 두려워 마음이 부드럽게 조복되어 원수를 여의게 하며, 혼미하고 게으른 이에게는 국왕의 법과 도적과 수재·화재와 중대한 질병을 보여서 두려운 마음을 내고 근심과 고통을 알아서 스스로 힘쓰게 하노라.

이러한 갖가지 방편으로써 모든 불선행을 버리고 착한 법을 닦게 하며, 모든 바라밀다의 장애를 버리고 바라밀다를 구족케 하며, 모든 험하고 어려운 길을 벗어나서 장애가 없는 곳에 이르게 하느니라."

"나는 다만 이 구름 그물 해탈을 알거니와, 저 보살들이 제석천왕과 같은 모든 번뇌의 아수라를 항복 받으며, 큰 물과 같이 모든 번뇌의 불을 소멸하며, 맹렬한 불과 같이 모든 중생의 애욕의 물을 말리며, 큰 바람과 같이 모든 중생의 여러 소견의 당기를 꺾어 버리며, 금강과 같이 모든 중생의 "나'라는 산을 깨뜨리는 일이야 내가 어떻게 알며 그 공덕행을 말하겠는가. 이 잠부드비이파 마가다국의 보리도량에 땅 맡은 신이 있으니 이름은 잘 머무름이니라. 그에게 가서 보살도를 물으라."

⑩ 안주신의 등법계무량회향(等法界無量回向)

ㄱ. 교취자문(敎趣諮問)

그 때 선재동자는 점점 걸어서 마가다국의 보리도량에 있는 잘 머무는 땅 맡은 신의 처소에 갔다. 백만의 땅 맡은 신들이 함께 있어서 서로 말하였다.

"여기 오는 동자는 곧 불광이니, 반드시 모든 중생의 의지할 곳이 될 것이며, 무명 껍데기를 깨뜨릴 것이다. 이 사람이 이미 법왕의 문중에 났으니 마땅히 때 여의고 걸림 없는 법 비단을 머리에 쓸 것이며, 지혜 보배의 큰 광을 열고 모든 삿된 이론하는 외도들을 꺾으리라."

이 때 잘 머무는 땅 맡은 신 등 백만신이 큰 광명을 놓아 삼천대천세계에 두루 비추니, 온 땅이 한꺼번에 진동하며 갖가지 보물이 곳곳마다 장엄하며, 깨끗한 그림자와 흐르는 빛이 번갈아 사무치었다. 모든 잎나무는 한꺼번에 자라나고, 모든 꽃나무는 한꺼번에 꽃이 피고, 모든 과실나무는 과실이 모두 익었으며, 모든 강물은 서로 들어가 흐르고, 모든 못에는 물이 넘치며, 가늘고 향기로운 비를 내려 땅을 적시고, 바람은 꽃을 불어다가 위에 흩으며, 무수한 음악을 일시에 잡히고, 하늘의 장엄 거리에서는 아름다운 음성을 내니, 소와 코끼리와 사자들이 모두 기뻐서 뛰놀고 영각하니 마치 큰 산이 서로 부딪쳐 소리를 내는 듯하고, 백천의 묻힌 갈무리가 저절로 솟아나왔다.

ㄴ. 시기법계(示己法界)

이 때 안주신이 선재에게 말하였다.

"잘 왔도다. 동자여, 그대가 이 땅에서 선근을 심었을 때 내가 나타나노니, 그대는 보려는가."

"거룩하신 이여, 보려 하나이다."

이 때 신이 발로 땅을 눌러서 백천의 아승지 보배광이 저절로 솟아오르게 하고 말하였다.

"이 보배 광은 그대를 따라 다니는 것이니라. 이것은 그대가 옛적에 심은 선근의 과보며, 그대의 복덕으로 유지하는 것이니, 마음대로 사용하라. 나는 보살의 해탈을 얻었으니 이름은 깨뜨릴 수 없는 지혜광이라. 항상 이 법으로 중생들을 성취하느니라. 내가 생각하니, 연등부처님 때로부터 항상 보살을 따라서 공경하고 호위하였으며, 보살들의 마음·행·지혜·경계·모든 서원·청정한 행·모든 삼매·광대한 신통·자유자재한 힘·깨뜨릴 수 없는 법을 살펴보았으며, 모든 불국토에 두루 가서 부처님들의 수기를 받았으며, 모든 부처님의 법륜을 굴리며, 모든 수우트라의 문을 널리 말하며, 큰 광명으로 널리 비추어 모든 중생을 교화하고 조복하며, 모든 부처님의 나타내는 신통변화를 내가 모두 받아 지니고 모두 기억하노라.

지나간 옛적 수미산 티끌 수의 겁을 지나서 장엄겁이 있었는데, 세계 이름은 월당(月幢)이고, 부처님 명호는 묘안(妙眼)이니, 그 부처님에게서 이 법문을 얻었노라.

나는 이 법문에서 들락날락하면서 닦고 익히고 증장케 하였으며, 여러 부처님을 항상 뵈옵고 떠나지 않았으며, 이 법문을 처음 얻고부터 현겁에 이르기까지 그 동안에 말할 수 없이 말할 수 없는 세계의 티끌 수 여래들을 만나서 받들어 섬기고 공경 공양하였으며, 또 저 부처님들이 보리좌에 나아가 큰 신통을 나타내심을 보았으며, 또 그 부처님들이 가지신 모든 공덕과 선근을 보았느니라.

나는 다만 이 깨뜨릴 수 없는 지혜광 법문을 알거니와, 저 보살들이 부처님을 항상 따라 다니면서 모든 부처님의 말씀을 능히 지니며, 모든 부처님의 깊은 지혜에 들어가서 잠깐잠깐마다 모든 법계에 가득하며, 여래의 몸과 같고 부처님의 마음을 내며 불법을 구족하고 불사를 짓는 것이야 내가 어떻게 알며 그 공덕행을 말하겠는가.

이 잠부드비이파 마가다국의 가비라성에 밤 맡은 신이 있으니, 이름이 바산타바얀티니라. 그에게 가서 보살도를 물으라."

(4) 십지법문(十地法門)

① 파산파연저야신의 환희지(歡喜地)

ㄱ. 교취자문(敎趣諮問)

이 때 선재동자는 일심으로 잘 머무는 땅 맡은 신의 가르침을 생각하고 보살의 깨뜨릴 수 없는 지혜광 해탈을 기억하여, 그 삼매를 닦고 그 규모를 배우고 그 유희를 살피고 그 미묘한 데 들어가고 그 지혜를 얻고 그 평등함을 통달하고 그 그지없음을 알고 그 깊이를 헤아리면서 점점 걸어서 그 성에 이르렀다.

동문으로 들어가서 잠깐 섰는 동안에 해는 문득 넘어가고, 마음에 보살의 가르침을 순종하면서 저 밤 맡은 신을 보려 하며, 선지식은 여래와 같다는 생각을 하였고, 또 생각하기를 "선지식으로부터 두루한 눈을 얻어 시방의 경계를 볼 것이며, 광대한 지혜를 얻어 모든 반연을 통달할 것이며, 삼매의 눈을 얻어 모든 법문을 관찰할 것이며, 지혜의 눈을 얻어 시방의 세계 바다를 밝게 보리라' 하였다.

이렇게 생각하다가 그 밤 맡은 신이 허공에 있는 보배 누각의 향연화장(香蓮華藏)사자좌에 앉은 것을 보았다. 몸은 금빛이요, 눈과 머리카락은 검푸르고, 용모가 단정하여 보는 이마다 즐거워하며, 보배 영락으로 몸을 장엄하고, 몸에는 붉은 옷을 입고 머리에는 범천관을 썼으며 여러 별들이 몸에서 반짝거리고, 털구멍마다 한량없고 수없는 나쁜 길 중생들을 제도하여 험난한 길을 면하게 하는 형상을 나타내는데, 이 중생들이 인간에 나기도 하고 천상에 나기도 하며, 2승의 보리로 향해 가기고 하고 온갖 지혜의 길을 닦기도 하였다.

또 저 털구멍마다 갖가지 교화하는 방편을 보이는데, 몸을 나타내기도 하고 법을 말하기도 하며, 성문·독각의 도를 나타내기도 하며, 보살행·용맹·삼매·자재·있는 곳·관찰·사자의 기운 뻗음·해탈과 유희를 나타내기도 하여, 이렇게 갖가지로 중생을 성숙케 하였다.

선재동자는 이런 일을 보고 듣고 매우 기뻐서 땅에 엎드려 밤 맡은 신의 발에 절하고 수없이 돌고 합장하고 말하였다.

"거룩하신 이여, 저는 이미 무상보리심을 내었나이다. 저는 선지식을 의지하여 여래의 공덕장을 보호하려 하오니, 저에게 온갖 지혜에 이르는 길을 보여 주소서. 그 길로 행하여 10력의 지위에 이르고자 하나이다."

ㄴ. 칭찬수법(稱讚授法)
"좋다, 그대는 깊은 마음으로 선지식을 공경하여 그 말을 듣고 가르치는 대로 수행하나니, 수행하므로 결정코 무상보리를 얻으리라. 나는 보살의 모든 중생의 어둠을 깨뜨리는 법광명 해탈을 얻었노라. 나는 나쁜 죄를 가진 중생에게 크게 인자한 마음을 일으키고, 착하지 못한 업을 짓는 중생에게는 크게 가엾이 여기는 마음, 선업을 짓는 중생에게는 기뻐하는 마음, 착하고 나쁜 두 가지 행을 하는 중생에게는 둘이 아닌 마음, 잡되고 물든 중생에게는 깨끗함을 내게 하는 마음, 삿된 길로 가는 중생에게는 바른 행을 내게 하는 마음, 용렬한 이해를 가진 중생에게는 큰 이해를 내게 하는 마음, 생사를 좋아하는 중생에게는 윤회를 버리게 하는 마음, 2승의 길에 머문 중생에게는 온갖 지혜에 머물게 하는 마음을 일으키노라.

나는 이 해탈을 얻었으므로 항상 이런 마음과 서로 응하느니라.

나는 밤이 깊고 사람이 고요하여 귀신과 도둑과 나쁜 중생들이 쏘다닐 때에나, 구름이 끼고 안개가 자욱하고 태풍이 불고 악수가 퍼붓고 해와 달과 별빛이 어두워 지척을 분별 못할 때에, 중생들이 바다에 들어가거나, 육지에 다니거나, 삼림 속에나, 거친 벌판에나, 험난한 곳에서 도둑을 만나거나, 양식이 떨어졌거나, 방향을 모르거나, 길을 잃었거나 해서, 놀라고 황겁하여 벗어나지 못하는 이를 보고는 갖가지 방편으로 구제하여 주노라.

바다에서 헤매는 이에게는 뱃사공이 되고 큰 고기·큰 말·큰 거북·큰 코끼리·아수라나 바다 맡은 신장이 되어, 그 중생을 위하여 폭풍우가 멎고 파도가 가라앉게 하고, 길을 인도하여 섬에나 언덕을 보여 주어 공포에서 벗어나 편안케 하고, 또 생각하기를 '이 선근을 중생에게 회향하여 모든 괴롬을 여의게 하여지이다' 하느니라. (海難)

육지에 다니는 중생들이 캄캄한 밤에 무서운 일을 당했을 적에는, 해·달·별·새벽 놀·저녁 번개나 갖가지 광명이 되기도 하며, 집·여러 사람이 되기도 하여 위태한 액난을 면하게 하고, 또 생각하기를 '이 선근을 중생에게 회향하여 모든 번뇌의 어둠을 멸하여지이다' 하느니라. (陸難)

모든 중생으로서 목숨을 아끼거나 명예를 사랑하거나 재물을 탐하거나 벼슬을 소중히 여기거나 이성에게 애착하거나 처첩을 그리워하거나, 구하는 일을 이루지 못하고 근심하는 이들을 모두 구제하여 괴롬을 여의게 하느니라.(苦難)

험한 산악 지대에서 조난한 이에게는, 착한 신장이 되어 나타나서 친근하고, 좋은 새가 되어 아름다운 소리로 위로하기도 하며, 신기한 약초가 되어 빛을 내어 비춰 주기도 하고, 과실나무·맑은 샘·지름길·평탄한 곳을 뵈어 주어 모든 액난을 면하게 하느니라. (樂土)

거친 벌판에나 빽빽한 숲 속에나 험난한 길을 다니다가, 덩굴에 얽히었거나 안개에 싸이어 두려워하는 이에게는 바른 길을 지도하여 벗어나게 하고, 또 생각하기를 '모든 중생이 삿된 소견의 숲을 베며 애욕의 그물을 찢고, 생사의 벌판에서 뛰어나며 번뇌의 어둠을 멸하고, 온갖 지혜의 평탄한 길에 들어서서 공포가 없는 곳에 이르러 끝까지 안락케 하여지이다' 하느니라. (공포)

어떤 중생이 국토에 애착하여 근심하는 이에게는, 나는 방편을 베풀어 염증을 내게 하고, '모든 중생들이 5온에 애착하지 말고 모두 부처님의 살바자야냐 경지에 머무르게 하여지이다' 하느니라. (근심)

어떤 중생이 고향 마을을 사랑하고 집에 탐착하느라고 어둠 속에서 항상 괴로움을 받는 이에게는, 나는 법을 말하여 싫증을 내고 법에 만족하며 법에 의지하여 있게 하고, '모든 중생이 여섯 군데 마을에 탐착하지 말고 생사하는 경지에서 빨리 벗어나 끝까지 온갖 지혜의 성에 머물러지이다' 하느니라. (애착)

어떤 중생이 캄캄한 밤길을 가다가 방위를 잘못 알아, 평탄한 길에는 험난한 생각을 내고, 위험한 길에는 평탄한 생각을 내며, 높은 데를 낮다 하고 낮은 데를 높다 하여, 마음이 홀리어 크게 고생하는 이에게는, 나는 좋은 방편으로 광명을 비추어서, 나가려는 이는 문을 보여주고 다니려는 이는 길을 가리키고, 내를 건지려는 이는 다리를 보여 주고, 강을 건너려는 이는 배를 주며, 방향을 살피는 이에게는 험하고 평탄함과 위태하고 편안한 곳을 일러 주고, 쉬어 가려는 이에게는 도시·마을·물·숲을 가리켜 주고, '내가 여기서 캄캄한 밤 밝혀 주어 세상의 모든 일을 편하게 하듯이, 모든 중생에게 생사의 캄캄한 밤과 무명의 어두운 데를 지혜의 광명으로 두루 비추게 하여지이다' 하느니라. (어둠)

모든 중생들이 지혜의 눈이 없고 허망한 생각과 뒤바뀐 소견에 덮이어서, 무상한 것을 항상하다 생각하고, 낙이 없는 것을 즐겁다 생각하고, '나'가 아닌 것을 '나'라 생각하고, 부정한 것을 깨끗하다 생각하고, 내다 사람이나 중생이다 라는 고집과 5온·12처·18법에 굳이 집착하여, 원과 과보를 모르고 착하고 나쁜 것을 알지 못하고, 중생을 살해하고 내지 잘못된 소견을 가지며, 부모에게 불효하고 사문과 바라문을 공경하지 않으며, 악한 사람·선한 사람을 알지 못하고 나쁜 짓을 탐하고 삿된 법에 머물며, 여래를 훼방하고 바른 법륜을 파괴하는 이들과, 보살들을 훼방하고 해롭게 하며 대승을 업신여기고 보리심을 끊으며, 신세진 이에게는 도리어 상해하고 은혜 없는 곳에는 원수로 생각하며, 성현을 비방하고 나쁜 사람을 친근하며, 절이나 탑의 물건을 훔치고 5역적죄를 지으며, 오래지 않아서 3악에 떨어질 이들을 '원컨대 내가 지혜광명으로 중생의 캄캄한 무명을 깨뜨리고, 빨리 무상보리심을 내게 하여지이다' 하느니라. (죄난)

발심한 뒤에는 보현의 법을 보여 주고 10력을 일러 주며, 여래 법왕의 경계를 보이고 부처님의 온갖 지혜의 성을 보이며, 부처님의 수행・자재・성취・다라니와, 모든 부처의 한결같은 몸과 모든 평등한 곳을 보여서 그들을 편안히 머물게 하느니라. (평안)

모든 중생이 병에 붙들리기도 하고 늙음에 시달리기도 하며 빈궁에 쪼들리기도 하고 화난을 만나기도 하며 국법을 범하고 형벌을 받게 될 적에, 믿을 데 없어 매우 두려워하는 이들을 내가 구제하여 편안케 하고, 다시 생각하기를 '내가 법으로써 중생들을 포섭하여 모든 번뇌와 나고 늙고 병들고 죽는 일과 근심・걱정・고통에서 해탈케 하며, 선지식을 가까이 모시고 법보시를 항상 행하고 선업을 부지런히 지으며, 여래의 청정법신을 얻어 필경까지 변천하지 않는 자리에 머물러지이다' 하노라. (구병)

모든 중생이 소견인 숲에 들어가 삿된 길에 머물며, 여러 경계에 잘못된 분별을 내며, 착하지 않은 몸・말・뜻의 업을 행하고 갖가지 잘못된 고행을 부질없이 지으며, 바른 깨달음이 아닌데 바른 깨달음이라 생각하고, 바른 깨달음을 바른 깨달음이 아니라 생각하며, 나쁜 동무에게 붙들리어 사견을 내고 나쁜 길에 떨어지게 되는 것을 여러 가지 방편으로 구호하여 정견에 들어서 인간이나 천상에 나게 하노라. (求邪)

그리고 다시 생각하기를 '내가 이 나쁜 길에 떨어질 중생을 구원하는 것처럼, 모든 중생을 널리 구원하여 온갖 괴롬에서 해탈하고 바라밀다인 세상에서 벗어나는 성도에 머물러서, 온갖 지혜에서 물러가지 않게 하며, 보현의 서원을 갖추어 온갖 지혜에 가까워지며, 보살행을 버리지 않고 부지런히 모든 중생을 교화하게 하여지이다' 하노라." (교화중생)

ㄴ. 본생담

이 때 선재동자가 밤 맡은 신에게 여쭈었다.

"당신께서 무상보리심을 낸 지는 얼마나 오랬고, 이 해탈은 언제 얻었기에 이렇게 중생을 이익케 하나이까."

"지나간 옛적, 수미산 티끌 수 겁을 지나서 적정광(寂靜光)이란 겁이 있었고, 묘배라는 세계가 있었는데, 5억 부처님이 그 세계에서 나셨느니라. 그 세계에 한 사천하가 있으니 이름이 보배 달 등빛이며, 성의 이름은 연꽃빛이며, 그 성에 있는 임금의 이름은 선법도(善法度)니라. 법으로 교화하여 7보를 성취하였고 사천하의 왕이 되었으며, 왕의 부인의 이름이 법혜월(法慧月)인데 밤이 깊도록 잠을 잤다.

이 때 성의 동쪽에 적주(寂住)라는 큰 숲이 있고, 그 숲에 큰 보리수가 있으니 이름이 일체광마니왕장엄(一切光摩尼悟藏嚴)이라. 그 나무에서 모든 부처님의 신통광명이 솟아 나오는데, 일체법뇌음왕(一切法雷音王) 부처님이 그 보리수 아래서 등정각을 이루시고, 한량없는 빛이 있는 큰 광명을 놓아서 묘한 보배 내는 세계에 두루 비추었다.

연꽃빛 성에 밤 맡은 신이 있었으니 이름이 깨끗한 달이라, 왕의 부인 법혜월에게 나아가 몸에 있는 영락을 흔들어 부인을 깨우고 말하기를 '부인이여, 일체법뇌음왕여래가 적주숲에서 위없는 깨달음을 이루시고, 불공덕과 자유자재한 신통력과 보현의 행원을 말씀하느니라' 하여 부인으로 하여금 무상보리심을 내어 불·보살·성문 대중에게 공양하게 하였느니라.

그 때 왕의 부인 법혜월은 다른 사람이 아니라, 이 몸이었느니라. 내가 그 부처님에게서 보리심을 내고 선근을 심었으므로 수미산의 티끌 수 겁 동안에 지옥·아귀·축생 등 나쁜 길에 태어나지 아니하고, 미천한 집에도 태어나지 아니하였으며, 모든 감관이 구족하고 고통이 없어, 천상과 인간에서 복덕이 훌륭하였고, 나쁜 세상에 나지도 않으며 언제나 불보살과 큰 선지식을 떠나지 않고 그들의 계신 데서 선근을 심었으며, 80 수미산의 티끌 수 겁을 지내면서 안락을 받았지마는 보살의 근성을 만족하지 못하였느니라. 이러한 겁을 지내고 또 1만 겁을 지낸 뒤에 이 현겁전에 근심 없이 두루 비추는 겁이 있었고 그 세계는 이름이 때 여읜 묘한 빛이라. 그 세계는 깨끗하고 더러움이 서로 섞이었으며, 5백 부처님이 나셨는데, 그 첫째 부처님의 이름이 수미당적정묘안(須彌幢寂靜妙眼) 여래이었다. 나는 명칭(名稱)장자의 딸이 되었으니 이름이 묘한 지혜 광명인데 단정하게 생겼었다. 저 깨끗한 달밤 맡은 신은 서원력으로 때 여읜 세계의 어떤 사천하에서 묘당왕성(妙幢王城)에 태어나서 밤 맡은 신이 되었으니 이름이 깨끗한 눈이었느니라.

나는 어느 때 부모의 곁에서 밤에 잠을 자는데, 그 깨끗한 눈 밤 맡은 신이 나에게 와서 나의 집을 흔들며 큰 광명을 놓고, 그 몸을 나타내어 불공덕을 찬탄하였다.

'묘한 여래가 보리좌에 앉아서 바른 깨달음을 이루셨다' 하고 나와 부모와 권속들에게 권하여 빨리 가서 부처님을 뵈오라 하면서, 길을 인도하고 부처님 계신 데 가서 공양을 성대하게 하였느니라.

나는 부처님을 뵈옵고 곧 삼매를 얻었으니 이름이 '부처를 보고 중생을 조복하는 3세 지혜의 광명을 내는 바퀴'라. 이 삼매를 얻고는 수미산 티끌 수의 겁을 기억하며, 그 동안에 부처님들이 나심을 보았고, 그 부처님이 묘한 법을 말씀함을 들었으며, 법을 들은 연고로 곧 모든 중생의 어둠을 깨뜨리는 법광명의 해탈을 얻었느니라.

이 해탈을 얻고는 나의 몸이 불세계의 티끌 수 세계에 두루 이름을 보았으며, 저 세계에 있는 부처님들도 보고, 또 나의 몸이 그 부처님 계신 데 있음을 보았으며, 또 그 세계의 모든 중생을 보고 그 말을 알고 그 근성을 알고, 지난 옛적에 선지식의 거두어 주었음을 알았으며, 그들이 좋아하는 대로 몸을 나타내어서 그들을 기쁘게 하였느니라. 나는 그 때 거기서 얻은 해탈이 잠깐잠깐 자랐으며, 그와 동시에 내 몸이 백 세계의 티끌 수 세계에 두루 간 것을 보았고, 내 몸이 천세계의 티끌 수 세계의 두루 이름을 보고, 내 몸이 백천 세계의 티끌 수 세계의 이름을 보았으며, 이와 같이 잠깐잠깐에 말할 수 없이 말할 수 없는 세계의 티끌 수 세계에 이르렀고, 그런 세계의 모든 여래를 보았으며, 또 내 몸이 저 부처님들의 처소에서 법을 듣고 받아 지니고 기억하고 관찰하여 결정함을 보았노라.

또 그 부처님들의 예전에 나셨던 일과 큰 서원을 알았으며, 저 여래께서 세계를 깨끗이 장엄하였고 나도 장엄하였으며, 또 그 세계의 모든 중생을 보고 그들에게 알맞은 몸을 나타내어 교화하고 조복하였느니라. 이 해탈문이 잠깐잠깐 자라서 내지 법계에 가득하였느니라.

나는 다만 이 보살이 모든 중생의 어둠을 깨뜨리는 법 광명의 해탈을 알거니와, 저 보살들이 보현의 그지없는 행원을 성취하고, 모든 법계 바다에 두루 들어가고, 보살들의 금강 지혜 당기인 자재한 삼매를 얻고, 큰 서원을 내고, 불종자에 머물러 있으며, 잠깐 동안에 모든 큰 공덕 바다를 이루고, 모든 광대한 세계를 깨끗이 장엄하고, 자유자재한 지혜로 모든 중생을 교화하여 성숙케 하고, 지혜의 해로 모든 세간의 어둠을 멸하고, 용맹한 지혜로 모든 중생의 잠을 깨우고, 지혜의 달로 모든 중생의 의혹을 결단하고, 청정한 음성으로 모든 생사의 집착을 끊으며, 모든 법계의 낱낱 티끌 마다 자유자재한 신통을 나타내고, 지혜의 눈이 깨끗하여 3세를 평등하게 보는 일이야 내가 어떻게 그 묘한 행을 알며, 그 공덕을 말하며, 그 경계에 들어가서 그 자재함을 보이겠는가. 이 잠부드비이파 마가다국 보리도량에 밤 맡은 신이 있으니 이름이 보덕정광(普德淨光)이니라. 나는 본래 그에게서 무상보리심을 내었고, 그가 항상 묘한 법으로 나를 깨우쳐 주었느니라. 그에게 가서 보살도를 물으라."

그 때 선재동자는 바산타바얀티 신을 향하여 게송을 말하였다.

당신의 청정한 몸을 보오니 좋은 모습 세간에 우뚝 뛰어나
문수사리보살도 같고 보배의 산과 같네.
당신의 법의 몸 깨끗하여 3세에 모두 평등하고
세계들도 그 속에 들어가 성립되고 파괴됨이 걸림이 없으며

모든 태어나는 길을 보니 당신의 형상 모두 보겠고
하나하나의 털구멍 속에 별과 달이 각각 나뉘었으며
털구멍마다 무수한 광명을 놓아
시방의 부처님 계신 데 장엄 거리를 널리 내리고

털구멍마다 무수한 몸을 나타내
시방의 모든 국토에 방편으로 중생을 제도
털구멍마다 무수한 세계를 보이며
중생의 욕망 따라서 갖가지로 청정케 해

어떤 중생이 이름 듣거나 몸만 보아도
모두 공덕을 얻어 보리를 성취하나니
오랜 세월 나쁜 길에 있다가 비로소 당신 보오며
환희하게 받자올지니 번뇌를 멸하는 까닭.

1천 세계의 티끌 수 겁에 한 터럭 공덕을 찬탄하여도
세월은 끝날 수 있어도 공덕은 다할 수 없네.

② 보덕정광야신의 이구지(離垢地) - 화엄경 제69권

ㄱ. 교취자문(敎趣諮問)

그 때 선재동자는 바산타바얀티 밤 맡은 신의 처음으로 보리심을 내던 일·보살의 장을 내던 일·보살의 원을 세우던 일·보살의 바라밀다를 깨끗이 하던 일·보살의 지위에 들어가던 일·보살의 벗어나는 길을 행하던 일과, 온갖 지혜의 광명 바다와 중생을 구원하는 마음과 널리 두루하는 크게 가엾이 여기는 구름과, 모든 세계에서 오는 세월이 끝나도록 보현행원을 항상 내는 것을 분명히 알면서, 점점 나아가 보덕정광(普德淨光)밤 맡은 신에게 이르러 그의 발에 절하고 말하였다.

"거룩하신 이여, 보살이 어떻게 보살지위를 수행하며 보살지위를 성취하나이까."

ㄴ. 칭찬수법(稱讚授法)

"보살이 열 가지 법을 성취하면, 능히 보살행을 원만히 하나니, 하나는 청정한 삼매를 얻어 모든 부처님을 항상 봄이요, 둘은 청정한 눈을 얻어 모든 부처님의 잘생긴 모습으로 장엄함을 관찰함, 셋은 모든 여래의 한량없고 그지없는 공덕의 큰 바다를 앎, 넷은 법계와 평등한 한량없는 불법광명 바다를 앎, 다섯은 모든 여래의 털구멍마다 중생의 수효와 같은 큰 광명 바다를 놓아 한량없는 중생을 이익케함, 여섯은 모든 여래의 털구멍마다 모든 보배빛 광명 불꽃내는 것을 봄, 일곱은 생각마다 모든 부처님의 변화하는 바다를 나타내어 법계에 가득하고 모든 불경계에 끝까지 이르러 중생을 조복케함, 여덟은 부처님의 음성을 얻고 모든 중생의 말과 같아서 세상 온갖 부처님의 법륜을 굴림, 아홉은 모든 부처님의 그지없는 이름 바다를 앎, 열은 부처님께서 중생을 조복하는 부사의하고 자재한 힘을 앎이니라.

보살이 이 열 가지 법을 성취하면 보살의 모든 행을 원만하느니라.

나는 보살의 해탈을 얻었으니 이름이 적정낙으로 두루 다님이라. 3세 제불을 두루 보고 그 부처님들의 청정한 국토에 도량에 모인 대중을 보며, 신통·이름·법을 말함·수명·말씀·모습이 각각 같지 아니함을 모두 보면서도 집착함이 없느니라.

왜냐하면 모든 여래는 지나간 것이 아니니 세상 길이 아주 없어진 연고며, 오는 것이 아니니 자체의 성품이 남이 없는 연고며, 나는 것이 아니니 법의 몸이 평등한 연고며, 없어지는 것이 아니니 나는 모양이 없는 연고며, 진실한 것이 아니니 눈어리 같은 법에 머무른 연고며, 허망한 것이 아니니 중생을 이익케 하는 연고며, 변천하는 것이 아니니 생사를 초월한 연고며, 무너지는 것이 아니니 성품이 변하지 않는 연고며, 한 모양이니 말을 여읜 연고며, 모양이 없으니 성품과 모양이 본래 공한 연고니라.

내가 이렇게 모든 여래를 아는 때에, 보살의 고요한 선정락으로 두루 다니는 해탈문도 분명하게 알고 성취하고 자라게 하였노라.

생각하고 관찰하여 견고하게 장엄하며, 모든 허망한 생각과 분별을 일으키지 않고 대비심으로 모든 중생을 구호하며, 한결같은 마음이 흔들리지 않고 초선을 닦았으며, 뜻으로 짓는 모든 업을 쉬고 모든 중생을 거두어 주며 지혜력이 용맹하고 기쁜 마음이 매우 즐거워 제2선을 닦았으며, 모든 중생의 성품을 생각하며 생사를 여의어 제3선을 닦았으며, 모든 중생의 온갖 고통과 번뇌를 모두 멸하여 제4선을 닦았노라.

그래서 모든 지혜와 서원을 증장 원만하며, 모든 삼매 바다를 내고, 보살들의 해탈 바다의 문에 들어가며 모든 신통에 유희하고 모든 변화를 성취하여, 청정한 지혜로 법계에 두루 들어갔느니라.

나는 이 해탈을 닦을 적에 갖가지 방편으로 중생을 성취하였으니, 이른바 집에 있으면서 방일하는 중생에게는 부정한 생각·싫은 생각·고달프다는 생각·핍박하는 생각·속박되는 생각·나찰이라는 생각·무상하다는 생각·괴롭다는 생각·'나'가 없는 생각·공한 생각·남이 없는 생각·자유롭지 못한 생각·늙고 병들어 죽는 생각을 내게 하며, 자기가 5욕락에도 집착을 내지 않고, 중생에게도 권하여 집착하지 않게 하며, 다만 법으로 즐거움에 머물러서 집을 떠나 집 아닌 데 들게 하였느니라.

어떤 중생이 고요한 데 머물렀으면, 나는 그에게 나쁜 소리를 쉬게 하고, 고요한 밤에 깊은 법을 말하여 순조롭게 행할 인연을 주고 출가하는 문을 열어 바른 길을 보이며 광명이 되어 어두운 장애를 제하고 공포를 없애며, 출가하는 일과 불·법·승과 선지식을 찬탄하여 공덕을 갖추게 하며, 또 선지식을 친근하는 행을 찬탄하였느니라.

또 내가 해탈을 닦을 때에는 중생들로 하여금 법답지 못한 탐욕을 내지 않게 하고 삿된 분별을 일으키지 않게 하며 여러 가지 죄를 짓지 않게 하고, 이미 지은 것은 모두 쉬게 하였으며, 만일 선법을 내지 못하였거나 바라밀다의 행을 닦지 못하였거나 온갖 지혜를 구하지 못하였거나 큰 자비심을 일으키지 못하였거나 인간과 천상에 태어날 업을 짓지 못한 것들은 모두 내게 하고, 이미 낸 것은 더욱 중장하게 하여, 이렇게 도에 순종하는 인연을 주기도 하고 내지 온갖 지혜의 지혜를 이루게 하였느니라.

나는 다만 이 보살의 고요한 선정락으로 두루 다니는 해탈문을 얻었거니와, 저 보살들이 보현에게 있는 행원을 구족하고 모든 그지없는 법계를 통달하며, 항상 모든 선근을 증장하고 모든 여래의 지혜력을 비추어 보며, 모든 여래의 경계에 머물러서 생사 중에 있으면서도 장애가 없고 온갖 지혜와 원을 빨리 만족하며, 모든 세계에 널리 나아가 모든 부처님을 두루 뵈오며, 모든 불법을 다 듣고 모든 중생의 어리석음을 능히 깨뜨리며, 나고 죽는 밤중에 온갖 지혜의 광명을 내는 일이야 어떻게 알며, 그 공덕행을 말하겠는가. 여기서 멀지 않은 보리 도량의 오른 쪽에 밤 맡은 신이 있으니 이름이 기쁜 눈으로 중생을 보는 이라. 그에게 가서 보살도를 물으라."

③ 희목관찰중생야신의 발광지(發光地)

ㄱ. 교취자문(敎趣諮問)

이 때 선재동자는 선지식의 가르침을 공경하고 선지식의 말을 실행하면서 이렇게 생각하였다.

"선지식은 보기 어렵고 만나기 어려우니, 선지식을 보면 마음이 산란치 않고, 장애의 산을 깨뜨리고, 크게 가엾이 여기는 바다에 들어가 중생을 구호하고, 지혜의 빛을 얻어 법계를 널리 비추고, 온갖 지혜의 길을 다 수행하고, 시방의 부처 바다를 두루 보고, 불법륜 굴리는 것을 보고 기억하여 잊지 아니하리라." 이렇게 생각하고는 기쁜 눈으로 중생을 보는 밤 맡은 신에게 가려는 생각을 내었다. 이 때 기쁜 눈으로 중생을 보는 신은 선재동자에게 가피하여 선지식을 친근하면 모든 선근을 내어 증장하고 성숙케 함을 알게 하였다.

이른바 선지식을 친근하면 도를 도와주는 거리를 닦음·용맹한 마음을 일으킴·깨뜨릴 수 없는 업을 지음·굴복할 수 없는 힘을 얻음·그지없는 힘에 들어감·오래도록 수행함·그지없는 업을 마련함·한량없는 도를 행함·빠른 힘을 얻어 여러 세계에 이름·본 고장을 떠나지 않고 시방 세계에 두루 이름을 알게 하였다.

선지식을 친근함으로 온갖 지혜의 길을 용맹하게 닦고, 큰 서원 바다를 빨리 내게 되고, 모든 중생을 위해서는 오는 세월이 끝나도록 그지없는 고통을 받을 수 있고, 크게 정진하는 갑옷을 입고 한 티끌 속에서 법을 말하는 소리가 법계에 두루하고, 모든 방위의 바다에 빨리 가게 되며, 한 터럭만한 곳에서 오는 세월이 다하도록 보살행을 닦고, 잠깐마다 보살행을 행하여 끝까지 온갖 지혜의 지위에 머물게 되고, 3세 모든 여래의 자재한 신통으로 장엄한 길에 들어가고, 모든 법계의 문에 항상 들어가게 되고, 항상 법계를 반연하여 조금도 동하지 아니하고 시방 세계에 가리라.

ㄴ. 시기법계(示己法界)

선재동자는 이렇게 생각하고 기쁜 눈으로 중생으로 보는 밤 맡은 신에게 나아가니, 그 신은 여래의 대중이 모인 도량에서 연화장 사자좌에 앉아 큰 세력으로, 널리 기쁘게 하는 당기 해탈에 들어갔다.

그 몸에 있는 털구멍마다 한량없는 나툰 몸 구름을 내어 그들에게 알맞은 묘한 음성으로 법을 말하여 한량없는 중생들을 두루 거두어 주어 환희하며 이익을 얻게 하였다.

㉠ 구름속의 10바라밀법문

이른바 한량없는 나툰 몸 구름을 내어 시방의 모든 세계에 가득하여서 보살들이 보시 바라밀다를 행하던 일을 말하여 모든 일에 미련이 없고 모든 중생에게 두루 보시하여 주며 마음이 평등하여 교만이 없고 안팎 것을 모두 주되 버리기 어려운 것을 버리게 하였다. 중생의 수효와 같이 한량없는 나툰 몸 구름을 내어 법계에 가득하게 모든 중생의 앞에 나타나서 깨끗하게 계율을 지킴을 말하며, 범죄하지 아니하고 여러 가지 고행을 닦아 다 구족하며, 모든 세간에 의지하지 않고 모든 경계에 애착이 없으며, 생사하는 데서 바퀴 돌듯이 오고 감을 말하며, 인간과 천상의 성·쇠, 고·락을 말하며, 모든 경계가 다 부정하고, 모든 법이 다 무상 변천하는 것이 다 괴롭고 맛이 없다고 말하며, 세간 사람들로 하여금 뒤바뀐 것을 버리고 불경지에 있어서 여래의 계율을 지니게 하며, 이렇게 여러 가지 계율의 향기로서 중생들을 성숙케 하였다.

또 중생의 수효와 같은 갖가지 몸 구름을 내어 모든 고통을 참으라 말하나니, 이른바 베고 오리고 때리고 꾸짖고 업신여기고 욕하여도 마음이 태연하여 흔들리지도 어지럽지도 말며, 여러 가지 행에 낮지도 높지도 말고 중생들에게 교만한 마음을 내지 말며, 법의 성품에 편안히 머물고 그대로 알며, 보리심을 말하되 다함이 없나니, 마음이 다하지 않으므로 지혜도 다하지 않아 모든 중생의 번뇌를 끊으며 중생들의 미천하고 누추하고 완전치 못한 몸을 말하여 염증을 내게 하고, 여래의 청정 미묘하고 위가 없는 몸을 말하여 즐거움을 내게 하나니, 이런 방편으로 중생들을 성숙케 하였다.

또 중생 세계와 같은 갖가지 몸 구름을 내어 중생들의 좋아함을 따라서 용맹 정진하여 모든 도를 도와주는 법을 닦으라, 마와 원수를 항복받으라, 보리심을 내고 흔들리지도 물러가지도 말라, 모든 중생을 제도하여 생사의 바다에서 벗어나게 하라, 모든 나쁜 길의 험난을 멸하라, 무지한 산을 깨뜨리라, 모든 부처님 여래에게 공양하되 고달픈 생각을 내지 말라, 모든 부처님의 법륜을 받아 지니라, 모든 장애의 산을 무너뜨리라, 모든 중생을 교화하여 성숙케 하라, 모든 부처님의 국토를 깨끗하게 장엄하라 하나니, 이런 방편으로 중생을 성숙케 하였다.

또 갖가지 한량없는 몸구름을 내어 여러 가지 방편으로 중생들의 마음을 기쁘게 하여 나쁜 뜻을 버리고 모든 욕망을 싫어하게 하는데, 부끄러움을 말하여 중생들이 모든 감관을 숨겨 보호하게 하며, 위없이 깨끗한 행을 말하고 욕계는 마의 경계라고 말하여 두려움을 내게 하며, 세상의 욕락을 좋아하지 말라고 말하여 법의 즐거움에 머물러 차례차례로 모든 선정과 삼매락에 들어가게 하며, 그들로 하여금 생각하고 관찰하여 모든 번뇌를 멸하게 하며, 또 모든 보살의 삼매바다와 신통력으로 변호하여 나타나서 자유자재하게 유희함을 말하여 중생들로 하여금 환희하고 기뻐서 모든 근심을 여의고 마음이 깨끗하며 모든 근이 용맹하여 법을 소중하게 여기어 닦아 증장케 하였다.

또 중생 세계와 같은 갖가지 몸구름을 내어 그들을 위하여 시방국토에 가서 부처님·스승·선지식에게 공양하고 모든 불법륜을 받아지니되 부지런히 정진하고 게으르지 말라고 말하며, 또 모든 여래의 바다를 찬탄하고 모든 법문바다를 관찰하라고 말하여, 모든 법성과 모양을 나타내 보이며, 모든 삼매문을 열며 지혜의 경계를 열고 중생의 의심 바다를 말리며, 지혜의 금강으로 모든 중생의 소견을 깨뜨리게 하며, 지혜의 해가 떠서 중생들의 어리석은 어두움을 파하여 그들이 환희하여 온갖 지혜를 이루게 하였다.

또 중생계와 같은 여러 가지 몸 구름을 내어 모든 중생의 앞에 나아가서 그들에게 알맞게 여러 가지 말로 설법하는데, 세간의 신통과 복력도 말하고, 3세가 모두 무서운 것이라 말하여, 세간의 업을 짓지 말라고 말하여 3세를 여의고 소견의 숲에서 벗어나게 하며, 온갖 지혜의 길을 칭찬하여 그들로 하여금 2승의 지위에서 뛰어나게 하며, 생사나 열반에 머물지도 말라고 말하여 함이 있는

데나 함이 없는 데 집착하지 않게 하며, 천궁에 머물거나 내지 도량에 머물라고 말하여 그들로 하여금 보리심을 내게 하나니, 이런 방편으로 중생들을 교화하여 필경에 온갖 지혜를 얻게 하였다.

또 모든 세계의 티끌 수 몸 구름을 내어 모든 중생의 앞에 나아가서 잠깐잠깐마다 보현의 모든 행원을 보이며, 잠깐잠깐마다 청정한 큰 원이 법계에 가득함·모든 세계 바다를 깨끗하게 함·모든 여래 바다에 공양함·모든 법문 바다에 들어감·모든 세계 바다의 티끌 수 세계 바다에 들어감·모든 세계에서 오는 세월이 끝나도록 온갖 지혜의 도를 청정하게 수행함·모든 세계에 가서 갖가지 신통변화를 나타냄·모든 보살의 행원을 보여서, 모든 중생으로 하여금 온갖 지혜에 머물게 하여, 이렇게 하는 일이 쉬지 아니하였다.

또 모든 중생의 마음 수효와 같은 몸 구름을 내어 모든 중생의 앞에 나아가서 보살들이 온갖 지혜를 모으는 데 도를 도와주는 법을 말하되, 그지없는 힘·온갖 지혜를 구하는 데 깨뜨릴 수 없는 힘·다하지 않는 힘·위없는 행을 닦아 물러가지 않는 힘·중간에 끊어지지 않는 힘·나고 죽는 법에 물들지 않는 힘·모든 마군을 파하는 힘·모든 번뇌의 때를 여의는 힘·모든 업장산을 깨뜨리는 힘·모든 겁에 있어서 크게 가엾이 여기는 행을 닦는 데 게으르지 않는 힘·모든 불국토를 진동하여 중생들을 환희케 하는 힘·모든 외도를 깨뜨리는 힘·넓은 세간에서 법륜을 굴리는 힘을 말하여 이런 방편으로 중생들을 성숙하여 온갖 지혜에 이르게 하였다.

또 중생들의 마음 수효와 같은 한량없이 변화하는 몸 구름을 내어 시방의 한량없는 세계에 나아가서 중생심을 따라 모든 보살의 지혜와 행을 연설하나니, 이른바 모든 중생이 세계 바다와 마음·근성·수행 바다에 들어가는 지혜를 말하며, 모든 중생을 제도하되 때를 놓치지 않는 지혜·모든 법계의 음성을 내는 지혜·잠깐마다 모든 법계 바다에 두루하는 지혜·잠깐 동안마다 모든 세계 무너짐을 아는 지혜·잠깐 동안마다 모든 세계 바다가 이루어지고 머물고 장엄이 차별함을 아는 지혜·잠깐 동안마다 모든 여래를 자재하게 친근 공양을 말하며 법륜을 듣는 지혜를 말하며, 이러한 지혜 바라밀다를 보이어 중생들을 기쁘게 하며 화창하고 즐겁고 마음이 청정하여 결정한 이해를 내고 온갖 지혜를 구하여 물러감이 없게 하였고 보살의 모든 바라밀다를 말하여 중생을 성숙케 하듯이, 모든 보살의 갖가지 수행법을 말하여 이익케 하였다.

또 낱낱 털구멍 속에서 한량없는 종류의 중생들의 몸 구름이 나와 시방에 두루하고 법계에 가득하였고, 저 모든 중생 앞에서 갖가지 소리를 내었다.

이런 여러 가지 음성으로써 기쁜 눈으로 중생을 보는 밤 맡은 신이 처음 발심한 적부터 모든 공덕을 말하였으니, 이른바 모든 선지식을 받들어 섬기며 부처님을 친근하여 선법을 수행할 적에, 단바라밀다를 행하여 버리기 어려운 것을 버리며, 시바라밀다를 행하여 왕의 지위·궁전·권속을 버리고 출가하여 도를 닦으며, 인욕 바라밀다를 행하여 세간의 모든 괴로움과 보살이 닦는 고행을 참으며, 가지는 바른 법이 모두 견고하여 마음이 흔들리지 않으며, 모든 중생이 나의 몸과 마음에 나쁜 짓 하고 나쁜 말 하는 것을 능히 참으며, 여러 가지 업을 참아 다 무너뜨리지 않고, 온갖 법을 참아서 결정한 지혜를 내며, 모든 법성을 참아 잘 생각하였다.

정진 바라밀다를 행하여 온갖 지혜의 행을 일으키고 모든 불법을 이루며, 선 바라밀다를 행하여 있는 도구·닦아 익힘·성취·청정·삼매의 신통을 일으킴·삼매 바다에 들어가는 문을 드러내 보이며, 반야 바라밀다를 행하여 반야 바라밀다에 있는 도구와 있는 청정과 큰 지혜의 해·광·문을 다 드러내 보이었다.

방편 바라밀다를 행하여 그 방편 바라밀다에 있는 도구·수행·성품·이치·청정·서로 응하는 일을 다 드러내 보이며, 소원 바라밀다를 행하여 그 소원 바라밀다에 있는 성품·성취·닦아 익힘·서로 응하는 일을 다 드러내 보이며, 힘 바라밀다를 행하여 그 속에 있는 도구·인연·이치·연설·서로 응하는 일을 다 드러내 보이었다.

지혜 바라밀다를 행하여 그 지혜 바라밀다에 있는 도구·성품·성취·청정·처소·자라남·깊이 들어감·광명·드러내 보임·이치·서로 응하는 일·가려냄·행상(行相)·서로 응하는 법·거두어 주는 법과, 아는 법·업·세계·겁·세상·부처님의 나타나심·부처님·보살·보살심과 보살의 지위·도구·나아감·회향·큰 원·법륜·이치 지혜 바라밀다와 서로 응하는 경계를 다 드러내 보이어 중생을 성숙케 하였다.

ⓛ 광겁수행

또 이 밤 맡은 신의 처음 발심한 적부터 모은 공덕의 계속하는 차례와, 익힌 선근·모든 여러 바라밀다·여기서 죽어 저기 나는 이름의 계속하는 차례·선지식을 친근하고 부처님을 섬기며 바른 법을 받아 지니고 보살을 닦음을 말하며, 여러 삼매에 들어가서 삼매력으로 널리 부처님을 보고 여러 세계를 보고 여러 겁을 알고 법계에 깊이 들어가 중생을 관찰하며 법계 바다에 들어가 중생들이 여기서 죽어 저기 나는 것을 알며, 청정한 하늘귀를 얻어 온갖 소리를 듣고, 청정한 하늘눈을 얻어 모든 빛을 보고, 남의 속 아는 지혜를 얻어 중생들의 마음을 보고, 전생 일 아는 지혜를 얻어 앞에서 일을 알고, 의지함도 없고 지음도 없이 뜻대로 움직이는 트임을 얻어 자재하게 다니며 시방 세계에 두루하나니, 이러한 일이 자재하게 다니며 시방 세계에 두루하나니, 이러한 일이 계속 하는 차례와, 보살의 해탈을 얻고 보살의 해탈 바다에 들어가며, 보살의 자유자재함을 얻고 보살의 용맹을 얻으며 보살의 걸음걸이를 얻고 보살의 생각에 머물고 보살도에 들어가는 이러한 모든 공덕이 계속하는 차례를 모두 연설하고 분별하여 보이어서 중생들을 성숙케 하였다.

　이렇게 말할 때에 잠깐잠깐마다 시방으로 각각 말할 수 없이 말할 수 없는 불국토들을 깨끗하게 하며, 한량없는 악도 중생을 제도하며, 한량없는 중생을 인·천에 나서 부귀 자재하게 하며, 한량없는 중생을 바다에서 벗어나게 하며, 한량없는 중생을 성문이나 벽지불의 지위에 머물게 하며, 한량없는 중생을 여래의 지위에 머물게 하였다.

　이 때 선재동자는 위에 나타낸 모든 희유한 일을 보고 듣고는, 생각생각에 관찰하고 생각하고 이해하여 깊이 들어가 편안하게 머물렀으며, 불신력과 해탈력을 받잡고, 보살의 부사의한 큰 세력과 널리 기뻐하는 당기의 자재력을 내는 해탈을 얻었다.

　왜냐하면, 기쁜 눈으로 중생을 관찰하는 밤 맡은 신과 더불어 옛날에 함께 수행하고, 여래의 신통력으로 가피하고, 부사의한 선근으로 도와주고, 보살의 모든 근성을 얻고, 여래의 종류에 태어나고, 선지식력으로 거두어 주고, 여래의 호념하심을 받고, 비로자나여래께서 교화하시고, 저러한 선근이 이미 성숙하고, 보현행을 닦을 만한 연고니라.

　　ⓒ 칭찬

　그 때 선재동자는 이 해탈을 얻고 마음이 환희하여 합장하고 기쁜 눈으로 중생을 관찰하는 밤 맡은 신을 향하여 게송으로 찬탄하였다.

　한량없고 수없는 겁 동안에 부처님의 깊은 법 배우고
　교화할 만한 이를 따라서 묘한 몸을 나타내시네.
　모든 중생들 미혹하고 망상에 빠진 줄 알고
　갖가지 몸을 나타내어 마땅한 대로 조복하나니

법의 몸 항상 고요해 청정하여 두 모양 없지만
중생들을 교화하기 위하여 가지각색 형상 나타내며
모든 5온·12처·18계에 집착하지 않지만
행동과 육신을 보이어 모든 중생을 조복하며,

안팎 모든 법에 집착하지 않고 나고 죽는 바다에서 뛰어났지만
갖가지 몸을 나투어 모든 세계에 머물고
여러 가지 분별 멀리 여의고 희롱거리 언론에 흔들리지 않으나
망상에 집착한 이를 위해 열 가지 힘을 선전하도다.

한결같은 마음 삼매에 머물러 한량없는 세월에 동하지 않지만
털구멍으로 변화한 구름 내어 시방 부처님께 공양하고
부처님 방편의 힘을 얻어 생각생각 그지없는 즈음에
갖가지 몸 나타내어 여러 중생들 붙들어 주고

모든 생사의 바다 갖가지 업으로 장엄한 줄 알고도
걸림이 없는 법을 말하여 모두 청정케 하며
형상이 있는 몸 짝 없이 묘하고 깨끗하기 보현과 같지만
중생의 마음을 따라 세간의 모든 모양을 보이네.

　　ㄹ 문답개시(問答開示)
이 때 선재동자는 이 게송을 말하고 밤 맡은 신에게 여쭈었다.
"무상보리심을 낸 것은 언제이고, 이 해탈을 얻은 지는 얼마나 오래되셨나이까."
기쁜 눈으로 중생을 관찰하는 밤 맡은 신이 게송으로 대답하였다.

생각컨대 지나간 세월 세계의 티끌 수 겁 전에
마니 광명 세계가 있고 겁의 이름은 고요한 음성. (1송 총품)
그 때 백만 나유타 구지 사천하가 있는데
그런 수효의 임금들이 그 세계들을 통치하였다

그 중에 한 나라의 서울은 이름을 향당보(香幢寶)라 하는데

장엄이 가장 훌륭하여 보는 이마다 기뻐하였고
그 서울에 있는 전륜왕 풍신이 아주 아름답고
32거룩한 모습과 여러 가지 잘생긴 모양으로 장엄

연꽃 속에서 화생하여서 금빛이 찬란한 몸에서
광명이 간 데마다 비치고 잠부드비이파에 널리 미치네.
그 임금의 1천 태자들 용맹하고 신수가 좋고
1억이나 되는 여러 신하들 지혜 있고 수단도 좋아.

궁녀들은 10억인데 얼굴은 하늘 아가씨
마음씨 곱고 아름다우며 착한 뜻으로 왕을 모시니
그 임금 법으로 백성을 교화 사천하에 두루 미치고
철위산 안 넓은 국토가 모두 풍성한데

나는 그 때 여보(女寶)가 되어 범천의 음성을 구족하고
몸에서는 금빛 광명이 1천 유순에 비치었소. (8송 본생)
날은 이미 저물고 음악도 고요한데
대왕과 궁녀들 모두 깊은 잠에 들었고

그 때 덕해(德海) 부처님 세상에 나시어서
신통한 힘을 나투어 시방 세계에 가득
큰 광명 바다를 놓으니 그 수효 세계의 티끌
갖가지 자재하신 몸 시방 세계에 가득하시고

땅이 진동하며 묘한 소리로 부처님 나셨다고 포고하니
하늘·사람·용과 귀신들 모두 기뻐서 어쩔 줄 모르고
낱낱 털구멍에서 부처님 나툰 몸(化身) 나와
시방에 가득 묘한 법 연설하셨네.

그 때 나는 꿈속에서 부처님 신통변화를 보며
미묘한 법문을 듣고 마음으로 기뻐하는데
밤 맡은 신 1만 명이 공중에 함께 있어서

부처님 나셨다 찬탄하며 나에게 깨우치는 말

슬기로운 이여 빨리 일어나라, 너의 나라에 부처님 나시니
오랜 세월이 만날 수 없고 뵙기만 하면 청정해지나니.
나는 그 때 깨어나 찬란한 광명을 보고
이 광명 어디서 오나 보리수 아래 부처님 계시니

거룩한 모습 장엄하신 몸 보배의 수미산 같으시고
모든 털구멍에서 큰 광명 바다를 놓고 계시네. (10송 본사)
그 것을 보고 마음이 즐거워 이런 생각을 하였으니
나도 부처님처럼 광대한 신통 얻어지이다. (1송 정발심)

그러고 나는 또 대왕과 권속을 깨워
부처님 광명을 보게 하니 모두들 기뻐하였고
나 대왕과 함께 천만억 말탄 시종들과
한량없는 중생을 데리고 부처님 계신 데 나아가

2만년이 되도록 그 부처님께 공양하고
7보와 사천하 모든 것을 받들어 보시.
그 부처님께서는 공덕보운경(功德普雲經)을 말하여
중생들의 마음에 맞추어 소원 바다를 장엄케 했으며

밤 맡은 신이 나를 일깨워 이익을 얻게 하였고
나는 또 이런 몸 얻어 방일한 이를 깨워지이다.
나는 이 때에 처음으로 보리를 이루려는 원을 세우고
모든 생사 중에 오가면서 그 마음 잊지 않았네. (6송 발심덕)

나는 그 뒤에 10억 나유타 부처님께 공양
항상 천상·인간의 낙을 받으며 여러 중생을 이익케 했으니
첫 부처님은 공덕해(功德海) 제2는 공덕등(功德燈)
제3은 묘보당(妙普幢) 제4는 허공지(虛空智)

제5는 연화장(蓮華藏) 제6은 무애혜(無碍慧)
제7은 법월왕(法月王) 제8은 지등륜(智燈輪)
제9 양족존은 보염산등왕(普燄山燈王)
제10 조어사(調禦師)는 삼세화광음(三世華光音)

이런 여러 부처님 내가 모두 공양했으나
지혜 눈 얻지 못하여 해탈 바다에 들지 못하고 (5송 餘師)
그 후부터 차례로 일체보광(一切普光) 세계가 있으니
겁의 이름은 천승(天勝)이요 5백 부처님이 세상에 나셨네.

첫 부처님은 월광륜(月光輪) 제2는 일등(日燈)
제3은 광당(光幢) 제4는 보수미(普須彌)시다.
제5 부처님 화염(華焰) 제6은 등해(燈海)
제7은 치연(熾然) 제8은 천장(天藏)

제9는 광명왕당(光明王幢) 제10은 보지광왕(普智光王)이다.
이러한 여러 부처님께 나는 일찍이 공양했으나
그래도 모든 법에 대하여 없는 것을 있다고 생각하였소. (4송반 천승겁)
그 위에 또 겁이 있으니 이름이 범광명(梵光明)이요

세계의 이름이 연화등(蓮華燈) 장엄이 매우 훌륭했으며
그 세계의 한량없는 부처님 부처님마다 한량없는 대중들
내가 다 공양하면서 존중하고 법문 들었고.
제1은 보수미(普須彌) 제2는 공덕해(功德海)

제3은 법계음(法界音) 제4는 법진뢰(法震雷)
제5는 법당(法幢) 제6은 지광(地光)
제7은 법력광(法力光) 제8은 허공각(虛空覺)
제9는 수미광(須彌光) 제10은 공덕운(功德雲)

이러한 모든 여래께 나는 다 공양했지만
법을 분명히 알지 못하여 부처님 바다에 들지 못했고 (5송반 법광명겁)

그 뒤에 또 겁이 있는데 그 이름 공덕월(功德月)
그 때에 있는 세계는 이름이 공덕당(功德幢)이고

그 세계에 나신 부처님 80 나유타이신데
나는 미묘한 공양 거리로 정성을 다해 받자왔노라.
첫 부처님은 건달(乾闥) 제2 부처님은 대수왕(大樹王)
제3은 공덕수미(功德須彌) 제4는 보안(普眼)

제5는 노사나(盧舍那) 제6은 광장엄(光莊嚴)
제7은 법해(法海) 제8은 광승(光勝)
제9는 현승(賢勝) 제10은 법왕(法王)
이러한 여러 부처님을 내가 다 공양했으나

깊은 지혜를 얻지 못하여 법바다에 들어가지 못하고 (5송반 공덕원겁)
그 뒤에 또 겁이 있으니 이름이 고요한 지혜
세계 이름은 금강보(金剛普)인데 장엄이 가장 훌륭해
그 겁 동안에 1천 부처님 차례차례 나시었으며

중생들은 번뇌가 적고 모인 대중은 모두 청정하였소.
제1은 금강제(金剛臍) 제2는 무애력(無碍力)
제3은 법계영(法界影) 제4는 시방등(十方燈)
제5는 비광(悲光) 제6은 계해(戒海)

제7은 인등륜(忍燈輪) 제8은 법륜광(法輪光)
제9는 광장엄(光藏嚴) 제10은 적정광(寂靜光)
이러한 여러 부처님을 내가 다 공양하였으나
허공처럼 청정한 법을 깊이 깨닫지 못하고

여러 세계로 다니면서 거기서 수행하였고, (6송 적정혜겁)
그 다음에 있는 겁은 이름이 선출현(善出現)
세계는 향등운(香燈雲)인데 정토·예토가 섞이어 되었고
억 부처님이 나타나시어 세계와 겁을 장엄하시고

갖가지로 말씀한 법을 나는 다 기억했노라.
첫 부처님은 광칭(廣稱)이고 다음은 법해(法海)
제3은 자재왕(自在王)이며 제4는 공덕운(功德雲)

제5는 법승(法勝)이요 제6은 천관(天冠)이며
제7은 지염(智焰)이고 제8은 허공음(虛空音)
제9의 양족존은 이름이 보생수승(普生殊勝)
제10의 무상사(無上君)는 이름이 미간승광명(眉間勝光明)

이러한 여러 부처님 내가 다 공양했지만
그러나 청정하게 장애하는 길 여의지 못했고 (6송 현겁)
그 다음 겁 이름은 집견고왕(集堅固王)이요
세계의 이름은 보당왕(普幢王)이니 모든 것이 잘 있었고

5백 부처님이 거기에 나타나시니
내가 공경하며 공양하여 걸림 없는 해탈을 구했노라.
맨 처음 부처님은 공덕륜(功德輪) 그 다음은 적정음(寂靜音)
셋째 부처님 공덕해(功德海)시고 넷째 부처님 일광왕(日光王)

다섯째는 공덕왕(功德王) 여섯째는 수미상(須彌相)이고
다음 부처님 법자재(法自在) 그 다음 공덕왕(功德王)
아홉째가 복수미(福須彌) 열째는 광명왕(光明王)이라.
이런 부처님들을 내가 다 공양했으며 (6송 견고겁)

그들의 청정한 길에 남김없이 들어갔으나
그래도 들어가야 할 문에서 지혜를 이루지 못했고
그 다음 겁은 이름이 묘승주(妙勝住)요
세계는 적정음(寂靜音)이니 중생들은 번뇌가 얇으며

그 때에 나서는 부처님 80 나유타신데
내가 다 공양하옵고 가장 높은 도를 닦아 행했소.
첫 부처님 이름은 화취(華聚)이시고 다음 부처님은 해장(海藏)이시며

그 다음 이름은 공덕생(功德生)이요 또 다음은 천왕계(天王髻)이시라.

제5는 마니장(魔尼藏)이요 제6은 이름이 진금산(眞金山)이며
제7은 보취존(普聚尊)이고 제8은 법당불(法幢佛)이며 (5송 묘승겁)
제9 부처님 승재(勝財)라 하고 제10은 지혜(智慧)이니
열 분을 으뜸으로 하여 여러 부처님께 공양하였소.

그 다음에 있는 겁은 이름이 천공덕(千功德)
그 겁에 세계 있으니 이름이 선화당등(善化幢燈)이라.
60억 나유타 부처님이 그 세계에 나시었는데
첫 부처님 적정당(寂靜幢)이요 그 다음은 사마타(奢魔他)시며

셋째는 이름이 백등왕(百燈王)이고 넷째 부처님 적정광(寂靜光)이며
다섯째는 운밀음(雲密陰)이요 여섯째는 일대명(日大明)이라.
일곱째는 법등광(法燈光)이요, 여덟째는 수승염(殊勝焰)이요
아홉째는 천승장(天勝藏)이요 열째는 대후음(大吼音)이니 (5송 천공덕겁)

이러한 여러 부처님들을 내가 항상 공양했으나
청정한 법인을 얻지 못하여 법의 바다에 못 들어갔소.
다음에 다시 겁이 있으니 이름은 무착장엄(無着莊嚴)이요

그 때에 있던 세계 이름을 무변광(無荏光)이라고 불렀으며
그 겁 동안에 부처님 나신 수효는 36나유타 분인데
제1은 공덕수미(功德須彌) 제2는 허공심(虛空心)이고 (4송 무공용지)
제3은 구장엄(具莊嚴)이라 하고 제4는 법뢰음(法雷音)이며

제5는 법계성(法界聲)이라 하시고 제6은 묘음운(妙音雲)이며
제7은 조시방(照十方)이며 제8이 법해음(法海音)이요
제9는 공덕해(功德海)이신데 제10은 공덕당(功德幢)이라 합니다.
이렇게 많은 부처님들도 내가 모두 다 공양하였소.

그 다음 나신 부처님은 이름이 공덕당(功德幢)이니

그 때에 나는 월면천(月面天)으로 그 부처님께 공양했더니
그 부처님이 나를 위하여 의지 없는 묘한 법 말씀하시니
나는 그 법문을 듣고 여러 가지 소원을 냈으며 (4송반 무착접)

나는 또 청정한 눈과 고요한 선정, 총지(總持)를 얻어
생각생각마다 능히 여러 부처님을 보았으며
크게 가엾이 여기는 광과 두루 밝은 방편의 눈을 얻어
보리심을 자라게 하고 여래의 힘도 성취하였소.

중생들이 뒤바뀐 소견의 항상하고 즐겁고 나이고 깨끗하다 하고
어리석은 데 가리어져 허망하게 번뇌를 일으키며
나쁜 소견의 숲 속에서 가고 그치고 탐욕 바다에 쏘다니면서
나쁜 길에서 태어날 한량없는 업을 짓고는 (4송, 무공용 3지)

여러 가지 길에 업을 따라 태어나서
나고 늙고 죽는 근심과 끝없는 고통에 쪼들리네.
저러한 중생을 보고 위없는 마음 내가 내어서
시방 세계에 계시는 열 가지 힘이신 세존과 같이

부처님과 중생들을 인연으로 큰 서원의 구름 일으키고
그 때부터 공덕을 닦아 방편의 길에 들어갔으며 (大心)
서원의 구름 두루 가득해 모든 도에 널리 들어가서
바라밀다를 구족하고 법계에 충만했으며

여러 가지 지위와 3세 방편에 빨리 들어가
모든 부처님의 걸림 없는 행을 한 생각 동안에 모두 닦았소.
불자여, 나는 그때에 보현의 도에 들어가서
열 가지 법계의 차별한 문을 분명히 알았소. (1송 총결원만)

그대는 어떻게 생각하는가. 그 때 시방의 임금이라는 이름을 가진 전륜성왕으로서 불종자를 이은 이가 어찌 다른 사람이겠는가. 곧 문수동자이며, 그 때 나를 깨우쳐 준 밤 맡은 신은 깨우침을 받고 부처님을 뵈옵고 무상보리심을

내었으며, 그 때부터 세계의 티끌 수 겁을 지내오면서 나쁜 길에는 떨어지지 않고, 항상 인·천에 태어나서 모든 곳에서 부처님을 보았으며, 묘등공덕당(妙燈功德幢)부처님 때에 이르러서 이 큰 세력으로 널리 기쁘게 하는 당기 해탈을 얻었고, 이 해탈로써 이렇게 모든 중생을 이익케 하였느니라.

나는 다만 이 큰 세력으로 널리 기쁘게 하는 당기 해탈문을 얻었거니와 저 보살들이 잠깐 동안에 모든 여래의 처소에 두루 나아가서 온갖 지혜의 바다에 빨리 들어가는 일과, 잠깐잠깐 동안에 떠나서 나아가는 문으로 모든 큰 서원 바다에 들어가는 일과, 잠깐잠깐 동안에 서원 바다의 문으로 오는 세월이 끝나도록 생각마다 모든 행을 내고 낱낱 행 가운데서 모든 세계의 티끌 수 몸을 내고, 낱낱 몸으로 모든 법계문에 들어가고, 낱낱 법계의 문마다 모든 세계에서 중생심을 따라서 여러 가지 묘한 행을 말하며, 모든 세계의 낱낱 티끌 속마다 그지없는 여래 바다를 보고, 낱낱 여래의 처소마다 법계에 두루한 불 신통을 보며, 낱낱 여래의 처소마다 지나간 겁에 닦던 보살행을 보고, 낱낱 여래의 처소마다 모든 법륜을 받아 가지고 수호하며, 낱낱 여래의 처소마다 3세 여래의 신통변화 하는 것을 보는 일이야 내가 어떻게 알며 그 공덕의 행을 말하겠는가.

여기 모인 대중 가운데 밤 맡은 신이 있으니, 이름이 중생을 널리 구호하는 묘한 덕이라. 그에게 보살도를 물으라."

④ 보구중생묘덕신의 염혜지(焰慧地) ― 화엄경 제70권

ㄱ. 의교취구(依敎趣求)

그 때 선재동자는 기쁜 눈으로 중생을 보는 밤 맡은 신에게서 널리 기쁜 당기의 해탈문을 듣고는 믿고 이해하고 나아가며, 알고 순종하고 생각하고 익히면서, 선지식의 가르침을 생각하여 마음에 잠깐도 떠나지 않고, 모든 감관이 산란하지 아니하며, 일심으로 선지식을 뵈오려고 시방으로 두루 구하여 게으르지 아니하면서 발원하기를 '항상 가까이 모시어 공덕을 내며, 선지식과 더불어 선근이 같으며, 선지식의 교묘한 방편행을 얻으며, 선지식을 의지하여 정진 바다에 들어가서, 한량없는 겁에 항상 떠나지 말아지이다' 하였다.

이렇게 원을 세우고 중생을 널리 구호하는 묘한 덕 밤 맡은 신이 있는 데 나아가니, 그 밤 맡은 신은 선재동자를 위하여 보살이 중생을 조복하는 해탈의 신통력을 보이고, 여러 가지 거룩한 몸매로 장엄하여 양 미간으로 큰 광명을 놓으니 이름이 지혜 등불 두루 비추는 청정한 당기라. 한량없는 광명으로 권속을 삼았으며, 그 광명이 모든 세간을 비추고는 선재동자의 정수리로 들어가서 온 몸에 가득하였다.

선재동자는 그 때에 곧 끝까지 청정한 바퀴 삼매를 얻었으며, 이 삼매를 얻고는 두 밤 맡은 신의 중간에 있는 모든 지대(地大)·수대·화대의 티끌과 금강마니의 여러 보배 티끌과 꽃·향·영락·여러 장엄 거리들에 있는 티끌들을 보았으며, 낱낱 티끌 속에서 불세계의 티끌 수 세계가 이루어지고 파괴함을 보았고, 여러 지·수·화·풍 4대가 뭉쳐짐도 보고, 또 모든 세계가 한 데 연접하였는데 모두 땅 둘레로 갖가지 산·바다·강·못·나무·숲을 싣고 있으며, 여러 가지 궁전을 실었으니, 하늘·용·야차·마후라가·사람과 사람 아닌 이의 궁전과 집들이라. 그리고 지옥·축생·염라와 세계 따위의 온갖 곳과, 여러 길로 바퀴 돌듯이 나고 죽고 가고 오고 하면서 업을 짓고 과보 받는 것이 제각기 차별한 것을 모두 보았다.

또 모든 세계가 차별함을 보니, 어떤 세계는 더럽고 어떤 세계는 깨끗하고 어떤 세계는 깨끗한 데로 나아가고 어떤 세계는 더러운 데로 나아가며, 어떤 세계는 더러우면서 깨끗하고 어떤 세계는 깨끗하면서 더럽고 어떤 세계는 깨끗하기만 하며, 어떤 세계는 모양이 반듯하고 어떤 세계는 엎어져 있고 어떤 세계는 모로 있었다.

이와 같은 여러 세계의 여러 길에서 중생을 널리 구호하는 밤 맡은 신을 보았는데, 온갖 때와 여러 곳에서 여러 중생의 형상과 말과 행동과 이해를 따라서 방편으로 그들의 앞에 나타나서 그들에게 알맞게 교화하였다.

지옥의 중생들은 고통에서 벗어나게 하고 축생의 중생들을 서로 잡아먹지 않게 하고 아귀의 중생들은 기갈이 없어지게 하고 용들은 모든 공포를 여의게 하고 욕계의 중생들은 욕계의 고통을 여의게 하고, 사람들에게는 캄캄한 밤중의 공포·훼방하는 공포·나쁜 소문나는 공포·태어날 공포·선근 끊어질 공포·보리심에서 물러날 공포·나쁜 동무를 만나게 되는 공포·선지식을 떠나게 되는 공포·3승의 지위에 떨어질 공포·여러 가지로 생사하는 공포·다른 종류들과 함께 있게 되는 공포·나쁜 시기에 태어나는 공포·나쁜 종족에 태어나는 공포·나쁜 업을 짓게 되는 공포·업과 번뇌에 장애되는 공포·여러 생각에 고집하여 속박되는 공포들을 모두 여의게 하였다.

또 모든 중생으로서 난(卵)·태(胎)·습(濕)·화(化)·형상 있는 것·형상 없는 것·생각 있는 것·생각 없는 것·생각 있지도 않고 생각 없지도 않는 것들이 앞에 나타나면 부지런히 구호하는 것을 보았으니, 보살의 큰 서원력을 성취하려는 연고며, 보살의 삼매력에 깊이 들어가려는 연고며, 보살의 신통력을 굳게 하려는 연고며, 보현의 행원력을 내려는 연고며, 보살의 크게 가엾이 여기는 바다를 더 넓게 하려는 연고며, 중생을 두루 덮어 주는 걸림 없이 크게 인자함을 얻으려는 연고며, 중생에게 한량없는 낙을 주려는 연고며, 모든 중생을 널리 거두어 주는 지혜와 방편을 얻으려는 연고며, 보살의 광대한 해탈과 자유자재한 신통을 얻으려는 연고며, 모든 불세계를 깨끗이 장엄하려는 연고며, 모든 법을 분명하게 깨치려는 연고며, 모든 부처님께 공양하려는 연고며, 모든 부처님의 가르침을 받아 지니려는 연고며, 모든 선근을 모으고 모든 묘행을 닦으려는 연고며, 모든 중생의 근성을 알고 교화 성숙케 하려는 연고며, 모든 중생의 믿고 이해함을 깨끗이 하고 나쁜 장애를 없애려는 연고며, 모든 중생의 무지한 어둠을 깨뜨리려는 연고며, 온갖 지혜의 청정 광명을 얻게 하려는 연고니라.

　이 때 선재동자는 이 밤 맡은 신의 이런 신통력과 헤아릴 수 없는 깊은 경지와 두루 나타나서 모든 중생을 조복하는 보살의 해탈을 보고, 한량없이 기뻐서 엎드려 예배하고 한결같은 마음으로 우러러 보았다.

　그 때 그 밤 맡은 신이 보살의 장엄한 모습을 버리고 본래의 형상을 회복하면서도 그 자유자재한 신통력을 버리지 아니하였다.

ㄴ. 찬송자문(讚頌諮問)
이 때 선재동자는 공경 합장하고 한 곁에 물러가서 게송으로 찬탄하였다.

　이러한 신통한 힘 내가 뵈옵고
　마음이 환희하여 게송으로 찬탄합니다. (총)
　당신의 높으신 몸 여러 가지 장엄함을 내가 보오니
　공중에서 반짝반짝 여러 별들이 깨끗하게 단장함과 같습니다.

　당신이 놓으시는 훌륭한 광명 한량없는 세계의 티끌 수 같이
　갖가지 아름다운 여러 빛으로 시방의 많은 세계 비추십니다.
　털구멍마다 중생의 수효처럼 많은 광명을 놓으니
　낱낱 광명에서 보배로운 연꽃이 나오고

연꽃에서 나툰 몸(化身)이 나와 중생의 고통을 소멸하고
광명에서는 아름다운 향기를 내어 여러 중생에게 널리 풍기며
또 갖가지 꽃을 비 내려 모든 부처님께 공양합니다.

눈썹 사이에선 수미산처럼 굉장한 광명을 놓아
여러 중생에게 쏘이니 캄캄한 어리석음 멸하여지고
입으로 놓은 깨끗한 광명 한량없는 해와도 같이
엄청난 비로자나의 경계를 두루 비추며

눈으로 놓은 깨끗한 광명 한량없는 달과도 같이
시방 세계에 널리 비추어 세상의 어리석음 없애며
갖가지 몸을 나투어 내니 그 모양 중생과 같아
시방 세계에 가득하여 3세 중생을 제도.

미묘한 몸은 시방에 퍼져 중생들 앞에 두루 나타나
물과 불과 도둑 따위와 국왕들의 온갖 두려움 제하옵기에 (廣明無涯)
나는 기쁜 눈의 가르침 받고 당신 계신 데 나왔나이다.
당신께서 양미간으로 찬란한 광명을 놓아

시방에 두루 비추어 모든 어두움을 멸하시며
신통한 힘을 나투어 나의 몸에 들여보내니
원만한 광명을 받고 나의 마음 매우 기쁘옵니다.
다라니와 삼매를 얻고 시방의 부처님 두루 뵈오며

지나는 곳마다 여러 티끌을 보니
낱낱 티끌 속마다 티끌 같은 세계를 보게 되는데
한량없는 어떤 세계들 모두 흐리고 더러워
중생들 고통을 받느라고 항상 울부짖으며

더럽고도 깨끗한 어떤 세계엔 낙은 적고 근심이 많으매
3승의 형상을 나투고 그 곳에 가서 구제하며
깨끗하고 더러운 세계에서는 중생들 즐거워하는데

보살이 항상 가득해 부처님 법을 맡아 지니며

하나하나 티끌 가운데 한량없는 세계 있으니
비로자나부처님께서 지난 세월에 장엄하신 곳
부처님은 그 많은 세계에서 낱낱 보리수 아래 앉아서
성도하시고 법륜을 굴려 모든 중생을 제도하시네.

중생을 널리 구호하는 신이 저 한량없는 세계에서
부처님 계신 곳마다 나아가 공경함을 내가 봅니다. (恭敬)

이 때 선재동자는 이 게송을 말하고, 중생을 널리 구호하는 묘한 덕 밤 맡은 신에게 말하였다.
"하늘 신이여, 이 해탈은 깊고 깊어 희유하옵니다. 이름은 무엇이라 하오며, 이 해탈을 얻으신 지는 얼마나 오래되었으며, 어떤 행을 닦아서 청정하게 되었나이까."

ㄷ. 교시법계(敎示法界)
"이것은 알기 어려우니, 모든 하늘·인간·2승들도 헤아리지 못하느니라. 왜냐하면 이것은 보현의 행에 머무른 이의 경계며, 크게 자비광에 머무른 이·모든 3악도와 8난을 깨끗이 한 이·모든 세계에서 불종자를 계승하여 끊어지지 않게 하는 이·모든 불법에 머물러 지니는 이·온갖 겁 동안에 보살행을 닦아 큰 서원을 만족한 이·모든 법계 바다에서 청정한 지혜의 광명으로 무명의 어두운 장애를 멸한 이·잠깐 동안의 지혜 광명으로 온갖 3세 방편 바다를 두루 비추는 이의 경계인 까닭이니라.
내 이제 부처님의 힘을 받자와 그대에게 말하리라.

지나간 옛적 불세계의 티끌 수 겁 전에 겁이 있었으니 이름이 원만청정이요, 세계의 이름은 비로자나대위덕이니라. 그 때 수미산 티끌 수의 여래가 그 세계에 나시었다.
그 불세계는 일체 향왕 마니 보배로 자체가 되어 여러 보배로 장엄하였으며, 때 없는 광명 마니왕 바다 위에 머물렀다. 그 형상이 반듯하고 둥글며 깨끗하고 더러운 것에 합하여 이루었고, 모든 장엄 거리 휘장 구름이 위에 덮이고,

일체장엄마니륜산(一切莊嚴魔尼輪山)이 천 겹이나 둘렸으며, 묘하게 장엄한 10만억 나유타 사천하가 있었다. 어떤 사천하에는 악업중생, 어떤 사천하에는 여러 가지 업을 지은 중생, 어떤 사천하에는 선근중생, 어떤 사천하에는 한결같이 청정한 큰 보살들이 살고 있었다.

이 세계의 동쪽 윤위산(輪圍山) 곁에 한 천하가 있으니 이름이 보등화당(寶燈華幢)이라, 나라안이 청정하고 음식이 풍족하여 농사를 짓지 않아도 벼와 기장이 저절로 나고, 궁전과 누각이 모두 기묘하고, 여러 여의주(女意珠)가 간 데마다 줄을 지었으며, 여러 가지 향나무에서는 향구름이 항상 나고, 여러 가지 화만나무에서는 화만 구름이 나고 여러 가지 꽃나무에서는 아름다운 꽃이 내리고 여러 가지 보배나무에서는 신기한 보배가 나서 한량없는 빛이 두루 비추고, 여러 가지 음악나무에서는 모든 음악이 나오는데 바람이 부는 대로 묘한 음악을 연주하며, 일월광명 마니보배가 모든 것에 비추어 밤낮으로 받는 쾌락이 끊이지 아니하였다.

이 사천하에 백만억 나유타 나라가 있고, 나라마다 1천의 큰 강이 있어 둘러 흐르는데, 강마다 묘한 꽃이 위에 덮이어 물이 흐르는 대로 흔들려서 하늘풍류를 내며, 모든 보배 나무가 강 언덕에 줄지어 섰는데 갖가지 보배로 꾸미었고, 오고 가는 배들이 마음에 들어 즐거웠다. 강과 강 사이마다 백만억 도성이 있고, 도성마다 백만억 나유타 마을이 있으며, 그러한 도성과 마을에는 각각 한량없는 백천억 나유타 궁전과 숲동산이 둘리어 있었다.

이 사천하의 잠부드비이파에 한 나라가 있으니 이름이 보배꽃 등불이요 태평하고 풍부하여 백성이 번성하였으며, 거기 있는 중생들은 10선을 행하였다. 그 나라에 비로자나 묘한 보배 연꽃상투라는 전륜왕이 나는데, 연꽃속에 화생하여 32상으로 장엄하였고, 7보가 구족하며, 사천하에 왕이 되어 바른 법으로 중생을 교화하였다.

왕에게는 1천 아들이 있으니 단정하고 용맹하여 대적을 항복받으며, 또 백만억 나유타 궁녀와 채녀들이 있으니 왕과 함께 선근을 심었고 모든 행을 함께 닦았으며, 한꺼번에 탄생하여 단정하고 아름답기가 하늘아씨와 같으며, 몸은 금빛이요 항상 광명을 놓으며, 여러 털구멍으로는 항상 아름다운 향기를 풍겼다. 어진 신하와 용맹한 대장이 천억이나 되며, 왕의 부인은 이름을 원만한 얼굴이라 하는데, 이는 왕의 여보(女寶)로서 단정하고 아름다우며, 살결이 금빛이요 눈과 머리카락이 검푸르고, 말소리는 범천의 음성과 같고 몸매는 하늘향기를 풍기며 항상 광명을 놓아 1천 유순을 비추었다. 그 딸의 이름은 보지염묘덕안(普智焰妙德眼)이니, 형상이 단정하고 빛깔이 아름다워서 보는 중생들이 싫은 줄을 몰랐다.

그 때 중생들의 수명은 한량이 없지마는 어떤 중생은 일정하지 않아서 일찍 죽는 이도 있으며, 얼굴도, 음성도, 이름도, 성씨도 갖가지이며, 어리석은 이·지혜 있는 이·용맹한 이·겁약한 이·가난뱅이·부자·괴로운 이·즐거운 이들이 종류가 한량없으며 어떤 사람은 다른 이에게 말하기를 "내 몸은 단정한데 네 얼굴은 더럽다'고 나무라면서 서로 헐뜯고 욕설하여 나쁜 업을 지으며, 이러한 업을 짓는 연고로 수명·혈색·기운·모든 쾌락이 모두 감하기도 하였다.

그 때 성 북쪽에 보리수가 있으니 이름이 보광법운음당(普光法雲音幢)이니, 잠깐잠깐마다 모든 여래의 도량에 나타나서 견고하게 장엄하니, 마니왕으로 근이 되고 온갖 마니로 줄기가 되고 여러 가지 보배로 잎이 되어 차례차례 피어서 서로 어울렸으며, 상하 사방에 원만하게 장엄하여 보배 광명을 놓고 묘한 음성을 내어 모든 여래의 깊은 경계를 연설하였다.

그 보리수 앞에 향물 못이 있으니 이름은 보배꽃 광명으로 법을 말하는 우뢰였다. 묘한 보배로 언덕이 되고, 백만억 나유타 보배나무가 둘러섰는데, 나무마다 모양이 보리수와 같고, 보배 영락을 드리웠으며, 보배로 이루어진 한량없는 누각이 도량에 두루하여 장엄하게 꾸몄으며, 그 향물못에 큰 연화가 솟았으니 이름이 3세 모든 여래의 장엄한 경계를 나타내는 구름이었다.

수미산 티끌 수의 부처님이 거기 나타나셨는데, 첫 부처님의 이름은 보지보염묘덕당(普智寶焰妙德幢)이라, 이 연화 위에서 처음으로 무상보리를 얻었고, 한량없는 천년 동안 바른 법을 연설하여 중생을 성숙시켰느니라.

저 여래가 성불하기 전에 이 연화에 깨끗한 광명을 놓았으니 이름은 신통을 나타내어 중생을 성숙함이라, 만일 이 광명을 만난 중생은 마음이 열리어 알지 못함이 없으며, 10천 년 뒤에 부처님이 나실 것을 알았느니라.

9천 년 전에 깨끗한 광명을 놓았으니 이름은 모든 중생의 때를 여읜 등불이라, 만일 이 광명을 만난 중생은 청정한 눈을 얻어 모든 빛을 보았으며, 9천 년 뒤에 부처님이 나실 것을 알았느니라.

8천 년 전에 큰 광명 이름은 모든 중생의 업을 지어 과보 받는 음성이었고 7천 년 전에 큰 광명 이름은 모든 선근을 내는 음성이었다. 그리고 6천 년 전에 큰 광명 이름은 부처의 부사의한 경계의 음성이고 5천 년 전에 큰 광명 이름은 모든 부처의 세계를 깨끗이 하는 음성이었으며 4천 년 전에 큰 광명 이름은 모든 여래의 경계가 차별 없는 등불이고 3천 년 전에 큰 광명 이름은 3

세에 밝은 등불이고 2천 년 전에 광명 이름은 여래의 가림을 여읜 지혜 등불이고 1천 년 전에 큰 광명 이름은 모든 중생이 부처님을 뵈옵고 선근을 모으게 함이 없는데, 만일 이 광명을 만난 중생은 부처님을 보는 삼매를 성취하였고 8천년 뒤와 7천년 6천년 5천년 4천년 3천년 2천년 1천 년 뒤에 부처님이 나실 것을 알았느니라.

마지막일 전에 큰 광명 이름은 모든 중생의 기뻐하는 음성이라, 만일 이 광명을 만난 중생은 여러 부처님을 두루 뵈옵고 크게 환희하였으며, 7일 후에 부처님이 나실 것을 알았느니라. 과연 7일 후에 모든 세계가 다 진동하며 순일하게 깨끗하여 더러움이 없었으며, 잠깐 동안마다 시방의 모든 청정한 세계를 나타내었으며, 저 세계의 여러 가지 장엄도 나타나고, 만일 중생의 근성이 성숙하여 부처님을 볼 만한 이는 다 도량으로 나아갔다.

이 때 저 세계의 모든 윤위산·수미산·산·바다·당·성·담·궁전·음악·말들이 모두 음성을 내어 모든 부처님의 신통경계를 찬탄하였다.

또 모든 향 구름과 사르는 향·가루 향·향 마니 형상·마니 옷·영락·묘한 꽃·여래의 광명·여래의 등근 광명·음악·여래의 서원 소리·여래의 음성 바다·여래의 잘생긴 모습 구름을 내어서 여래가 세간에 나시는 부사의한 모양을 나타내어 보였다.

이 3세 모든 여래의 장엄한 경계를 두루 비추는, 큰 보배 연꽃왕에 10 세계의 티끌 수 연꽃이 둘러싸고, 여러 연꽃 속에는 다 마니보배광 사자좌가 있고 사자좌마다 보살이 가부하고 앉았다.

저 보지보염묘덕당왕여래께서는 여기서 무상보리를 이룰 때에, 시방의 모든 세계에서 무상보리를 이루었느니라. 중생심을 따라 그 앞에 나타나서 법륜을 굴리고, 낱낱 세계에서 한량없는 중생에게 악도의 고통을 여의게 하고 한량없는 중생을 천상에 나게 하고, 성문이나 벽지불의 지위에 머물게 하였다.

한량없는 중생에게 벗어나는 보리행·용맹한 당기 보리행·법 광명 보리행·청정한 근 보리행·평등한 힘 보리행·법성에 들어가는 보리행·온갖 처소에 두루 가서 깨뜨릴 수 없는 신통한 힘 보리행·넓은 문 방편도에 들어가는 보리행·삼매문에 머무는 보리행·모든 청정한 경계를 반연하는 보리행을 성취케 하였다.

한량없는 중생에게 보리심을 내게 하고, 한량없는 중생을 보살의 도·청정한 바라밀다 길·초지·보살의 2지와, 내지 10지에 머물게 하고, 한량없는 중생을 보살의 훌륭한 행과 원에 들어가게 하고, 한량없는 중생을 보현의 청정한 행원에 머물게 하였다.

저 보지보염묘덕당여래가 이렇게 부사의한 자재로운 신통을 나타내어 법륜을 굴릴 적에, 그 낱낱 세계에서 마땅한 대로 잠깐잠깐마다 한량없는 중생을 조복하였느니라.

그 때 보현은 보배꽃 등불나라 서울 안에 있는 중생들이 잘생긴 모양과, 여러 환경을 믿고 교만한 마음을 내어 다른 이들을 능멸히 여김을 알고, 단정하고 훌륭한 몸으로 화하여 그 성중에 이르러 큰 광명을 놓아 모든 것을 비추었다. 그래서 그 전륜성왕과 여러 보배와 일월성신과 중생들의 모든 광명이 모두 드러나지 못하였다. 마치 해가 뜨면 모든 별빛이 없어지는 듯, 검은 먹덩이로 잠부다나금을 상대하는 듯하였다.

이 때 중생들은 이렇게 말하였다.

'이것이 누구의 일일까. 하늘의 짓일까. 범천의 짓일까. 이런 광명을 놓아 우리들 몸에 있던 광채가 나타나지 못하는구나. 아무리 생각하여도 알 수가 없네.'

이 때 보현이 그 전륜왕의 궁전 위에 있는 허공중에서 이렇게 말하였다.

"대왕이여, 지금 당신의 나라에 부처님이 나시어서 넓은 광명 법 구름 음성 당기 보리수 아래에 계신 줄을 아소서."

이 때에 전륜성왕의 딸 연꽃 묘한 눈 공주가 보현의 나투신 몸에 광명이 자재함을 보며, 또 몸에 있는 여러 장엄 거리에서 나는 아름다운 소리를 듣고는 환희한 마음으로 이렇게 생각하였다.

"바라건대 내게 있는 모든 선근력으로 이러한 몸·장엄·모습·위의·자유자재함을 얻어지이다. 지금 이 거룩하신 보살께서 중생들이 나고 죽는 캄캄한 밤중에 큰 광명을 놓으면서, 여래가 세상에 나심을 보여 주시니, 나도 저와 같이 모든 중생에게 지혜의 광명이 되어 저들의 캄캄한 무명을 깨뜨리게 하소서. 내가 태어나는 곳마다 이 선지식을 항상 떠나지 말게 하여지이다."

그 때 전륜왕이 귀한 딸과 일천 아들·권속·신하들과 네 종류의 군대와 한량없는 성중 백성에게 앞뒤로 호위되었는데, 왕의 신통력으로 한 유순쯤 높은 허공에 올라가서 큰 광명을 놓아서 사천하에 비추었다. 여러 중생의 앙모함이 되어 중생들과 함께 부처님을 가 뵈오려고 게송으로 찬탄하였다.

    부처님 이 세상에 나타나시어 그 많은 중생들을 구원하나니
    너희들은 마땅히 빨리 일어나 부처님 계신 데로 나아가거라
    한량없고 수없는 여러 겁 만에 부처님이 세간에 출현하시어

깊고 묘한 법문을 연설하시니 끝없는 중생들이 이익을 얻네.

　이 세간 중생들이 잘못된 생각 어리석고 의심 많고 지혜가 없어
생사에 헤매는 줄 살펴보시고 부처님이 자비심을 일으키셨네.
그지없는 억천만 겁 오랜 세월에 위없는 보리행을 닦아 익힘은
많은 중생 건지려고 하시는 원력 가엾게 여기시는 마음이니라.

눈·코·손·발, 머리와 몸과 온갖 것을 모두 다 버리시옵던
보리를 구하려는 고마운 마음 한량없는 오랜 겁 한결같나니
그지없는 억천 겁을 지내더라도 부처님은 만나기 어려운 일이
누구나 보고 듣고 섬긴다 하면 모든 일이 헛되지 아니하리라.

너희들은 지금에 우리와 함께 부처님 계신 곳에 나아가 뵙자.
여래의 사자좌에 앉으시어서 마군을 항복 받고 부처 되셨네.
여래의 거룩한 몸 앙모하여라, 한량없는 광명을 멀리 놓으니
갖가지 미묘한 여러 빛깔이 캄캄한 모든 것을 제해 버리며

부처님의 하나하나 털구멍마다 부사의한 광명을 각각 놓아서
수없는 중생들께 널리 비추니 그들은 고루고루 기쁘게 한다.
너희들은 모두 다 엄청나게 큰 꾸준히 노력하는 마음을 내고
부처님 계신 곳에 함께 나아가 공경하는 정성으로 공양하여라.

　이 때 전륜성왕이 게송으로 부처님을 찬탄하고 여러 중생들을 깨우치고는, 전륜왕의 선근으로부터 10천 가지 광대한 공양 거리 구름을 내면서 도량으로 나아가 여래의 계신 데로 향하였다.
　온갖 보배 일산·꽃 휘장·보배 옷·보배 방울 그물·온갖 향기 바다·보배 자리·보배 당기·궁전·묘한 꽃·장엄 거리 구름이 허공에 가득히 장식하였다.
　도량에 이르러 보지보염묘덕당왕여래의 발에 엎드려 예배하고 한량없는 백천 겁을 돌고, 부처님 앞의 시방을 두루 비추는 보배 연꽃 자리에 앉았다.
　전륜성왕의 딸 넓은 지혜 불꽃 묘한 공덕 눈 아씨는 몸에 꾸몄던 장엄 거리를 벗어 부처님께 흩었다. 그 장엄 거리는 공중에서 보배 일산으로 변화하여 보배 그물이 드리웠는데 용왕이 받들고 있었다. 모든 궁전들이 그 가운데 널려

있는데, 열 가지 보배 일산이 돌렸으니 형상이 누각과 같으며, 안팎이 청정하였고, 영락 구름과 보배 나무를 향물 바다 마니로 장엄하였다. 이 일산 안에 보리수가 있으니 가지와 잎이 무성하여 법계를 두루 덮었는데, 잠깐 동안에 한량없는 장엄을 나타내었다.

비로자나여래께서 이 보리수 아래 앉으셨는데, 말할 수 없는 세계의 티끌 수 보살들이 앞뒤로 둘러 모시었으니, 모두 보현의 행원으로부터 나서 여러 보살의 차별없이 머무르는 데 머물렀다.

모든 세간의 임금들도 보았고, 여래의 자재하신 신통, 모든 겁의 차례와 세계가 이룩하고 파괴함, 저 모든 세계에 여러 부처님이 나시는 차례, 또 저 여러 세계마다 보현보살이 있어서 불공하고 중생을 조복하는 것, 또 저 모든 보살들의 몸속에 있음, 또 자기의 몸이 그의 몸속에 있음, 또 그 몸이 모든 여래·보현·보살·중생의 앞에 있음을 보았다.

또 저 모든 세계마다 각각 불세계의 티끌 수 세계가 있어서 갖가지 경계선이며 갖가지 맡아 지님·형사·성품·벌여 놓음·장엄·청정함·장엄 구름이 위에 덮임·겁의 이름·부처님이 나심·3세·처소·법계에 머무름·법계에 들어감·허공에 머무름·여래의 보리장·여래의 신통한 힘·여래의 사자좌·여래의 대중 바다·여래의 대중 차별·여래의 교묘한 방편·여래의 법륜을 굴림·여래의 묘한 음성·여래의 말씀 바다·여래의 경전 구름을 보았다.

이런 것들을 보고는 마음이 청정하여서 매우 환희하였다.

보지보염묘덕당왕여래께서 수우트라를 말씀하시니 이름이 일체 여래 전법륜이며 열 세계의 티끌 수 수우트라로 권속이 되었다.

이 때 그 아씨가 이 경을 듣고 10천 가지 삼매문을 성취하니, 그 마음이 보드랍고 억세지 않은 것이, 마치 태에 처음 든 듯, 처음으로 태어난 듯, 사라나무의 싹이 처음 나는 듯, 그 삼매의 마음도 그러하였듯이, 이른바 모든 부처님이 보는 삼매·모든 세계 비추는 삼매·모든 3세 문에 들어가는 삼매·모든 불법륜을 말하는 삼매·모든 부처님의 서원 바다를 아는 삼매·모든 중생을 깨우쳐 생사하는 괴롬에서 벗어나게 하는 삼매·모든 중생의 캄캄함을 깨뜨리려는 삼매·모든 중생을 교화하면서 고달픈 생각을 내지 않는 삼매·모든 보살의 걸림 없는 당기 삼매·모든 청정한 불세계에 두루 나아가는 삼매들이니, 이러한 삼매를 얻었다.

또 묘한 선정 마음·흔들리지 않는 마음·편안히 위로하는 마음·광대한 마음·선지식을 순종하는 마음·깊고 깊은 온갖 지혜를 반연하는 마음·광대한 방편 바다에 머무는 마음·모든 집착을 버리는 마음·모든 세간의 경계에 머물지 않는 마음·여래의 경계에 들어가는 마음·모든 빛깔 바다를 비추는 마음·시끄러움이 없는 마음·거만함이 없는 마음·게으르지 않는 마음·모든 법성을 생각하는 마음·모든 법문 바다에 편안히 머무는 마음·모든 중생 바다를 잘 아는 마음·모든 중생 바다를 구호하는 마음·모든 세계바다를 두루 비추는 마음·모든 불서원바다를 두루 내는 마음·모든 장애의 산을 깨뜨리는 마음·복덕을 쌓아서 도를 돕는 마음·여러 부처님의 10력을 보는 마음·보살의 경계를 두루 비추는 마음·보살도를 돕는 것을 늘게 하는 마음·모든 방편 바다를 두루 반연하는 마음을 얻었다.

보현의 큰 서원을 일심으로 생각하며 모든 여래의 열 세계 티끌 수 서원 바다를 세웠으니, 모든 불국토를 깨끗이 하려는 서원·모든 중생을 조복하려는 서원·온갖 법계를 두루 알려는 서원·온갖 법계 바다에 들어가려는 서원·모든 불세계에서 오는 세월이 끝나도록 모든 보살행을 버리지 않으려는 서원·모든 여래를 친근히 하려는 서원·모든 선지식을 받들어 섬기려는 서원·모든 부처님께 공양하려는 서원·잠깐잠깐마다 보살행을 닦고 온갖 지혜를 늘게 하여 간단함이 없으려는 서원이라. 이와 같은 10세계의 티끌 수 서원 바다를 세워서 보현의 가진 큰 서원을 성취하려 하였다.

그 때 저 여래께서는 그 여인을 위하여, 발심한 후부터 모든 선근과 닦은 묘행을 연설하여 보여 주었으며, 그로 하여금 깨달아서 여래의 서원 바다를 성취, 일심으로 온갖 지혜의 자리에 나아가게 하였다.

또 이보다 10대겁(大劫) 전에 세계가 있었으니 이름이 햇빛 마니요, 부처님 명호는 인다라당묘상(因陀羅幢妙相)이었다. 저 묘한 눈 아씨는 저 여래의 남기신 교법 중에서 보현의 권고로 연꽃 자리에 있는 낡은 불상을 보수하였고, 보수하고는 또 채색을 올렸으며 다시 보배로 장엄하고, 무상보리심을 내었느니라. 내가 생각하니 과거에 보현보살 선지식을 만났으므로 이 선근을 심었으며, 그 후부터 악도에 떨어지지 않고, 항상 천왕이나 인왕의 족성에 태어나는데, 단정 화평하고 모든 모습이 원만하여 보는 이들이 기뻐하였으며, 부처님을 항상 뵈옵고, 보현을 항상 친근하였으며, 지금까지도 나를 지도하고 깨우치고 성숙케 하여 환희심을 내게 하시느니라.

그 때의 비로자나장묘보연화계 전륜성왕은 다른 이가 아니라, 지금의 미륵보살이시고, 그 때의 원만면(圓滿面) 왕비는 지금의 고요한 음성 바다 밤 맡은 신이니, 지금 있는 데가 여기서 멀지 아니하니라. 그 때의 묘공덕안의 아가씨는 곧 이 내 몸이니, 나는 그 때에 아가씨로서 보현의 권고를 받고 연꽃 자리 위에 있는 불상을 보수한 것이 위없는 보리의 인연이 되어 무상보리심을 내게 하였으니, 나는 그 때에 처음으로 발심하였느니라.

그 다음에 또 나를 인도하여 묘덕왕 부처님을 보게 하였는데, 몸의 영락을 끌러서 부처님께 흩어 공양하고 부처님의 신통력을 보며 부처님의 법문 말씀을 들었고, 즉시 보살이 모든 세계에 두루 나타나서 중생을 조복하는 해탈문을 얻었으며, 생각생각마다 수미산 티끌 수 부처님을 보기도 하고, 그 불도량에 모인 대중들과 청정한 국토를 보기도 하였는데, 나는 모두 존중 공경 공양하였으며, 법문을 듣고 가르치신 대로 닦아 행하였느니라.

저 비로자나 대위덕 세계의 원만 청정한 겁을 지내고, 다음에 세계가 있었으니 이름이 보배 바퀴 묘한 장엄이며, 겁의 이름은 큰 광명이니, 5백 부처님이 거기서 출현하셨는데, 나는 다 받들어 섬기고 공경하고 공양하였노라.

맨 처음 부처님은 대비당(大悲幢)이시니, 처음 출현하실 적에 나는 밤 맡은 신이 되어 공경 공양하였노라.

다음은 금강나라연당(金剛那羅延幢)이시니, 나는 전륜왕이 되어 공경 공양하였으며, 그 부처님이 나에게 수우트라를 말씀하시니 이름이 일체불출현(一切佛出現)이며, 10 세계의 티끌 수 수우트라로 권속이 되었느니라.

그 다음은 금강무애덕(金剛無碍德)이시니, 나는 그 때에 전륜왕이 되어 공경 공양하였으며, 그 부처님 나에게 수우트라를 말씀하시니, 이름이 보조일체중생근(普照一切衆生根)이며, 수미산 티끌 수 수우트라로 권속이 되었는데 내가 다 받아 가졌노라.

다음은 화염산묘장엄(火焰山妙莊嚴)이시니, 나는 그 때에 장자의 딸이 되었고, 그 부처님은 나에게 수우트라를 말씀하시니, 이름이 보조삼세장(普照三世藏)이라, 잠부드이파의 티끌 수 수우트라로 권속이 되었는데 내가 모두 듣고 법대로 받아 가졌노라.

다음은 일체법해고승왕(一切法海高勝王)이시니, 나는 아수라왕이 되어 공경 공양하였으며, 그 부처님이 나에게 수우트라를 말씀하시니, 이름이 분별일체법계(分別一切法界)라, 5백 수우트라로 권속이 되었는데, 내가 다 듣고 법대로 받아 가졌노라.

다음은 해악법광명(海嶽法光明)이니, 나는 용왕의 딸이 되어 여의마니 보배 구름을 내려 공양하였으며, 그 부처님이 나에게 수우트라를 말씀하시니, 이름이 증장환희해(增長歡喜海)라, 백만억 수우트라로 권속이 되었는데, 내가 모두 듣고 법대로 받아 가졌노라.

다음은 보염산등(普焰山燈)이시니, 나는 바다 맡은 신이 되어 보배 연꽃 구름을 내려 공경 공양하였으며, 그 부처님이 나에게 수우트라를 말씀하시니, 이름이 법계방편해광명(法界方便海光明)이라, 부처님 세계의 티끌 수 수우트라로 권속이 되었는데, 내가 모두 듣고 법대로 받아 가졌노라.

다음은 공덕해광명륜(功德海光明輪)이시니, 나는 그 때에 5통선인이 되어 큰 신통을 나투었으며 6만 신선들이 앞뒤에 호위하였고, 향꽃 구름을 내려 공양하였으며, 그 부처님이 나에게 수우트라를 말씀하시니, 이름이 무착법등(無着法燈)이라, 6만 수우트라로 권속이 되었는데, 내가 모두 듣고 법대로 받아 가졌노라.

다음에 나신 부처님 이름은 비로자나 공덕장이시니, 나는 그 때에 땅 맡은 신이 되었는데 이름이 평등한 뜻을 냄이라, 한량없는 땅 맡은 신과 함께 모든 보배나무서원·마니광서원·보배영락 구름을 내려 공양하였으며, 그 부처님이 나에게 수우트라를 말씀하시니 이름이 출생일체여래지장(出生一切如來智藏)이라, 한량없는 수우트라로 권속이 되었는데, 내가 모두 듣고 법대로 받아 가졌노라.

이러한 차례로서 최후에 나신 부처님 이름은 충만허공법계묘덕등(充滿虛空法界妙德燈)이시니, 나는 기생이 되어 이름을 미안(美顔)이라 하였는데, 부처님이 성안에 들어오심을 뵈옵고 노래와 춤으로 공양하였으며 불신통을 받자와 공중에 솟아 올라가서 일천 게송으로 부처님을 찬탄하였고, 부처님은 나를 위하여 미간으로 광명을 놓으니 이름이 법계를 장엄하는 큰 광명이라. 내 몸에 두루 쬐며 나는 그 광명을 받고 해탈문을 얻었으니 이름이 법계의 방편인 물러가지 않는 광이니라.

이 세계는 이러한 불세계의 티끌 수 겁이 있었고, 모든 여래가 그 가운데 나시는 것을 내가 모두 받들어 섬기고 공경 공양하였으며, 저 여래들께서 말씀하신 법을 내가 다 기억하여 한 구절 한 글자도 잊지 아니하였고, 저 낱낱 여래의 계신 데마다 모든 불법을 칭찬하고 찬탄하여 한량없는 중생에게 이익을 지었으며, 저 모든 불소에서 온갖 지혜의 광명을 얻고 3세의 법계바다에 나타나서 모든 보현행에 들어갔노라.

나는 온갖 지혜광명을 의지하였으므로 잠깐잠깐마다 한량없는 부처님을 뵈올 수 있으며, 부처님을 뵈옵고는 예전에 얻지 못하고 예전에 보지 못하던 보현행을 다 만족하게 성취하나니, 그 까닭은 온갖 지혜광명을 얻은 연고니라.

"나는 다만 보살의 온갖 세간에 나타나서 중생을 조복하는 해탈을 얻었을 뿐이니, 저 모든 보살의 그지없는 행을 닦아 모음과 갖가지 이해를 내는 일·몸을 나타냄·근을 갖춤·소원을 만족함·삼매에 듦·신통변화를 일으킴·법을 관찰함·지혜의 문에 들어감·법광명을 얻는 일이야 내가 어떻게 알며, 어떻게 그 공덕행을 말하겠는가.

여기서 멀지 않는 곳에 밤 맡은 신이 있으니 이름이 고요한 음성 바다라, 마니광명당장엄연화좌(摩尼光明幢莊嚴蓮華座)에 앉았으며, 백만 아승지 밤 맡은 신들이 앞뒤로 둘러쌌으니 그에게 가서 보살도를 물으라."

⑤ 적정음해신의 난승지(難勝地) – 화엄경 제71권

ㄱ. 교취자문(教趣諮問)

그 때 선재동자는 중생을 널리 구호하는 묘한 덕 밤 맡은 신에게서 보살이 온갖 세간에 나타나서 중생을 조복하는 해탈문을 듣고, 분명히 알고 믿고 이해하며 자유자재하게 편안히 있으면서, 고요한 음성 바다 밤 맡은 신에게로 가서, 그의 발에 엎드려 절하고 수없이 돌고 앞에서 합장하고 말하였다.

"거룩하신 이여, 저는 이미 무상보리심을 내었나이다. 선지식을 의지하여 보살행을 배우고 보살행에 들어가고 보살행을 닦고 보살행에 머물고자 하오니, 자비하신 마음으로 가엾이 여기시고, 보살이 어떻게 보살행을 배우며 어떻게 보살도를 닦는가를 말씀하여 주소서."

ㄴ. 칭찬수법(稱讚授法)

"좋다, 그대가 능히 선지식을 의지하여 보살행을 구하려 하는구나. 나는 보살의 생각생각마다 광대한 기쁨을 내는 장엄 해탈문을 얻었노라."

"그 해탈문은 무슨 사업을 지으며 무슨 경계를 행하며 무슨 방편을 일으키며 무슨 관찰을 하나이까."

㉠ 해탈의 업용

"나는 청정하고 평등한 좋아하는 마음, 모든 세간의 티끌을 여의고 청정하고 견고하게 장엄하여 깨뜨릴 수 없는 좋아하는 마음, 물러가지 않는 자리를 반연하여 영원히 물러가지 아니하는 마음, 공덕 보배의 산을 장엄하여 흔들리지 않는 마음, 머무는 곳이 없는 마음, 모든 중생의 앞에 두루 나타나서 구호하는 마음, 모든 부처님 바다를 보아 만족함이 없는 마음, 모든 보살의 청정한 서원력을 구하는 마음, 큰 지혜의 광명 바다에 머무는 마음을 내었노라. 나는 모든 중생이 걱정 벌판을 뛰어넘게 하려는 마음, 근심과 괴롬을 여의게 하려는 마음, 뜻에 맞지 않는 빛·소리·향기·맛·닿음·법진을 버리게 하려는 마음, 사랑하는 이와 이별하는 괴롬과 원수를 만나는 괴롬을 여의게 하려는 마음, 모든 힘난을 당할 때 의지가 되려는 마음, 괴로운 생사에서 뛰어 나게 하려는 마음, 나고 늙고 병들고 죽는 고통을 여의게 하려는 마음, 여래의 위없는 법의 즐거움을 성취케 하려는 마음, 모두 기쁨을 받게 하려는 마음을 내었노라.

　이런 마음을 내고는 다시 법을 말하여 그들로 하여금 차츰 온갖 지혜의 지위에 이르게 하노니, 이른바 어떤 중생이 자기가 있는 궁전이나 가옥을 애착함을 보면 그에게 법을 말하여 모든 법성을 통달하여 여러 가지 집착을 여의게 하노라. 부모나 형제나 자매를 그리워함을 보면 여러 부처님과 보살의 청정한 모둠에 참여케 하며, 처자를 그리워함을 보면 생사의 애착을 버리고 가엾이 여기는 마음을 내어 모든 중생에게 둘이 없이 평등하게 하며, 왕궁에 있으면서 채녀들이 받들어 모심을 보면 여러 성인이 모이는 데 참여하여 여래의 가르침에 들게 하며, 경계에 물듦을 보면 여래의 경계에 들어가게 하노라. 성내는 일이 많음을 보면 그에게 법을 말하여 여래의 참는 바라밀다에 머물게 하며, 마음이 게으름을 보면, 청정하게 꾸준히 노력하는 바라밀다를 얻게 하며, 마음이 산란함을 보면 여래의 선정 바라밀다를 얻게 하며, 여러 소견의 숲이나 무명의 캄캄한 데 들어감을 보면 어두운 숲 속에서 벗어나게 하며, 지혜가 없음을 보면 반야 바라밀다를 얻게 하노라.

　어떤 중생이 3세에 물듦을 보면 그에게 법을 말하여 생사에서 벗어나게 하며, 뜻이 용렬함을 보면 불보리에 대한 서원을 원만케 하며, 저를 이롭게 하는 행에 머무른 이를 보면 모든 중생을 이익케 하려는 소원을 내게 하며, 뜻과 힘이 미약함을 보면 보살의 력바라밀다를 얻게 하며, 어리석어 마음이 캄캄함을 보면 보살의 지혜 바라밀다를 얻게 하고 갖추지 못함을 보면 여래의 청정한 육신을 얻게 하며, 얼굴이 누추함을 보면 위없는 청정한 법신을 얻게 하며, 모양이 추악함을 보면 여래의 미묘한 육신을 얻게 하며, 근심하는 생각이 많음을 보면 여래의 끝까지 안락함을 얻게 하며, 가난에 쪼들림을 보면 보살의 공덕인 보배광을 얻게 하며, 동산에 있는 이를 보면 불법의 인연을 부지런히 구하게 하노라.

　어떤 중생이 길 가는 것을 보면 그에게 법을 말하여 온갖 지혜의 길로 향하게 하며, 마을 가운데 있음을 보면 3세에서 뛰어나게 하며, 인간에 있는 것을 보면 2승의 길에서 초월하여 여래의 지위에 머물게 하며, 성중에 삶을 보면 법왕의 성중에 머물게 하며, 네 간방에 있음을 보면, 3세가 평등한 지혜를 얻게 하며, 여러 방위에 있음을 보면 지혜를 얻어 모든 법을 보게 하노라.

어떤 중생이 탐심이 많은 이를 보면 그에게 부정관 하는 법을 말하여 생사에 대한 애착을 버리게 하며, 성내는 일이 많음을 보면 인자함을 관하는 법을 말하여 부지런히 닦는 데 들어가게 하며, 어리석은 짓을 많이 하는 이를 보면 법을 말하여 밝은 지혜를 얻어 모든 법 바다를 보게 하며, 3독이 평등한 이를 보면 법을 말하여 여러 승(乘)의 소원 바다에 들게 하노라.

어떤 중생이 나고 죽는 낙을 좋아함을 보면 그에게 법을 말하여 싫어서 떠나게 하며, 생사의 괴롬을 싫어하여 여래의 제도를 받을 이를 보면, 능히 좋은 방편으로 일부러 태어나게 하며, 5온(蘊)에 애착함을 보면 의지 없는 경계에 머물게 하며, 마음이 용렬한 이를 보면 훌륭하게 장엄한 도를 보이며, 마음이 교만한 이를 보면 평등한 법의 지혜를 말하며, 마음이 곧지 못한 이를 보면 보살의 곧은 마음을 말하노라.

나는 이러한 한량이 없는 법보시로 중생들을 거두어 주되, 갖가지 방편으로 교화하고 조복하여 나쁜 길을 여의고 인천락을 받게 하며 3세의 속박을 벗어나 온갖 지혜에 머물게 하고는, 그 때에 나는 엄청난 즐거움과 법광명 바다를 얻고 마음이 화창하며 편안하고 희열하노라.

또 나는 모든 도량에 모인 보살 대중을 항상 관찰하여 그들이 갖가지 원행을 닦으며, 깨끗한 몸을 나투며, 항상한 광명이 있으며, 광명을 놓으며, 방편으로 온갖 지혜의 문에 들어가며, 삼매에 들어 신통변화를 나타내며, 음성 바다를 내며, 장엄한 몸을 갖추며, 여래의 문에 들어가며, 세계바다에 나아가 부처 바다를 뵈오며, 변재 바다를 얻으며, 해탈경계를 비추며, 지혜의 광명바다를 얻으며, 삼매 바다에 들어가며, 해탈의 문에 유희하며, 허공 법계를 장엄하며, 장엄 구름으로 허공을 두루 덮으며, 도량에 모든 대중을 관찰하며, 세계를 모으며, 불세계에 들어가며, 방해(方海)에 나아가 여래의 명령을 받으며, 여래의 처소에서 보살과 함께하며, 장엄 구름을 내리며, 여래의 방편에 들어가며, 여래의 법 바다를 보며, 지혜 바다에 들어가며, 장엄한 자리에 앉았음을 아노라. 나는 이 도량에 모인 대중을 관찰하여 불신통력이 한량없고 그지없음을 알고 매우 환희함을 내노라.

나는 비로자나여래께서 잠깐잠깐마다 부사의하게 청정한 몸을 나타내심을 관찰하며, 큰 광명을 놓아 법계에 가득함을 관찰하며, 낱낱 털구멍에서 잠깐잠깐마다 한량없는 세계의 티끌 수 광명으로 권속을 삼고, 낱낱이 모든 법계에 두루하여 모든 중생의 괴롬을 소멸함을 관찰하니, 여래의 정수리와 두 어깨에서 잠깐잠깐마다 모든 세계의 티끌 수 보배 불꽃 산 구름(寶焰山雲)을 나타내어 시방의 모든 법계에 가득함을 관찰하며, 여래의 털구멍마다 잠깐잠깐 동안에 모든 불세계의 티끌 수 향기 광명 구름을 내어 시방의 모든 세계에 가득함을 관찰하며, 여래의 낱낱 모습에서 잠깐잠깐마다 모든 불세계의 티끌 수 몸매로 장엄한 여래의 몸 구름을 내어 시방의 모든 세계에 두루 감을 관찰하며, 여래의 털구멍마다 잠깐잠깐 동안에 말할 수 없는 세계의 티끌 수 변화하는 구름을 내어, 여래께서 처음 마음을 내어 바라밀다를 닦음으로부터 장엄한 길을 갖추어 보살의 지위에 들어감을 관찰하며, 여래의 낱낱 털구멍에서 잠깐잠깐마다 말할 수 없이 말할 수 없는 세계의 티끌 수 천왕의 몸 구름을 나타내며, 또 천왕의 자재한 신통변화로 모든 시방의 법계에 가득하여, 천왕의 몸으로 제도할 수 있는 이에게는 그 앞에 나타나서 법을 말함을 관찰하니, 이런 것들을 볼 때마다 매우 환희함을 내노라.

천왕의 몸 구름과 같이 용왕·야차왕·건달바왕·아수라왕·가루라왕·긴나라왕·마후라가왕·사람왕·범천왕의 몸 구름에서도 낱낱 털구멍마다 이렇게 나타나서 이렇게 법을 말하나니, 나는 이것을 보고는, 잠깐잠깐 동안에 매우 환희함을 내고 믿고 좋아함을 내었으니, 그 분량이 법계에 살바자냐들과 같아서, 예전에 증득하지 못한 것을 지금 증득했고, 예전에 들어가지 못한 데 지금 들어갔고, 예전에 만족하지 못한 것을 지금 만족하고, 예전에 보지 못한 것을 지금 보았고, 예전에 듣지 못한 것을 지금 들었노라.

왜냐하면 법계의 모양을 능히 분명하게 알고, 온갖 법이 오직 한 모양임을 알며, 3세의 도에 평등하게 들어가고, 온갖 그지없는 법을 말하는 까닭이니라. 나는 이 보살이 생각생각마다 엄청나게 기쁜 장엄을 내는 해탈광명 바다에 들어갔노라.

또 이 해탈은 그지없으니 온갖 법계의 문에 두루 들어가는 연고며, 다함이 없으니 온갖 지혜 성품의 마음을 평등히 내는 연고며, 짬이 없으니 살표가 없는 모든 중생의 생각 속에 들어가는 연고며, 매우 깊으니 고요한 지혜로야 알 수 있는 경계인 연고며, 크고 넓으니 모든 여래의 경계에 두루하는 연고며, 무너짐이 없나니 보살의 지혜 눈으로 나는 연고며, 바닥이 없으니 법계의 밑바닥까지 다한 연고며, 넓은 문이니 한 가지 일에서는 모든 신통변화를 두루 보는 연고며, 마침내 취할 수 없으니 모든 법의 몸과 뜻이 없는 연고며, 마침내 나지 않나니 눈어리와 같은 법인 줄을 아는 연고니라.

이 해탈은 영상과 같으니 온갖 지혜와 서원의 광명으로 생긴 연고며, 변화와 같으니 보살의 여러 가지 훌륭한 행을 변화하여 내는 연고며, 땅덩이와 같으니 모든 중생의 의지할 곳이 없는 연고며, 큰 물과 같으니 크게 가엾이 여김으로 모든 것을 적시는 연고며, 큰 불과 같으니 중생들의 탐애의 물을 말리는 연고며, 큰 바람과 같으니 중생들을 온갖 지혜로 빨리 나아가게 하는 연고며, 큰 바다와 같으니 여러 가지 공덕으로 모든 중생을 장엄하는 연고며, 수미산과 같으니 온갖 지혜의 법보(法寶)를 내는 연고며, 큰 성곽과 같으니 모든 미묘한 법으로 장엄한 연고며, 허공과 같으니 3세 부처님의 신통력을 두루 용납하는 연고며, 큰 구름과 같으니 중생들에게 법비를 두루 내리는 연고니라.

이 해탈은 깨끗한 해와 같으니 중생들의 무지한 어둠을 깨뜨리는 연고며, 보름달과 같으니 광대한 복덕 바다를 만족케 하는 연고며, 진여와 같으니 모든 곳에 능히 두루하는 연고며, 자기의 그림자와 같으니 자기의 선업으로 화하여 나는 연고며, 메아리와 같으니 그에게 맞추어 법을 말하는 연고며, 영상과 같으니 중생심을 따라 나타나는 연고며, 큰 나무와 같으니 모든 신통의 꽃을 피우는 연고며, 금강과 같으니 본래부터 깨뜨릴 수 없는 연고며, 여의주와 같으니 한량없이 자유자재한 힘을 내는 연고며, 때를 여읜 마니 보배와 같으니 모든 세상 여래의 신통력을 나타내는 연고며, 기쁜 당기 마니 보배와 같으니 모든 불법륜의 소리를 평등하게 내는 연고니라.

내가 이제 그대에게 이런 비유를 말하였으니, 그대는 잘 생각하고 따라서 깨달아 들어가라."

ⓒ 해탈의 소인(所因)
"어떻게 수행하여서 이 해탈을 얻었나이까."

"보살이 열 가지 법장을 닦아 행하면 이 해탈을 얻느니라. 첫째는 보시하는 광대한 법장을 닦아서 중생심을 따라서 모두 만족케 하고, 둘째는 계행을 깨끗이 지니는 광대한 법장을 닦아서 모든 불공덕 바다에 들어가고, 셋째는 참는 광대한 법장을 닦아서 모든 법성을 두루 생각하고, 넷째는 꾸준히 노력하는 광대한 법장을 닦아서 온갖 지혜에 나아가 물러가지 않고, 다섯째는 선정의 광대한 법장을 닦아서 모든 중생의 시끄러움을 없애고, 여섯째는 반야의 광대한 법장을 닦아서 모든 법 바다를 두루 알고, 일곱째는 방편의 광대한 법장을 닦아서 모든 중생들을 성숙케 하고, 여덟째는 서원의 광대한 법장을 닦아서 모든 세계와 모든 중생 바다에 두루하여 오는 세월이 끝나도록 보살행을 수행하고, 아홉째는 힘의 광대한 법장을 닦아서 잠깐 동안에 모든 법계 바다에 나타나서 모든 국토에서 등정각을 이루어 쉬지 아니하고, 열째는 깨끗한 지혜의 광대한 법장을 닦아서 여래의 지혜를 얻고, 3세의 모든 법을 두루 알아 막힘이 없는 것이다.

만일 보살들 이러한 열 가지 큰 법장에 편안히 머무르면, 곧 이러한 해탈을 얻어 청정하고 증장하고 쌓이고 견고하여 편안히 머물러서 원만하게 되리라."

"당신이 무상보리심을 낸 지는 얼마나 오래되었나이까."

"이 화장장엄세계해의 동쪽으로 10세계해를 지나가서 세계해가 있으니, 이름은 온갖 깨끗한 빛 보배요, 이 세계해에 한 세계종(世界種)이 있으니 이름은 모든 여래의 서원광명 음성이요, 그 가운데 한 세계가 있으니, 이름이 청정하고 빛난 금 장엄인데, 일체향 금강 마니 왕으로 자체가 되었고, 형상은 누각과 같으며 여러 묘한 보배 구름이 경계선이 되어 모든 보배 영락 바다에 머무르며, 묘한 궁전 구름이 위에 덮였는데, 깨끗한 것과 더러운 것이 섞이었느니라.

이 세계에 옛적에 겁이 있었으니 이름은 넓은 광명 당기요, 나라 이름은 두루 원만한 묘광이요, 도량의 이름은 온갖 보배 광 아름다운 달 광명이었으며, 불퇴전법계음(不退轉法界音)부처님이 이 도량에서 무상보리를 이루었느니라.

나는 그 때 보리수신이 되었으니 이름은 복덕을 구족한 등불 광명 당기로서, 도량을 수호하다가 그 부처님이 등정각을 이루어 신통력을 나타내심을 보고 무상보리심을 내었고, 그 즉시에 삼매를 얻었는데, 이름이 여래의 공덕 바다를 두루 비춤이었느니라.

다음은 일체법해음성왕(一切法海音聲王)여래 때 나는 그 때 밤 맡은 신이 되어 부처님을 뵈옵고 모든 착한 법을 내어 자라게 하는 땅의 삼매를 얻고 다음에 보광명등당왕(寶光明燈幢王)여래 때는 신통을 두루 나타내는 광명 구름삼매를 얻었으며 다음에 공덕수미광(功德須彌光)여래 때는 여러 부처님 바다를 두루 비춤을 얻고 다음에 법운음성왕(法雲音聲王)여래 때는 모든 법바다 등불 삼매를 얻었으며 다음 지등조요왕(智燈照耀王) 여래 때는 모든 중생의 괴롬을 없애는 청정한 광명 등불 삼매를 얻고 다음에 법용묘덕당(法勇妙德幢)여래 때는 3세 여래의 광명 광삼매를 얻고 다음 사자용맹법지등(師子勇猛法智燈)여래 때는 모든 세간에 걸림 없는 지혜 바퀴삼매를 얻고 다음은 지력산왕(智力山王)여래 때는 나는 그 때 밤 맡은 신이 되어 부처님을 뵈옵고 받자와 섬기며 공양하고, 삼매를 얻었으니 이름이 3세 중생들의 근기와 행을 두루 비춤이었느니라.

청정하고 빛난 금 장엄세계의 넓은 광명 당기 겁 동안에 이러한 세계의 티끌 수 여래가 세상에 나셨는데, 나는 그 때마다 천왕도 되고 용왕·야차왕·건달바왕·아수라왕·가루라왕·긴나라왕·마후라가왕·사람의 왕·범왕도 되며, 하늘의 몸·사람의 몸·남자·여자의 몸·동남·동녀의 몸도 되어 갖가지 공양거리로 저 여래 부처님께 공양하였고, 그 부처님의 말씀하시는 법도 들었노라.
　여기서 목숨이 마치고는 또 이 세계에 태어나서 두 세계의 티끌 수 겁을 지내면서 보살행을 닦았고, 그런 뒤에 또 목숨이 마치고는 이 화장장엄세계해의 사바세계에 태어나서 가라구손태이(迦羅鳩孫駄二 : 구류손(拘留孫) 여래를 만나서 받자와 섬기며 공양하고 모든 때를 여읜 광명삼매를 얻었고 다음 구나함모니(拘那舍牟尼)여래 때는 모든 세계해를 두루 비추는 삼매를 얻었으며, 다음 카아샤파(迦葉)여래를 만나서는 모든 중생의 말씀 바다를 연설하는 삼매를 얻고 다음 비로자나여래 때는 부처님께서 이 도량에서 정등각을 이루시고 잠깐잠깐 동안 크게 신통력을 나타내시었으며, 나는 그 때 뵈옵고 이 생각생각마다 광대하게 기쁜 장엄을 내는 해탈을 얻었노라. 이 해탈을 얻고는 10배 말할 수 없는 세계의 티끌 수 법계가 나란히 정돈된 바다(法界安立海)에 들어갔으며, 그 모든 법계가 나란히 정돈된 바다에 있는 모든 세계의 티끌을 보니, 낱낱 티끌 속에 10배 말할 수 없이 말할 수 없는 세계의 티끌 수 불국토가 있고, 낱낱 불국토에 비로자나여래께서 도량에 앉아서 잠깐잠깐 동안에 정등각을 이루시고 여러 가지 신통변화를 나투시며, 그 신통변화는 낱낱 모든 법계 바다에 두루하며, 또 내 몸이 저 모든 여래의 계신 곳에 있음을 보고, 또 그곳에서 말씀하는 묘법을 들었느니라.
　또 저 모든 부처님의 털구멍마다 변화의 바다를 내고, 신통력을 나타내며, 모든 법계 바다의 모든 세계해·세계종·세계에서 중생의 마음을 따라서 바른 법륜을 굴리심을 보고, 나는 빠른 다라니문을 얻었으며, 온갖 글과 뜻을 받아가지고 생각하여 밝은 지혜로 모든 청정한 법장에 두루 들어가고, 자유자재한 지혜로 모든 깊은 법 바다에 노닐고, 두루한 지혜로 3세의 광대한 이치를 알고, 평등한 지혜로 부처님들의 차별 없는 법을 통달하여, 이렇게 모든 법을 깨달았노라.
　낱낱 법문 속에서 모든 수우트라 구름을 깨닫고, 낱낱 수우트라 구름속에서 모든 법 바다를 깨닫고, 낱낱 법 바다 속에서 모든 법의 품을 깨닫고, 낱낱 법의 품에서 모든 법 구름을 깨닫고, 낱낱 법 구름 속에서 모든 법의 흐름을 깨닫고, 낱낱 법의 흐름 속에서 모든 크게 기쁜 바다를 내고, 낱낱 크게 기쁜 바다에서 모든 지위(地)를 내고, 낱낱 지위에서 모든 삼매 바다를 내고, 낱낱 삼매 바다에서 견불해(見佛海)를 얻고, 낱낱 부처 법는 바다에서 모든 지혜 광명 바다를 얻었노라.

낱낱 지혜 광명 바다가 3세를 두루 비추고 시방에 두루 들어가, 한량없는 여래의 옛적에 닦던 수행 바다·지내온 본사해(本事海)·버리기 어려운 것을 능히 버린 보시 바다·청정한 계륜해(戒輪海)·청정한 참는 바다·광대한 정진 바다·반야 바라밀다 바다·방편 반야 바라밀다 바다·힘 바라밀다 바다·지혜 바라밀다 바다를 알았노라.

한량없는 여래가 옛적에 보살의 지위에 머물러서 한량없는 세월에 신통력을 나타냄을 알고, 한량없는 여래가 옛적에 보살의 지위를 초월하고, 보살의 지위에 들어가고, 보살의 지위 닦고, 보살의 지위 다스리고, 보살의 지위 관찰함을 알았노라.

한량없는 여래가 옛날 보살이던 때에 항상 부처님 뵈옴·부처님 바다와 겁 바다를 모두 보고 함께 머무름·한량없는 몸으로 세계 바다에 태어남·법계에 두루하여 광대한 행을 닦음·갖가지 방편문을 나타내어 모든 중생을 조복 성숙케 함을 알았노라.

한량없는 여래의 큰 광명을 놓아 시방의 모든 세계 바다에 비춤·크게 신통력을 나타내어 모든 중생의 앞에 나타남·광대한 지혜의 지위·바른 법륜 굴림·나투는 몸 바다·광대한 힘 바다를 알아서, 모든 여래가 처음 마음 낸 때부터, 내지 법이 없어지던 것을, 내가 생각생각마다 다 보고 알았노라.

나는 지나간 옛적 두 세계의 티끌 수 겁 전에, 위에서 말한대로 청정하고 빛난 금 장엄 세계에서 보리수신이 되어 분퇴전법계음(不退轉法界音) 여래의 법문을 듣고 무상보리심을 내었고, 두 세계의 티끌 수 겁 동안에 보살행을 닦았으며, 그런 뒤에 이 사바세계의 현겁에 태어나서 카라쿠찬다부처님으로부터 석가모니부처님까지와, 오는 세상에 나실 여러 부처님들을 내가 그렇게 친근 공양하였으며, 이 세계의 현겁에서 오는 세상의 여러 부처님께 공양한 것처럼 모든 세계의 여러 겁 동안에 나실 오는 세상의 부처님께도 모두 그렇게 친근 공양하리라.

저 청정하고 빛난 금 장엄 세계에는 지금도 여러 부처님이 나시면서 계속하여 끊이지 아니하나니, 그대는 한결같은 마음으로 이 보살의 크게 용맹한 문을 닦으라.

이렇게 나는 다만 잠깐잠깐마다 광대한 기쁨으로 장엄한 해탈을 알거니와,

저 보살들이 모든 법계 바다에 깊이 들어가서 모든 겁수를 다 알고 세계의 이룩되고 무너짐을 널리 보는 일이야 내가 어떻게 알며 그 공덕행을 어떻게 말하겠는가. 이 보리장의 여래의 모둠 가운데 한 밤 맡은 성(城)신이 있으니, 그에게 가서 보살이 어떻게 보살행을 닦을 것인가 물으라."

ⓒ 찬송(讚頌)

이 때 선재동자는 한결같은 마음으로 고요한 음성 바다 밤 맡은 신을 관찰하면서 게송을 말하였다.

나는 선지식의 가르침 받고 천신의 있는 곳에 와서
보배 자리에 앉은 신을 보니 몸의 크기가 한량이 없어라.
빛깔과 모양에 집착하여 모든 법이 있다는 것도 아닙니다.
소견 좁고 지혜 없는 사람 높으신 경계를 뉘 능히 알리.

이 세상의 천상 인간 사람들 한량없는 겁에 관찰하여도
아무리 헤아릴 수 없으니 몸매가 그지없는 연고니라.
5온(蘊)을 멀리 여의었고 12처에도 머물지 않아
세간의 의심 아주 끊었으며 자재한 힘을 나타내시네.

안의 법·밖의 법 취하지 않아 흔들림도 걸림도 없으며
청정한 지혜의 눈 부처님의 신통을 보나니
몸은 바른 법의 광 마음은 걸림 없는 지혜
지혜의 비춤 이미 얻었고 여러 중생을 다시 비우며

마음에 그지없는 업을 모아 모든 세간을 장엄하였고
세상이 모두 마음인 줄 알면서 중생들 같이 몸을 나타내
세상은 모두 꿈이요 모든 부처님은 그림자
여러 가지 법 메아리 같은 줄 알아 중생들로 고집을 없애네.

3세 중생을 위해 잠깐잠깐 몸을 나투나
마음은 머문 데 없이 시방에 가득 법을 말하네.
그지없는 모든 세계 바다 부처 바다며 중생 바다를

모두 한 티끌 속에 있나니 이 어른의 해탈하신 힘.

⑥ 수호일체성증장신의 현전지(現前地) – 화엄경 제72권

ㄱ. 교취자문(敎趣諮問)

이 때 선재동자는 고요한 음성 바다 밤 맡은 신의 가르침을 따라 그의 말한 법문을 생각하면서, 낱낱 글귀를 하나도 잊지 않고 한량없는 깊은 마음과 한량없는 법의 성품과 모든 방편·신통·지혜를 기억하고 생각하고 가리어서 계속하고 끊이지 아니하며, 마음이 광대하고 증득하여 편안히 머물면서 모든 성을 수호하는 밤 맡은 신이 있는 데로 나아갔다.

그 밤 맡은 신은 모든 보배 광명 마니왕으로 된 사자좌에 앉았고, 수없는 밤 맡은 신들이 둘러 모셨는데, 모든 중생의 빛깔인 몸·중생을 널리 대하는 몸·세간에 물들지 않는 몸·중생의 몸 수효와 같은 몸·세간을 초과한 몸·중생을 성숙시키는 몸·시방에 빨리 가는 몸·시방을 두루 포섭하는 몸·끝까지 여래의 성품에 이른 몸·끝까지 중생을 조복하는 몸을 나타내는 것을 보았다.

선재동자는 그것을 보고 환희하여 뛰놀면서 그의 발에 절하고 말하였다.

"거룩하신 이여, 보살들이 보살행을 닦을 적에, 어떻게 중생을 이익케 하며, 위없이 거두어 주는 일로 중생을 거두어 주며, 불교를 따르며, 법왕의 자리에 가까이 가는지 말씀하여 주소서."

ㄴ. 칭찬수법(稱讚授法)

"그대가 모든 중생을 구호하며, 모든 불세계를 깨끗이 장엄하며, 모든 여래에게 공양하며, 모든 겁에 있으면서 중생을 구원하며, 모든 불성을 수호하며, 시방에 두루 들어가 모든 행을 닦으며, 모든 법문 바다에 널리 들어가며, 평등한 마음으로 모든 것에 두루하며, 모든 불법륜을 모두 받으며, 모든 중생의 좋아하는 마음을 따라 법비를 내리기 위하여 보살들의 수행문을 묻는구나.

나는 보살의 매우 깊고 자유자재한 묘음성의 해탈을 얻었고, 큰 법사가 되어 거리낌 없으니 모든 불법장을 잘 열어 보이는 연고며, 큰 서원과 큰 자비력을 갖추었으니 모든 중생으로 하여금 보리심에 머물게 하려는 연고며, 중생을 이익케 하는 모든 일을 지으니 선근을 쌓아 쉬지 아니하는 연고며, 모든 중생을 지도하는 스승이 되었으니 모든 중생으로 하여금 보살도에 머물게 하는 연고며, 모든 세간의 청정한 진리의 해가 되나니 세간에 두루 비치어 선근을 내게 하는 연고며, 모든 세간에 마음이 평등하니 여러 중생들의 선법을 증장케 하는 연고며, 모든 경계에 마음이 청정하니 모든 불선업을 없애려는 연고며, 모든 중생을 이익하려고 서원하니 몸이 항상 모든 국토에 나타나는 연고며, 온갖 본사(本事)의 인연으로 나타내니 여러 중생들을 선행에 머물게 하려는 연고며, 모든 선지식을 섬기니 중생들을 불교에 머물게 하려는 연고니라.

내가 이런 법으로 중생에게 베푸는 것은 선법을 내어 온갖 지혜를 구하게 하며, 마음이 견고함이 금강 나아라아야나 광과 같아서 불력과 법력을 관찰하며, 항상 선지식을 친근하고 모든 업과 번뇌의 산을 깨뜨리며, 온갖 지혜의 도를 돕는 법을 모아서 마음에 항상 온갖 지혜의 지위를 버리지 않게 하려 함이니라.

나는 이러한 깨끗한 법광명으로 모든 중생을 이익케 하여 선근과 도를 돕는 법을 모으게 할 때에 열 가지로 법계를 관찰하였으니, 이른바 나는 법계가 한량없음을 아나니, 광대한 지혜광을 얻는 연고며, 법계가 그지없음을 아나니 모든 부처님의 알고 보시는 것을 아는 연고며, 법계가 한정이 없음을 아나니 모든 불국토에 들어가서 여러 여래께 공경 공양하는 연고며, 법계가 가이 없음을 아나니 모든 법계 바다 속에서 보살행을 닦음을 보이는 연고며, 법계가 끊임이 없음을 아나니 여래의 끊이지 않는 지혜에 들어가는 연고며, 법계가 한 성품임을 아나니 여래의 한결같은 음성을 모든 중생이 모두 아는 연고며, 법계의 성품이 깨끗함을 아나니 여래의 서원이 모든 중생을 두루 제도함인 줄을 통달하는 연고며, 법계가 중생에게 두루함을 아나니 보현의 묘한 행이 다 두루하는 연고며, 법계가 한 가지로 장엄함을 아나니, 보현의 묘한 행이 잘 장엄하는 연고며, 법계가 파괴할 수 없음을 아나니 온갖 지혜의 선근이 법계에 가득하여 파괴할 수 없는 연고니라.

이 열 가지로서 부처님들의 광대한 위덕을 알고, 여래의 부사의한 경계에 깊이 들어가노라.

또 나는 이렇게 바른 마음으로 생각하고 여래의 열 가지 큰 위덕 다라니 바퀴를 얻었으니, 이른바 모든 법에 두루 들어가는 다라니 바퀴며, 모든 법을 두루 지니는, 모든 법을 두루 말하는, 시방의 모든 부처님을 두루 생각하는, 모든 불명호를 두루 말하는, 3세 부처님들의 서원 바다에 두루 들어가는, 모든 승(乘)의 바다에 두루 들어가는, 모든 중생의 업 바다에 두루 들어가는, 모든 업을 빨리 돌리(轉)는, 온갖 지혜를 빨리 나게 하는 다라니 바퀴니라.

이 열 가지 다라니 바퀴는 10천 다라니 바퀴로 권속을 삼고 항상 중생에게 묘한 법을 연설하느니라.

　나는 중생에게 듣는 지혜의 법을 말하기도 하고, 중생에게 생각하는 지혜의 법·닦는 지혜의 법·한 가지 있는 법·온갖 있는 법·한 여래의 이름 바다 법·모든 여래의 이름 바다 법·한 세계 바다의 법·모든 세계 바다의 법·한 부처님의 수기 바다(授記海) 법·모든 부처님의 수기 바다 법·한 여래에게 모인 대중의 도량 바다 법·모든 여래에게 모인 대중의 도량 바다 법·한 여래의 법륜 바다 법·모든 여래의 법륜 바다 법·한 여래의 수우트라 법·모든 여래의 수우트라 법·한 여래의 회중 모으는 법·모든 여래의 회중 모으는 법·한 살바야 마음 바다 법·모든 살바야 마음 바다 법·한 승으로 벗어나는 법·모든 승으로 벗어나는 법을 말하기도 하느니라. 나는 이러한 말할 수 없는 법문으로 중생에게 말하노라.

　나는 여래의 차별 없는 법계문 해에 들어가서 위없는 법을 말하며 중생들을 두루 거두어서 오는 세월이 끝나도록 보현행에 머물게 하노라.

　나는 이 매우 깊은 자유자재한 묘음성 해탈을 성취하였으므로 잠깐잠깐마다 온갖 해탈문을 증장하며, 잠깐잠깐마다 모든 법계에 가득하노라."

　"신기하옵니다. 이 해탈문이 그렇게 희유하온데, 얻은 지는 얼마나 되었나이까."

　"옛날 옛적 세계의 티끌 수 갑절 티끌 수 겁 전에 한 겁이 있었으니 이름이 때 여읜 광명이고, 세계의 이름은 법계 공덕 구름이라. 모든 중생의 업을 나타내는 마니왕 바다로 자체가 되었는데, 형상은 연꽃 같고 사천하의 티끌 수 향마니 수미산 그물 속에 있으며 모든 여래의 서원 음성을 내는 연화로 장엄하고 수미산 티끌 수 연화로 권속을 삼았으며, 수미산 티끌 수 향마니로 사이사이 장식하였고 수미산 티끌 수 사천하가 있으며, 낱낱 사천하에 천백억 나유타 말할 수 없이 말할 수 없는 성(城)이 있었다.

　그 세계에 한 사천하가 있었는데 이름이 묘한 당기요, 그 가운데 서울이 있으니 이름은 넓은 보배 꽃 광명이다. 그 서울에서 멀지 않은 곳에 보리장이 있으니 이름은 법왕의 궁전을 두루 나타냄이며, 수미산 티끌 수 여래가 그 가운데 나타나시었느니라.

　처음 부처님은 법해뇌음광명왕(法海雷音光明王)여래이시니 그 부처님이 나셨을 적에 청정한 햇빛 얼굴 전륜왕이 있어서 그 부처님에게서 일체법해선(一切法海旋) 수우트라를 받아 지니었고, 그 부처님이 열반한 뒤에 전륜왕이 출가하여 바른 법을 보호하여 유지하였다.

　법이 없어지려 할 적에 1천 무리의 다른 대중이 있어 1천 가지로 법을 말하며, 말겁이 거의 되어서는 번뇌와 업이 두터운 나쁜 비구들이 많아서 서로 다투며 경계에만 집착하고 공덕을 구하지 않으며, 왕·도둑·여인·나라·바다의 언론과 모든 세간의 언론을 말하기만 좋아하므로, 전륜왕인 비구가 말하였다.

'이상하고도 괴로와라. 부처님이 한량없는 겁 바다에서 이 법의 횃불을 모으셨거늘, 어찌하여 너희들은 함께 훼방하고 없애려 하느냐.'

이렇게 말하고는 허공으로 일곱 다라수(多羅樹)나 올라가서, 몸으로 여러 가지 빛 불꽃 구름을 내며, 가지각색 빛 광명구름을 놓아 한량없는 중생의 뜨거운 번뇌를 제하게 하며, 한량없는 중생의 보리심을 내게 하였다. 이 인연으로 저 여래의 가르친 법이 다시 6만 5천년 동안 흥성하였다.

그 때 비구니가 있었으니 이름이 법륜화광(法輪化光)이라. 이는 전륜왕의 딸로서 백천 비구니로 권속을 삼았는데 부왕의 말을 들으며, 신통력을 보고 보리심을 내어 영원히 물러가지 아니하였으며, 삼매를 얻었으니 이름이 모든 불교의 등불이요, 또 매우 깊은 자유자재한 묘한 음성 해탈을 얻었다. 삼매를 얻고는 몸과 마음이 부드러워졌으며, 법해뇌음광명왕여래를 보는 모든 신통력을 얻었다. 그 때 전륜성왕으로서 여래를 따라 바른 법륜을 굴리고 부처님이 열반하신 뒤에 말법(末法)을 흥성하게 한 이는 다른 사람이 아니라 지금의 보현보살이며, 법륜화광비구니는 곧 내몸이니라. 나는 그 때 불법을 수호하여 10만 비구니들로 하여금 무상보리에서 물러가지 않게 하였고, 또 모든 부처님을 보는 삼매를 얻게 하고, 또 모든 부처님의 법륜과 금강광명다라니를 얻게 하고, 또 모든 법문 바다에 널리 들어가는 반야바라밀다를 얻게 하였느니라.

다음에 부처님이 나시었으니, 이름은 이구법광명(離垢法光明)이니라. 이와같이 계속하여 부처님이 나셨으니, 법륜광명(法輪光明)·법일공덕운(法日功德雲)·법해묘음왕(法海妙音王)·법일지혜등(法日智慧燈), 법화당운(法華幢雲), 법염산당왕(法焰山幢王), 심심법공덕월(甚深法功德月), 법지보광장(法智普光藏), 개시보지장(開示普智藏), 공덕장산왕(功德藏山王), 보문수미현(普門須彌賢), 일체법정진당(一切法精進幢), 법보화공덕운(法寶華功德雲), 적정광명계(寂精光明髻), 법광자비월(法光慈悲月), 공덕염해(功德焰海), 지일보광명(智日普光明), 보현원만지(普賢圓滿智), 신통지광왕(神通智光王), 복덕화광등(福德華光燈), 지사자당왕(智師子幢王), 일광보조왕(日光普照王), 수미보장엄상(須彌寶莊嚴相), 일광보조(日光普照), 법왕공덕월(法王功德月), 개부연화묘음운(開敷蓮華妙音雲), 일광명상(日光明相), 보광묘법음(普光妙法音), 사자금강나라연무외(師子金剛那羅延無畏), 보지용맹당(普智勇猛幢), 보개법연화신(寶開法蓮華身), 공덕묘화해(功德

妙華海), 도량공덕월(道場功德月), 법거치연월(法炬熾然月), 보광명계(普光明髻), 법당등(法幢燈), 금강해당운(金剛海幢雲), 명칭산공덕운(名稱山功德雲), 전단묘월(栴檀妙月), 보묘광명화(普妙光明華), 조일체중생광명왕(照一切衆生光明王), 공덕연화장(功德蓮華藏), 향염광명왕(香焰光明王), 파두마화인(波頭魔華因), 중상산보광명(衆相山普光明), 보명칭당(普名稱幢), 수미보문광(須彌普門光), 공덕법성광(功德法城光), 대수산광명(大樹山光明), 보덕광명당(普德光明幢), 공덕임상상(功德臨祥相), 용맹법력당(勇猛法力幢), 법륜광명음(法輪光明音), 공덕산지혜광(功德山智慧光), 무상묘법월(無上妙法月), 법연화정광당(法蓮華淨光幢), 보연화광명장(普蓮華光明藏), 광염운산등(光焰雲山燈), 보각화(普覺華), 종종공덕염수미장(種種功德焰須彌藏), 원만광산왕(圓滿光山王), 복덕운장엄(福德雲莊嚴), 법산운당(法山雲幢), 공덕산광명(功德山光明), 법일운등왕(法日雲燈王), 법운명칭왕(法雲名稱王), 법륜운(法輪雲), 개옥보리지광당(開玉菩提智光幢), 보조법륜월(普照法輪月), 보산위덕현(寶山威德賢), 현덕광대광(賢德廣大光), 보지운(普智雲), 법력공덕산(法力功德山), 공덕향염왕(功德香焰王), 금색마니산묘음성(金色摩尼山妙音聲), 정계출일체법광명왕운(頂髻出一切法光明王雲), 법륜치성광(法輪熾盛光), 무상공덕산(無上功德山), 정진거광명운(精進炬光明雲), 삼매인광대광명관(三昧印廣大光明冠), 보광명공덕왕(普光明功德王), 법거보개음(法炬寶蓋音), 보조허공계무외법광명(普照虛空界無畏法光明), 월상장엄당(月相莊嚴幢), 광명염산운(光明焰産雲), 조무장애법허공(照無障碍法虛空), 개현지광신(開顯智光身), 세주덕광명음(世主德光明音), 일체법삼매광명음(一切法三昧光明音), 법음공덕장(法音功德藏), 치연염법해운(熾然焰法海雲), 보조삼세상대광명(普照三世相大光明), 보조법륜산(普照法輪山), 법계사자광(法界師子光), 수미화광명(須彌華光明), 일체삼매해사자염(一切三昧海師子焰), 보지광명등(普智光明燈)이니라.

이러한 수미산 티끌 수 여래 중에 마지막 부처님의 이름은 법계성지혜등(法界城智慧燈)이니, 모두 때 여읜 광명겁 동안에 세상에 나셨는데, 내가 다 존중 친근 공양하였고, 말씀하신 묘법을 듣고 받아 지니었으며, 또 그 여러 여래에게 출가하여 도를 배웠고, 교법을 수호하였으며, 보살의 매우 깊고 자유자재한 묘음성의 해탈에 들어가 갖가지 방편으로 한량없는 중생들을 교화 성숙케 하였노라.

그 후부터 세계의 티끌 수 겁 동안에 부처님들이 세상에 나시는 이들을 내가 다 공양하고 그 법을 수행하였느니라. 나는 그 때부터 나고 죽는 밤중 어두운 무명 속에 있는 중생들 중에 홀로 깨어서, 중생들로 하여금 마음성(心城)을 수호하고 3세의 성을 버리게 하며, 온갖 지혜의 위없는 법성에 머물게 하였느니라. 나는 다만 이 매우 깊고 자유자재한 묘음성의 해탈을 알고 세간 사람들로 하여금 희롱 거리 말을 여의고 두 가지 말을 하지 않으며, 진실한 말과 청정한 말을 하게 할 뿐이니, 저 보살들이 모든 말의 성품을 알아 생각생각마다 모든 중생을 자유롭게 깨닫게 하며, 여러 중생의 음성 바다에 들어가서 온갖 말을 다 분명하게 이야기하며, 모든 법문 바다를 분명히 보며, 온갖 법을 모두 포섭한 다라니에 이미 자재하여졌으며, 중생들의 의심을 따라서 법을 말하여 모든 중생을 끝까지 조복하며, 모든 중생을 널리 거두어 주고 보살의 위없는 업을 교묘하게 닦으며, 보살의 미세한 지혜에 깊이 들어가 보살들의 법장을 잘 관찰하며, 모든 보살법을 자유롭게 말하는 것은 모든 법륜다라니를 이미 성취한 연고니, 그런 일이야 내가 어떻게 알며 그 공덕행을 말하겠는가. 이 부처님 회중에 밤 맡은 신이 있으니, 이름은 모든 나무의 꽃을 피우는 이라. 그에게 가서 보살이 어떻게 모든 중생들을 편안하게 하여 온갖 지혜에 머물게 하는가 물으라."

ㄷ. 선재찬송(善財讚頌)

이 때 선재동자는 보살의 매우 깊고 자유자재한 묘한 음성의 해탈에 들어갔으므로, 그지없는 삼매 바다와, 크고 넓은 다라니 바다에 들어가서, 보살의 큰 신통과 보살의 큰 변재를 얻고는 마음이 매우 환희하여 모든 성 수호하는 밤 맡은 신을 관찰하고 게송으로 찬탄하였다.

광대한 지혜바다 이미 행하고 그지없는 업 바다를 이미 건너서
장수하고 근심 없는 지혜의 몸이 위덕과 광명으로 여기 계시네.
법의 성품 허공같이 통달하시고 3세 들어가되 걸림이 없어
생각으론 모든 경계 반연하여도 마음에는 여러 분별 아주 끊었고

중생들의 성품 없음 통달하고도 중생에게 대비심을 일으키시며
여래의 해탈문에 깊이 들어가 한량없는 중생을 제도하시고
온갖 법을 관찰하여 생각해 알고 모든 법의 성품에 증하여 들며
부처님의 지혜를 이렇게 닦아 중생을 교화하여 해탈케 하며

당신의 중생들을 지도하는 이 여래의 지혜 길을 열어 보시며

온 법계의 수없는 중생들에게 공포에서 떠나는 행을 말씀해.
여래의 서원 길에 이미 머물고 보리의 큰 교법을 이미 받았고
온갖 것에 두루하는 힘을 닦아서 시방에 자재하신 부처 뵈웠네.

신의 마음 깨끗하기 허공과 같아 여러 가지 번뇌를 두루 여의고
3세 한량없는 여러 세계와 부처·보살·중생을 모두 아시며
천신은 한 생각에 낮과 밤이며 날과 달과 해와 겁을 모두 아시고
중생들의 여러 종류 이름과 형상 제각기 차별함을 죄다 아시며

시방 세계·중생의 죽고 나는 곳 색계·무색계 유상(有想)과 무상
이런 것들 세속 따라 모두 다 알고 인도하여 보리에 들게 하시네.
여래의 서원 집에 이미 나시고 부처님의 공덕 바다 이미 들어가
마음이 걸림 없고 법 몸이 청정 중생 따라 여러 몸을 나타내신다.

⑦ 개부일체수화야신(開敷一切樹華夜神)의 원행지(遠行地)

ㄱ. 견경자문(見敬諮問)

이 때 선재동자는 보살의 매우 깊고 자유자재한 묘음성 해탈문에 들어가서 수행이 증진하여 모든 나무의 꽃을 피우는 야신에게 나아가서 보니, 그 신이 몸이 보배 향나무로 지은 누각 보배 사자좌에 앉았는데, 백만의 야신이 함께 모시고 있었다.

선재동자는 그의 발에 예배하고 앞에 서서 합장하고 말하였다.

"거룩하신 이여, 보살이 어떻게 보살행을 배우며 온갖 지혜를 얻나이까."

ㄴ. 수기법계(授己法界)

"선남자여, 나는 이 사바세계에서 해가 지고 연꽃이 오무리어 사람들이 구경하던 일을 파할 적에, 여러 가지 산·물·성지·벌판 등지에 있던 여러 가지 중생들이 모두 그들의 있던데로 돌아가려는 이들을 보면 내가 가만히 보호하여 바른 길을 찾게 하며 가려는 곳에 가서 밤을 편안히 지내게 하노라.

어떤 중생이 한창 나이에 혈기가 충실하며 교만 방탕하여 5욕락을 마음껏 하거든, 나는 그에게 늙고 병들어 죽는 일을 보이어 두려운 생각을 내고 나쁜 짓을 버리게 하며, 다시 갖가지 선근을 칭찬하여 닦아 익히게 하는데, 인색한

이에게는 보시를 찬탄하고, 파계하는 이에게는 청정한 계율을 칭찬하고, 성 잘 내는 이에게는 인자한 데 머물게 하고, 해칠 마음을 가진 이에게는 참는 일을 하게 하고, 게으른 이에게는 정진하게 하고, 산란한 이에게는 선정을 닦게 하고, 나쁜 꾀를 가진 이에게는 반야를 배우게 하고, 소승을 좋아하는 이는 대승에 머물게 하고, 3세의 여러 길을 좋아하는 이는 보살의 서원 바라밀다에 머물게 하며, 만일 중생이 복과 지혜가 미약하여 번뇌와 업의 핍박으로 걸림이 많은 이는 보살의 힘 바라밀다에 머물게 하며, 만일 중생이 마음이 어두워 지혜가 없으면 보살의 지혜바라밀다에 머물게 하여 보살의 큰 기쁨을 내는 광명해탈문을 성취하였노라.   <顯法界>

"해탈문의 경계가 어떠하오니까."
"이 해탈에 들어가면 여래께서 중생들을 두루 거두어 주는 교묘한 방편 지혜를 아느니라. 두루 거두어 줌이란, 모든 중생이 받는 여러 가지 낙은 모두 여래의 위덕력이니, 여래의 가르침을 따르고, 말씀을 실행하고, 힘을 배우고, 두호하는 힘을 얻고, 인가하는 도를 닦고, 행하던 착한 일을 심고, 말씀한 법을 의지하고, 지혜의 햇빛으로 비추고, 성품이 깨끗한 업력으로 거두어 주시는 연고니라.

내가 이 큰 기쁨을 내는 광명의 해탈에 들어가서, 비로자나 여래께서 과거에 닦으시던 보살행 바다를 기억하여 분명하게 보았노라.

세존께서 보살로 계실 때에 모든 중생들이 '나'·'내것'이라 하는 데 집착하여 무명이란 어두운 밤에 머물며 여러 소견의 숲 속에 들어가서 탐애에 얽매이고 성내는 데 깨치고 어리석은 데 어지럽히고 미워하는 데 감기어서, 나고 죽는 데 바퀴돌이 하고 빈궁한 데 피곤하여 부처님이나 보살들을 만나지 못하는 것을 보시었느니라.

그런 것을 보시고는 가엾이 여기는 마음을 내어 중생을 이익케 하였으니, 이른바 모든 보배로 된 도구를 얻어 중생을 거두어 주려는 마음과, 모든 중생들이 생활에 필요한 물품을 구족하여 모자람이 없게 하려는 마음, 모든 일에 집착을 여의게 하려는 마음, 모든 경계에 물들고 탐내지 않으려는 마음, 모든 것을 아끼지 않으려는 마음, 모든 과보에 희망하지 않는 마음, 모든 영화에 부러워하지 않는 마음, 모든 인연에 미혹하지 않으려는 마음을 내었다.

진실한 법성을 관찰하려는 마음, 모든 중생을 구호하려는 마음, 모든 법의 소용돌이에 깊이 들어가려는 마음, 모든 중생에 대하여 평등한 데 머물려는 인자한 마음, 모든 중생에게 방편을 행하려는 가엾이 여기는 마음, 큰 법의 일산이 되어 중생을 두루 덮으려는 마음, 큰 지혜의 금강저로 모든 중생의 번뇌의 산을 깨뜨리려는 마음, 모든 중생의 기쁨을 증장하려는 마음, 모든 중생을 끝까지 안락케 하려는 마음, 중생의 욕망을 따라 모든 보배를 비 내리려는 마음, 평등한 방편으로 모든 중생을 성숙케 하려는 마음, 모든 중생들이 필경에 모두 열 가지 지혜의 열매를 얻게 하려는 마음을 내었느니라.   〈立法名〉

　이런 마음을 내고는 보살력을 얻고 신통변화를 나타내며, 법계와 허공계에 두루하여 모든 중생의 앞에서 생활에 필요한 모든 물품을 비 내리어 그들의 욕망대로 뜻에 만족하여 환희케 하며, 뉘우치지도 인색하지도 아니하며 끊이는 사이가 없었다. 이러한 방편으로 중생들을 두루 거두어 교화 성숙케 하여 생사의 고통에서 벗어나게 하면서도 갚음을 바라지 아니하며, 여러 중생의 마음보배를 깨끗하게 다스려서 그들로 하여금 여러 부처님과 같은 선근을 일으키게 하며 온갖 지혜와 복덕 바다를 증장하게 하였다.
　보살이 이리하여 잠깐잠깐에 모든 중생을 성숙케 하며, 모든 불세계를 깨끗이 장엄하며, 모든 법계에 두루 들어가며, 허공계에 두루 가득하며, 모든 3세에 두루 들어가며, 모든 중생의 지혜를 성취 조복하며, 온갖 법륜을 항상 굴리며, 온갖 지혜의 도로써 중생을 이익케 하며, 모든 세계의 갖가지로 차별한 중생들 앞에서 오는 세월이 끝나도록 모든 부처님의 등정각을 이루심을 나타내며, 널리 모든 세계의 모든 겁에서 보살의 행을 닦아 두 생각을 내지 아니하나니, 이른바 모든 광대한 세계해의 모든 세계종 가운데 있는 갖가지로 경계가 된 세계·장엄한 세계·자체로 된 세계·형상으로 된 세계·널려 있는 세계에 들어가는 것이다. 어떤 세계는 더러우면서 깨끗함을 겸하였고 어떤 세계는 깨끗하면서 더러움을 겸하고, 어떤 세계는 한결같이 더럽기만 하고, 어떤 세계는 한결같이 깨끗하기만 하며, 작기도 크기도 하고 굵기도 가늘기도 하며 혹은 바르고 기울고 혹은 엎어지고 잦혀졌으니, 이러한 여러 가지 세계 중에서 잠깐잠깐에 보살들의 행을 행하고 보살의 지위에 들어가고 보살의 힘을 나투며 또한 3세 모든 부처님의 몸을 나타내고 중생의 마음을 따라 모두 알고 보게 하느니라.
　비로자나 여래께서 지나간 옛날 이렇게 보살행을 닦을 적에 여러 중생들의 공덕을 닦지 않고서 지혜가 없어 '나'와 '내것'에 집착하며, 무명에 가리워서 바르게 생각하지 않고 사견에 들어가며 원인과 결과를 알지 못하고 번뇌업을 따르다가 생사의 험악한 구렁에 빠져서 갖가지 한량없는 괴롬을 받는 것을 보고는, 크게 가엾이 여기는 마음을 내어 온갖 바라밀다 행을 갖추 닦으며 중생들을 위하여 견고하고 선근을 일컬어 찬탄하며 편안히 머물게 하여, 생사와 빈궁한 고통을 여의고 복덕과 도를 돕는 법을 닦게 하느니라.

갖가지 인과의 문을 말하며 업과보가 서로 위반하지 않음·법을 증하여 들어갈 곳·모든 중생의 욕망과 이해함·여러 가지로 태어날 국토를 말하여·그들로 하여금 모든 불종자를 끊지 않게 하며 모든 부처님의 가르침을 수호하게 하며 모든 나쁜 짓을 버리게 하며, 또 온갖 지혜에 나아가는 도를 돕는 법을 말하여서, 중생들로 하여금 환희한 마음을 내게 하며, 법보시를 행하여 모든 것을 두루 거두어 주게 하여 온갖 지혜의 행을 일으키게 하며, 모든 보살의 바라밀다를 닦아 배우게 하며, 온갖 지혜를 이루는 여러 선근 바다를 증장케 하며, 모든 거룩한 재물을 만족케 하며, 부처님의 자유자재한 문에 들어가게 하며 한량없는 방편을 거두어 가지게 하며, 여래의 위엄과 공덕을 살펴보게 하며, 보살의 지혜에 편안히 머물게 하느니라."   <業用>

"무상보리심을 내신 지는 얼마나 오래되었나이까."

이것은 믿기 어렵고 알기도 이해하기도 들어가기도 말하기도 어려우니, 모든 세간에서나 2승들도 알지 못하느니라. 오직 부처님들의 신통력으로 두호하고 선지식의 거두어 준 이는 제외할 것이니 훌륭한 공덕을 모아 욕망과 좋아함이 청정하여져서 용렬한 마음·물든 마음·왜곡한 마음이 없으며, 널리 비추는 지혜 광명심을 얻고, 중생들을 두루 이익하려는 마음과 모든 번뇌와 여러 마가 깨뜨릴 수 없는 마음을 내고, 온갖 지혜를 기어코 성취하려는 마음과 모든 생사의 낙을 좋아하지 않는 마음을 일으키며, 모든 부처님의 묘한 낙을 구하고, 모든 중생의 괴롬을 멸하고, 모든 불공덕 바다를 닦고, 모든 법의 참된 성품을 관찰하고, 모든 청정한 믿음과 이해를 갖추고 모든 생사의 흐름을 초월하여 모든 여래의 지혜바다에 들어가며, 위없는 법의 성(城)에 결정코 이르며, 여래의 경계에 용맹하게 들어가며, 모든 부처님의 지위에 빨리 나아가며, 온갖 지혜의 힘을 성취하며, 시방에서 이미 끝까지 이름을 얻은 사람이라야 이것을 능히 지니며 들어가고 통달하리라.

왜냐하면 이것은 여래의 지혜 경계이므로 모든 보살들도 알지 못하거든 하물며 다른 중생이리요.

그러나 내가 이제 부처님의 위신력으로써 화순하여 교화할 만한 중생의 뜻이 빨리 청정케 하며, 선근을 닦는 중생의 마음이 자유자재하게 하기 위하여

圖三十九

爾時善財童子,往大願精進力救護一切眾生夜神所。夜神告言:「善男子,此解脫門,名教化眾生令生善根。我入此解脫,了知法性無有差別,而能示現無量色身,於念念中令無量眾生,於阿耨多羅三藐三菩提,得不退轉。乃往古世,是世人民多有殺盜婬佚,時王為調伏彼故,造立圖圌,無量眾生於中受苦。太子見已,心生悲憫,設大施會,隨有所求,靡不周給。時法輪音虛空燈王如來,來入彼會,太子即於此時,得菩薩教化眾生令生善根解脫門。爾時太子,我身是也。」

39. 보리도량에서 구호일체중생신을 만나 교화중생 영생선근 법문을 듣고 있는 장면

圖四十

善財童子，漸次遊行，至嵐毗尼林，尋見彼妙德神，見在一切寶樹莊嚴樓閣中，坐寶蓮花師子之座，二十億那由他諸天恭敬圍繞。彼神言：「善男子，菩薩有十種受生藏，若菩薩成就此法，則生如來家，念念增長菩薩善根。我從無量劫來，得是自在受生解脫門，以昔願力，生此世界閻浮提中嵐毗尼園，見佛示現初生種種神變，亦見三千大千世界，皆有如來示現受生種種神變。善男子，我唯知此菩薩於無量劫徧一切處示現受生自在解脫。」

40. 룸비니원에서 묘덕원만구바녀를 만나 수생가재법문을 듣고 있는 장면

圖四十一

迦毗羅城有釋種女名曰瞿波。爾時無憂德神,隨逐善財,入普現法界光明講堂,彼釋氏女,坐寶蓮花師子之座,八萬四千采女所共圍繞。時瞿波女告善財言:「我已成就觀察一切菩薩三昧海解脫門,知此娑婆世界佛剎微塵數劫所有眾生,於諸趣中,作善作惡,受諸果報。所有諸佛名號次第,我悉了知。往世有劫名勝行,其妙德女,與威德主轉輪聖王,以四事供養勝日身如來者,我身是也。」

41. 카필라성 구바녀에게 관찰삼매해탈 법문을 듣고 있는 장면

圖四十二

爾時善財童子，一心欲詣摩耶夫人所，即時獲得觀佛境界智。善財睹見大寶蓮花從地涌出，有如意寶蓮花之座，摩耶夫人，在彼座上，現如是等閻浮提微塵數諸方便門。摩耶夫人言：「我已成就菩薩大願智幻解脫門，是故常為諸菩薩母。如今世尊我為其母，過去現在十方世界無量諸佛將成佛時，我悉為母。」

42. 카필라성 마야부인에게 대원지환해탈문을 듣고 있는 장면

圖四十三

於此世界三十三天,有王名正念,其王有女名天主光。時善財童子,遂往天宮,見彼天女,禮足圍繞。天女言:「善男子,我得菩薩解脫,名無礙念清淨莊嚴,我以此解脫力,憶念過去恒河沙劫,諸佛如來應正等覺,從彼一切諸如來所,聞此無礙念清淨莊嚴菩薩解脫,受持修行,恒不忘失。」

43. 33천 정념왕의 딸 천주광에게서 무애염청정장엄해탈문을 듣고 있는 장면

圖四十四

迦毗羅城，有童子師名曰徧友。善財童子，漸向彼城，至徧友所，禮足圍繞，合掌恭敬於一面立。徧友言：「善男子，此有童子名善知衆藝，學菩薩字智，汝可問之，當爲汝說。」

44. 카필라성 변우동자에게 문법환희부사의 선근 법문을 듣고 있는 장면

圖四十五

有童子名善知眾藝，學菩薩字智，爾時善財即至其所，頭頂禮敬，時彼童子告善財言：「善男子，我得菩薩解脫，名善知眾藝。我恒唱持此之字母，我唱如是字母時，此四十二般若波羅蜜門為首，入無量無數般若波羅蜜門。我唯知此善知眾藝菩薩解脫，能於一切世出世間善巧之法，以智通達到於彼岸，殊方異藝咸綜無遺。」

45. 카필라성 선지중예동자에게 선지중예해탈문을 듣고 있는 장면

圖四十六

摩竭提國有一聚落,彼中有城名婆呾那,有優婆夷號曰賢勝。時善財童子至賢勝所,禮足圍繞,合掌恭敬,於一面立。賢勝言:「我得菩薩解脫,名無依處道場。既自開解,復爲人說,又得無盡三昧。非彼三昧法有盡無盡,以能出生一切智性智慧光明無盡故。」

46. 마가다국 바달라성 협승장자에게 무의처도량해탈문에 대해 듣고 있는 장면

그대의 물음을 따라 말하느니라.

지나간 옛적 세계해의 티끌 수 겁 전에 한 세계해가 있었으니 이름은 넓은 광명 진금 마니산이요, 그 세계해 가운데 부처님이 나시었으니, 이름이 보조법계지혜산적정위덕왕(普照法界智慧山寂靜威德王)이시었다. 그 부처님이 예전 보살행을 닦을 적에 그 세계해를 깨끗이 하였는데, 그 세계해 가운데 세계의 티끌 수 세계종이 있고, 낱낱 세계종마다 세계의 티끌 수 세계가 있으며, 낱낱 세계마다 여래께서 나셨으며, 낱낱 여래께서 세계해 티끌 수 수우트라를 말씀하시고, 낱낱 수우트라에서 세계의 티끌 수 보살들에게 수기를 주시며 갖가지 신통력을 나타내고 갖가지 법문을 말하여 한량없는 중생을 제도하였느니라.

저 넓은 광명 진금 마니산 세계해 가운데 한 세계 종이 있으니 이름은 두루 장엄한 당기요, 그 세계 종 가운데 한 세계가 있으니 이름이 모든 보배빛 넓은 광명이라, 모든 화신 불들의 그림자를 나타내는 마니왕으로 자체가 되고, 형상은 하늘성과 같으며, 모든 여래 도량의 영상을 나타내는 마니왕으로 밑바닥이 되어 모든 보배 꽃바다 위에 있으니 깨끗하고 더러움이 섞이었으며, 이 세계에 수미산의 티끌 수 사천하가 있고, 한 사천하가 그 복판에 있으니 이름이 온갖 보배산 당기요, 사천하 마다 넓이와 길이가 10만 유순이며, 낱낱 사천하에 각각 1만의 큰 성이 있고, 잠부드비이파에 한 서울이 있으니 이름이 견고하고 묘한 보배장엄구름 등불인데 1만의 큰 성들이 두루 둘러 있다. 그 잠부드비이파 사람의 수명이 1만세 때에 왕이 있었으니 이름이 모든 법 음성 원만한 일산이요, 5백 대신과 6만 궁녀와 7백 왕자가 있는 데 왕자들이 모든 용모가 단정 용맹하여 큰 위덕이 있었으며 그 왕의 위덕이 잠부드비이파에 널리 퍼져서 원수와 대적이 없었느니라.

그 세계에서 겁이 다하려 할 적에, 5탁(濁)이 생기어 사람들의 수명은 짧아지고 재물은 모자라고 형상은 더럽고 고통이 많고 락이 적으며, 10선을 닦지 않고 악업만 지으면 서로 다투고 서로 헐뜯으며 다른 이의 권속을 떠나게 하고 남의 영화를 질투하며, 생각대로 소견을 내고 법답지 못하게 탐심을 내었다.

그런 인연으로 풍우가 고르지 못하고 곡식이 풍성하지 않으며, 동산에 풀과 나무가 타죽고 백성들은 궁핍하여 질병이 많아서 사방으로 흩어 다니며 의지할 데가 없어 모두 서울로 와서 여러 천만억 겹을 둘러싸고, 사방에서 고래고래 소리를 지르며, 손을 들기도 하고 합장하기도 하며, 머리를 땅에 조아리기도 하고 손으로 가슴을 두들기기도 하며, 무릎을 꿇고 부르짖기도 하고 몸을 솟아 외치기도 하며, 머리를 풀어 헤치고 옷은 남루하며, 살갗이 터지고 눈에는 빛이 없는 이들이 임금을 향하여 하소연하였다.

'대왕이여, 저희들은 지금 빈궁하고 외롭고 굶주리고 헐벗고 병들고 쇠약하여 여러 가지 고통에 시달리고 있습니다. 목숨이 바람 앞의 등불 같사오나 의지할 데가 없고 구해 줄 이도 없사오며, 이런 하소연을 할 데도 없습니다. 그래서 저희들은 이제 대왕을 바라고 왔나이다. 저희들이 보기에는 대왕께서는 매우 인자하시고 매우 슬기로우매 저희들은 안락을 얻으리란 생각, 사랑을 받으리란 생각, 살려 주시리란 생각, 거두어 주시리란 생각, 보배광을 얻었다는 생각, 나루를 만났다는 생각, 바른 길을 찾았다는 생각, 뗏목을 만났다는 생각, 보물섬을 보았다는 생각, 금은보화를 얻으리란 생각, 천궁에 올랐다는 생각을 내나이다.'

그 때 대왕은 이 말을 듣고는 백만 아승지 가엾이 여기는 문을 얻어 한결같은 마음으로 생각하며, 열 가지 가엾이 여기는 말을 하였다.

'애닯다. 중생이여, 바닥을 모를 생사의 구렁에 빠졌으니, 내가 어떻게라도 빨리 건져내어 온갖 지혜의 땅에 머물게 하리라. 나고 늙고 병들고 죽는데 떨고 있으니, 내가 어떻게라도 의지할 데가 되어 몸과 마음이 편안함을 영원히 얻게 하리라. 항상 세상의 공포 속에서 시달리니, 내가 어떻게라도 도와주어 온갖 지혜의 길에 머물게 하리라. 모든 번뇌의 핍박을 받으니 내가 어떻게라도 구호하여 모든 선업에 머물게 하리라. 지혜의 눈이 없어 내 몸이란 소견의 의혹에 덮이었으니 내가 어떻게라도 방편을 지어 의혹의 소견과 눈에 가린 막을 결정해 주리라. 항상 어리석음에 미혹되었으니 내가 어떻게라도 밝은 횃불이 되어 온갖 지혜의 성을 비추어 보게 하리라. 항상 아끼고 질투하고 아첨하는 데 흐리어졌으니, 내가 어떻게라도 열어 보여서 청정한 법의 몸을 증득케 하리라. 생사하는 바다에 오랫동안 빠졌으니 내가 어떻게라도 널리 건져내어 보리의 저 언덕에 오르게 하리라. 여러 감관이 억세어 조복하기 어려우니, 내가 어떻게라도 잘 어거하여 여러 부처님의 신통력을 갖추게 하리라. 소경과 같아서 길을 보지 못하니, 내가 어떻게라도 잘 인도하여 온갖 지혜의 문에 들어가게 하리라.'

이렇게 말하고는 북을 치고 영을 내리기를

'내가 지금 모든 중생에게 보시하여 필요한 것을 모두 만족케 하리라' 하고, 즉시 염부제의 크고 작은 여러 성과 모든 마을에 선포하여 창고를 열고 갖가지 물품을 내어 네 길거리에 쌓아 놓았으니 금·바이두우랴·마니 따위의 보배와 의복·음식·꽃·향·영락·궁전·집·평상·방석들이 있으며, 큰 광명마니를 비추어 모두 편안하게 하였다.

또 여러 가지 병에 필요한 약과 끓는 물을 보시하고 여러 가지 보배 그릇에 여러 가지 보배를 담았으니, 금강 그릇에는 갖가지 향을 담고 보배향 그릇에는 갖가지 옷을 담았으며, 연·가마·수레·당기·번기·비단일산 따위의 여러 가지 살림살이에 필요한 것들을 고방문을 열어 놓고 보시하여 주며, 또 여러 마을·성시·동산·숲·처자·군속·왕의 지위와 머리·눈·귀·코·입술·혀·치아·손·발·가죽·살·염통·콩팥·간·허파 따위의 몸속과 밖에 있는 것들을 베풀어 주었다.

그 견고하고 묘한 보배로 장엄한 구름 등불 서울의 동쪽에 문이 있으니 이름은 마니산 광명문이고, 그 문 밖에 보시하는 모둠이 있으니, 땅이 넓고 청정하고 평탄하여 구렁이나 가시덤불이나 자갈 따위가 없고, 모두 아름다운 보배로 되었으며, 여러 보배꽃을 흩고 묘한 향을 풍겼으며 여러 가지 보배 등을 켰으니, 모든 향기 구름이 허공에 가득하고, 한량없는 보배 나무가 차례로 줄을 지어, 한량없는 꽃 그물·향 그물이 위에 덮이고, 한량없는 백천억 나유타 악기에서는 아름다운 음악이 항상 나는데, 이런 것들을 모두 묘한 보배로 장엄하였으니 모두 보살의 깨끗한 업으로 생긴 과보니라.

그 모든 가운데 사자좌를 놓았으니, 열 가지 보배가 바닥이 되고, 열 가지 보배로 난간이 되었으며, 열 가지 보배 나무가 사방으로 둘러섰고, 금강보배 바퀴가 그 밑을 받치었는데, 모든 보배로 용과 신의 형상을 만들어 함께 받들게 하였고 갖가지 보물로 장엄하였으며 당기·번기가 사이사이로 벌였고 여러 가지 그물이 위에 덮이고 한량없는 보배향에서는 향기 구름이 나오고 여러 가지 보배옷이 곳곳에 깔려 있고, 백천 가지 풍류를 항상 잡히며, 또 그 위에 보배 일산을 받았는데, 한량없는 보배불꽃 광명을 놓아서 잠부나다금처럼 찬란하고 깨끗하며 보배 그물을 덮고 영락을 드리우고, 마니 보배로 된 띠가 두루 벌이었고, 갖가지 풍경에서는 항상 묘한 소리를 내어 중생들에게 선업을 닦으라고 권하였다.

그 때 대왕이 사자좌에 앉았는데, 얼굴이 단정하고, 거룩한 모습이 구족하며 빛이 찬란한 보배로 관을 만들어 썼으니, 나라연 같은 몸을 해칠 수 없고 여러 지절이 모두 원만하고 성품이 너그럽고 어질어서 왕족에 태어났으며, 재물과 법에 자유자재하고 변재가 걸림이 없고 지혜가 통달하며 어진 정사로 나라를 다스리매 명령을 어기는 이가 없었다.

그 때 잠부드비이파에 한량없고 수없는 백천만억 나유타 중생들이 있는데,

갖가지 국토에서 갖가지 종족·형상·의복·말·욕망을 가진 이들이 이 모둠에 모여 와서 대왕을 우러러 보면서 이렇게 말하였다.

'이 대왕은 큰 지혜가 있는 이며 복이 수미산 같은 이며 공덕이 달 같은 이로서 보살의 서원에 머물러서 광대한 보시를 하시나이다.'

이 때 대왕은 저들이 와서 구걸함을 보고, 가엾이 여기는 마음·환희한 마음·존중하는 마음·선지식이란 마음·광대한 마음·서로 계속하는 마음·정진하는 마음·물러가지 않는 마음·모든 것을 주려는 마음·두루한 마음을 내었느니라.

그 때 대왕이 구걸하는 이들을 보고 크게 환희한 마음을 내는 것이 잠깐 동안이지마는, 가령 도리천왕·수야아마천왕·투시타천왕이 백천억 나유타 겁 동안에 받을 쾌락으로도 미칠 수 없고 화락천왕이 수없는 겁 동안에 받을 쾌락과 자재천왕이 한량없는 겁 동안에 받을 쾌락과 대범천왕이 그지없는 겁 동안에 받을 범천의 쾌락과 광음천왕이 헤아릴 수 없는 겁 동안에 받을 천상의 낙과 편정(遍淨)천왕이 다함없는 겁 동안에 받을 천왕의 낙과 정거(淨居)천왕이 말할 수 없는 겁 동안에 고요한 데 머무를 낙으로도 미칠 수 없느니라.

마치 어떤 사람이 어질고 인자하고 효도하고 공순한 이로서 난리를 만나 부모·처자·형제·자매와 멀리 헤어졌다가, 뜻밖에 거친 벌판에서 서로 만나 반겨 붙들고 어루만지며 어쩔 줄을 모르듯이, 저 대왕이 와서 구걸하는 이들을 보고 기뻐함도 그와 같았느니라.

그 대왕이 그 때에 선지식을 만나서 불보리를 이해하고 욕망함이 더욱 증장하며 근기가 성취되고 믿음이 청정하며 환희함이 만족하였으니, 이 보살이 여러 가지 행을 부지런히 닦아 온갖 지혜를 구하며, 모든 중생을 이익하기를 원하고 보리의 한량없는 낙을 얻기를 원하며, 모든 착하지 못한 마음을 버리고 모든 선근을 모으기를 좋아하며, 모든 중생을 구호하기를 원하고 살바야를 관찰하기를 좋아하며 온갖 지혜 법을 수행하기를 즐기고 모든 중생의 소원을 만족케 하며, 모든 불공덕 바다에 들어가서 모든 마의 번뇌업을 깨뜨리며, 모든 여래의 가르침을 따라서 온갖 지혜의 걸림 없는 도를 행한 까닭이니라.

온갖 지혜의 흐름에 깊이 들어갔으며 모든 법의 흐름이 항상 앞에 나타나며 큰 서원이 다함이 없어 대장부가 되었으며 거룩한 이의 법에 머물러 여러 가지의 선근을 쌓아 모으며 모든 집착을 여의어 모든 세간의 경계에 물들지 않으며, 모든 법성이 허공과 같음을 알고 와서 구걸하는 이에게 외아들·부모·복밭이란 생각과 만나기 어려운 생각과 이익하고 신세롭다는 생각과 견고한 생각과 스승·부처님이란 생각을 내었느니라. 그래서 처소도 가리지 않고 종류도 택하지 않고 형상도 안 데 없이, 오는 이마다 그의 욕망대로 인자한 마음으로 모든 것을 평등하게 보시하여 만족케 하였으니, 음식을 구하는 이는 음식을 주고 옷을 구하는 이는 옷을, 향과 꽃을 구하는 이는 향과 꽃을, 화만과 일산을 구하는 이는 화만과 일산을 주며, 당기·번기·영락·궁전·동산·정원·코끼리·말·수레·평상·보료·금·은·마니·보물과 고방에 쌓아둔 것과, 권속·도시·마을들을 모두 이렇게 중생들에게 보시하였느니라.

그 때 이 모둠 가운데 한 장자의 딸이 있었으니, 이름은 보광명(寶光明)이라. 60 처녀들과 함께 있었다. 단정하고 아름다워 사람들이 기뻐하니, 살갗은 금빛이고 눈과 머리카락은 검푸르고, 몸에서는 향기가 나고 입으로는 범음성을 말하며, 훌륭한 보배 옷으로 단장하였고, 항상 수줍은 모습을 품고 바른 생각이 산란하지 않으며, 위의를 갖추고 어른을 공경하며, 깊고 묘한 행을 따르기를 생각하여 한번 들은 법은 늘 기억하고 잊지 않으며, 전생에 심은 선근이 마음을 윤택하게 하매 청정 광대하기가 허공과 같아서 중생들을 평등하게 하며 부처님들을 항상 보고 온갖 지혜를 구하였느니라.

그 때 보배광명 아가씨가 대왕으로부터 멀지 않은 데서 합장 예배하고 이렇게 생각하였다.

'나는 좋은 이익을 얻었네. 나는 지금 큰 선지식을 뵈었네.' 하면서, 대왕에게 대하여 큰 스승·선지식이란 생각과 자비를 구족한 생각과 능히 거두어 주리라는 생각을 내고는, 마음이 정직하여 환희심을 내고, 몸에 걸었던 영락을 벗어 왕에게 받들고 이렇게 원하였다.

'지금 이 대왕께서 한량없고 그지없는 무명 중생의 의지할 데가 되었사오니 나도 오는 세상에서 그와 같이 되어지이다. 이 대왕의 아시는 법·타시는 수레·닦으시는 도·갖추신 모습·가지신 재산·거두어 주시는 대중이 그지없고 다함이 없으며 이길 수 없고 파괴할 수 없사오니, 나도 오는 세상에 그와 같이 되며, 그의 나시는 곳에 나도 따라가서 나게 하여지이다.'

이 때 대왕은 이 아가씨가 이런 마음을 내는 줄을 알고 말하였다.

'아가씨여, 네가 욕구대로 모두 너에게 주리라. 내게 있는 온갖 것을 다 버려서 모든 중생들이 모두 만족하게 하리라.' <深法>

이 때 보배광명 아가씨는 믿는 마음이 청정하여지고 매우 환희하여 게송으로 대왕을 찬탄하였다.

지난 옛날 이 성중에 대왕이 나시기 전엔
즐거운 것 하나도 없어 마치 아귀들 사는 데 같았네.
중생들이 서로 살해하고 훔치고 간음하며
이간하고 거짓말하고 무리하고 욕설만 하며

남의 재물을 욕심내고 성 잘 내고 표독한 마음 품어
나쁜 소견, 나쁜 행동 죽으면 나쁜 길에 떨어지며
이러한 중생들이 우악하고 어리석고
뒤바뀐 소견에 빠졌으매 매우 가물어 비가 안 오고

비가 오지 아니하여 곡식은 싹이 나지 못하고
풀과 나무는 타 죽고 샘과 시냇물 모두 마르고
대왕이 아직 나시기 전에 물은 모두 말라버리고
동산에 해골이 많아 마치 거친 벌판 같았네.

대왕께서 임금이 되시어 여러 백성을 건지시니
반가운 구름 팔방에 퍼져 단 비가 흡족하게 내리며
대왕이 이 나라에 군림하여 여러 가지 나쁜 짓 끊어 주시매
감옥에는 죄인이 없고 외로운 이들 편안해.

예전에는 여러 중생들 서로서로 남을 해치며
피를 빨고 살을 씹더니 지금은 모두 인자하여지고
예전에는 여러 중생들 가난하고 헐벗어서
풀잎으로 앞을 가리고 굶주려서 아귀 같더니

대왕이 세상에 나시매 살이 저절로 찌고
나무에서 의복이 나와 남자와 여자들 새 옷을 입고
옛날에는 하찮은 이끗을 다투어 법도 없이 서로 뺏더니
지금은 모든 것이 풍족하여 마치 제석천의 동산에 온 듯.

옛날에는 사람들 나쁜 짓을 하며 턱 없이 음탐을 내어
유부녀나 아가씨들을 갖가지로 침해하더니

지금에는 얌전하고 옷 잘 입는 부인을 보고도
마음에 물들지 않아 마치 지족천(知足天)이나 온 듯.

옛날에는 여러 중생들 거짓말하고 진실치 못하여
법도 모르고 이익도 없이 아첨하고 알랑대더니
지금에는 여러 사람들 나쁜 말은 하나도 없고
마음이 유순하며 하는 말이 모두 화순해.

옛날에는 여러 중생들 여러 가지로 삿된 짓 하여
개·도야지·소를 보고도 합장하고 절을 하더니
지금은 임금의 바른 법 들어 옳게 알고 사견이 없어져
즐겁고 괴로움이 모두가 인연으로 생기는 줄 알았네.

대왕이 묘한 법 연설하시며 듣는 이 모두 기뻐하나니
제석과 범천의 음성으로도 이 소리 미칠 수 없고
대왕의 보배로 된 일산 공중에 높이 솟았는데
유리로 대가 되고 마니 그물을 덮었으며

황금 풍경에서는 여래의 화평한 음성이 나서
미묘한 법을 말하여 중생의 번뇌를 멸하며
또 시방 여러 세계의 모든 겁 동안에 나신
여래와 그 권속들의 법을 널리 연설하고

또 차례차례로 과거의 시방 세계와
그 국토에 계시던 모든 여래를 말하며
또 미묘한 음성이 잠부드비이파에 퍼져서
인간과 천상의 여러 가지 법을 말하니

중생들이 듣고는 스스로 업의 모임을 알고
악을 버리고 부지런히 닦아 부처님의 보리로 회향하였소.
대왕의 아바마마 정광명이고 어마마마는 연꽃빛
다섯 가지 흐림이 나타날 적에 임금으로서 천하를 다스리니

그 때 엄청난 동산이 있고 동산에는 5백의 못이 있어
각각 1천의 나무가 둘러서고 못마다 연꽃이 덮이어
그 못 언덕 위에 집을 지으니 기둥이 천개
난간이며 모든 장엄이 모두 구비하였다.

말세가 되고 나쁜 법 생겨 여러 해를 비가 안 오니
못에는 물이 마르고 초목은 말라 죽더니
대왕이 나시기 7일 전에 이상한 상서가 나타나
보는 이마다 생각하기를 세상을 구할 이가 나시려나.

그 날 밤중에 여섯 가지로 땅이 진동하며
어느 보배꽃 덮인 못에는 햇빛처럼 빛나며
5백 개의 못 안에는 8공덕수가 가득하고
마른 나무에는 가지가 나고 꽃과 잎이 무성하며

못에 가득한 물은 여러 곳으로 넘쳐흘러서
널리 잠부드비이파에까지 흡족하게 적시었으니
약품이나 여러 나무나 온갖 곡식이며 채소를
가지와 잎과 꽃과 열매가 모두 다 번성하였고

구렁과 도랑과 언덕 높은 곳 낮은 땅
이런 모든 땅바닥 한결같이 평판하여지고
가시덤풀과 자갈 밭 온갖 더러운 것들
모두 잠깐 동안에 보배옥으로 변하니

중생들이 이것을 보고 기뻐 찬탄하면서
좋은 이익을 얻은 것이 목마를 때 물 마신 것 같다고 하네.
그때 정광명왕은 한량없는 권속들과 함께
법의 수레를 갖추고 숲 동산에 놀러 가시니

5백 연못 가운데 경희(慶喜)라는 못이 있고
못 위에 법당이 있으니 부왕께서 거기 앉으시다.

선왕이 부인께 말하기를 지금부터 이레 전에
밤중에 땅이 진동하면서 여기서 광명이 나타나고

저 연못 속에는 천엽(天葉) 연화가 피었는데
찬란하기 1천 햇빛과 같아 수미산 꼭대기까지 사무쳤소.
금강으로 줄기가 되고 잠부나다금은 꽃판이 되고
열 가지 보배는 꽃과 잎이며 묘한 향은 꽃술이 되었는데,

그 연꽃에서 왕이 탄생하여 단정하게 가부하고 앉으니
거룩한 모습으로 장엄하며 하늘과 신명들 공경하였네.
선왕은 너무 기뻐서 못에 들어가 얼싸안고
나와서 부인께 주면서 당신의 아들이니 경사 났소.

묻힌 보배 솟아 나오고 보배나무에는 곳이 열리며
하늘 풍류의 아름다운 소리 공중에 가득히 차네.
모든 중생들 기쁜 마음으로 합장하고
회유한 일이라 외치며 훌륭하다 세상을 구원할 이여.

왕의 몸으로 광명을 놓아 온갖 것을 두루 비추니
모든 사천하의 암흑은 쓰러지고 병이 소멸해
야차와 피샤사(毘舍闍) 독한 벌레와 나쁜 짐승
사람을 해치는 것들 모두 숨어 버리고

나쁜 이름 좋은 이익을 잃고 횡액과 병에 붙들리는 것 등
이런 괴로움 소멸되니 모든 사람들 기뻐 뛰네
여러 가지 중생들 부모와 같이 서로 보고
나쁜 짓 버리고 인자한 마음으로 온갖 지혜만을 구하며

나쁜 길은 닫아버리고 인간과 천상의 길을 열며
사르바쟈냐(薩薩若) 드날려 중생들을 제도하나니
우리들 대왕 뵈옵고 모두 좋은 이익 얻으며
갈 데 없고 지도할 이 없는 이들 모두 다 안락 얻었네.

이 때 보배광명 아가씨는 게송으로 모든 법 음성 원만한 일산왕을 찬탄하고, 한량없이 돌고 합장하고 엎드려 절하고는 허리를 굽혀 공경하며 한 곁에 물러가 앉았다.

그 때 대왕은 아가씨에게 말하였다.

'착하다, 네가 다른 이의 공덕을 능히 믿으니 회유한 일이로다. 여러 중생들은 다른 이의 공덕을 믿지도 알지도 못하느니라.

여러 중생들은 은혜 갚을 줄을 알지 못하며 지혜가 없고 마음이 흐리며 성품이 밝지 못하여 뜻과 기운이 없고 수행하는 일까지 물러가나니, 이런 사람들은 보살과 여래의 공덕과 신통한 지혜를 믿지도 않고 알지도 못 하느니라. 너는 이제 결정코 보리에 나아가려 하므로 보살의 이러한 공덕을 능히 아는 것이로다. 너는 지금 염부제에 나서 용맹심을 내어 중생을 널리 거두어 주는 공이 헛되지 아니할 것이며, 또 이런 공덕을 성취하리라.

왕은 이렇게 아가씨를 칭찬하고는 훌륭한 보배옷을 가져 보배광명 아가씨와 그 권속들에게 주며 입으라고 하였다.

그 때 아가씨들은 무릎을 땅에 꿇고 두 손으로 옷을 받들어 머리 위에 올려놓았다가 입고 오른 쪽으로 왕을 돌았는데, 보배옷에는 모든 별 같은 광명이 두루 나오는 것을 여러 사람들이 보고 이렇게 말하였다.

'이 아가씨들이 모두 단정 깨끗한 밤하늘에 별처럼 장엄하였도다.'

그 때에 모든 법 음성 원만한 왕은 다른 사람이 아니라, 지금의 비로자나 여래니라. 또 정광명왕은 지금의 정반왕이고, 연꽃 광명 부인은 마야부인이며, 보배광명아가씨는 곧 내 몸이니라. 그 왕이 그 때에 4섭 법으로 준 중생들은 지금 이 회상에 있는 여러 보살들이니, 모두 무상보리에서 물러나지 않고, 초지(初地)에도 있고, 내지 10지에도 있으면서, 여러 가지 큰 서원을 갖추고 도를 돕는 법을 모르고 묘한 행을 닦아서 장엄을 갖추고 신통을 얻고 해탈에 머물러 있으면서, 이 모인 가운데서 묘법의 궁전에 거처하느니라.

나는 다만 이 보살의 광대한 기쁜 광명을 내는 해탈문을 알거니와, 저 보살들의 모든 부처님을 가까이 모시고 공양하며 온갖 지혜의 큰 서원 바다에 들어가서 모든 부처님의 서원 바다를 만족하며, 용맹한 지혜를 얻어 한 보살의 지위에서 모든 보살 지위의 바다에 들어가며, 청정한 서원을 얻어 한 보살의 행에서 모든 보살의 수행 바다에 들어가며, 자유자재한 힘 얻어 한 보살의 해탈문에서 모든 보살의 해탈문 바다에 들어가는 일이야 내가 어떻게 알며 그 공덕의 행을 말하겠는가. 이 도량 안에 한 야신이 있으니, 이름은 큰 서원 정진 하는 행으로 모든 중생 구호하는 이니라. 그대는 그에게 가서 보살이 어떻게 중생을 교화하여 무상보리에 나아가게 하며, 어떻게 모든 부처님 세계를 깨끗이 장엄하며, 모든 여래를 받들어 섬기며, 모든 부처님의 법을 닦느냐고 물으라."

⑧ 대원정진력구호의 부동지(不動地) — 화엄경 제73권

ㄱ. 견경자문(見敬諮問)

그 때 선재동자는 큰 서원 정진력으로 모든 중생 구호하는 야신에게 나아갔다.

그 야신이 대중들 가운데서 모든 궁전 나타내는 마니장 사자좌에 앉았는데, 법계의 국토를 두루 나투는 마니 그물이 그 위에 덮이었다.

해와 달과 별의 그림자인 몸을 나투고, 중생들의 마음을 따라 모두 볼 수 있는 몸, 모든 중생의 형상과 평등한 몸, 그지없이 광대한 빛깔 바다의 몸, 온갖 위의를 나타내는 몸, 시방에 두루 나타내는 몸, 모든 중생을 조복하는 몸, 빠른 신통을 널리 부리는 몸, 중생들을 이익하여 끊이지 않는 몸, 항상 허공에 다니면서 이익케 하는 몸, 여러 부처님 계신 데서 예배하는 몸, 모든 선근을 닦는 몸, 불법을 받아 지니고 잊지 않는 몸, 보살의 큰 서원을 이룩하는 몸, 광명이 시방에 가득한 몸, 법의 등불로 세상의 어둠을 두루 없애는 몸, 법이 눈어리와 같음을 아는 깨끗한 몸, 티끌의 어둠을 멀리 여의는 법의 성품 몸, 넓은 지혜로 법을 비추어 분명히 아는 몸, 끝까지 병환이 없고 열이 없는 몸, 깨뜨릴 수 없이 견고한 몸, 머무는 데 없는 부처님 힘의 몸, 분별이 없이 때를 여의는 몸, 본래 청정한 법성신을 나투었다.

이 때 선재동자는 이렇게 세계의 티끌 수와 같이 차별한 몸을 보고, 한결같은 마음으로 엎드려 절하고 몸을 땅에 던졌다가 얼마만에 일어나서 합장하고 우러러 보면서 선지식에게 열 가지 마음을 내었다.

이른바 선지식에게 내몸과 같은 마음을 내니, 나로 하여금 부지런히 노력하여 온갖 지혜도를 돕는 법을 마련케 하는 연고며, 선지식에게 자기의 업과를 깨끗이 하는 마음을 내니, 가까이 모시고 공양하여 선근을 내는 연고며, 선지식에게 보살행을 장엄하는 마음을 내니, 나로 하여금 모든 보살행을 빨리 장엄케 하는 연고며, 선지식에게 모든 부처님 법을 성취하는 마음을 내니, 나를 인도하여 도를 닦게 하는 연고며, 선지식에게 능히 내게 한다는 마음을 내니, 나에게 위없는 법을 내게 하는 연고며, 선지식에게 벗어난다는 마음을 내니, 나로 하여금 보현의 행원을 수행하여 벗어나게 하는 연고며, 선지식에게 모든 복덕 바다를 갖추었다는 마음을 내니, 나로 하여금 모든 착한 법을 모으게 하는 연고며, 선지식에게 더욱 자라게 한다는 마음을 내니, 나의 온갖 지혜를 더욱 자라게 하는 연고며, 선지식에게 모든 선근을 갖추었다는 마음을 내니, 나의 소원을 원만케 하는 연고며, 선지식에게 큰 이익을 마련한다는 마음을 내니 나로 하여금 모든 보살법에 자유로 편안히 머물게 하고, 온갖 지혜의 길을 이루게 하고, 모든 불법을 얻게 하는 연고니, 이것이 열이니라.

이런 마음을 내고는 저 밤 야신이 여러 보살 세계의 티끌 수 같이 많은 행과 같음을 얻었느니라. 이른바 생각함이 같으니 마음으로 항상 시방의 모든 3세 부처님을 생각하는 연고며, 슬기가 같으니 모든 법 바다를 차별한 문을 분별한 몸을 분별하여 결정하는 연고며, 나아감이 같으니 모든 불여래의 묘법륜을 굴리는 연고며, 깨달음이 같으니 허공과 같은 지혜로 모든 3세간을 널리 들어가는 연고며, 근기가 같으니 보살의 청정광명의 지혜근을 성취하는 연고며, 마음이 같으니 걸림없는 공덕을 잘 닦아서 모든 보살도를 장엄하는 연고며, 경계가 같으니 부처님들의 행하시는 경계를 널리 비추는 연고라.

증득함이 같으니 온갖 지혜로 실상의 바다를 비추는 깨끗한 광명을 얻는 연고며, 이치가 같으니 지혜로써 모든 법의 진실한 성품을 아는 연고며, 용맹이 같으니 모든 장애의 산을 깨뜨리는 연고며, 육신이 같으니 중생의 마음을 따라 몸을 나타내는 연고며, 힘이 같으니 온갖 지혜를 구하여 물러나지 않는 연고며, 두려움이 같으니 마음이 청정하기 허공과 같은 연고며, 정진이 같으니 한량없는 겁에 보살행을 행하여 게으르지 않는 연고라. 변재가 같으니, 법에 걸림 없는 지혜광명을 얻는 연고며, 평등할 이 없음이 같으니 몸매가 청정하여 세간에 뛰어난 연고며, 사랑스러운 말이 같으니 모든 중생들이 다 기뻐하는 연고며, 묘음성이 같으니 모든 법문 바다를 두루 연설하는 연고며, 원만한 음성이 같으니 모든 중생들이 제나름으로 아는 연고며, 깨끗한 덕이 같으니 여래의 깨끗한 공덕을 닦아 익히는 연고며, 지혜의 지위가 같으니 모든 부처님 계신 데서 법륜을 받는 연고라.

청정한 행이 같으니 모든 불경계에 편안히 머무는 연고며, 크게 인자함이 같으니 생각마다 모든 국토의 중생바다를 널리 덮는 연고며, 크게 가엾이 여김이 같으니 법 비를 널리 내려서 모든 중생을 윤택케 하는 연고며, 몸으로 짓는 업이 같으니 방편의 행으로 모든 중생들을 교화하는 연고며, 말로 짓는 업이 같으니 종류를 따르는 음성으로 모든 법문을 연설하는 연고며, 뜻으로 짓는 업이 같으니 중생들을 두루 포섭하는 온갖 지혜의 경계 속에 두는 연고며, 장엄함이 같으니 모든 불세계를 깨끗이 장엄하는 연고라. 친근함이 같으니 부처님이 세상에 나시면 모두 가까이 모시는 연고며, 권하여 청함이 같으니 모든 부처님께 청하여 법륜을 굴리게 하는 연고며, 공양함이 같으니 항상 모든 부처님께 공양하기를 좋아하는 연고며, 교화함이 같으니 모든 중생들을 조복하는 연고며, 광명이 같으니 모든 법문을 밝게 비추는 연고며, 삼매가 같으니 모든 중생의 마음을 널리 아는 연고며, 두루 가득함이 같으니 자재한 힘으로 모든 불세계 바다에 충만하여 행을 닦는 연고라.

머무는 곳이 같으니 모든 보살의 큰 신통에 머무는 연고며, 권속이 같으니 모든 보살들과 함께 있는 연고며, 들어가는 곳이 같으니 세계의 미세한 곳에 두루 들어가는 연고며, 마음으로 생각함이 같으니 모든 불세계를 널리 아는 연고며, 나아감이 같으니 모든 불세계 바다에 두루 들어가는 연고며, 방편이 같으니 모든 불세계를 다 나타내는 연고며, 훌륭하게 뛰어남이 같으니 여러 불세계에서 견줄 데가 없는 연고라. 물러가지 않음이 같으니 시방에 두루 들어가되 걸림이 없는 연고며, 어둠을 깨뜨림이 같으니 모든 불보리의 지혜를 이루시는 큰 광명을 얻는 연고며, 죽고 삶이 없는 지혜가 같으니 모든 부처님의 대중이 모인 바다에 들어가는 연고며, 두루함이 같으니 모든 불세계 그물에서 말할 수 없는 세계의 여러 여래에게 공경 공양하는 연고며, 지혜로 증득함이 같으니 저들의 법문 바다를 분명히 아는 연고며, 수행함이 같으니 모든 불법문을 따라 행하는 연고며, 바라고 구함이 같으니 청정한 법을 매우 좋아하는 연고라.

청정함이 같으니, 불공덕을 모아 3업을 장엄하는 연고며, 묘한 뜻이 같으니, 온갖 법을 지혜로 분명히 아는 연고며, 정진이 같으니 모든 선근에 두루 들어가는 연고며, 깨끗한 행이 같으니 모든 보살행을 만족하게 이루는 연고며, 걸림 없음이 같으니 모든 법이 모양이 없음을 아는 연고며, 교묘함이 같으니 모든 법에 지혜가 자재한 연고며, 따라 좋아함이 같으니 중생심을 따라 경계를 나타내는 연고라. 방편이 같으니 모든 익힐 것을 잘 익히는 연고며, 보호하여 염려함이 같으니 모든 부처님의 보호하여 염려하실 것을 얻는 연고며, 지위에 들어감이 같으니 모든 보살의 지위에 들어가게 되는 연고며, 머무를 바가 같으니 모든 보살의 자리에 편안히 머무는 연고며, 수기(授記)함이 같으니 모든 불수기를 주시는 연고며, 삼매가 같으니 한 찰나 동안에 모든 삼매문에 두루 들어가는 연고며, 세우는 것이 같으니 갖가지 부처님 일을 나타내는 연고라.

바르게 생각함이 같으니 모든 경계의 문을 바르게 생각하는 연고며, 수행함이 같으니 오는 세월이 끝나도록 모든 보살행을 수행하는 연고며, 깨끗한 믿음이 같으니 모든 여래의 한량없는 지혜를 매우 좋아하는 연고며, 버리는 것이 같으니 모든 장애를 멸하여 없애는 연고며, 물러가지 않는 지혜가 같으니 모든 여래의 지혜와 평등한 연고라. 태어남이 같으니 세상을 응하여 나타나서 모든 중생을 성숙케 하는 연고며, 머무는 바가 같으니 온갖 지혜의 방편문에 머무는 연고라. 경계가 같으니 법계의 경계에 자재함을 얻는 연고며, 의지할 데가 없음이 같으니 모든 의지하려는 마음을 영원히 끊는 연고며, 법을 말함이 같으니 모든 법의 평등한 지혜에 들어간 연고며, 부지런히 닦음이 같으니 항상 부처님들의 보호하여 염려하심을 입는 연고며, 신통이 같으니 중생을 깨우쳐서 모든 보살행을 닦게 하는 연고며, 신통력이 같으니 시방의 세계 바다에 능히 들어가는 연고며, 다라니가 같으니 모든 다라니 바다를 두루 비추는 연고라.

비밀한 법이 같으니 모든 수우트라의 묘법문을 아는 연고며, 매우 깊은 법이 같으니 모든 법이 허공과 같음을 이해하는 연고며, 광명이 같으니 모든 세계를 두루 비추는 연고며, 기뻐서 좋아함이 같으니 중생심을 따라 열어 보이어 기쁘게 하는 연고며, 진동함이 같으니 중생에게 신통력을 나타내어 시방세계를 모두 진동하는 연고며, 헛되지 않음이 같으니 보고 듣고 기억함이 모두 그들의 마음을 조복케 하는 연고며, 벗어남이 같으니 모든 큰 서원 바다를 만족하여 여래의 10력의 지혜를 성취하는 연고라.

이 때 선재동자는 큰 서원 정진력으로 모든 중생을 구호하는 야신을 살펴보고 열 가지 청정한 마음을 일으키며, 이렇게 세계의 티끌 수 같이 많은 보살과 같은 행을 얻었다. 이런 것을 얻고는 마음이 더욱 청정하여 오른 어깨를 드러내며 그의 발에 절하고 일심으로 합장하고 게송을 말하였다.

나는 굳건한 뜻을 내어 위없는 깨달음을 구하려고
지금 선지식에게 나와 같은 마음을 내었네.
선지식을 보기만하면 그지없이 깨끗한 법을 모으며
여러 가지 죄를 없애고 보리의 열매를 이루오리.

나는 선지식 뵈옵고 공덕으로 마음을 장엄
오는 세계의 겁이 다하도록 행할 도를 부지런히 닦고
내가 생각하니 선지식께서 나를 거두어 이익케 하며
또 바른 교의 진실한 법을 나에게 보여주시며

나쁜 길을 닫아버리고 인간·천상의 길을 보여 주시며
여러 부처님이 이루신 온갖 지혜의 길도 보이시네.
생각컨대 선지식은 부처님의 공덕 갈무리
잠깐잠깐마다 허공과 같은 공덕 바다를 능히 내시며

나에게 바라밀다를 주시고 헤아릴 수 없는 복을 늘게 하며
깨끗한 공덕을 자라게 하여 부처님의 비단갓을 나에게 씌우고
또 생각하니 선지식은 부처님의 지혜를 만족하고
원만하고 깨끗한 법을 항상 의지하려 하시니

나는 이런 것을 말미암아 모든 공덕을 구족하고
널리 중생을 위하여 온갖 지혜의 도를 연설하네.
거룩하신 나의 스승님 나에게 위없는 법 주시니
한량없고 수없는 겁에도 그 은혜를 다 갚지 못하리.

그 때 선재동자는 이 게송을 말하고 다시 여쭈었다.
"이 해탈문의 이름은 무엇이오며, 발심하신지는 얼마나 오래 되었사오며, 어느 때에 무상보리를 얻었나이까."

ㄴ. 수기법계(授己法界)

㉠ 해탈의 이름

"이 해탈문이 이름은 중생을 교화하여 선근 내게 함이니, 나는 이 해탈을 성취하였으므로 모든 법성이 평등함을 깨달았고, 법의 진실한 성품에 들어가 의지함이 없는 법을 증득하였으며, 세간을 여의었으면서도 모든 법의 모양이 차별함을 알고, 또 푸르고 누르고 붉고 흰 것의 성품이 실답지 아니하여 차별이 없는 것도 분명히 통달하였노라.

그러면서도 한량없는 모양의 육신을 나타내나니 이른바 갖가지 육신, 하나 아닌 그지없는 육신, 청정한 육신, 모든 것을 장엄한 육신, 여럿이 보는 육신, 모든 중생과 같은 육신, 여러 중생의 앞에 나타나는 육신, 광명이 널리 비추는 육신, 보기에 싫지 않는 육신, 잘생긴 모습이 청정한 육신, 모든 악을 여의고 빛나는 육신, 큰 용맹을 나타내는 육신, 얻기 어려운 육신, 모든 세간에서 가릴

이 없는 육신이며, 모든 세간에서 함께 칭찬하여 다함이 없는 육신, 잠깐마다 항상 관찰하는 육신, 갖가지 구름을 나타내는 육신, 갖가지 형상으로 빛을 나타내는 육신, 한량없이 자재력을 나타내는 육신, 묘한 광명이 있는 육신, 온갖 것으로 깨끗하고 묘하게 장엄한 육신, 모든 중생을 따라서 성숙케 하는 육신, 마음에 좋아함을 따라 앞에 나타나 조복하는 육신, 걸림 없이 널리 빛나는 육신, 깨끗하고 더럽지 않은 육신, 구족하게 장엄하여 깨뜨릴 수 없는 육신, 부사의한 법방편으로 빛나는 육신이며, 온갖 것을 가릴 수 없는 육신, 어두움이 없어 모든 어둠을 깨뜨리는 육신, 모든 희고 깨끗한 법을 모은 육신, 큰 세력의 공덕 바다 육신, 과거에 공경한 원인으로 생긴 육신, 허공 같이 청정한 마음으로 생긴 육신, 가장 훌륭하고 광대한 육신, 끊임없고 다함없는 육신, 광명 바다 육신, 모든 세간에 의지할 데 없는 평등한 육신, 시방에 두루 하여 걸림 없는 육신, 잠깐잠깐마다 갖가지 빛깔 바다를 나타내는 육신, 모든 중생의 기쁜 마음을 늘게 하는 육신이며,

　모든 중생바다를 거두어들이는 육신, 낱낱 털구멍에서 모든 부처님의 공덕바다를 말하는 육신, 모든 중생의 욕망과 이해하는 바다를 깨끗이 하는 육신, 모든 법과 이치를 결정코 분명히 아는 육신, 장애 없이 널리 비추는 육신, 허공과 같은 깨끗한 광명 육신, 넓고 크고 깨끗한 광명을 놓는 육신, 때 없는 법을 비추어 나타내는 육신, 견줄 데 없는 육신, 차별하게 장엄한 육신, 시방을 두루 비추는 육신, 때를 따라 나타나서 중생을 응해주는 육신, 고요한 육신이며, 모든 번뇌를 없앤 육신, 모든 중생의 복밭인 육신, 모든 중생의 봄이 헛되지 않는 육신, 큰 지혜의 용맹한 힘인 육신, 거리낌 없이 두루 가득한 육신, 묘한 몸 구름이 널리 나타나 세간이 모두 이익을 받는 육신, 큰 자비바다를 구족한 육신, 큰 복덕 보배산왕 육신, 광명을 놓아 세간의 온갖 길에 비추는 육신, 큰 지혜 청정한 육신, 중생의 바른 생각을 내는 육신, 모든 보배 광명 육신이며, 넓은 광명 갈무리 육신, 세간의 갖가지 청정한 모양을 나타내는 육신, 온갖 지혜의 처소를 구하는 육신, 미소를 나투어 중생을 깨끗한 믿음을 내게 하는 육신, 결정도 없고 끝닿은 데도 없는 육신, 자재하게 가지력을 나타내는 육신, 모든 신통변화를 나투는 육신, 여래의 가문에 태어나는 육신, 모든 악을 멀리 여의고 법계 바다에 두루 하는 육신, 모든 여래의 도량에 모인 회중에 두루 나타나는 육신이며, 갖가지 빛깔 바다를 구족한 육신, 착한 행에서 흘러 오는 육신, 교화할 이를 따라 나타내는 육신, 모든 세간에서 보아도 싫은 줄 모르는 육신, 갖가지 깨끗한 광명 육신, 모든 3세 바다를 나타내는 육신, 모든

광명바다를 놓는 육신, 한량없이 차별한 광명 바다를 나타내는 육신, 모든 세간의 향기 광명을 일으키는 육신, 말할 수 없는 해바퀴 구름을 나타내는 육신이며, 광대한 달바퀴 구름을 나타내는 육신, 한량없는 수미산의 묘한 꽃구름을 놓는 육신, 갖가지 화만 구름을 내는 육신, 모든 보배 연꽃 구름을 나타내는 육신, 모든 사르는 향 구름을 일으켜 법계에 두루 하는 육신, 모든 가루향 갈무리 구름을 흩는 육신, 모든 여래의 큰 서원몸을 나타내는 육신, 모든 말과 음성으로 법 바다를 연설하는 육신, 보현보살의 형상을 나타내는 육신들이니라.

잠깐잠깐마다 이러한 빛깔 육신을 나타내어 시방에 가득하여 중생들로 하여금 보거나 생각하거나 법문 말함을 듣거나 가까이 모시거나 하여, 깨달음을 얻게도 하고 신통을 보게도 하고 변화를 보게도 하되, 마음에 좋아함을 따라 조복하여 불선업을 버리고 선행에 머물게 하느니라.

이것은 큰 원력을 말미암은 연고며, 온갖 지혜의 힘, 보살의 해탈력, 크게 가엾이 여기는 힘, 크게 인자한 힘으로 이런 일을 짓느니라.

나는 이 해탈에 들어서 법의 성품이 차별이 없음을 알면서도 한량없는 육신을 능히 나타내며, 낱낱 몸마다 한량없는 모습 바다를 나타내고, 낱낱 모습에서 한량없는 광명 구름을 놓고, 낱낱 광명에서 한량없는 불국토를 나타내고, 낱낱 국토에 한량없는 부처님이 나심을 나타내며, 낱낱 부처님이 한량없는 신통력을 나타내어 중생들의 지난 세상에 지은 선근을 열어 보여 심지 못한 이는 심게 하고, 이미 심은 이는 자라게 하고, 이미 자란 이는 성숙케 하며, 잠깐잠깐 동안에 한량없는 중생으로 무상보리에서 물러가지 않게 하노라.

　　ⓒ 광겁수행

그대가 묻기를 언제부터 보리심을 내었으며 보살행을 닦았느냐 하였는데, 보살의 지혜바퀴는 모든 분별하는 경계를 멀리 여의었으므로 생사 중에 있는 길고 짧고 물들고 깨끗하고 넓고 좁고 많고 적은 그러한 겁으로는 분별하여 보일 수 없느니라. 왜냐하면 보살의 지혜 바퀴는 본래부터 성품이 깨끗하여 모든 분별의 그물을 여의고 모든 장애의 산을 초월하였지마는, 교화할 만한 이를 따라서 널리 비추는 연고니라.

비유컨대 해는 낮과 밤이 없지마는 뜨는 때를 낮이라 하고 지는 때를 밤이라 하나니, 보살의 지혜바퀴도 그와 같아서 분별도 없고 3세도 없지마는 교화 받을 중생이 마음에 나타남을 따라서 머물러 있는 것을 말하여 앞·뒤의 겁이라 하느니라.

마치 해가 잠부드비이파의 허공에 떴을 적에 그림자가 모든 보물이나 강·바다의 맑은 물에 나타나는 것을 모든 중생들이 눈으로 보지마는 저 해는 여기 오는 것이 아니니라. 보살의 지혜바퀴도 그와 같아서 모든 생사의 바다에서 뛰어나 부처님의 참된 법의 고요한 허공에 머물러서 의지한 데 없거니와, 중생들을 교화하기 위하여 여러 길에서 여러 종류로 태어나지마는, 실제로는 생사하지도 않고 물들지도 않으며, 긴 세월·짧은 세월이라는 생각의 분별이 없느니라.

　왜냐하면 보살은 모든 뒤바뀐 생각과 소견을 끝까지 여의고, 진실한 견해를 얻어 법의 참 성품을 보았으므로 모든 세간이 꿈과 같고 눈어리와 같아서 중생이 없는 줄을 알지마는, 큰 자비와 큰 원력으로 중생의 앞에 나타나서 교화하고 조복하느니라.

　마치 뱃사공이 항상 큰 배를 타고 강 가운데 있어서 이 언덕을 의지하지도 않고 저 언덕에 닿지도 않고 가운데 머물지도 않으면서 중생을 건네주기를 쉬지 아니하느니라. 보살도 그와 같아서 바라밀다 배를 가지고 생사의 흐름에 있어서 이 언덕을 의지하지도 않고 저 언덕에 닿지도 않고 가운데 머물지도 않으면서 중생을 제도하기를 쉬지 아니하나니, 비록 한량없는 겁 동안에 보살행을 닦으면서 일찍이 겁의 길고 짧음을 분별하지 아니하느니라.

　마치 큰 허공은 모든 세계가 그 속에서 이룩하고 망그러지거니와 본성품이 청정하여 물들지도 어지럽지도 않고 걸림도 없고 만족함도 없으며, 길지도 짧지도 아니하여 오는 세월이 끝나도록 모든 세계를 가지고 있느니라. 보살도 그와 같아서 허공과 같이 넓고 크고 깊은 마음으로 큰 서원인 바람 둘레를 일으키어 모든 중생들을 거두어 주는데, 나쁜 길을 여의고 착한 길에 나게 하며, 온갖 지혜 자리에 머물게 하여 번뇌와 생사의 속박을 없애지마는 근심하거나 기뻐하거나 고달파하는 마음이 없느니라.

　마치 요술로 만든 사람이 몸과 사지가 갖추었지마는 숨을 들이쉬고 내쉬고 차고 덥고 굶주리고 목마르고 근심하고 기뻐하고 나고 죽는 열 가지 일이 없느니라. 보살도 그와 같아서 눈어리 같은 지혜와 평등한 법신으로써 여러 가지 모습을 나타내어 모든 업보의 길에서 한량없는 겁을 지나면서 중생을 교화하지마는 죽고 사는 모든 경계에 대하여 기쁨도 싫음도 없고, 사랑함도 성냄도 없으며, 괴로움도 즐거움도 없고, 가짐도 버림도 없으며, 편안함도 공포도 없느니라.

　보살의 지혜가 비록 이렇게 깊고 깊어 헤아릴 수 없거니와 내가 부처님의 위신을 받자와 그대에게 말하며 오는 세상의 모든 보살들로 하여금 큰 서원을 만족하여 모든 힘을 성취케 하리라.

　지나간 옛적 세계해의 티끌 수 겁 전에 한 겁이 있었으니, 이름이 착한 빛이요, 세계의 이름은 보배광명이었느니라. 그 겁 동안에 1만 부처님께서 세상에 나셨으니 그 첫 부처님의 이름은 법륜음허공등왕(法輪音虛空燈王)여래이어서 10호가 원만하였느니라.
　그 잠부드비이파에 한 서울이 있으니 이름이 보배장엄이요, 그 동으로 멀지 않은 곳에 큰 숲이 있은 이름이 묘한 빛이요, 그 숲 속에 보배꽃이란 도량이 있고, 그 도량에 보명광마니연화장사자좌(普明光魔尼蓮華藏師子座)가 있었는데, 그 부처님이 이 사자좌에서 무상보리를 이루시고, 백년 동안을 이 도량에 앉아서 모든 보살과 천상 사람과 지상 사람과, 잠부드비이파에서 선근을 심어서 성숙한 이들을 위하여 바른 법을 연설하였느니라.
　그 때 임금의 이름은 훌륭한 빛이요, 사람들의 목숨은 1만 살인데 그 가운데는 살생하고 훔치고 음란하고 방탕하고 거짓말, 비단 말, 이간하는 말, 욕설하며, 탐욕 많고 성내고 나쁜 소견 가지고, 부모에게 불효하고, 사문·바라문을 공경하지 않는 이가 많았으므로, 임금은 그들을 조복하기 위하여 옥을 만들고 칼과 고랑과 수갑들을 마련하여 한량없는 중생이 그 속에서 고생하고 있었다.
　그 임금의 태자는 이름이 조복 잘하는 이인데 단정하고 특수하여 사람들이 보기를 좋아하며 28 거룩한 모습을 구족하였다. 궁중에 있으면서 옥에 갇힌 죄수들이 고행하는 소리를 듣고 가엾은 마음을 이기지 못하여 대궐에서 나와 옥으로 달려가 보았다. 모든 죄수들이 고랑에 채우고 칼에 씌워져 쇠사슬에 서로 묶이어서 캄캄한 속에 갇혔는데, 불에 볶이고 연기를 쏘이고 곤장에 맞고 코를 베이기도 하였으며, 발가벗기고 머리카락이 헝클어지고 기갈이 자심하고 몸이 수척하고 근육이 터지고 뼈가 드러나 지독한 고통을 부르짖고 있었다.
　태자가 보고는 선심을 내어 두려움 없는 음성으로 위로하였다.
　'너희들은 걱정하지도 말고 공포하지 말라. 내가 너희들을 이 고통에서 벗어나게 하리라.'
　태자는 임금 계신 곳에 가서 여쭈었다.
　'옥에 갇힌 죄인들이 고통이 막심하오니 관대하게 용서하시어 대사를 베푸십시오.'
　왕은 오백 대신들을 모으시고 이 일을 묻자 대신들이 대답하였다.
　'저 죄인들은 관청의 물품을 훔치고 왕위를 뺏으려 하고, 궁중에 침입하였사

오니, 죄는 열 번 죽어 마땅하오며, 만일 구하려는 이가 있으면 그도 사형을 받아야 합니다.'

그때 태자는 슬픈 마음이 더욱 간절하여 대신들에게 말하였다.

'당신들의 말과 같을진댄, 저 사람들은 놓아 주고 그들이 받을 형벌로 나를 다스리라. 나는 그들을 위하여 모든 형벌을 다 받을 것이며, 몸이 가루가 되고 목숨이 끊어져도 아낄 것이 없으며, 다만 저 죄인들의 고통을 면하게 하리라.'

왜냐하면 내가 만일 이 중생들을 구원하지 못한다면 어떻게 3세라는 옥중에서 고통 받는 중생을 구원하리요. 모든 중생들이 3세 가운데서 탐욕과 애정에 얽매이고 어리석음에 가리어서 가난하고 공덕이 없고, 여러 가지 나쁜 길에 떨어져서 형상이 더럽고 모든 기관이 방일하며, 마음이 아득하여 나갈 길을 구하지 못하고 지혜의 빛을 잃어 3세를 좋아하며 모든 복덕을 끊고, 지혜를 멸하였으며, 갖가지 번뇌가 마음을 어지럽게 하며 고통의 옥에 갇히고 마의 그물에 들어가 나고 늙고 병들고 죽음과 근심하고 슬퍼하고 시끄럽고 해치어서 이런 고통이 항상 괴롭히나니, 내가 어떻게 저들을 해탈케 하리요, 마땅히 몸과 목숨을 버리어 구제하리라.'

이 때 대신들이 왕에게 나아가서 손을 들고 외치었다.

'대왕이시여 저 태자의 생각은 국법을 깨뜨리고 만민에게 화난을 미치게 하려 하옵니다. 대왕께서 태자를 사랑하고 책별하지 않으시면 대왕의 지위도 오래도록 보존하지 못하리이다.'

왕은 이 말을 듣고 대로하여 태자와 모든 죄인들을 사형하려 하였다. 왕후가 이 일을 알고는 근심하고 부르짖으며, 초라한 모습과 허름한 의복으로 1천 시녀와 함께 임금 계신 데 나아가 몸을 땅에 던지며 왕의 발에 엎드려 절하고 이렇게 말하였다.

'대왕이시어, 태자를 용서하옵소서.'

임금은 태자를 돌아보면서 말하였다.

'죄인들을 구원하려 하지 말라. 만일 죄인을 구원한다면 너를 죽이리라.'

그 때 태자는 오로지 온갖 지혜를 구하고 여러 중생들을 이익케 하고 크게 가엾이 여김으로써 널리 구원해 주기 위하여 마음이 굳세어지고 물러가거나 겁나는 일이 없어져 왕에게 여쭈었다.

'저들의 죄를 용서하시면 제 몸이 사형을 받겠나이다.'

'네 뜻대로 하리라'

이때 왕후는 다시 왕에게 여쭈었다.

'대왕이시어, 태자로 하여금 보름 동안만 보시를 행하여 마음대로 복을 지은 뒤에 죄를 받도록 허락하옵소서.'

왕은 그 일을 허락하였다.

그 때 서울의 북쪽에 큰 동산이 있으니 이름이 햇빛이라. 그 곳은 옛적에 보시하던 곳인데, 태자는 그 곳에 가서 크게 보시하는 모둠을 차리고, 음식·의복·화만·영락·바르는 향·가루향·당기·번기·보배 일산과 모든 장엄거리를 사람들이 달라는 대로 모두 주었다. 이렇게 보름이 지나서 마지막 날이 되었는데, 임금·대신·장자·거사와, 성 안에 있는 백성들과 여러 외도들이 모두 모여 왔다.

이 때에 법륜음허공등왕 여래께서 중생들을 조복할 때가 된 줄을 아시고 대중들과 함께 이 동산으로 오시는데 천왕들은 둘러싸고 용왕은 공양하고 야차왕은 수호하고 건달바왕은 찬탄하고 아수라왕은 허리 굽혀 절하고 가루라 왕은 깨끗한 마음으로 보배꽃을 흩고 긴나라왕은 환희하여 권하고 마후라가왕은 일심으로 우러러 보면서 모둠 가운데로 들어왔다.

이 때 태자와 대중들은 부처님 오시는 것을 멀리서 보았다. 단정하고 존엄하고 특별하시며 여러 기관이 고요하심을 길 잘든 코끼리 같고, 마음에 때가 없기는 깨끗한 몸과 같으며, 큰 신통을 나투시고 크게 자재하심을 보이시고 큰 위덕을 나타내시며 여러 가지 거룩한 모습으로 몸을 장엄하였고, 큰 광명을 놓아 널리 세계에 비추며 털구멍으로는 향기 불꽃 구름을 내어 시방의 한량없는 세계를 진동하며, 이르는 곳마다 여러 가지 장엄 거리를 비 내리시니, 부처님의 위의와 불공덕으로 보는 중생심이 깨끗하고 환희하여 번뇌가 소멸되었다.

이 때 태자와 대중들은 부처님 발에 절하고 평상을 차려 놓고 합장하고 여쭈었다.

'잘 오시나이다. 세존이시여, 저희들을 가엾이 여기시며 거두어 주시사 이 자리에 앉으시옵소서.'

부처님의 신통력으로 정거천 사람들이 그 자리를 변화하여 향마니연화좌를 만드니, 부처님은 그 위에 앉으시고 보살 대중도 자리에 나아가 둘러앉았다.

그 때 모인 가운데 있던 모든 중생은 여래를 뵈옵고 괴로움이 멸하고 장애가 없어져서 거룩한 법을 들을 만하였다. 여래께서는 교화할 시기인 줄 아시고 원만한 음성으로 수우트라를 말씀하시니, 그 이름은 보조인륜(普照因輪)이라, 여러 중생이 제 나름대로 이해하였다. 그 회중에 있던 80 나유타 중생들은 티끌과 때를 멀리 여의고 깨끗한 법눈을 얻었으며, 한량없는 나유타 중생들은 배울 것 없는 지위를 얻었고, 10천 중생은 대승도에 머물러서 보현행에 들어가 큰 서원을 성취하였다. 이 때에 10방으로 각각 백 세계의 티끌 수 중생들은 대승법 가운데서 마음이 조복되고 한량없는 세계의 모든 중생은 나쁜 길을 여의고 천상에 태어났고, 잘 조복하는 태자는 그 즉시로 보살이 중생을 교화하여 선근을 내게 하는 해탈문을 얻었다.

　그 때의 태자는 다른 이가 아니라, 곧 내 몸이었으니, 나는 옛적에 크게 가엾이 여기는 마음을 내어 몸과 목숨과 재물을 버려서 고통 받는 중생들을 구제하였고, 크게 보시하는 문을 부처님께 공양하였으므로 이 해탈을 얻었노라.
　나는 그 때에 다만 모든 중생을 이익케 하려 하였을 뿐이고 3세에 애착하지도 않고 과보를 구하지도 않고 명예를 탐하지도 않고, 자기는 칭찬하고 남은 훼방하지도 않았으며, 모든 경계에 대하여 탐내어 물들지도 않고 두려워 함도 없었으며, 오직 대승으로 벗어날 길을 장엄하고, 온갖 지혜의 문을 관찰하기를 좋아하면서 고행을 닦아 이 해탈문을 얻었노라.
　그 때 나를 해하려던 5백 대신이 어찌 다른 사람이랴. 지금의 데바닷타의 5백 무리들이니, 이 사람들로 부처님의 교화를 받고 무상보리를 얻을 것이니라. 오는 세상에 수미산의 티끌 수 겁을 지나서 그 때에 겁의 이름은 착한 빛이요, 세계의 이름은 보배 광명이니, 그 가운데서 성불하여 5백 부처님이 차례로 세상에 나실 터이니라.
　첫 부처님 이름은 대비(大悲)시고, 둘째 부처님은 요익세간(饒益世間)이시고, 셋째 부처님은 대비사자(大悲師子)이시고, 넷째 부처님은 구호중생(救護衆生)이시며, 내지 마지막 부처님은 의왕(醫王)이시니라. 비록 여러 부처님이 가엾이 여기심이 평등하거니와, 그 국토·문벌·부모와 태어나서 탄생하고 출가하여 도를 닦고 도량에 나아가 바른 법륜을 굴리어 수우트라를 말씀하시는 말씀·음성·광명·모인 대중·수명·법이 세상에 머무는 일과 그 명호는 각각 다르시니라. 내가 구원한 그 죄인들은 곧 카라쿠찬다등 현겁의 1천불과 백만 아승지 큰 보살들로서 무량정진력명칭공덕혜(無量精進力名稱功德慧)여래에게서 무상보리심을 내었고, 지금 시방국토에서 보살도를 행하며 이 보살이 중생을 교화하여 선근을 내게 하는 해탈을 닦아서 늘게 하는 이들이니라.
　그 때의 훌륭한 빛 임금은 지금의 살차니그란다푸트란다의 논사(論師)요 그 왕궁에 있던 이와 권속들은 니그란다의 6만 제자로서 스승과 함께 와서 큰 논의 당기를 세우고 부처님과 논의하다가 항복하여 무상보리의 수기를 받은 이들이니 이 사람들도 장래에 부처를 이룰 것이며, 그 국토의 장엄과 겁수와 명호는 각각 다르니라.

나는 그 때에 죄인을 구원하고는 부모의 허락을 얻어 국토와 처자와 재물을 버리고 법륜음허공등왕 부처님 계신 데서 출가하여 도를 배우며 5백 년 동안 범행을 닦아서 백만 다라니와 백만 신통과 백만 법장을 성취하고 백만의 온갖 지혜를 구하려고 용맹하게 정진하며 백만의 참는 문(堪忍門)을 깨끗하게 다스리고 백만의 생각하는 마음을 늘게 하고 백만의 보살력을 성취하고 백만의 보살 지혜의 문에 들어가 백만의 반야 바라밀다 문을 얻었노라.

시방의 백만 부처님을 뵈옵고 백만 보살의 큰 원을 내었으며, 생각마다 시방으로 각각 백만의 불세계를 비추어 보고, 생각마다 시방 세계의 지난 겁과 오는 겁에 나시는 백만불을 기억하고, 생각마다 시방 세계의 백만불의 변화 바다를 알고, 생각마다 시방의 백만 세계에 중생들이 여러 가지 길에서 업을 따라 태어나는 때·죽는 때와, 착한 길·나쁜 길과 좋은 모습·나쁜 모습을 보며, 그 중생들의 갖가지 마음·욕망·근성·익힌 업·성취함을 다 분명하게 아노라.

나는 그 때에 목숨이 마친 뒤에 다시 그 왕가에 태어나서 전륜왕이 되었고, 법륜음허공등왕 여래가 열반한 뒤에 또 여기서 법공왕(法空王) 여래를 만나서 받자와 섬기고 공양하였으며, 다음에는 제석이 되어 이 도량에서 천왕장(天王藏) 여래를 만나 친근하고 공양하였으며, 다음에는 수야아마천왕이 되어 이 세계에서 대지위력산(大地威力山)여래를 만나 친근하고 공양하였으며, 다음에는 투시타천왕이 되어 이 세계에서 법륜광음성왕(法輪光音聲王)여래를 만나 친근 공양하였으며, 다음에는 화락천왕이 되어 이 세계에서 허공지왕(虛空智王) 여래를 만나 친근 공양하였으며, 다음에는 타화자재천왕이 되어 이 세계에서 무능괴당(無能壞幢) 여래를 만나 친근 공양하였으며, 다음에는 아수라왕이 되어 이 세계에서 일체법뇌음왕(一切法雷踵王) 여래를 만나 친근 공양하였으며, 다음에는 범왕이 되어 이 세계에서 보현화연법음(普現化演法音)여래를 만나 친근 공양하였노라. 이 보배광명 세계의 착한 빛 겁 가운데서 1만 부처님이 세상에 나시었는데 내가 다 친근하게 섬기고 공양하였노라.

다음에 또 겁이 있으니 이름이 햇빛이라. 60억 부처님이 세상에 나셨는데, 맨 처음 부처님의 이름이 묘상산(妙相山)이시고, 나는 큰 지혜라는 왕후가 되어 그 부처님을 받자와 섬기며 공양하였고, 다음에 나신 부처님은 원만견(圓滿

肩)이신데 나는 거사가 되어 친근 공양하였고, 다음에 나신 부처님이 이구동자(離垢童子)신데 나는 대신이 되어 친근 공양하였고 다음 나신 부처님은 용맹지(勇猛持)신데 나는 아수라 왕이 되어 친근 공양하였고, 다음에 나신 부처님은 수미상(須彌相)이신데 나는 나무 같은 신이 되어 친근 공양하였고, 다음에 나신 부처님은 이구비(離垢臂)신데 나는 장사물주가 되어 친근 공양하였고, 다음에 나신 부처님은 사자유보(師子遊步)신데 나는 성 맡은 신이 되어 친근 공양하였고, 다음에 나신 부처님은 보계(寶髻)신데 나는 비사문천왕이 되어 친근하며 공양하였고, 다음에 나신 부처님은 최상법칭(最上法稱)이신데 나는 건달바왕이 되어 친근하며 공양하였고, 다음에 나신 부처님은 광명관(光明冠)이신데 나는 구반다왕이 되어 친근 공양하였노라.

그 겁 가운데 이렇게 차례로 60억 여래가 세상에 나시었는데, 나는 항상 여기에서 여러 가지 몸을 받아 가지고 부처님 계신 데마다 친근 공양하면서 한량없는 중생을 교화하여 성취케 하였고, 낱낱 부처님 계신 데서 갖가지 삼매문·다라니·변재문·온갖 지혜의 문·법을 밝히는 문·지혜의 문을 얻어, 갖가지 시방 바다를 비추며, 갖가지 부처님 세계 바다에 들어가며 갖가지 부처님 바다를 보아서 청정하게 성취하며 증장하고 광대케 하였노라. 이 겁에서 저러한 부처님을 친근하며 공양한 것처럼, 모든 곳에서 온갖 세계해의 티끌 수겁에 모든 부처님이 세상에 나실 적마다 친근 공양하며, 법문을 듣고 믿어 받고 보호해 가지기도 또한 그렇게 하였으며, 이렇게 모든 불소에서 이 해탈문을 닦아 익혔으며, 다시 한량없는 해탈의 방편을 얻었노라.

나는 다만 이 중생을 교화하여 선근을 내게 하는 해탈문을 알거니와, 저 보살들이 모든 세간을 초월하여 여러 길의 몸을 나타내며, 머무름 없이 반연하여 장애가 없고 모든 법성을 분명히 알며, 온갖 법을 잘 관찰하여 내가 없는 지혜를 얻고 내가 없는 법을 증득하며, 모든 중생을 교화하고 조복하되 쉬지 아니하고, 마음이 항상 둘이 아닌 법문에 머무르고 모든 말씀 바다에 두루 들어가는 일이야 내가 어떻게 알며, 저의 공덕 바다·용맹한 지혜·마음으로 행하는 것·삼매의 경계·해탈력을 어떻게 말하겠는가. 이 잠부드비이파에 룸비니 숲 동산이 있고, 그 숲에 묘한 덕이 원만한 신이 있으니, 그대는 저에게 가서 보살행을 물으라."

이 때 선재동자는 그의 발에 엎드려 절하고 한량없이 돌고 합장하고 우러러 보면서 하직하고 물러갔다.

⑨ 묘덕원만광야신의 선혜지(善慧地) — 화엄경 제74권

ㄱ. 취구자문(趣求諮問)

이 때 선재동자는 큰 서원 정진력으로 모든 중생 구호하는 밤 맡은 신에게서 해탈문을 얻고는 생각하고 닦으며 분명히 알고 정진하면서, 점점 나아가다가 룸비니 숲에 이르러 묘한덕이 원만한 신을 두루 찾았다.

그는 온갖 보배 나무로 장엄한 누각 가운데 보배 연꽃 사자왕에 앉았는데, 20억 나유타 하늘들이 모시고 공경하며 그들에게 보살의 태어나는 바다경을 말씀하여 여래의 가문에 나서 보살의 큰 공덕을 증장케 하는 것을 보았다.

선재동자가 보고는 그의 발에 절하고 합장하고 서서 말하였다.

"거룩하신 이여, 보살이 어떻게 보살행을 닦으며 여래의 가문에 나서 세상의 큰 광명이 되는지를 일러주소서."

ㄴ. 수기법계(授己法界)

㉠ 십장

"보살이 열 가지 태어나는 장이 있나니, 만일 보살이 이 법을 성취하면 여래의 가문에 태어나서, 잠깐잠깐에 보살의 선근을 증장하되, 고달프지도 않고 게으르지도 않으며, 싫지도 않고 물러가지도 않으며 끊어짐도 없고 잃어짐도 없으며, 모든 미혹을 여의어 겁약하거나 뉘우치는 마음을 내지 않고, 온갖 지혜에 나아가 법계문에 들어가며, 광대심을 내고 모든 바라밀다를 증장, 부처님의 위없는 보리를 성취하며, 세상길을 버리고 여래의 지위에 들어가 훌륭한 신통을 얻으며 불법이 항상 앞에 나타나서 온갖 지혜의 진실한 이치를 따르게 되느니라.

하나는 모든 부처님께 항상 공양하기를 원하여 태어나는 장이요, 둘은 보리심을 내어 태어나는 장, 셋은 여러 법문을 관찰하고 부지런히 행을 닦아 태어나는 장, 넷은 깊고 청정한 마음으로 3세상를 두루 비추어 태어나는 장, 다섯은 평등한 광명으로 태어나는 장, 여섯은 여래의 가문에 태어나는 장, 일곱은 부처님 힘의 광명으로 태어나는 장, 여덟은 넓은 지혜문을 관찰하여 태어나는 장, 아홉은 장엄을 널리 나투어 태어나는 장, 열은 여래의 지위에 들어가 태어나는 장이니라.

　선남자여 어찌하여 모든 부처님께 항상 공양하기를 원하여 태어나는 장이라 하는가. 보살이 처음 마음 낼 적에 원하기를 '나는 마땅히 모든 부처님을 존중하고 공경하고 공양하여 부처님을 뵈옵되 만족함이 없으며, 여러 부처님에게 항상 사모하고 좋아하며 깊은 믿음을 내고 모든 공덕을 닦아 항상 쉬지 않으니라' 하나니, 이것이 보살이 온갖 지혜를 위하여 처음으로 선근을 모아 태어나는 장이니라.

　어찌하여 보리심을 내어 태어나는 장이라 하는가. 이 보살이 무상보리심을 내는 것을 이른바 크게 가엾이 여기는 마음을 내나니, 모든 중생을 구호하려는 연고며, 부처님께 공양하려는 마음을 내나니, 끝가지 받자와 섬기려는 연고며, 바른 법을 널리 구하려는 마음을 내나니, 모든 것을 아끼지 않는 연고며, 광대하게 향하여 나아가려는 마음을 내나니, 온갖 지혜를 구하는 연고며, 한량없이 인자한 마음을 내나니, 중생을 널리 거두어 주는 연고며, 모든 중생을 버리지 않으려는 마음을 내나니, 온갖 지혜를 구하는 서원인 갑옷을 입는 연고며, 아첨이 없으려는 마음을 내나니, 실제와 같은 지혜를 얻는 연고며, 말씀과 같이 실행하려는 마음을 내나니, 보살도를 닦는 연고며, 부처님을 속이지 않으려는 마음을 내나니, 모든 부처님의 큰 서원을 수호하는 연고며, 온갖 지혜로 원하는 마음을 내나니, 오는 세월이 끝나도록 중생 교화하기를 쉬지 않으려는 연고며, 보살이 이러한 세계의 티끌 수 보리심의 공덕으로 여래의 가문에 태어나니, 이것이 보살의 둘째 태어나는 장이니라.

　어찌하여 여러 법문을 관찰하고 부지런히 행을 닦아 태어나는 장이라 하는가. 이 보살이 모든 법문 바다를 관찰하려는 마음을 일으키고, 온갖 지혜의 원만한 길에 회향하려는 마음, 바른 생각으로 잘못된 업을 없애려는 마음, 모든 보살의 삼매 바다의 청정한 마음, 모든 보살의 공덕을 닦아 이루려는 마음, 모든 보살도를 장엄하려는 마음, 온갖 지혜를 구하여 크게 정진하는 행으로 모든 공덕을 닦을 적에 겁말의 불이 치성하듯이 쉬는 일이 없으리라는 마음, 보현행을 닦아 중생을 교화하려는 마음, 모든 위의를 배우고 보살의 공덕을 닦아 모든 있는 것을 버리고 아무것도 없는 데 머물려는 진실한 마음을 일으키나니, 이것이 보살의 셋째 태어나는 장이니라.

　어찌하여 깊고 청정한 마음으로 세상을 두루 비추어 태어나는 장이라 하는가. 이 보살이 청정하여 더 나아가는 마음을 갖추고 여래의 보리의 광명을 얻으며, 보살의 방편 바다에 들어가 마음이 견고하기 금강과 같으며, 모든 생사의 길에 나는 것을 등지고 모든 부처님의 자재력을 이룩하며, 썩 나은 행을 닦아 보살의 근기를 갖추며, 마음이 밝고 깨끗하고 서원력이 흔들리지 아니하여 부처님들의 보호하고 생각하심이 되며, 모든 장애의 산을 깨뜨리고 중생들의 의지할 곳이 되려 하나니, 이것이 보살의 넷째 태어나는 장이니라.

어찌하여 평등한 광명으로 태어나는 장이라 하는가. 이 보살이 여러 가지 행을 구족하고 중생을 널리 교화하되, 모든 가진 것을 능히 버리고 부처님의 끝까지 청정한 계율의 경계에 머물며, 참는 법을 구족하여 부처님들의 법인(法忍)을 얻으며, 큰 정진으로 온갖 지혜에 나아가 저 언덕에 이르며, 선정을 닦아 넓은 문의 삼매를 얻고, 깨끗한 지혜가 원만하여 지혜의 해로 모든 법을 밝히 비추며, 장애 없는 눈을 얻어 부처님 바다를 보고 모든 진실한 법의 성품에 깨달아 들어가며, 모든 세간의 보는 이들이 환희하여 실제와 같은 법문을 닦나니, 이것이 보살의 다섯째 태어나는 장이니라.

어찌하여 여래의 가문에 나서 태어나는 장이라 하는가. 이 보살이 여래의 가문에 나서 부처님들을 따라 머물며, 모든 깊고 깊은 법문을 성취하고 3세불들의 청정한 큰 서원을 갖추며, 모든 부처님과 같은 선근을 얻어 부처님들과 자성이 같으며, 세상에서 벗어나는 행과 희고 깨끗한 법을 갖추어 광대한 공덕의 법문에 편안히 머물며, 모든 삼매에 들어가 불신력을 보며, 교화할 이를 따라 중생들을 청정케 하며, 묻는 대로 대답하여 변재가 다함이 없나니, 이것이 보살의 여섯째 태어나는 장이니라.

어찌하여 부처님 힘의 광명으로 태어나는 장이라 하는가. 이 보살이 부처님 힘에 깊이 들어가 여러 불세계에 노닐어도 물러가는 생각이 없으며, 보살 대중을 공양하며 받들어 섬겨도 고달프지 아니하며, 모든 법이 눈어리처럼 일어난 줄을 알며, 모든 세간이 꿈과 같음을 알며, 눈에 보이는 모든 빛깔이 그림자와 같으며, 신통으로 짓는 일이 모두 변화함과 같으며, 모든 태어나는 것이 그림자와 같으며, 부처님의 말씀하는 법이 메아리와 같은 줄을 알고, 법계를 열어 보여 다 필경에 이르게 하나니, 이것이 보살의 일곱째 태어나는 장이니라.

어찌하여 넓은 지혜의 문을 관찰하여 태어나는 장이라 하는가. 이 보살이 동진(童眞)의 지위에 머물러 있으면서 온갖 지혜를 관찰하고, 낱낱 지혜의 문에서 한량없는 겁이 다하도록 모든 보살행을 연설하며, 모든 보살의 깊은 삼매에 마음이 자재하여지고, 잠깐잠깐마다 시방 세계의 여래가 계신 데 태어나며, 차별이 있는 경계에서 차별이 없는 선정에 들어가고, 차별이 없는 법에 차별이 있는 지혜를 나타내며, 한량없는 경계에서 경계가 없음을 알고, 적은 경계에서 한량없는 경계에 들어가며, 법성이 광대하여 짬이 없음을 통달하고, 모든 세간이 다 거짓 시설이어서 모든 것이 인식하는 마음으로 생긴 줄을 아나니, 이것이 보살의 여덟째 태어나는 장이니라.

어찌하여 장엄을 널리 나투어 태어나는 장이라 하는가. 이 보살이 한량없는 불세계를 여러 가지로 장엄하며, 모든 중생과 부처님들의 몸을 널리 변화하여 나타내되 두려움이 없으며, 청정법을 연설하여 법계에 두루 다니되 걸림이 없으며, 그들의 마음에 좋아하는 대로 모두 알고 보게 하고, 갖가지로 보리행을 이루는 것을 나타내어 보리에 걸림이 없는 온갖 지혜의 길을 내게 하며, 이렇게 하는 일이 때를 놓치지 아니하면서 항상 삼매와 비로자나 지혜의 장에 있나니, 이것이 보살의 아홉째 태어나는 장이니라.

어찌하여 여래의 지위에 들어가 태어나는 장이라 하는가. 이 보살이 3세 여래의 처소에서 정수리에 물 붓는 법을 받고 모든 경계의 차례를 두루 아느니라. 이른바 모든 중생이 전후세상에서 죽고 나는 차례와 모든 보살의 수행하는 차례·모든 중생의 마음으로 생각하는 차례·3세 여래의 성불하는 차례·교묘한 방편으로 법문 말씀하는 차례를 알며, 3세 모든 겁이 이룩되고 망그러지는 이름을 차례로 알고, 교화를 받을 만한 중생을 따라서 도를 이루는 공덕과 장엄을 나타내며, 신통으로 법을 말하고 방편으로 조복하나니, 이것이 보살의 열째 태어나는 장이니라.

만일 보살이 이 열 가지 법을 닦아 익히고 증장하며 원만하게 성취하면, 능히 한 가지 장엄 속에 갖가지 장엄을 나타내며, 이렇게 모든 국토를 장엄하며, 모든 중생을 인도하고 깨우쳐서 오는 세월이 끝나도록 쉬지 아니하며, 모든 불법 바다를 연설하며, 여러 가지 경계를 여러 가지로 성숙하여 한량없는 법을 차츰차츰 전하여 오며, 헤아릴 수 없는 부처님의 자재력을 나타내어 모든 허공과 법계에 가득하며, 중생심으로 행하는 바다에서 법륜을 굴리며, 모든 세계에서 성불함을 나타내되 새가 끊이지 아니하며, 말할 수 없이 청정한 음성으로 모든 법을 말하여 한량없는 곳에 머무르되 통달하여 걸림이 없으며, 온갖 법으로 도량을 장엄하고, 중생의 욕망과 이해하는 차별을 따라 성불함을 나타내고, 한량없는 깊은 법장을 열어 보여 모든 세간을 교화 성취하느니라.

보살이 이 열 가지 법을 갖추고 여래의 가문에 태어나면 모든 세간의 청정한 광명이 되느니라. 나는 한량없이 오랜 겁으로부터 이 자재하게 태어나는 해탈문을 얻었노라."

ⓛ 해탈의 경계

"이 해탈문의 경계는 어떠하오니까?"

"나는 먼저 발원하기를 '모든 보살이 태어날 적마다 다 친근하게 하여지이다. 비로자나 여래의 한량없이 태어나는 바다에 들어가지이다' 하였고, 이런 서원력으로 이 세계의 잠부드비이파에 있는 룸비니숲 동산에 나서 '보살이 언제나 내려오실까' 하고 생각하였느니라.

백 년을 지난 뒤에 세존이 투시타 하늘로부터 내려오시는데, 그 때 이 숲에는 열 가지 상서가 나타났으니, 하나는 이 동산의 땅이 홀연히 평탄해지고 구렁이나 등성이가 나타나지 않았고, 둘은 금강으로 땅이 되고 모든 보배로 장엄하고 자갈과 가시덤불과 말뚝들이 없어졌고, 셋은 보배로 된 다라나무가 줄을 지어 둘러서고 그 뿌리가 깊이 들어가 물 있는 짬까지 이르렀고, 넷은 모든 향의 움이 돋고 향광이 나타났으며, 보배 향으로 된 나무가 수북하게 무성하여 모든 향기가 천상의 향기보다도 더 아름다웠고, 다섯은 여러 묘한 화만과 보배 장엄 거리가 줄지어 퍼져서 곳곳마다 가득하였고, 여섯은 동산 안에 있는 나무에는 모두 마니 보배 꽃이 저절로 피었고, 일곱은 연못 속에는 자연히 꽃이 나는데, 땅 속에서 솟아올라서 물 위에 두루 덮었고, 여덟은 이 숲 속에는 사바세계의 욕계와 색계에 있는 하늘·용·야차·건달바·아수라·가루라·긴나라·마후라가의 왕들이 모두 모여 와서 합장하고 있었고, 아홉은 이 세계에 있는 하늘 여자와 내지 마후라가의 여자들이 모두 환희하여 여러 가지 공양 거리를 받들고 빌락차나무를 향하여 공경하고 서 있었고, 열은 시방의 모든 부처님 배꼽에서 "보살이 태어나는 자재한 등불'이란 광명을 놓아 이 숲에 비추고, 낱낱 광명에서는 부처님이 태어나고 탄생하는 신통 변화와 보살들이 태어나는 공덕을 나타내었고, 또 여러 부처님의 갖가지 음성을 내었다.

이 상서가 나타날 때에 모든 천왕들은 보살이 내려오신 줄을 알았고, 나는 이 상서를 보고 한량없이 기뻐하였다.

마야부인이 카필라성에서 나와 이 숲에 들어올 때에도, 열 가지 광명의 상서가 있어 중생들에게 법광명을 얻게 하였다.

이른바 모든 보배꽃 광명, 보배향광명, 보배연꽃이 피어 진실하고 묘한 음성을 연설하는 광명, 시방 보살이 처음으로 마음을 내는 광명, 모든 보살이 여러 지위에 들어가서 신통변화를 나타내는 광명, 모든 보살이 바라밀다의 원만한 지혜를 닦는 광명, 모든 보살이 중생을 교화하는 방편지혜의 광명, 모든 보살이 법계를 증득하는 진실한 지혜의 광명, 모든 보살이 부처님의 자재하심을 얻어 태어가고 출가하여 정각을 이루는 광명이니, 이 열 가지 광명이 한량없는 중생들의 마음을 두루 비추느니라.

　마야부인이 빌락차나무 아래 앉을 적에 다시 보살이 탄생하려는 열 가지 신통변화를 나타내었느니라.
　보살이 탄생하시려는 때에 욕계의 하늘·천자·천녀와 색계의 모든 하늘·용·야차·건달바·아수라·가루라·긴나라·마후라가와 그 권속들이 공양하기 위하여 구름같이 모여 앉고, 마야부인은 위엄과 덕이 썩 훌륭하여 여러 털구멍에서 광명을 놓아 삼천대천세계를 두루 비추어 막히는 데가 없었으며, 다른 광명들은 모두 나타나지 못하고, 모든 중생의 번뇌와 나쁜 길의 고통을 멸했으니, 이것이 첫째 신통변화이니라.
　그 때에 마야부인의 배속에서 삼천대천세계의 모든 형상을 나타내었는데, 백억 잠부드비이파 안에 각각 서울이 있고 각각 숲 동산이 있어 이름이 같지 아니하였으며, 다 마야부인이 그 가운데 계시거든, 천중들이 둘러 모셨으니, 보살이 장차 태어나시려 할 때의 부사의한 신통변화를 나타내려는 것이다. 이것이 둘째의 신통변화이니라.
　마야부인의 모든 털구멍마다 여래께서 옛날 보살도를 수행할 적에 모든 부처님께 공경 공양하던 일과, 부처님들의 법문 말씀하는 음성을 듣던 일을 나타내었느니라. 마치 밝은 거울이나 물 속에 허공·해·달·별·구름·우뢰의 모양을 나타내듯이, 마야부인의 털구멍도 그와 같아서, 여래의 옛날 인연을 능히 나타내었으니, 이것이 셋째의 신통 변화니라.
　마야부인의 털구멍에는 여래께서 옛날 보살행을 닦을 적에 계시던 세계·도시·마을·산·숲·강·바다·중생·겁의 수효를 나타냈으며, 부처님이 세상에 나신 일과 깨끗한 국토에 들어가서 태어나는 일과 수명이 길고 짧음과 선지식을 의지하여 착한 법을 닦던 일과 모든 세계에서 태어날 적마다 마야부인이 어머니가 되시던 온갖 일이 모두 털구멍에 나타났으니, 이것이 넷째의 신통변화니라.
　마야부인의 낱낱 털구멍마다 여래께서 옛날의 보살행을 닦으실 적에 나셨던 곳과 모습과 형상이 나타났으며, 의복과 음식과 괴롭고 즐거운 일이 낱낱이 나타나서 분명하게 볼 수 있었으니, 이것이 다섯째의 신통변화니라.
　마야부인의 털구멍마다 세존께서 옛날 보시행을 닦을 적에 버리기 어려운 머리·눈·귀·코·입술·혀·치아·몸·손·발·피·살·힘줄·뼈와,　아들·

딸·아내·첩·도시·궁전·의복·영락·금·은·보화 따위의 모든 것을 버리던 일을 나타내었으며, 또 받는 이의 형상과 음성과 처소까지 보였으니, 이것이 여섯째의 신통변화이니라.

마야부인이 이 동산에 들어올 적에 이 숲에는 지난 세상의 부처님들이 모태에 드실 때의 국토와 숲 동산과 의복·화만·바르는 향·가루향·번기·당기·깃발·일산과 모든 보배로 장엄한 것이 모두 나타났고, 풍류와 노래와 아름다운 음성을 모든 중생들이 다 듣고 보게 되었으니, 이것이 일곱째 신통변화니라.

마야부인이 이 동산에 들어올 적에 그 몸으로부터 보살이 거주하는 마니 보배로 된 궁전과 누각을 내었는데, 모든 하늘·용·야차·건달바·아수라·가루라·긴나라·마후라가나 사람의 왕의 거처하는 데 보다 뛰어났으며, 보배 그물을 위에 덮고 묘한 향기가 두루 풍기며, 여러 보배로 장엄하여 안팎이 청정하고 제각기 달라서 서로 섞이지 않고 룸비니동산에 두루 가득하였으니, 이것이 여덟째 신통변화니라.

마야부인이 이 동산에 들어올 적에 그 몸에서 열 곱 말할 수 없는 백천억 나유타 세계의 티끌 수 보살을 내었는데, 그 보살들의 형상과 용모와 잘 생긴 모습과 광명과 앉고 서는 위의와 신통과 권속들이 모두 비로자나 보살과 다르지 않았으며, 다 한꺼번에 여래를 찬탄하였으니, 이것이 아홉째 신통변화니라.

마야부인이 보살을 탄생하려 할 때에, 문득 그 앞에 금강의 짬으로부터 큰 연꽃이 솟아났으니, 이름은 온갖 보배로 장엄한 광이라. 금강으로 줄기가 되고 여러 보배로 꽃술이 되고 여의보배로 꽃판이 되었으며, 10세계의 티끌 수 잎은 모두 마니로 되었고 보배 그물·보배 일산이 위에 덮였는데, 모든 천왕들이 함께 받들었고, 모든 용왕은 향 비(香雨)를 내리고, 모든 야차왕은 공경하며 둘러싸 하늘 꽃을 흩고, 모든 건달바왕은 아름다운 음성으로 옛날에 보살이 부처님께 공양하던 공덕을 찬탄하고, 모든 아수라왕은 교만한 마음을 버리고 머리를 조아려 경례하고, 모든 가루라왕은 보배 번기를 드리워 허공에 가득하고, 모든 긴나라왕은 환희하여 앙모하면서 보살의 공덕을 노래하며 찬탄하고, 모든 마후라가왕은 모두 환희하여 노래하고 찬탄하며 모든 보배 장엄 구름을 비 내렸으니, 이것이 열째 신통변화니라.

룸비니동산에서 이 열 가지 모양이 나타난 뒤에 보살의 몸이 탄생하시니, 마치 공중에 찬란한 해가 뜨는 듯, 높은 산 위에서 좋은 구름이 일어나는 듯, 여러 겹 쌓인 구름 속에 번개가 비치는 듯, 어두운 밤에 횃불을 받는 듯이, 보살이 어머니의 옆구리로 나시는 모습과 광명도 그와 같았다.

보살이 그 때에 비록 처음으로 나셨지마는 모든 법이 꿈·눈어리·그림자·영상과 같아서 오는 것도 가는 것도 없고 나지도 멸하지도 않은 것임을 이미 통달하였느니라.

부처님이 이 사천하의 잠부드비이파에 있는 룸비니동산에서 처음으로 탄생하시면서 갖가지 신통변화가 나타나는 것을 내가 보는 동시에, 여래께서 삼천대천세계의 백억 사천하의 잠부드비이파에 있는 룸비니 동산에서 처음으로 탄생하시면서 갖가지 신통변화를 나타내는 것도 보았고, 또 삼천대천세계의 낱낱 티끌속에 있는 한량없는 세계에서도 그러함을 보았고, 또 백, 천, 내지 시방 모든 세계의 낱낱 티끌 속에 있는 한량없는 세계에서와 같이, 모든 불세계에도 다 여래께서 탄생하시면서 갖가지 신통변화를 나타내는 것을 보았나니, 이와 같이 잠깐잠깐도 항상 끊어지지 아니하였느니라."

ⓒ 광겁수행

"큰 천신께서 이 해탈을 얻은 지는 얼마나 오래였나이까."

"지나간 옛적 1억 세계의 티끌 수 겁을 지내고, 또 그만한 겁 전에 세계가 있었으니 이름이 넓은 보배요, 겁의 이름은 즐거움이었는데, 80나유타 부처님이 그 속에서 나시었느니라. 첫 부처님 이름은 자재공덕당(自在功德幢)으로서 열 가지 호가 구족하였고, 그 세계에 묘한 빛 장엄이란 사천하가 있었느니라.

그 사천하의 잠부드비이파에 한 서울이 있으니 이름은 수미장엄당이요, 그 나라의 왕은 이름이 보배 불꽃눈, 그 왕의 부인은 기쁜 빛이었느니라. 이 세계에서 마야부인이 비로자나여래의 어머니가 되는 것처럼 저 세계에서는 기쁜 빛 부인이 첫 부처님의 어머니가 되었느니라. 그 기쁜 빛 부인이 보살을 탄생하려는 때에 20억 나유타 채녀들과 함께 금꽃 동산에 나아갔는데, 동산에 누각이 있으니 이름이 묘한 보배 봉우리요, 그 곁에 나무가 있으니 이름이 온갖 것 보시라. 기쁜 빛 부인이 그 나뭇가지를 더위잡고 보살을 낳으니, 여러 천왕들이 향수로써 목욕시키었다.

그 때 깨끗한 빛이란 유모가 그 곁에 있었는데, 천왕들이 보살을 목욕 시키는 유모에게 주었고, 유모는 보살을 받들고 매우 기뻐하면서 보살의 넓은 눈 삼매를 얻었다. 이 삼매를 얻고는 시방의 한량없는 여러 부처님을 뵈옵고 다시 보살이 여러 곳에서 일부러 태어나는 자재한 해탈을 얻었는데, 처음 태에 드는 의식이 걸림 없이 빠른 것 같이 하였고, 이 해탈을 얻은 연고로 모든 부처님들이 본래 서원력으로 자재하게 태어나는 것을 보기도 그와 같이 하였다. 그 유모는 다른 이가 아니라, 내 몸이었느니라.

나는 그때부터 잠깐 동안마다 비로자나불이 보살로 태어나는 바다와 중생을 조복하는 자재한 신통을 보았으며, 비로자나불이 본래의 서원력으로 잠깐잠깐마다 이 삼천대천세계와 내지 시방 모든 세계의 티끌 속에서 보살로 태어나면서 신통변화를 나타냄을 보는 것처럼, 모든 부처님도 그와 같이 보고, 공경하고 받자와 섬기면서 공양하고, 말씀하시는 법을 듣고 말씀하신 대로 수행하였노라.

나는 다만 이 보살의 한량없는 겁, 모든 곳에서 가득히 태어나는 자재한 해탈을 알거니와, 저 보살들이 능히 잠깐 동안으로 여러 겁을 삼으며 온갖 법을 관찰하고, 좋은 방편으로 일부러 태어나서 모든 부처님께 공양하며, 모든 불법을 끝까지 통달하고 모든 길에 태어나서 여러 부처님 앞에서 연꽃 자리에 앉으며 중생을 제도할 시기를 알고는 일부러 태어나서 방편으로 조복하며, 여러 세계에서 신통 변화를 나타내되 그림자와 같이 그 앞에 나타나는 일이야 내가 어떻게 알며 그 공덕행을 말하겠는가. 이 카필라 성중에 서가(釋種)아씨가 있으니 이름이 코피카아라. 그대는 그에게 가서 보살이 어떻게 나고 죽는 속에서 중생을 교화하느냐고 물으라."

⑩ 구바녀의 법운지(法雲地) – 화엄경 제75권

ㄱ. 의교취구
이 때 선재동자는 카필라성을 향하면서 태어나는 해탈을 생각하고 닦아 더 늘게 하며 광대하게 하여 기억하고 버리지 아니하며, 점점 행하여 보살들이 모여 있는 법계를 널리 나타내는 광범한 강당에 이르렀다.

ㄴ. 도반
그 가운데 신이 있으니 이름이 근심 없는 덕이라, 궁전을 맡은 1만 신들과 함께 와서 선재동자를 맞으면서 이렇게 말하였다.
"잘 오시도다. 장부여, 큰 지혜와 용맹이 있어 보살의 부사의하고 자재한 해탈을 닦으며, 마음에는 광대한 서원을 항상 버리지 않고, 법의 경계를 잘 관찰하며, 법의 성에 편안히 있으면서 한량없는 방편문에 들어가 여래의 큰 공덕 바다를 성취하였고, 묘한 변재를 얻어 중생들을 잘 조복하며, 거룩한 지혜의 몸을 얻어 항상 따라 수행하고, 모든 중생의 심행이 차별함을 알아 그들이 기뻐서 부처님 도로 나아가게 하나이다. 그대는 묘한 행을 닦는 마음이 잠깐도 게으르지 않으며, 동작하는 위의가 모두 청정하니, 오래지 않아서 여래의 청정하게 장엄한 위없는 3업을 얻을 것이며, 여러 가지 잘생긴 모습으로 몸을 장엄하고, 10력의 지혜로 마음을 훌륭하게 장식하여 모든 세간에 다니리이다.

또 그대는 용맹하게 정진함이 비길 데 없으니, 오래지 않아서 3세 불들을 보고 그의 법을 들을 것이며, 오래지 않아서 모든 보살의 선정·해탈·삼매의 낙을 얻을 것이며, 오래지 않아서 여러 부처님 여래의 깊은 해탈에 들어갈 것이외다. 왜냐하면 선지식을 보면 친근하게 공양하며 그의 가르침을 받고도 기억하고 닦아 행하며, 게으름·물러감·근심·뉘우침·장애가 없으며, 마와 마의 백성들이 저해하지 못하며, 오래지 않아 위없는 과를 이룰 연고외다."

선재동자가 말하였다.

"거룩하신이여, 지금 말씀하신 것을 제가 모두 얻으려 하나이다. 모든 중생들이 번뇌를 쉬며 나쁜 업을 여의고, 안락한 곳에 나서 깨끗한 행을 닦기를 제가 원하옵나니, 모든 중생이 번뇌를 일으키고 나쁜 업을 지어 나쁜 길에 떨어져서 몸과 마음으로 고통을 받는 것을 보살이 보면 걱정하고 괴로운 마음을 내는 것이외다.

비유하면 어떤 사람이 지극히 사랑하는 외아들이 있는데, 다른 사람이 아들의 몸을 할퀴고 찢는 것을 보면 아픈 가슴을 참을 수 없습니다. 보살도 그와 같아서, 중생들이 번뇌로 업을 짓고 3악도에 떨어져 모든 고통을 받는 것을 보면 근심 걱정할 것이며, 만일 중생들이 몸과 말과 뜻으로 3선업을 짓고 천상에나 인간에 나서 쾌락을 받는 것을 보면 보살이 매우 즐거워할 것이외다.

왜냐하면 보살은 자기를 위하여서 온갖 지혜를 구하는 것이 아니니, 나고 죽는 일과 모든 욕락을 탐하지 않으며 뒤바뀐 생각·소견·마음과, 얽매임, 따라 다니며 잠자게 하는(隨眠)것, 애착(愛)하고 억측(見)하는 힘을 따라 옮겨지지 않으며, 중생들의 여러 가지 즐기는 생각을 일으키지 않으며, 여러 선정의 즐거움에 맞들이지도 않고, 장애가 되거나 고달프거나 물러가서 생사에 머물지도 아니하나이다.

다만 중생들이 모든 존재(有)에서 한량없는 괴롬을 받는 것을 보고는 크게 가엾이 여기는 마음을 내어 큰 서원력으로 두루 거두어 주며, 자비와 서원력으로 보살행을 닦나니, 모든 중생의 번뇌를 끊고, 여래의 온갖 지혜의 지혜를 구하고, 모든 부처님 여래에게 공양하고, 모든 넓고 큰 국토를 깨끗이 장엄하고, 모든 중생의 욕락과 그의 몸과 마음으로 행하는 일을 깨끗이 다스리기 위하여, 나고 죽는 속에서 고달픈 줄을 모르나이다.

보살은 모든 중생에게 장엄이 되나니, 인간과 천상에서 부귀의 낙을 내게 하는 연고며, 부모가 되나니, 그를 위하여 보리심을 잘 정돈하는 연고며, 양육함이 되나니, 그의 보살도를 성취케 하는 연고며, 호위함이 되나니, 3악도를 여의게 하는 연고며, 뱃사공이 되나니, 생사의 바다를 건네게 하는 연고며, 의지할 데가 되나니, 마와 번뇌의 공포를 버리게 하는 연고며, 끝단 데가 되나니, 서늘한 낙을 영원히 얻게 하는 연고며, 나루터가 되나니, 모든 불바다에 들어가게 하는 연고라.

길잡이가 되나니, 온갖 법 보배가 있는 섬에 이르게 하는 연고며, 묘한 꽃이 되나니, 불공덕의 마음을 피게 하는 연고며, 장엄 거리가 되나니, 복덕과 지혜의 빛을 놓는 연고며, 좋아할 것이 되나니, 무릇 하는 일이 모두 단정한 연고며, 존경할 만하니, 모든 악업을 멀리 여의는 연고며, 보현보살이 되나니, 단정하고 엄숙한 몸을 갖춘 연고며, 크게 맑음이 되나니, 항상 지혜의 깨끗한 광명을 놓는 연고며, 큰 구름이 되나니, 모든 감로법을 비 내리는 연고라.

보살이 이렇게 수행할 때에 모든 중생으로 하여금 사랑하고 좋아하여 법의 즐거움을 구족케 하나이다."

이 때 선재동자가 법당에 오르려 하매, 근심 없는 덕의 신과 여러 신들이 천상의 것보다 더 좋은 화만·바르는 향·가루 향과 여러 가지 장엄 거리로 선재에게 흩으며 게송을 말하였다.

당신은 지금 세간을 뛰어나 세상의 큰 등불 되고
모든 중생을 두루 위하여 위없는 깨달음 부지런히 구하니
한량없는 억천 겁에 당신을 뵈올 수 없어
공덕의 햇빛 하늘에 떠서 세간의 어두움 없애고

당신은 모든 중생들이 번뇌에 덮임을 보고
가엾이 여기는 마음으로 스승 없는 도를 증득하려고 (3송 衆生)
당신은 청정한 마음으로 부처님의 보리 구하여
선지식 받들어 섬기며 몸과 목숨 아끼지 않아.

당신은 모든 세간에 의지도 없고 애착도 없고
넓은 마음 걸림 없이 깨끗하기 허공 같으며
당신은 보살의 행을 닦아 공덕이 모두 원만하고
큰 지혜의 광명 놓아 모든 세간 널리 비추며

당신은 세간을 떠나지 않고 세간에 집착하지도 않아
걸림없이 세간에 다니기 바람이 허공에 다니는 듯
마치 화재가 일어날 적에 무엇으로도 끌 수 없듯이
당신이 보리를 닦는 정신의 불 그와 같네.

용맹하고 크게 정진함 견고하여 동할 수 없으며
금강 같고 지혜의 사자 어디 다녀도 두려움 없듯
모든 법계에 있는 여러 세계 바다에
당신이 모두 나아가 선지식을 친근히 모시네. (7송 上求無碍行)

그 때 근심 없는 덕 신이 이 게송을 말하고 법을 좋아하는 연고로 선재동자를 따라다니며 항상 떠나지 않았다.

㉠ 견경자문

이때 선재동자는 법계를 널리 나타내는 광명강당에 들어가 서가아씨를 두루 찾다가, 강당 안에서 보배연꽃 사자좌에 앉아 있는 것을 보았다.

8만 4천의 시녀들이 둘러 모시었는데, 그 시녀들도 모두 왕가에서 났으며, 지난 세상에 보살행을 닦으며 선근을 함께 심고 보시와 좋은 말로 중생들을 거두어 주며, 이미 온갖 지혜의 경계를 분명히 보았고, 불보리의 행을 함께 닦았으며, 바른 선정에 항상 머물고 크게 가엾이 여기는 데 항상 노닐며, 중생들을 널리 거두어 주기 외아들같이 하고, 인자한 마음을 갖추고 권속이 청정하였으며, 지난 세상에 보살의 헤아릴 수 없는 교묘한 방편을 성취하여 무상보리에서 물러가지 아니하며, 보살의 모든 바라밀다를 구족하고 모든 집착을 여의어 생사를 좋아하지 않으며, 비록 번뇌와 업이 있는 데 다니어도 마음은 항상 청정하며, 온갖 지혜의 도를 항상 관찰하여 장애의 그물을 떠나 집착하는 데서 뛰어났으며, 법신으로부터 나툰 몸(化形)을 보이며, 보현행을 내고 보리의 힘을 자라게 하며, 지혜의 해와 슬기의 등불이 이미 원만하였다.

그 때 선재동자는 서가아씨 고피카아에게 나아가 발에 엎드려 절하고 말하였다.

"거룩하신이여, 저는 이미 무상보리심을 내었으나, 보살이 어떻게 해야 생사 중에서 생사하는 걱정에 물들지 않으며, 법성을 깨달아 성문이나 벽지불의 지위에 머물지 않으며, 불법을 구족하고도 보살행을 닦으며, 보살의 지위에 있으면서 불경계에 들어가며, 세간에서 초월하고도 세간에 태어나며, 법신을 성취하고도 그지없는 여러 가지 육신을 나타내며, 형상 없는 법을 증득하고도 중생을 위하여 모든 형상을 나타내며, 법은 말할 것 없음을 알고도 중생을 위하여 법을 연설하며 중생이 공한 줄 알면서도 중생을 교화하는 일을 버리지 않으며, 부처님은 나지도 않고 멸하지 않음을 알면서도 부지런히 공양하고 물러가지 않으며, 모든 법이 업도 없고 과보도 없음을 알면서도 여러 가지 선행을 항상 쉬지 않는지를 알지 못하나이다."

ㄷ. 시기법계(示己法界)

㉠ 현법의(顯法義)

"좋다, 그대가 이제 보살의 이와 같이 행하는 법을 묻는구나. 보현의 모든 행원을 닦는 이라야 능히 이렇게 묻느니라. 자세히 듣고 잘 생각하라. 내가 부처님의 신통력을 받자와 그대에게 말하리라.

만일 보살들이 열 가지 법을 성취하면 인드라 그물 같은 넓은 지혜 광명인 보살행을 능히 원만하리라. 이른바 선지식을 의지하고 광대하고 훌륭한 이해를 얻고, 청정한 욕망을 얻고, 온갖 복과 지혜를 모으고, 여러 불법을 듣고, 마음에 항상 3세불을 버리지 않고, 모든 보살행과 같고, 모든 여래가 보호하고 염려하고, 큰 자비와 묘한 서원이 다 청정하고, 지혜력으로 모든 생사를 모두 끊는 연고니, 이것이 열이니라.

만일 보살이 선지식을 친근하면 정진하고 물러가지 아니하여 다함이 없는 불법을 닦아서 내느니라. 보살은 열 가지 법으로 선지식을 친근하나니, 이른바 자기의 몸과 목숨을 아끼지 않으며, 세상의 즐거워하는 도구를 탐내어 구하지 않으며, 모든 법성이 평등한 줄을 알며, 모든 지혜와 서원을 영원히 퇴타하여 버리지 않으며, 모든 법계의 진실한 모양을 관찰하며, 마음에 의지함이 없으며, 모든 보살의 큰 원을 성취하며, 모든 세계 바다를 항상 나타내며, 보살의 걸림

없는 지혜 바퀴를 깨끗이 닦는 것이니라. 마땅히 이 법으로 모든 선지식을 섬기고 어기지 말라."

㉡ 해탈경

이 때 서가아씨 고피카아는 이 게송1)을 말하고 나서 선재동자에게 말하였다.
"나는 이미 보살의 삼매 바다를 관찰하는 해탈문을 성취하였노라."
"이 해탈문의 경계가 어떠하나이까."
"내가 이 해탈문에 들고는, 이 사바세계에서 세계의 티끌 수 겁 동안에 있는 모든 중생들이 여러 길에서 헤매면서, 여기서 죽어 저기 나는 일과, 선을 짓고 악을 지어 모든 과보를 받는 일, 벗어나기를 구하는 이와 구하지 않는 이, 바로 결정된 것·잘못 결정된 것·결정되지 못한 것, 번뇌 있는 선근·번뇌 없는 선근, 구족한 선근, 구족하지 못한 선근, 착하지 못한 뿌리에 잡히는 선근, 선근에 잡히는 착하지 못한 근, 이렇게 모은 선한 법·선하지 못한 법을 내가 다 알고 보노라.

또 저 겁 동안에 계시던 부처님의 이름과 차례를 내가 다 알고, 그 불세존께서 처음 발심하던 것과 방편으로 온갖 지혜를 구하던 것과, 여러 가지 큰 서원 바다를 내고 부처님들께 공양하여, 보살행을 닦으며, 등정각을 이루고 묘법륜을 굴리며, 큰 신통을 나투어 중생들을 제도하던 것을 내가 다 아노라.

또 저 부처님들의 대중이 제각기 다른 것을 알며, 그 모인 가운데 중생들이 성문승을 의지하여 뛰어나던 일과 그 성문 대중이 과거에 모든 선근을 닦던 일과 그들이 얻은 여러 가지 지혜를 내가 다 아노라.

어떤 중생은 독각승을 의지하여 뛰어나던 일과, 그 독각들의 가진 선근과 얻은 보리와 고요하게 해탈하고 신통 변화로 중생을 성숙, 열반에 드는 것을 내가 다 아노라.

또 저 불보살 대중과 그 보살들이 처음 발심하여 선근을 닦아 익히고, 한량없는 원행을 내고 모든 바라밀다를 만족 성취하고, 갖가지 보살도를 장엄하는 것을 아노라.

자유자재한 힘으로 보살의 지위에 들어가서 보살의 지위에 머물고, 보살의 지위를 관찰하고 보살의 지위를 깨끗이 함과, 보살 지위의 모양·보살 지위의 지혜·보살 소속한 지혜·보살이 중생을 교화하는 지혜·보살이 세워 놓은 지혜·보살의 광대한 행의 경계·보살의 신통·보살의 삼매 바다·보살의 방편

---
1) 이 게송은 앞의 산문을 거듭 설한 重頌이므로 여기서는 생략함.

과 보살이 잠깐 동안에 들어가는 삼매 바다·얻은 온갖 지혜의 광명·얻은 온갖 지혜의 번개빛 구름·얻은 실상의 법 지혜·통달한 온갖 지혜·머무는 세계 바다·들어간 법 바다·아는 중생 바다·머무는 방편·내는 서원·나투는 신통을 내가 다 아노라.

 이 사바세계에서 오는 세월이 끝날 때까지의 겁 바다가 서로 계속하여 끊어지지 아니함을 내가 다 아노라.

 이 사바세계를 아는 것처럼, 사바세계 안에 있는 티끌 수 세계도, 또 사바세계 안에 있는 온갖 세계도, 또 사바세계의 티끌 속에 있는 세계도, 또 사바세계의 밖으로 시방에 새가 없이 있는 세계도, 또 사바세계의 세계종에 소속한 세계도, 또 비로자나 세존의 화장세계해 가운데 있는 시방의 한량없는 세계종에 소속한 세계들도 아노라.

 이른바 세계의 넓기·정돈된·바퀴·도량·차별·옮김·연화·수미산·이름과, 이 세계의 끝가지 모든 세계가 비로자나 세존의 본래의 원력으로 말미암은 것임을 내가 다 알고 능히 기억하노라.

 또 여래께서 옛날에 있었던 바다도 기억하노니, 이른바 모든 승(勝)의 방편을 닦아 모으며, 한량없는 겁 동안에 보살행에 머물렀으며, 불국토를 깨끗이 하고 중생을 교화하며, 부처님을 받자와 섬기고 있을 곳을 마련했으며, 법문 말씀함을 듣고 삼매를 얻어 자재하여지며, 단바라밀다를 닦고 불공덕 바다에 들어가며, 계율을 지니고 고행하며, 여러 가지 참음을 갖추고 용맹하게 정진하며, 선정을 성취하고 지혜를 원만하며, 여러 곳에 일부러 태어나며, 보현행원을 모두 청정히 하며, 여러 세계에 두루 들어가서 불국토를 깨끗이 하며, 모든 여래의 지혜 바다를 널리 들어가며, 모든 불보리를 두루 거두어 가지는 것이다.

 또 여래의 큰 지혜의 광명을 얻고 부처님의 온갖 지혜의 성품을 증득하며, 등정각을 이루고 묘법륜을 굴리며, 부처님의 도량에 모인 대중과, 그 대중 가운데 중생들이 옛적부터 심은 선근과 처음 발심한 적부터 중생을 성숙하며, 수행하는 방편이 잠깐잠깐마다 증장하여 여러 삼매와 신통과 해탈을 얻은 따위의 모든 일을 내가 분명히 아노라.

 왜냐하면 나의 이 해탈은 모든 중생의 마음·행동·닦아 행한 선근·물들고 청정함·갖가지 차별을 능히 알며, 모든 성문의 여러 삼매문과 모든 연각의 고요한 삼매·신통·해탈과 모든 보살·여래의 해탈과 광명을 모두 분명히 아는 연고니라."

ㄹ. 다겁수행

선재동자가 물었다.

"이 해탈을 얻은 지는 얼마나 오래 되었나이까."

"지난 옛적 세계의 티끌 수 겁 전에 한겁이 있었으니 이름은 썩 좋은 행이요, 세계의 이름은 두려움 없음이며, 그 세계에 안은(安穩)이란 사천하가 있고, 그 사천하의 잠부드비이파에 서울이 있으니 이름이 가장 좋은 나무인데, 80 서울 중에 가장 첫째이며, 그 나라의 임금은 재물주인이니라. 그 왕에게 6만 시녀와 5백 대신과 5백 왕자가 있는데, 그 왕자들이 모두 용맹하고 건장하여 대적을 항복받았느니라.

그 왕의 태자는 이름이 위덕님이니, 단정하고 특출하여 사람들이 보기를 좋아하며, 발바닥은 판판하고 수레바퀴 모양이 구족하고, 발등은 불룩하고, 손과 발가락 사이에는 그물 같은 막이 있고, 발꿈치는 가지런하고 손발이 보드랍고, 에이네야사슴의 장딴지 같고, 일곱 군데가 원만하고, 남근은 으슥하게 숨어 있고, 몸의 윗동은 사자왕 같고, 두 어깨는 평평하고, 두 팔은 통통하며 길고, 몸은 곧고, 목에 세 줄 무늬가 있고, 치아는 40인데 가지런하며 빽빽하고, 어금니 네 개가 유난히 희고, 혀가 길고 넓고, 범천의 음성을 내고, 눈이 검푸르고 속눈썹이 소와 같고, 미간에는 흰 털이 있고, 정수리에는 살상투가 있고, 살결은 보드랍고 연하여 진금빛이요, 몸에 솜털이 위로 쏠리고, 머리카락이 제청(帝靑) 구슬빛 같고, 몸이 원만하기 야그로오다 나무와 같았다.

그 때 태자는 부왕의 명령을 받고 10천 시녀와 함께 향아원(香牙園)에 가서 구경하며 즐기었다. 태자는 이 때 보배 수레를 탔는데, 수레에는 여러 가지 장엄을 갖추었고, 큰 마니 사자좌를 놓고 그 위에 앉았으며, 5백 시녀는 보배 줄을 잡고 수레를 끌고 가는데, 나아가고 멈춤이 법도가 있어 빠르지도 더디지도 않았고, 백천만 사람은 보배 일산을 받고, 백천만 사람은 보배 당기를 들고, 백천만 사람은 보배 번기를 들고, 백천만 사람은 풍악을 잡히고, 백천만 사람은 유명한 향을 사루고 백천만 사람은 아름다운 꽃을 흩으며 앞뒤로 호위하고 따라갔다. 길은 평탄하여 높고 낮은 데가 없고, 여러 가지 보배 꽃을 위에 깔았으며, 보배 나무는 줄을 짓고 보배 그물이 가득히 덮이었으며, 여러 가지 누각이 그 사이에 뻗었는데, 그 누각에는 갖가지 보물을 쌓아 두기도 하고 모든 장엄 거리를 벌여 놓기도 하고 갖가지 음식을 베풀기도 하고 갖가지 의복을 걸어놓기도 하였으며, 살림살이에 필요한 물품을 저축하며, 얌전한 여인들과 많은 하인들을 있게도 하고서 요구하는 대로 보시하였다.

그 때 잘 나타나는 여인에게 처녀 딸이 있으니 이름이 묘한 덕 갖춘 이라. 얼굴이 단정하고 모습이 점잖으며, 몸과 키가 알맞고 눈과 머리카락이 검푸르며, 소리는 범천의 음성 같고 모든 기술을 통달하고 변론에 능하며, 공손하고, 부지런하여 게으르지 않고 인자하고 사랑하여 남을 해롭게 하지 않으며, 예의를 잘 알고 부드럽고 질직하며, 어리석지 않고 탐욕이 없으며, 아첨하거나 속이는 일이 없는데, 보배 수레를 타고 시녀들께 호위되어 어머니와 더불어 서울에서 나와 태자보다 앞서서 가다가 태자의 음성과 노래를 듣고 사랑하는 생각이 나서 어머니에게 말하였다.

'나는 저 사람을 섬기고자 합니다. 만일 뜻대로 되지 않으면 자살하겠나이다.'

어머니가 말하였다.

'너는 그런 생각을 하지 말라. 왜냐하면 이 일은 될 수 없는 일이다. 저 태자는 전륜왕이 거룩한 모습을 구족하였으니 후일에 왕의 대를 이어 전륜왕이 되면, 보녀(寶女)가 생겨서 허공으로 자재하게 다니게 될 것이다. 우리는 미천하여 그의 배필이 될 수 없으므로 이 일은 가망이 없으니, 너는 그런 생각을 하지 말라.'

그 때 향하원 옆에 법구름 광명이란 도량이 있었고, 그 도량에 부처님이 계셨으니 이름이 승일신(勝日身)이요, 10호가 구족하였으며, 세상에 나신 지 이레가 되었다. 그 때 처녀가 잠깐 졸다가 꿈에 그 부처님을 뵙고 깨어나니, 공중에서 말하였다.

'승일신 여래께서 법구름 광명 도량에서 등정각을 이루신지 이레가 되었는데, 보살대중이 앞뒤에 둘러 모시었고 하늘·용·야차·건달바·아수라·가루라·긴나라·마후라가와, 범천과 내지 색구경천과, 지신·풍신·불신·물신·강신·바다신·산신·동산신·약신·땅신들이 부처님을 뵈오려 모여 왔다.'

이때 묘한덕 갖춘 처녀는 꿈에 여래를 뵙기도 하고 불공덕을 들었던 연고로 마음이 편안하고 두려움이 없어서 태자의 앞에서 게송을 말하였다.

내 몸은 가장 단정해 소문이 시방에 퍼지고
지혜는 짝할 이 없으며 모든 기술을 모두 잘 알아
한량없는 백천 무리를 나를 보고 욕심내지만
나는 그들에게 조금도 애욕이 없어

성내지도 원망하지도 않으며 싫어하지도 기뻐하지도 않고
광대한 마음을 내어 중생을 이익케 하네.
내가 지금 태자를 보니 모든 공덕의 모습 갖추고
마음은 기쁘고 경행하며 여러 감관이 모두 화평해

살갗은 빛난 보배 같고 고운 머리카락 오른쪽으로 돌고
넓은 이마에 눈썹 가늘어 나는 당신을 섬기려 하오.
태자의 몸을 보니 순금으로 부은 등상 같고
큰 보배 산과도 같고 거룩한 모습 맑고 빛나고

눈은 길고 검푸른 빛 얼굴은 보름달, 사자의 뺨
화평한 면모, 고운 음성 나의 소원 받아 주소서.
넓고 길고 아름다운 혀 붉은 구릿빛 같고
범천의 음성, 긴나라 목소리 듣는 이 모두 즐거워하며

입은 방정해 들리지(蹇縮) 않고 이는 희고 가지런하고
말하거나 웃을 적에는 보는 이가 즐거워하며
때 없고 깨끗한 몸 32 거룩한 모습
당신은 반드시 이 세계에서 전륜왕이 되오리다.

태자는 그 처녀에게 말하였다.
'너는 누구의 딸이며 누구의 보호를 받는가.
만일 허락한 데가 있다면 나는 사랑하는 마음을 낼 수가 없소.'

그 때 태자는 게송으로 물었다.
그대의 몸 매우 청정하고 공덕의 모습 갖추었네.
내 지금 묻노니 그대는 어디 있으며
부모는 누구고 누구에게 매여 있는가.
이미 매인 데 있으면 그 사람이 너를 지배하리라.

그대는 남의 것을 훔치지 않는가. 남을 해치려는 마음 없는가.
삿된 음행하지 않는가. 어떤 말을 의지해 머무는가.

남의 나쁜 일을 말하지 않는가. 남의 친한 이를 헐뜯지 않는가.
다른 이의 경계를 침노하지 않는가. 남에게 성내지 않는가.

잘못된 소견을 내지 않는가. 어그러지는 업을 짓지 않는가.
아첨하거나 잘못된 힘과 방편으로 세상을 속이지 않는가.
부모를 존중하는가 선지식을 공경하는가.
가난하고 곤궁한 이에게 거두어 줄 생각을 내는가.

만일 선지식이 법을 말하여 주면
견고한 마음을 내어 끝까지 존중하겠는가.
부처님을 사랑하는가. 보살을 잘 아는가.
스님네의 공덕 바다를 능히 공경하겠는가.

법을 능히 아는가. 중생을 청정케 할 수 있는가.
법에서 살겠는가 법 아닌 데서 살겠는가.
외로운 이들을 보면 인자한 마음을 내겠는가.
나쁜 길에 있는 중생에게 가엾은 마음을 내겠는가.

다른 이의 잘 되는 것을 보고 환희한 마음을 내겠는가.
누가 당신을 핍박하여도 성을 내지 않겠는가.
그대는 보리심을 내어 중생을 깨우쳐 주겠는가.
끝없는 세월에 수행하여도 게으른 생각이 없겠는가.

그 때 처녀의 어머니가 태자에게 게송을 말하였다.

태자여, 들으소서. 이 딸이 처음 나던 일과
자라던 모든 인연을 이제 말하오리다.
태자께서 처음 나던 날 이 애가 연꽃에서 났는데
눈은 깨끗하고 길고 사지가 모두 구족하였소.

나는 어느 봄철에 사라나무 동산에 구경 갔더니
여러 가지 약풀은 갖가지로 무성하였고

이상한 나무에 핀 꽃 바라보매 좋은 구름과 같고
아름다운 새 화답하는 노래 숲 속에서 즐거워하고

함께 나갔던 8백 아가씨들 단정하기 사람 홀리며
입은 의복 화려하고 노래도 아름다워.
그 동산에 못이 있어 이름은 연꽃당기(蓮華幢)
나는 시녀들께 둘러 싸여 연못가에 앉았소.

그 연못 속에는 천(千)잎 연화가 났는데
보뱃잎, 유리로 된 줄기 잡부나다금 꽃받침 되고
그날 밤 지새고 해가 처음 올라와
연꽃이 활짝 피어 청정한 광명 놓으니

그 광명 매우 찬란해 해가 처음 떠오르는 듯
잠부드비이파에 두루 비추니 모두들 희한하다고
막 이때 옥 같은 딸 그 연꽃 속에 태어나는데
몸은 한없이 청정하고 팔다리 모두 원만해

이것은 인간의 보배 깨끗한 업으로 나는 것
전세의 인으로 고스란히 이 과보를 받았소.
검은 머리칼, 청련화 같은 눈 범천의 음성, 금빛 광명
화만과 보배의 상투 깨끗하여 때가 없고

팔다리 모두 완전하고 몸은 아무 흠도 없이
마치 순금으로 된 불상 보배꽃 속에 의젓이 앉은 듯
털구멍에서 나오는 전단 향기 모든 것에 풍기고
입에서 연꽃 향기 나며 범천의 음성을 내나니

이 처녀 있는 곳에는 항상 하늘풍류 잡히니
용렬한 인간으로는 이런 이를 짝할 수 없어
이 세상에 어느 사람도 아가씨의 남편 될 이 없고
오직 당신만이 훌륭하오니 바라건대 받아지이다.

키가 크지도 작지도 않고 뚱뚱하지도 홀쭉하지도 않고
모든 것이 모두 단정하오니 바라건대 받아지이다.
글이나 글씨 셈하는 법이나 여러 가지 기술과 학문
통달하지 못한 것 없나니 바라건대 받아지이다.

여러 가지 무예도 잘 알고 어려운 소송도 판결 잘하고
화해하기 어려운 일 화해하나니 바라건대 받아지이다.
몸이 매우 청결하여 보는 이 만족한 줄 모르며
공덕으로 꾸미었으니 당신이여, 받아 주소서.

중생들에게 있는 병환 그 원인 잘 알고
병에 알맞게 약을 주어 모든 병 능히 없애며
잠부드비이파의 여러 가지 말 차별도 한량 없으며
음악의 소리까지 통달하지 못하는 것 없고

여자들이 하는 일 이 애가 모두 다 알지만
여자의 병통이 없으니 당신은 빨리 받아 주소서.
질투도 모르고 간탐도 없고 욕심도 없고 성내지도 않아
성품이 곧고 부드러워 거칠고 나쁜 짓 모두 여의고

어른을 공경할 줄 알아 받들어 섬기고 거역하지 않으며
착한 행실 잘 닦나니 당신의 뜻을 순종하리라.
늙고 병든 이, 가난한 이와 곤란에 빠져서 구원할 이 없고
의지할 데 없는 이 보면 항상 가엾은 마음을 내며

제일가는 이치 늘 관찰하고 자기의 이익은 구하지 않으며
중생만 이익하려고 마음을 장엄했으며
가고 서고 앉고 눕고 모든 일에 방일치 않아
말하거나 잠잠하거나 보는 이들 기뻐하며

어떠한 곳에나 물들고 집착하지 않지만
공덕 있는 사람을 보면 반가워서 싫은 줄 몰라

선지식을 존경하고 악을 여읜 이 좋아하며
　　마음이 조급하지 않아 생각한 뒤에 일을 처리해

　　복과 지혜로 장엄하였고 모든 것에 원한이 없어
　　여인 중에는 최상이오니 태자님 섬기기는 마땅합니다.

　이 때 태자는 향아원에 들어가서 묘한 덕 갖춘 아가씨와 잘 나타나는 여인에게 말하였다.
　"나는 무상보리 구하는 터이므로 오는 세월이 끝나도록 한량없는 겁 동안에 온갖 지혜를 돕는 법을 모으며, 그지없는 보살행을 닦으며, 모든 바라밀다를 깨끗이 하며, 모든 여래에게 공양하며, 모든 부처님의 가르침을 보호해 가지며, 모든 불국토를 깨끗이 장엄하며, 모든 여래의 성품을 끊어지지 않게 하며, 모든 중생의 성품을 따라 성숙케 하며, 모든 중생의 나고 죽는 고통을 없애고 끝까지 안락한 곳에 두며, 모든 중생의 지혜의 눈을 깨끗이 다스리며, 모든 보살의 닦는 행을 익힐 것이며, 모든 보살의 평등심에 머무르며, 모든 보살의 행할 지위를 성취하며, 모든 중생을 두루 기쁘게 하며, 모든 것을 모두 버려서 오는 세월이 끝나도록 단바라밀다를 행하여 모든 중생을 만족케 하며, 의복·음식·처·첩·아들·딸·머리·눈·손·발 따위의 안팎에 있는 것을 모두 보시하고 아끼는 것이 없을 것이오.
　이러한 때에 그대가 나의 일을 장애하고 재물을 보시할 때 아까워하고, 아들·딸을 보시할 때에 가슴이 아파하고, 온 몸을 찢을 때에 마음으로 걱정하고, 그대를 버리고 출가할 때에 그대들은 뉘우칠 것이오."
　이때 태자는 묘한 덕 갖춘 이에게 게송으로 말하였다.

　　중생을 가엾이 여김으로써 나는 보리심을 내었으니
　　마땅히 한량없는 겁 동안에 온갖 지혜 닦아 익히리
　　한량없는 많은 겁 동안 모든 원력 바다 깨끗이 닦고
　　지상(地上)에 들고 업장 다스림 또 한량없는 겁 지내고

　　3세 부처님들에게 여섯 가지 바라밀다 배우고
　　방편의 행 구족하여 보리의 도를 성취했으며
　　시방의 더러운 세계 내가 다 깨끗이 장엄

모든 나쁜 길의 환난에서 영원히 뛰어나게 하오리

나는 장차 방편으로 많은 중생 다 제도하여
어리석은 어두움 없애고 부처님의 지혜에 머물게 하며
모든 부처님께 공양하옵고 여러 지위를 깨끗이 하며
큰 자비심을 일으키어 안팎의 물건 모두 버리리.

와서 달라는 이 네가 보거든 인색한 마음 행여 내리라.
나는 항상 보시하기 좋아하니 그대 내 뜻을 어기지 말라.
내 머리를 보시하는 것 보고 삼가 걱정하지 말 것이니
내 지금 그대에게 말하여 그대의 마음 견고케 하며

내가 손과 발을 끊더라도 그대는 구걸하는 이 미워하지 말라.
그대여 내 말 듣고 마땅히 잘 생각하여라.
아들과 딸, 사랑하는 물건 모든 것 다 버릴 터이니
그대 내 마음 따른다면 나도 그대의 뜻 이루어 주리.

그 때 아가씨는 태자에게 '말씀한 대로 받자오리다.' 여쭙고
게송으로 말하였다.

한량없는 겁 바다에서 지옥 불이 몸을 태우더라도
나를 사랑하여 받아 주시면 그런 고통 달게 받겠소.
한량없이 태어나는 곳 티끌같이 몸을 부숴도
나를 사랑하여 받아 주시면 그런 고통 달게 받겠소.

한량없는 겁 동안에 크나큰 금강산 이고 다녀도
나를 사랑하여 받아 주시면 그런 고통 달게 받겠소.
한량없는 생사 바다에 나의 몸과 살 보시하여도
당신이 법의 왕 되시는 곳 나도 그렇게 하여 주소서.

만일 나를 받아들여 나의 님 되어 주신다면
세세생생 보시하실 때 언제나 이 몸을 보시하시라.

중생의 괴로움 딱하게 여겨 보리심 내었을진댄
이미 중생을 거두어 주시니 이 몸도 응당 거두어 주시리.

나는 부귀도 바라지 않고 다섯 가지 욕락도 탐내지 않고
바른 법 함께 행하며 당신으로 나의 님 삼으오리.
검푸르고 길고 넓은 눈 인자하게 세간 살피고
물드는 마음 내지 않으니 반드시 보리를 이루오리.

태자의 가시는 곳엔 땅에서 연꽃이 솟아
반드시 전륜왕 되시리니 나를 사랑하여 받아 주소서.
내가 언제 꿈을 꾸는데 이 묘한 법 보리도량에
나무 아래 앉으신 여래를 많은 대중이 둘러 모셨고

나는 또 금산과 같으신 부처님께서 나의 머리를
만져 주시는 꿈을 꾸다가 깨어나니 마음이 기뻤소.
지난 옛날에 권속 하늘로 기쁜 광명이란 신이 있는데
그 하늘이 내게 말하되 '도량에 부처님 나셨다'고.

지난 옛적에 가졌던 소원 지금 모두 이루었으니
바라건대 함께 가서 저 부처님 공양합시다.

그 때 태자는 승일신여래의 이름을 듣고, 매우 기뻐서 부처님 뵈오려고, 그 아가씨에게 5백 마니 보배를 흩고, 묘하게 갈문 광명관을 씌우고, 불꽃마니 옷을 입히었다.
그 아가씨는 그 때에 마음이 흔들리지도 않고 기쁜 내색도 없이, 다만 합장하고 공경하여 태자를 우러러 보면서 잠깐도 한눈팔지 않았다.
잘 나타나는 어머니는 태자의 앞에서 게송을 말하였다.

이 딸은 매우 단정해 공덕으로 몸을 장엄하고서
예전부터 태자를 섬기려 하더니 이제 소원을 이루었소.
계행을 지니고 지혜 있어 모든 공덕 갖추었으며
넓고 넓은 이 세상에 가장 훌륭해 짝할 이 없네.

이 아기 연꽃에서 나 가문이 나무랄 것 없고
태자와 행과 업 같아 모든 허물 멀리 여의고
이 아기 살갗 보드랍기 하늘의 비단솜 같으니
손으로 한번 만지면 모든 병 소멸합니다.

털구멍에서 나오는 향기 아름답기 비길 데 없어
중생이 맡기만 하면 청정한 계율을 머물게 되고
몸은 금빛과 같아 연꽃좌대에 앉은 모양
중생이 보기만 하면 해칠 뜻 없고 인자하여져

음성이 하도 부드러워 듣는 이 모두 기뻐하나니
중생이 듣기만 하면 여러 가지 나쁜 법 여의게 되네.
마음은 깨끗하여 티가 없으며 아첨과 굽은 일 여의었나니
마음에 맞추어 내는 말이라 듣는 이 모두 즐거워하며

화평하고 부드럽고 체면을 차려 높은 어른 공경하고
탐욕도 없고 속이지 않으며 모든 중생을 가엾이 여기네
이 아가씨 얼굴이나 권속을 의뢰하지 않고
다만 청정한 마음으로 모든 부처님을 공경합니다.

이 때 태자는 묘한 덕 갖춘 아가씨와 10천 시녀와 그 권속들과 함께 향아원에서 나와 법 구름 광명도량으로 향하였다. 도량에 이르러서는 수레에서 내려 부처님 계신 데 나아가 부처님을 뵈오니, 몸매가 단정하고 고요하며 여러 기관이 화순하고 안과 밖이 청정하며, 큰 용의 못과 같아서 흐린 때가 없으셨다. 깨끗한 신심을 내어 기뻐 뛰놀며 부처님 발에 엎드려 절하고 여러 바퀴를 돌았다.

그 때 태자와 묘한 덕 갖춘 아씨는 각각 5백의 보배 연꽃을 부처님께 흩어 공양하였고, 태자는 부처님을 위하여 5백 절을 지었으니, 모두 향나무로 지었고 여러 가지 보배로 장엄하였으며 5백의 마니 보배로 사이사이 꾸미었다.

이 때 부처님은 그들을 위하여 보안등문(普眼燈門)수우트라를 말씀하셨고, 이 법문을 듣고는 모든 법 가운데서 삼매 바다를 얻었으니, 이른바 모든 부처님의 서원바다를 두루 비추는 삼매·3세 갈무리를 두루 비추는 삼매·모든 부

처님 도량을 보는 삼매·모든 중생을 비추는 삼매·모든 세간을 두루 비추는 지혜등불 삼매·모든 중생을 구호하는 광명 구름 삼매·모든 중생을 두루 비추는 크게 밝은 등 삼매·모든 부처님의 법륜을 연설하는 삼매·보현의 청정한 행을 구족한 삼매이었다.

이 때 묘한 덕 갖춘 아씨도 이기기 어려운 바다광 삼매를 얻고, 무상보리에서 영원히 물러가지 않았다.

이 때 태자는 묘한 덕 갖춘 아씨와 권속들과 함께 부처님 발에 엎드려 절하고 수없이 돌고 하직하고 궁중으로 돌아가서 부왕께 나아가 절하고 여쭈었다.

'대왕이시여, 승일신여래께서 세상에 나셨는데, 이 나라 법구름 광명 보리도량에서 등정각을 이루신 지 오래지 않았나이다.'

'그런 일은 누가 너에게 말하더냐. 하늘이냐, 사람이냐.'

'그것은 묘한 덕 갖춘 여인이 말하더이다.'

왕은 이 말을 듣고 가난한 사람이 묻힌 갈무리를 얻은 듯, 한량없이 기뻐하면서 생각하였다.

'부처님은 위가 없는 보배여서 만나기 어려우니, 만일 부처님을 뵈오면 모든 나쁜 길의 공포를 끊을 것이다. 부처님은 의사와 같아서 모든 번뇌병을 다스리고 모든 생사고통을 구원할 것이다. 부처님은 길잡이와 같아서 중생들이 끝가지 편안한 곳에 이르게 할 것이다.'

이렇게 생각하고는 작은 왕과 대신들과 권속들과 크샤트리아와 바라문의 모든 대중을 모아 놓고, 왕의 지위를 선위하여 태자에게 주면서 정수리에 물 붓는 예식을 마치었다. 그리고 1만 사람과 함께 부처님 계신 데 가서 발에 엎드려 절하고 수없이 돌고, 권속들과 함께 물러가지 않았다.

그 때 여래는 그 왕과 대중을 살펴보고, 미간의 흰 털로 큰 광명을 놓으니 이름이 모든 세간의 마음 등불이라. 시방의 한량없는 세계에 두루 비추며 모든 세간 밤 맡은 이의 앞에 머물러 여래의 부사의한 큰 신통을 나타내어 교화 받을 여러 중생의 마음을 청정케 하였다.

이 때 여래께서 부사의하고 자재한 신통력으로 몸을 나타내어 모든 세간에서 뛰어나고, 원만한 음성으로 대중을 위하여 다라니를 말하니 이름이 모든 법과 뜻이 어둠을 여읜 등불이며, 세계의 티끌 수 다라니로 권속을 삼았다. 그 왕은 이것을 듣고 즉시에 큰 지혜 광명을 얻었고, 모인 가운데 있는 잠부드비이파 티끌 수 보살은 이 다라니를 함께 증득하고, 60만 나유타 사람은 모든 번뇌가 다하여 마음에 해탈을 얻었고, 10천 중생을 티끌과 때를 여의고 법눈이 깨끗하게 되었으며, 한량없는 중생은 보리심을 내었다.

부처님이 또 부사의한 힘으로 신통변화를 널리 나투고 시방의 한량없는 세계에서 3승의 법을 말하여 중생을 제도하시었다. 이 때 그 부왕은 이렇게 생각하였다.

'내가 만일 집에 있었으면 이렇게 묘한 법을 증득하지 못하려니와, 만일 부처님께 출가하여 도를 배우면 성취하게 되리라.'

그리고 부처님께 여쭙기를 '부처님을 따라 출가하여 도를 배워지이다' 하였다.

부처님은 '마음대로 하되 시기를 알아야 하느니라' 하였다.

이 때 재물 주인 왕은 10천 사람과 함께 그 부처님에게 한꺼번에 출가하였고, 오래지 않아서 모든 법과 뜻이 어둠을 여읜 등불 다라니를 성취하였으며, 또 위에 말한 삼매문들을 얻고, 또 보살의 열 가지 신통문을 얻고, 또 보살의 그지없는 변재를 얻고, 또 보살의 걸림 없이 깨끗한 몸을 얻었으며, 시방의 부처님 계신 데 가서 법문을 듣고 큰 법사가 되어 묘한 법을 연설하며, 또 신통력으로 시방 세계에 두루하여 중생의 마음을 따라 몸을 나타내고, 부처님의 나타나심을 찬탄하며, 부처님의 본래 행하시던 일을 말하며, 부처님의 본래 인연을 보이며, 여래의 자재하신 신통력을 칭찬하며, 부처님의 말씀하신 교법을 보호하여 유지하였다.

그 때 태자는 보름 동안 궁전에 있는데, 시녀들이 둘러 호위하고 7보가 저절로 이르니, 하나는 바퀴 보배니 이름이 걸림 없는 행이요, 둘은 코끼리 보배니 이름이 금강 몸, 셋은 말 보배니 이름이 바른 사람, 넷은 구슬 보배니 이름이 햇빛광, 다섯은 여자 보배니 이름이 묘한 덕 갖춘 이, 여섯은 재정 맡은 대신 보배니 이름이 큰 재물, 일곱은 군대 맡은 대신 보배니 이름이 때 여읜 눈이라. 7보가 구족하고 전륜왕이 되어 잠부드비이파에의 왕으로서 정법으로 세상을 다스리니 백성들이 즐거워하였다.

왕은 1천 아들이 있어 단정하고 용맹하여 원수를 항복 받았으며, 잠부드비이파에 80 서울이 있고, 서울마다 5백 절이 있으며, 절마다 탑을 세웠는데, 높고 크고 여러 가지 보배로 장식하였고, 서울마다 여래를 청하여 부사의한 여러 가지 공양 거리로 공양하려 하며, 부처님이 서울에 들어갈 적에 신통력을 나투어 한량없는 중생으로 선근을 심게 하였다.

한량없는 중생들이 마음이 청정하여서 부처님을 보고 환희하며 보리심을 내고, 가엾이 여기는 마음으로 중생을 이익케 하며, 불법을 부지런히 닦아 진실한 이치에 들어갔으며, 법성에 머물러 법의 평등함을 알고 3세 지혜를 얻어 3세를 평등하게 관찰하며, 모든 부처님의 나시는 차례를 알고, 여러 가지 법을 말하여 중생을 거두어 주며, 보살의 서원을 내어 보살의 도에 들어가며, 여래의 법을 알아 법 바다를 성취하며, 몸을 널리 나타내어 모든 세계에 두루하며, 중생들의 근성과 욕망을 알고, 그들로 하여금 온갖 지혜의 원을 내게 하였느니라.

그 때 왕자로서 전륜왕이 되어 부처님께 공양한 이는 지금의 석가모니 부처님이요, 재물주인 왕은 보화불(寶華佛)이니라.

그 보화불은 지금은 동방으로 세계해의 티끌 수 세계를 지나가서 한 세계해가 있으니 이름이 법계 허공의 그림자를 나타내는 구름이요, 그 가운데 세계종이 있으니 이름이 3세 그림자를 나타내는 마니왕이요, 그 세계종 가운데 한 세계가 있으니 이름이 원만한 광명이요, 그 가운데 한 도량이 있어서 이름이 모든 세간 임금의 몸을 나타냄이니, 보화여래가 거기서 무상보리를 이루었으며, 말할 수 없는 세계의 티끌 수 보살들이 앞뒤에 둘러 있으며 법을 말씀하고 계시느니라.

보화여래가 옛적에 보살도를 닦을 때에 이 세계해를 깨끗이 하였으니, 이 세계해에서 3세의 부처님이 나시는 이는 다 보화여래께서 보살이 되었을 적에 교화하여 무상보리심을 내게 한 이들이니라.

그 때 아씨는 어머니인 잘 나타나는 이는 지금 나의 어머니 좋은 눈이시고, 그 왕의 권속들은 지금 여래에게 모인 대중이니, 모두 보현행을 닦아 큰 원을 성취하였으며, 비록 이 대중이 모인 도량에 있으나, 모든 세간에 두루 나타나서 항상 보살의 평등한 삼매에 머물러 있어 모든 부처님을 항상 뵈옵느니라.

모든 여래께서 허공과 평등한 음성 구름으로 법을 말씀하는 것을 다 들어 받으며, 모든 법에 자재함을 얻어 소문이 여러 불국토에 퍼졌으며, 모든 도량에 나아가고 여러 중생의 앞에 나타나서 마땅한 대로 교화 조복하여, 오는 세월이 끝나도록 보살도를 닦아 사이가 트지 아니하고 보살의 광대한 서원을 성취하느니라.

묘한 덕 갖춘 아씨와 위덕님 전륜왕이 네 가지로 승일신여래께 공양한 이는 내 몸이었느니라.

그 부처님이 열반한 뒤에 그 세계에 60억 백천 나유타 부처님이 세상에 나시는 것을 내가 왕과 더불어 섬기고 공양하였노라.

그 첫 부처님은 이름이 청정신(淸淨身)이요, 다음 부처님은 일체지월광명신(一切智月光明身)이요, 이와같이 차례로 염부단금광명왕(閻浮壇金光明王), 제상

장엄신(諸相莊嚴身), 묘월광(妙月光), 지관당(智冠幢), 대지광(大智光), 금강나라연정진(金剛那羅延精進), 지력무능승(智力無能勝), 보안상지(普安詳智), 이구승지운(離垢勝智雲), 사자지광명(師子智光明), 광명계(光明髻), 공덕광명당(功德光明幢), 지일당(智日幢), 보연화개부신(寶蓮花開敷身), 복덕엄정광(福德嚴淨光), 지염운(智焰雲), 보조월(寶照月), 장엄개음성(莊嚴蓋音聲), 사자용맹지명(師子勇猛智明), 법계월(法界月), 현허공영상개오중생심(現虛空影像開悟衆生心), 항후적멸향(恒齅寂滅香), 보진적정음(普震寂靜音), 감로산(甘露山), 법해음(法海音), 견고망(堅固網), 불영계(佛影髻), 월광호(月光毫), 변재구(辯才口), 각화지(覺華智), 보염산(寶焰山), 공덕성(功德聖), 보월당(寶月幢), 삼매신(三昧身), 보광왕(寶光王), 보지행(普智行), 염해등(焰海燈), 이구법음왕(離垢法音王), 무차덕명칭당(無比德名稱幢), 수비(修臂), 본원청정월(本願淸淨月), 조의등(照義燈), 심원음(深遠音), 비로자나승장왕(毘盧遮那勝藏王), 제승당(諸乘幢), 법해묘연화(法海妙蓮華)니라.

저 겁 동안에 이러한 60억백천 나유타 부처님이 세상에 나시는 이를 내가 다 친근하여 섬기고 공양하였노라.

그 마지막 부처님은 이름이 광대해(廣大解)니, 그 부처님께서 깨끗한 지혜의 눈을 얻었으니, 그 때 부처님이 서울에 들어와서 교화하시는데, 나는 왕비가 되어 왕으로 더불어 절하여 뵈옵고, 여러 가지 묘한 물건으로 공양하였으며, 그 부처님이 모든 여래의 등불을 내는 법문을 말씀하심을 듣고, 즉시에 모든 보살의 삼매 바다의 경계를 관찰하는 해탈을 얻었노라.

나는 이 해탈을 얻고, 보살과 더불어 세계의 티끌 수 겁 동안에 부지런히 수행하며, 세계의 티끌 수 겁에 한량없는 부처님을 섬기고 공양하는데, 한 겁에 한 부처님을 섬기기도 하고, 혹은 두·세·세계의 티끌 수 부처님을 만나서 친근하여 섬기고 공양하였으나, 보살의 몸과 형상의 크기와 모양과 그의 몸으로 짓는 업과 마음으로 행함과 지혜와 삼매의 경계를 알지 못하였노라.

만일 중생이 뵈옵고 보리행을 닦으되, 의심하거나 믿거나 간에 보살이 세·출세간의 갖가지 방편으로 거두어 주고 권속을 삼아 무상보리심에서 물러가지 않게 하느니라.

내가 저 부처님을 뵙고 이 해탈문을 얻고는, 보살과 더불어 백 세계의 티끌 수 겁에 함께 닦아 익히면서 그 겁 동안에 세상에 나시는 부처님을 내가 다 친근하여 섬기며 공양하고, 말씀하는 법을 듣고 읽고 외고 받아지니며, 그 모든 여래에게서 이 해탈과 갖가지 법문을 얻고 갖가지 3세를 알고, 갖가지 세계해에 들어가서 갖가지로 정각을 이룸을 보고, 갖가지 불대중이 모인 데 들어가서 보살의 여러 가지 서원을 내고, 보살의 여러 가지 묘한 행을 닦아서 보살의 여러 가지 해탈문을 얻었으니, 보살이 얻은 보현의 해탈문을 알지 못하였노라.

왜냐하면 보살의 보현 해탈문은 큰 허공·중생의 이름·3세 바다·시방 바다·법계 바다와 같아서 한량없고 그지없나니, 보살의 보현 해탈문은 여래의 경계와 같느니라.

나는 세계의 티끌 수 겁 동안에 보살의 몸을 보아도 만족함이 없었으니, 마치 탐욕이 많은 남녀가 한 데 모이면 서로 사랑 하느니라고 한량없는 허망한 생각과 감각을 일으키나니, 나도 그와 같아서 보살의 몸을 살펴보니 낱낱 털구멍에서 잠깐잠깐마다 한량없고 그지없는 광대한 세계가 갖가지로 머물고 갖가지로 장엄한 갖가지 현상을 보며, 갖가지 산·땅·구름·이름·부처님이 나심·도량·대중의 모임·경을 연설함·정수리에 물 붓는 일을 말함·승(乘)·방편·청정함을 보았노라.

또 보살의 낱낱 털구멍에서 잠깐잠깐마다 그지없는 부처님들이 여러 가지 도량에 앉아서 여러 가지 신통변화를 나투고 여러 가지 법륜을 굴리고 여러 가지 수우트라를 말하여 항상 끊이지 않음을 보노라.

또 보살의 낱낱 털구멍에서 잠깐잠깐마다 그지없는 부처님들이 여러 가지 수우트라를 말하여 항상 끊이지 않음을 보노라.

또 보살의 낱낱 털구멍에서 그지없는 중생들의 여러 가지 머무는 곳·형상·짓는 업·근성을 항상 보노라.

또 보살의 낱낱 털구멍에서 3세 보살들의 그지없는 수행하는 문을 보았으니, 이른바 그지없는 광대한 서원·차별한 지위·바라밀다·옛날 일·인자한 문·가엾이 여기는 구름·기뻐하는 마음·중생을 거두어 주는 방편이니라.

나는 세계의 티끌 수 겁에서 잠깐잠깐마다 이렇게 보살의 낱낱 털구멍을 보는데, 한번 간 데는 다시 가지 않고 한번 본 데는 다시 보지 않지마는, 그 끝 닿은 데를 얻을 수 없으며, 내지 싣다르타 태자가 궁중에 계실 적에 시녀들이 둘러 호위함을 보나니, 나는 해탈력으로 보살의 낱낱 털구멍을 관찰하여 3세 법계의 일을 모두 보노라.

나는 다만 이 보살의 삼매 바다를 관찰하는 해탈만 얻었거니와, 보살들이 필경에 한량이 없는 방편바다를 모든 중생을 위하여 종류를 따라 몸을 나타내며,

모든 중생을 위하여 좋아함을 따르는 행을 말하며, 낱낱 털구멍에 그지없는 형상 바다를 나타내며, 모든 법성이 없는 성품으로 성품을 삼을 줄을 알며, 중생의 성품이 허공과 같아서 분별이 없음을 알며, 부처님 신통력이 진여와 같음을 알며, 모든 곳에 두루하여 그지없는 해탈경계를 나타내며, 잠깐 동안에 광대한 법계에 들어가서 여러 지위의 법문에 유회하는 일이야 내가 어떻게 알며 그 공덕행을 말하겠는가.

이 세계 안에 부처님 어머니이신 마야가 있으니, 그대는 그에게 가서 보살이 어떻게 보살행을 닦으며, 모든 세간에 물들지 아니하며, 부처님들께 공양하기를 쉬지 아니하며, 보살업을 짓고 영원히 물러가지 않으며, 온갖 장애를 떠나서 보살의 해탈에 들어가되 다른 이를 말미암지 않으며, 모든 보살도에 머무르고 모든 여래의 계신 데 나아가서 모든 중생들을 거두어 주며, 오는 세월이 끝나도록 보살행을 닦으며, 대승원을 내어 모든 중생의 선근을 증장케 하기를 쉬지 아니하느냐고 물으라."

(5) 십일지법문(十一地法門)[1]

① 마야부인의 성불문(成佛門 : 緣入實相門) — 화엄경 제76권

ㄱ. 의교취구

㉠ 선지식을 그리는 마음

그 때 선재동자는 한결같은 마음으로 마야부인 계신 데로 나아가며 불경계를 관찰하는 지혜를 얻으려 하면서 이렇게 생각하였다.

"이 선지식은 세간을 멀리 여의고 머물 데 없는데 머물며, 여섯 군데를 초월하여 모든 애착을 떠났으며, 걸림 없는 도를 알고 깨끗한 법신을 갖추어 눈어리 같은 업으로 나툰 몸을 나타내며, 눈어리 같은 지혜로 세간을 관찰하여, 눈어리 같은 소원으로 불신을 지니나니, 뜻대로 나는 몸·나고 없어짐이 없는 몸·오고 감이 없는 몸·헛되고 진실함이 없는 몸·변화여 무너지지 않는 몸·일어나고 다함이 없는 몸·모든 모습이 다한 모습인 몸·두 갓을 떠난 몸·의

---

[1] 마야부인 이하는 인연 따라 實相에 들게 한 분들인데 마야부인은 總이고 나머지는 別이다.

지할 데 없는 몸·끝나지 않는 몸·분별을 떠나서 그림자처럼 나타나는 몸·꿈 같은 줄 아는 몸·영상 같음을 아는 몸·맑은 해와 같은 몸·시방에 널리 나타내는 몸·3세에 변함이 없는 몸·몸도 마음도 아닌 몸이니, 마치 허공과 같아서 간 데마다 걸림이 없고 세간의 눈을 뛰어났으며, 보현의 깨끗한 눈으로야 보리라.

이런 이를 내가 어떻게 친근하여 섬기고 공양하며, 그와 함께 있으면서 그 형상을 보고 그 음성을 듣고 그 말을 생각하고 그 가르침을 받으리오.'

이렇게 생각하였을 적에 한 성 맡은 신이 있으니 이름이 보배눈이라, 권속에게 둘러싸여 허공에 몸을 나타내고 갖가지 묘한 물건으로 단장하였으며, 한량 없는 여러 가지 빛깔 꽃을 들어 선재에게 흩고 말하였다.

"착한 남자여, 마땅히 심성(心城)을 수호할지니, 모든 나고 죽는 경계를 탐하지 말 것이며, 심성을 장엄할지니, 여래의 10력을 오로지 구함이며, 심성을 깨끗이 다스릴지니, 간탐하고 질투하고 아첨하고 속이는 일을 끝까지 끊음이며, 심성을 서늘하게 할지니, 모든 법의 참된 성품을 생각함이니라. 심성을 증장케 할지니, 도를 돕는 모든 법을 마련함이며, 심성을 잘 단정할지니, 선정과 해탈의 궁전을 지음이며, 심성을 밝게 비출지니, 모든 불도량에 두루 들어가 반야바라밀다법을 들음이니라.

심성을 더 쌓을지니, 모든 불방편도를 널리 거두어 가짐이며, 심성을 견고하게 할지니, 보현행원을 부지런히 닦음이며, 심성을 방비하여 보호할지니, 나쁜 동무와 마군을 항상 방어함이며, 심성을 훤칠하게 통달할지니, 모든 불지혜문을 열어 들임이며, 심성을 잘 보충할지니, 모든 부처님의 설법을 들음이니라. 심성을 붙들어 도울지니, 모든 불공덕 바다를 깊이 믿음이며, 심성을 넓고 크게 할지니, 크게 인자함이 모든 세간에 널리 미침이며, 심성을 잘 덮어 보호할지니, 여러 가지 선법을 모아 그 위에 덮음이며, 심성을 넓힐지니, 크게 가엾이 여김으로 모든 중생을 불쌍히 여김이며, 심성의 문을 열어 놓을지니 가진 것을 모두 버려서 알맞게 보시함이며, 심성을 세밀하게 보호할지니, 모든 나쁜 욕망을 막아서 들어오지 못하게 함이니라.

마음 성을 엄숙하게 할지니, 나쁜 법을 쫓아버리어 머무르지 못하게 함이며, 심성을 결정케 할지니, 도를 돕는 여러 가지 법을 모으고 항상 물러가지 아니함이며, 심성을 편안하게 세울지니, 3세 여러 부처님의 가지신 경계를 바르게 생각함이며, 심성을 사무치어 맑게 할지니 모든 부처님의 바른 법륜인 수우트라에 있는 법문과 갖가지 인연을 밝게 통달함이며, 심성을 여러 부분으로 분별할지니,

모든 중생에게 널리 알이어서 다 사르바쟈냐의 길을 얻어 보게 함이니라.

마음 성에 머물러 유지할지니, 모든 3세 여래의 큰 서원 바다를 냄이며, 심성을 풍부하게 할지니, 법계에 가득한 큰 복덕 더미를 모음이며, 심성을 밝게 할지니, 중생의 근성과 욕망 등 법을 널리 알음이며, 심성이 자유자재하게 할지니, 모든 시방의 법계를 두루 거둠이며, 심성이 청정하게 할지니, 모든 불여래를 바르게 생각함이며, 심성의 성품을 알지니 모든 법이 다 제 성품이 없는 줄을 알음이며, 심성이 눈어리 같음을 알지니, 온갖 지혜로 법성을 알음이니라.

불자여, 보살이 이렇게 심성을 깨끗이 닦으면 모든 선법을 능히 모을 것이니라. 왜냐하면 여러 가지 장애되는 일을 없애는 까닭이니, 이른바 부처님 보는 데, 법을 듣는 데, 여래께 공양하는 데, 중생들을 거두어 주는 데, 국토를 깨끗이 하는 데, 장애되는 것이니라. 보살이 이런 장애를 여윈 연고로, 만일 선지식을 구하려는 마음을 내면 공력을 쓰지 않더라도 만나게 되며, 필경에는 부처를 이루게 되느니라."

   ⓒ 선우들의 가지(加持)

그 때에 몸 많은 신이 있으니, 이름이 연꽃 법의 공덕과 묘한 꽃 광명인데, 한량없는 신들이 앞뒤로 둘러 모시고 도량에서 나와 공중에 머물러 있으면서 선재동자 앞에서 묘한 음성으로 마야부인을 갖가지로 칭찬하였으며, 귀고리에서 한량없는 가지각색 광명그물을 놓으니, 그지없는 불세계를 널리 비추어, 선재동자로 하여금 시방의 국토와 모든 부처님을 보게 하였다. 광명 그물이 한 겁이 지나도록 세간을 오른쪽으로 돌고는, 돌아와서 선재의 정수리와, 내지 몸에 있는 모든 털구멍에 두루 들어갔다.

선재동자는 곧 깨끗하고 광명한 눈을 얻었으니, 모든 어리석은 어두움을 영원히 여윈 연고며, 가리지 않는 눈을 얻었으니 모든 중생의 성품을 능히 아는 연고이고, 때를 여윈 눈을 얻었으니 모든 법성문을 관찰하는 연고이고, 깨끗한 지혜의 눈을 얻었으니 모든 불국토의 성품을 관찰하는 연고이고, 비로자나 눈을 얻었으니 불법신을 보는 연고이고, 넓고 광명한 눈을 얻었으니 불평등하고 부사의한 몸을 보는 연고이고, 걸림 없고 빛난 눈을 얻었으니 모든 세계해의 이룩하고 망그러짐을 관찰하는 연고이고, 널리 비추는 눈을 얻었으니 시방 부처님이 큰 방편을 일으키어 바른 법륜을 굴리는 연고이고, 넓은 경계의 눈을 얻었으니 한량없는 부처님이 자유자재한 힘으로 중생을 조복함을 보는 연고이고, 두루 보는 눈을 얻었으니 모든 세계에 부처님들이 나타나심을 보는 연고였다.

ⓒ 나찰귀의 가르침

　이 때에 보살의 법당을 수호하는 나찰귀왕이 있으니, 이름은 좋은 눈인데 1만 처자권속들과 함께 허공에서 여러 가지 묘한 꽃을 선재의 위에 흩고 이렇게 말하였다.

　"보살이 열 가지 법을 성취하면 선지식을 친근하게 되나니, 이른바 마음이 청정하여 아첨하고 속임을 여의며, 가엾이 여김이 평등하여 중생을 널리 포섭하며, 모든 중생은 진실함이 없음을 알며, 온갖 지혜에 나아가는 마음이 물러가지 않으며, 믿고 이해하는 힘으로 모든 불도량에 들어가며, 깨끗한 지혜의 눈을 얻어 법성을 알며, 크게 인자함이 평등하여 중생을 두루 덮어주며, 지혜광명으로 허망한 경계를 훤칠하게 하며, 단 이슬비로 생사의 뜨거움을 씻으며, 광대한 눈으로 모든 법을 철저하게 살피며 마음이 항상 선지식을 따르나니, 이것이 열이니라.

　또 보살이 열 가지 삼매문을 성취하면, 항상 선지식을 보게 되나니, 이른바 법이 공한 청정한 바른 삼매·시방 바다를 관찰하는 삼매·모든 경계에 버리지도 않고 모자라지도 않은 삼매·모든 부처님의 나심을 두루 보는 삼매·모든 공덕장을 모으는 삼매·마음으로 항상 선지식을 버리지 않는 삼매·모든 선지식이 불공덕을 내는 것을 항상 보는 삼매·모든 선지식을 항상 여의지 않는 삼매·모든 선지식을 항상 공양하는 삼매·모든 선지식 계신 데서 항상 과실이 없는 삼매니라.

　보살이 열 가지 삼매문을 성취하면 모든 선지식을 항상 친근하게 되고, 또 선지식이 여러 부처님의 법륜을 굴리는 삼매를 얻을 것이며, 이 삼매를 얻고는 모든 부처님의 성품이 평등함을 알고, 가는 곳마다 선지식을 만나게 되느니라."

　이런 말을 하였을 때에 선재동자는 공중을 우러러 보면서 대답하였다.

　"좋다. 좋다. 그대는 나를 딱하게 여기고 거두어 주기 위하여 방편으로 나에게 선지식을 보도록 가르치나니, 어떻게 선지식 계신 곳에 가며, 어느 지방의 성시나 마을에서 선지식을 구하리까."

　나찰이 말하였다.

　"당신은 마땅히 시방에 두루 예배하여 선지식을 구하며, 모든 경계를 정당한 생각으로 선지식을 구하며, 용맹하고 자재하게 시방에 두루 노닐면서 선지식을 구하며, 몸과 마음이 꿈 같고 그림자 같은 줄을 관찰하여 선지식을 구하라."

그 때 선재동자는 그의 가르침을 받아 행하면서, 큰 보배 연꽃이 땅에서 솟아나는 것을 보았는데, 금강으로 줄기가 되고 묘한 보배로 연밥 송이가 되고 마니로 잎이 되고 빛나는 보배왕으로 꽃판이 되고 여러 가지 보배빛 향으로 꽃술이 되었으며, 무수한 보배 그물이 위에 가득히 덮이었다.

그 꽃판 위에는 누각이 있으니 이름은 시방 법계를 널리 용납하는 광이라. 기묘하게 장식하였는데, 금강으로 땅이 되고 1천 기둥이 열을 지었으며, 모든 것이 마니 보배로 이루었고 잠부나다금으로 벽이 되고 보배 영락이 사방에 드리웠으며, 층대와 섬돌과 난간들이 두루 장엄하였다.

그 누각 안에는 여의주로 된 연꽃 자리가 있으니, 갖가지 보배로 훌륭하게 꾸미고, 보배 난간과 보배 옷이 사이사이 벌여 있으며, 보배 휘장·그물이 위에 덮이고 사이사이 벌여 있으며, 보배 깃발이 두루 드리워서 실바람만 불어도 빛이 흐르고 소리가 나며, 보배꽃 당기에서는 여러 가지 기묘한 꽃을 비 내리고, 보배 풍경에서는 아름다운 음성을 내고, 보배 창호에는 영락을 드리우고, 마니 속에서는 향수가 흘러나오고, 보배 코끼리 입에서는 연꽃 그물이 나오고, 보배 사자입에서는 향기구름을 토하고, 범천형상의 보배 바퀴에서는 여럿이 좋아하는 음성을 내고, 금강으로 된 방울에서는 여러 보살이 큰 서원의 소리를 내며, 보배 달 당기에서는 부처님의 나툰 몸 형상을 내었다.

정장보배(淨藏寶王)는 3세 부처님의 태어나는 차례를 나타내고 일장마니(日藏摩尼)는 큰 광명을 놓아 시방의 불세계에 두루 비추며, 마니보배왕은 모든 부처님의 원만한 광명을 놓고, 비로자나 마니 보배는 공양 구름을 일으키어 모든 불여래에게 공양하며, 여의주에서는 잠깐잠깐에 보현보살의 신통변화를 나타내어 법계에 가득하고, 수미 보배에서는 하늘 궁전을 나타내었으며, 하늘 아가씨들은 갖가지 묘한 음성으로 여래의 부사의하고 미묘한 공덕을 노래하였다.

이 때 선재동자는 이런 자리를 보는데, 다시 한량없는 자리들이 둘러쌌으며, 마야부인은 그 자리에 앉아 여러 중생의 앞에서 청정한 육신을 나투었다. 이른바 삼계를 초월한 육신이니, 모든 존재의 길에서 뛰어난 연고며, 좋아함을 따르는 육신이니, 모든 세간에 집착이 없는 연고며, 널리 두루하는 육신이니, 모든 중생의 수효와 같은 연고며, 견줄 데 없는 육신이니, 모든 중생의 뒤바뀐 소견을 없애는 연고며, 종류가 한량없는 육신이니, 중생심을 따라 갖가지로 나타내는 연고며, 그지없는 모습의 육신이니, 갖가지 형상을 두루 나타내는 연고며, 널리 상대하여 나타내는 육신이니, 크게 자재하게 나타내어 보이는 연고며,

온갖 것을 교화하는 색신이니, 마땅함을 따라 앞에 나타나는 연고니라.

항상 나타내어 보이는 육신이니, 중생계를 다하면서도 다함이 없는 연고며, 감이 없는 육신이니, 모든 길에서 멸함이 없는 연고며, 옴이 없는 육신이니, 모든 세간에서 나는 일이 없는 연고며, 나지 않는 육신이니, 생기는 일이 없는 연고며, 멸하지 않는 육신이니, 말을 여읜 연고며, 참되지 않은 육신이니, 실제와 같음을 얻은 연고며, 헛되지 않은 육신이니, 세상을 따라 나타나는 연고며, 흔들림이 없는 육신이니, 나고 없어짐을 길이 여읜 연고며, 파괴하지 않는 육신이니, 법의 성품은 망그러지지 않는 연고며, 형상이 없는 육신이니, 말할 길이 끊어진 연고며, 한 모양인 육신이니, 모양 없음으로 모양을 삼는 연고라.

영상과 같은 육신이니, 마음을 따라 나타내는 연고며, 눈어리 같은 육신이니, 환술인 지혜에서 나는 연고며, 아지랑이 같은 육신이니, 생각만으로 유지되는 연고며, 그림자 같은 육신이니, 소원을 따라 생기는 연고며, 꿈과 같은 육신이니, 마음을 따라서 나타나는 연고며, 법계인 육신이니, 성품이 깨끗하기 허공과 같은 연고며, 크게 가엾이 여기는 육신이니, 중생을 항상 구호하는 연고며, 걸림이 없는 육신이니, 잠깐잠깐에 법계에 두루하는 연고며, 그지없는 육신이니, 모든 중생을 두루 깨끗이 하는 연고며, 한량없는 육신이니, 모든 말에서 초출한 연고며, 머무름이 없는 육신이니, 모든 세간을 제도하려는 연고며, 처소가 없는 육신이니, 중생을 항상 교화하여 끊이지 않는 연고라.

남이 없는 육신이니, 눈어리 같은 원으로 이루는 연고며, 이길 이 없는 육신이니, 모든 세간을 초월한 연고며, 실제와 같은 육신이니, 선정의 마음으로 나타난 연고며, 나지 않는 육신이니, 중생의 업을 따라 나타나는 연고며, 여의주 같은 육신이니, 모든 중생의 소원을 만족케 하는 연고며, 분별이 없는 육신이니, 중생들의 분별을 따라 일어나는 연고며, 분별을 여읜 육신이니, 중생들이 알지 못하는 연고며, 다함이 없는 육신이니, 모든 중생의 죽살이 짬을 다하는 연고며, 청정한 육신이니, 여래와 같아서 분별이 없는 연고라.

이러한 몸은 물질이 아니니 있는 빛깔이 영상과 같은 연고며, 느낌이 아니니 세간의 괴로운 느낌이 필경에 없어지는 연고며, 생각함이 아니니 중생의 생각을 따라 나타난 연고며, 지어감(行)이 아니니 눈어리 같은 업으로 성취한 연고며, 의식을 여의었으니 보살의 원과 지혜가 공하여 성품이 없는 연고며, 모든 중생의 말이 끊어진 연고며, 적멸한 몸을 이미 성취한 연고라.

ㄴ. 견경자문(見敬諮問)

　　㉠ 마야부인의 방편문

　그 때 선재동자가 또 보니, 마야부인이 중생들의 마음에 즐김을 따라 모든 세간에서 뛰어나는 육신을 나타내었는데, 이른바 타화자재천, 내지 사천왕보다 뛰어나는 하늘 아씨의 몸을 나타내기도 하며, 용녀보다 뛰어나는 여자의 몸과 사람의 여자보다 뛰어나는 여자의 몸을 나타내기도 하였다.

　이렇게 한량없는 육신을 나타내어 중생들을 이익케 하고 온갖 지혜와 도를 돕는 법을 보았으며, 평등한 보시 바라밀다를 행하여 크게 가엾이 여기는 마음으로 모든 세간을 두루 덮어주고, 여래의 한량없는 공덕을 내며, 온갖 지혜의 마음을 닦아 증장케 하고, 모든 법의 참된 성품을 살펴보고 생각하여 깊이 참는 바다를 얻으며, 여러 선정의 문을 갖추고 평등한 삼매의 경계에 머물러 여래의 선정을 얻고, 원만한 광명으로 중생들의 번뇌 바다를 녹여 말리고 마음이 항상 바르게 정하여서 어지럽게 흔들리지 않으며, 깨끗하고 물러가지 않는 법륜을 굴리어 모든 불법을 잘 알고 항상 지혜로 법의 진실한 모양을 관찰하였다.

　여래를 뵈옵되 만족한 마음이 없고, 3세 부처님의 나시는 차례를 알며, 부처님의 삼매가 항상 앞에 나타남을 보고, 여래께서 세상에 나타나시는데 한량없고 수가 없는 청정한 길을 통달하며, 부처님들의 허공 같은 경계를 행하여 중생들을 거두어 주되, 그 마음을 따라서 교화 성취하여 부처님의 한량없이 청정신에 들어가게 하며, 큰 서원을 성취하고 불세계를 깨끗이 하여 끝가지 모든 중생을 조복하였다.

　마음은 불경계에 항상 들어가 보살의 자유자재한 신통력을 내며, 깨끗하고 물들지 않는 법신을 얻었으면서도 한량없는 육신을 항상 나타내며, 모든 마를 굴복하는 힘과 크게 선근을 이루는 힘과 바른 법을 내는 힘과 부처님이 힘을 갖추고 보살의 자재한 힘을 얻어서 온갖 지혜의 힘을 빨리 증장케 하였다. 부처님의 지혜 광명을 얻어 모든 것을 널리 비추어 한량없는 중생의 마음 바다·근성·욕망·지혜가 갖가지 차별함을 알며, 몸은 시방 세계에 두루 널리어 여러 세계의 이룩하고 파괴되는 모양을 알며, 광대한 눈으로 시방 바다를 보고 두루한 지혜로 3세 바다를 알며, 몸은 모든 부처님 바다를 두루 섬기고 마음을 항상 모든 법 바다를 받아들이었다.

　모든 여래의 공덕을 닦아 익히고 모든 보살의 지혜를 내며, 모든 보살이 처음 마음을 낼 적부터 내지 행하는 도를 이루는 것을 관찰하며, 모든 중생을 부지런히 수호하고 불공덕을 칭찬하기를 좋아하며, 모든 보살의 어머니 되기를 원하였다.

ㄷ. 선재자문

이 때 선재동자는 마야부인이 이렇게 잠부드비이파의 티끌과 같은 여러 가지 방편문을 나타내는 것을 보고 마야부인이 나타내는 몸의 수효와 같이, 선재동자도 역시 그러한 몸을 나타내어 모든 곳 마야부인의 앞에서 공경 예배하고, 즉시에 한량없고 수없는 삼매문을 증득하여 분별 관찰하고 행을 닦아 증득하여 들어갔고, 삼매에서 일어나서는 마야부인과 그의 권속을 오른쪽으로 돌고 서서 말하였다.

"큰 성인이시여, 문수사리보살께서 저로 하여금 무상보리심을 내게 하고, 선지식을 찾아가서 친근 공양하라 하였나이다. 그래서 저는 낱낱 선지식 계신 곳에 가서 받자와 섬기고 그냥 지나지 아니하면서 점점 이곳까지 왔사오니, 보살이 어떻게 보살행을 배워서 성취하는가를 말씀하여 주소서."

ㄹ. 수기법계(授己法界)

㉠ 현재불 어머니

"나는 이미 보살의 큰 원과 지혜가 눈어리 같은 해탈문을 성취하였으므로, 항상 여러 보살의 어머니가 되었노라.

내가 이 잠부드비이파 카필라성의 정반왕궁에서 오른 옆구리로 싣다르타 태자를 낳아 부사의하고 자재한 신통변화를 나타내듯이, 내지 이 세계해에 있는 모든 비로자나 여래가 다 나의 몸에 들어왔다가 탄생하면서 자재한 신통변화를 나타내느니라.

또 내가 정반왕궁에서 보살이 탄생하려 할 때에, 보살의 몸을 보니, 낱낱 털구멍에서 모두 광명을 놓았는데, 이름이 모든 여래의 태어나는 공덕 바퀴라. 낱낱 털구멍에서 말할 수 없이 말할 수 없는 세계의 티끌 수 보살이 태어나는 장엄을 나타내었고, 저 광명들이 모두 모든 세계에 두루 비추었으며, 세계에 비추고는 돌아와서 나의 정수리와 모든 털구멍에까지 들어갔느니라. 또 저 광명 속에서 모든 보살의 이름·태어나는 신통변화·궁전·권속·5욕락으로 즐기는 일을 나타냈으며, 또 집을 떠나서 도량에 나아가 등정각을 이루고 사자좌에 앉았는데, 보살들이 둘러 모시고 임금들이 공양하며, 대중을 위하여 바른 법륜을 굴리는 것을 보았노라.

또 여래께서 지난 옛적 보살도를 수행할 때에 여러 부처님 계신 데서 공경 공양하며, 보리심을 내어 불국토를 깨끗이 하고, 잠깐잠깐마다 한량없는 나툰 몸을 보이어 시방의 모든 세계에 가득함을 보고, 내지 최후 반열반에 드시는 일들을 모두 보았노라.

또 저 묘한 광명이 내 몸에 들어올 적에 내 몸의 형상과 크기는 본래보다 다르지 않지마는, 실제로는 모든 세간을 초월하였으니, 왜냐하면 내 몸이 그때에 허공과 같아서 시방 보살의 태어나는 장엄과 모든 궁전을 용납할 수 있었던 연고니라.

그 때 보살이 투시타 하늘에서 내려오려 할 때에 10세계 티끌 수 보살이 있었으니, 다 이 보살과 더불어 원이 같고 행·선근·장엄·해탈·지혜·모든 지위·모든 힘·법의 몸과 육신과 내지 보현의 신통과 행원이 모두 같았는데 이런 보살들이 앞뒤에 둘러 모셨으며, 또 8만용왕 등 모든 세간 맡은 이들이 그 궁전을 타고 와서 공양하였다.

보살이 그 때에 신통한 힘으로 여러 보살과 함께 모든 투시타 천궁에 나타났으며, 낱낱 천궁마다 시방 모든 세계의 잠부드비이파 안에서 태어나는 영상을 나타내는 한량없는 중생을 방편으로 교화하며, 여러 보살들로 하여금 게으름을 여의고 집착함이 없게 하였다.

또 신통력으로 큰 광명을 놓아 세간을 두루 비추어서 캄캄함을 깨뜨리고 모든 고통과 번뇌를 없애었으며 중생들로 하여금 과거 세상에서 행한 업을 알고 악도에서 영원히 뛰어 나게 하였고, 또 모든 중생을 구호하기 위하여 그의 앞에 나타나서 신통변화를 부렸다. 이러한 여러 가지 기특한 일을 나타내며, 권속들과 함께 와서 내 몸에 들었다. 그 보살들은 나의 배 속에서 자재하게 돌아다니는데, 삼천대천세계로 한 걸음을 삼기도 하고, 말할 수 없이 말할 수 없는 세계의 티끌 수 세계로 한 걸음을 삼기도 하였다.

또 잠깐잠깐 동안에 시방으로 말할 수 없이 말할 수 없는 모든 세계에 계시는 여래의 도량에 모인 보살 대중과, 사천왕천과 33천과 내지 색계의 범천왕들로서, 보살의 태에 드신 신통 변화를 보고, 공경 공양하며, 바른 법을 듣고자 하는 이들이 모두 내 몸에 들어왔으며 나의 뱃속에 이렇게 많은 대중들을 용납하지마는, 몸이 더 커지지도 않고 비좁지도 않았으며, 그 보살들은 제각기 자기가 대중이 모인 도량에 있어서 청정하게 장엄함을 보았느니라.

이 사천하의 잠부드비이파에서 보살이 태어나실 적에 내가 어머니가 되듯이,

삼천대천세계 백억 사천하의 잠부드비이파에서도 모두 그러하지마는, 나의 이 몸은 본래부터 둘이 아니며, 한 곳에 있는 것도 아니요 여러 곳에 있는 것도 아니니, 왜냐하면 보살은 큰 원과 지혜로 눈어리 같이 장엄한 해탈문을 닦는 연고니라. 내가 지금 세존에게 어머니가 되듯이, 지난 옛적에 계시던 한량없는 부처님들에게도 그와 같이 어머니가 되었느니라.

나는 옛적에 연꽃 못 맡은 신이 되었을 때에, 보살이 연꽃 송이에서 화하여 나는 것을 내가 받들고 나와서 보호하여 양육하였는데, 모든 세간 사람들이 나를 보살의 어머니라 하였고, 또 옛적에 내가 보리도량 신이 되었을 때에 보살이 나의 품에서 홀연히 화하여 나셨는데, 세상에서는 나를 보살의 어머니라고 하였느니라.

마지막 몸을 받은 한량없는 보살들이 이 세계에서 갖가지 방편으로 태어남을 보일 적에 나는 그들의 어머니가 되었느니라.

ⓒ 과거 제불의 어머니

이 세계의 현겁(賢劫)에서와 같이, 지나간 세상의 크라쿠우찬타 부처님·카나캄무니 부처님·카아샤파 부처님과, 지금 세상의 석가모니 부처님이 탄강하실 적에도 내가 그들의 어머니가 되었고, 오는 세상에 미륵보살이 투시타 하늘에서 내려오실 적에 큰 광명을 놓아 법계에 두루 비추며, 모든 보살이 태어나는 신통변화를 나타내어 인간에서 훌륭한 가문에 탄생하여 중생을 조복하는 때에도 나는 그의 어머니가 되느니라.

이와 같이 차례차례로 사자(師子)불·법당(法幢)불·선안(善眼)불·정화(淨華)불·화덕(華德)불·제사(提舍)불·불사(弗沙)불·선의(善意)불·금강(金剛)불·이구(離垢)불·월광(月光)불·지거(持炬)불·명칭(名稱)불·금강순(金剛楯)불·청정의(淸淨義)불·감신(紺身)불·도피안(到彼岸)불·보염산(寶焰山)불·지거(持炬)불·연화덕(蓮華德)불·명칭(名稱)불·무량공덕(無量功德)불·최승등(最勝燈)불·장엄신(莊嚴身)불·선위의(善威儀)불·자덕(慈德)불·무주(無住)불·대위광(大威光)불·무변음(無邊音)불·승원적(勝怨敵)불·이의혹(離疑惑)불·청정(淸淨)불·대광(大光)불·정심(淨心)불·운덕(雲德)불·장엄정계(莊嚴頂髻)불이며, 수왕(樹王)불·보당(寶幢)불·해혜(海慧)불·묘보(妙寶)불·화관(華冠)불·만원(滿願)불·대자재(大自在)불·묘덕왕(妙德王)불·최존승(最尊勝)불·전단운(栴檀雲)불·감안(紺眼)불·승혜(勝慧)불·관찰혜(觀察慧)불·치성왕(熾盛王)불·견고혜(堅固慧)불·자재명(自在名)불·사자왕(師子王)불·자재(自在)불·최승정(最勝頂)불

·금강지산(金剛智山)불·묘덕장(妙德藏)불·보망엄신(寶網嚴身)불·선혜(善慧)불·자재천(自在天)불·대천왕(大天王)불·무의덕(無依德)불·선시(善施)불·염혜(焰慧)불·수천(水天)불·득상미(得上味)불이며, 출생무상공덕(出生無上功德)불·선인시위(仙人侍衛)불·수세어언(隨世語言)불·공덕자재당(功德自在幢)불·광당(光幢)불·관신(觀身)불·묘신(妙身)불·향염(香焰)불·금강보엄(金剛寶嚴)불·희안(喜眼)불·이욕(離欲)불·고대신(高大身)불·재천(財天)불·무상천(無上天)불·순적멸(順寂滅)불·지각(智覺)불·멸탐(滅貪)불·대염왕(大焰王)불·적제유(寂諸有)불·비사겁천(毘舍劫天)불·금강산(金剛山)불·지염덕(智焰德)불·안은(安隱)불·사자출현(師子出現)불·원만청정(圓滿淸淨)불·청정현(淸淨賢)불·제일의(第一義)불이며, 백광명(百光明)불·최증상(最增上)불·심자재(深自在)불·대지왕(大地王)불·장엄왕(壯嚴王)불·해탈(解脫)불·묘음(妙音)불·수승(殊勝)불·자재(自在)불·무상의왕(無上醫王)불·공덕월(功德月)불·무애광(無碍光)불·공덕취(功德聚)불·월현(月現)불·일천(日天)불·출제유(出諸有)불·용맹명칭(勇猛名稱)불·광명문(光明門)불·사라왕(裟羅王)불·최승(最勝)불·약왕(藥王)불·보승(寶勝)불·금강혜(金剛慧)불·무능승(無能勝)불·무능영폐(無能映蔽)불·중회왕(衆會王)불·대명칭(大名稱)불·민지(敏持)불·무량광(無量光)불이며, 대원광(大願光)불·법자재불허(法自在不虛)불·불퇴지(不退地)불·정천(淨天)불·선천(善天)불·견고고행(堅固苦行)불·일체선우(一切善友)불·해탈음(解脫音)불·유희왕(遊戱王)불·멸사곡(滅邪曲)불·첨복정광(瞻蔔淨光)불·구중덕(具衆德)불·최승월(最勝月)불·집명거(執明炬)불·수묘신(殊妙身)불·불가설(不可說)불·최청정(最淸淨)불·우안중생(友安衆生)불·무량광(無量光)불·무외음(無畏音)불·수천덕(水天德)불·부동혜광(不動慧光)불·화승(華勝)불·월염(月焰)불·불퇴혜(不退慧)불·이애(離愛)불이며, 무착혜(無著慧)불·집공덕온(集功德蘊)불·멸악취(滅惡趣)불·보산화(普散華)불·사자후(師子吼)불·제일의(第一義)불·무애견(無碍見)불·파타군(破他軍)불·불착상(不著相)불·이분별해(離分別海)불·단엄해(端嚴海)불·수미산(須彌山)불·무착지(無著智)불·무변좌(無邊座)불·청정주(淸淨注)불·수사행(隨師行)불·최상시(最上施)불·상월(常月)불·요익왕(饒益王)불·부동취(不動聚)불·보섭수(普攝受)불·요익혜(饒益慧)불·지수(持壽)불·무멸(無滅)불·구족명칭(具足名稱)불이며, 대위력(大威力)불·종종색상(種種色相)불·무상혜(無相慧)불·부동천(不動天)불·묘덕난사(妙德難思)불·만월(滿月)불·해탈월(解脫月)불·무상왕(無上王)불·희유신(希有身)불·범공양(梵供養)불·불순(不順)불·순선고(順先古)불·최상업(最上業)불·순법지(順法智)불·무승

천(無勝天)불·부사의공덕광(不思議功德光)불·수법행(隨法行)불·무량현(無量賢)불·보수순자재(普隨順自在)불·최존천(最尊天)불이며, 이렇게 루지(樓至)여래까지 현겁 동안에 이 삼천대천세계에서 부처님 되실 이의 어머니가 되느니라.

　이 삼천대천세계에서와 같이, 이 세계해에 있는 시방의 한량없는 세계와 모든 겁에서 보현행원을 닦아서 모든 중생들을 교화하려는 이에게도 나의 몸이 그들의 어머니가 되는 것을 내가 보노라."

　　ⓒ 다겁의 인연
"이 해탈을 얻은 지는 얼마나 오래되었나이까."
"지나간 옛적, 맨 나중 몸을 받은 보살의 신통한 도의 눈으로 알 것이 아닌 헤아릴 수 없는 겁 전에 그 때의 겁이 있었으니 이름이 깨끗한 빛이요, 세계의 이름은 수미덕(須彌德)이라. 비록 여러 산이 있어 5도 중생들이 섞여 살지마는, 그 국토가 여러 가지 보배로 되었고 청정하게 장엄하여 더럽고 나쁜 것이 없었느니라. 천억 사천하가 있는 가운데 한 사천하의 이름이 사자당기요, 그 가운데 80억 서울이 있었는데, 한 서울은 이름을 자재당이라 하고, 그 서울에 전륜왕의 이름은 대위덕이었느니라.

　그 서울 북쪽에 한 도량이 있으니, 이름이 보름달 광명이여, 그 도량을 맡은 신의 이름은 인자한 덕이었다. 그 때에 때 여윈 당기(離垢幢) 보살이 도량에 앉아서 장차 정각을 이루려 하는데 한 악마가 있으니 이름이 금빛 광명이라. 한량없는 권속들을 데리고 보살이 있는 데에 왔으나 그 대위덕 전륜왕은 이미 보살의 신통과 자재함을 얻었으므로 갑절이나 더 많은 군명을 변화하여 만들어 도량을 에워쌌으매, 악마들이 황공하여 물러가고, 그 보살은 무상보리를 이루었느니라.

　이 때 도량 맡은 신이 이런 일을 보고 한량없이 기뻐하면서 전륜왕에게 아들이란 생각을 내고, 부처님 발에 엎드려 절하고 이렇게 발원하였다.

　'이 전륜왕이 여러 곳에 태어날 적마다, 또는 필경에 부처를 이룰 때에 내가 항상 그의 어머니가 되어지이다.'

　이렇게 원을 세우고, 이 도량에서 다시 10 나유타 부처님께 공양하였으니라.

　그 때의 도량 맡은 신은 다른 사람이 아니라, 곧 이 내 몸이며 전륜왕은 지금의 세존이신 비로자나 부처님이시니라.

　나는 그 때 원을 세운 이후로, 이 불세존이 시방세계의 여러 가지 길에서 곳곳마다 태어나시며 선근을 심고 보살행을 닦아 모든 중생을 교화 성취케 하며, 내지 일부러 맨 나중 몸에 있으면서 잠깐잠깐 동안에 모든 세계에서 보살로 태어나는 신통변화를 나타낼 적마다 항상 나의 아들이 되었고, 나는 항상 어머니가 되었느니라.

지난 세상이나 지금 세상에서 시방 세계의 한량없는 부처님이 부처를 이루려 할 적에, 배꼽으로 큰 광명을 놓아 내 몸과 내가 있는 궁전에 비추었으며, 그의 마지막으로 태어날 때까지 나는 그의 어머니가 되었느니라.

나는 다만 이 보살의 큰 원과 지혜가 눈어리 같은 해탈문을 알거니와 저 보살들이 크게 가엾이 여기는 광을 갖추고 중생을 교화하기에 만족한 줄을 모르는 일과 자재한 힘으로 털구멍마다 한량없는 부처님의 신통변화를 나타내는 일이야 내가 어떻게 알며, 그의 공덕의 행을 말하겠는가.

이 세계의 33천에 정념(正念)이란 왕이 있고, 그 왕에게 딸이 있으니 이름이 하느님 광명이니라. 그대는 그에게 가서 물으라."

그 때 선재동자는 가르침을 공경하여 받잡고 엎드려 절하고 수없이 돌면서 우러러 사모하고 물러갔다.

② 정념천녀(正念天女)의 현전문(現前門)

ㄱ. 자문시법(諮問示法)

선재동자가 천궁에 가서 그 하늘아씨를 보고 절하고 말하였다.

"거룩하신이여, 도를 일러주소서."

"선남자여, 나는 보살의 해탈을 얻었으니, 이름이 걸림 없는 생각의 깨끗한 장엄이니라. 나는 이 해탈력으로 지나간 세상을 기억하노라. 과거에 가장 훌륭한 겁이 있었으니 이름이 푸른 하늘 연화라. 나는 그 겁에서 항하의 모래처럼 많은 부처님 여래께 공양하였노라. 그 여래들이 처음 출가한 때부터 내가 받들어 수호하고 공양하는 데 절을 짓고 모든 도구를 마련하였노라.

또 저 부처님들이 보살로서 어머니의 태에 계실 때와, 탄생할 때와 일곱 걸음을 걸을 때와 크게 사자후할 때와 동자의 지위에 있으면서 궁중에 계실 때와 보리수를 향하여 정각을 이룰 때와, 바른 법륜을 굴리며 부처님의 신통변화를 나투어 중생들을 교화 조복할 때에 여러 가지 하시던 일을, 처음 발심한 적부터 법이 다할 때까지를 내가 다 밝게 기억하여 잊은 것이 없으며, 항상 앞에 나타나서 생각하고 잊지 않노라.

또 과거에 선지(善地)라는 겁이 있었는데, 나는 그 겁에서 10항하의 모래 수의 부처님께 공양하였노라. 또 묘덕겁(妙德劫)에는 한 세계의 티끌 수 부처님 여래께, 또 무소득(無所得)겁에는 84억 백천 나유타 부처님 여래께, 또 좋은 빛 겁에는 잠부드비이파 티글 수 부처님 여래께, 또 한량없는 광명 겁에는 20 항하의 모래 수 부처님 여래께, 또 가장 훌륭한 덕 겁에는 한 항하의 모래수 부처님 여래께, 또 좋게 가엾이 여기는 겁에는 80항하의 모래 수 부처님 여래께, 또 잘 노는 겁에는 60항하의 모래 수 부처님 여래께, 또 묘한 달 겁에는 70항하의 모래 수 부처님 여래께 공양하였노라.

이렇게 항하의 모래 수 겁에 내가 부처님 정등각을 항상 버리지 않았음을 기억하며 저 모든 여래에게서 이 걸림 없는 생각의 깨끗한 장엄인 보살의 해탈을 듣고, 받아 지니고 닦아 행하여 항상 잊지 아니하였노라.

이렇게 지나간 겁에 나시었던 여러 여래께서 처음 보살로부터 법이 다할 때까지 하시던 모든 일을 내가 깨끗한 장엄 해탈력으로 모두 기억하여 분명히 앞에 나타나며, 지니고 따라 행하여 잠깐도 게으르거나 패하지 아니하였노라.

나는 다만 걸림 없는 생각의 깨끗한 해탈을 알 뿐이니, 저 보살들이 죽사리 밤중에 나서도 분명하게 통달하며, 어리석음을 아주 여의고 잠깐도 혼미하지 않으며 마음에는 여러 가지 덮임이 없고 몸은 개운하여져서, 법성을 깨끗하게 깨닫고, 10력을 성취, 중생들을 깨우치는 일이야, 내가 어떻게 알며, 그 공덕의 행을 말하겠는가.

카필라성에 한 꼬마 선생이 있으니 이름이 모든 이의 벗이니라. 그대는 그에게 가서 물으라."

이때 선재동자는 법을 들었으므로 기뻐 뛰놀면서 부사의한 선근이 저절로 증장하여 그의 발에 엎드려 절하고 수없이 돌고 하직하고 물러갔다.

③ 변우동자(徧友童子)의 법사문(法師門)

ㄱ. 직지법사(直指法師)

천궁에서 내려와서 카필라성을 찾아갔다. 모든 이의 벗이 있는 데 나아가 발에 절하고 두루 돌고 합장하고 공경하며 한 곁에 서서 말하였다.

"거룩하신이여, 저에게 보살도를 말씀하여 주소서."

"착한 남자여, 여기 한 동자가 있으니, 이름이 선지중예(善知衆藝)이라. 보살의 글자 지혜를 배웠으니 그대는 가서 물으라. 그대에게 말하여 주리라."

④ 중예동자(衆藝童子)의 방자문(方字門)

ㄱ. 자문시법(諸問示法)

이 때 선재동자는 곧 그 이에게 가서 엎드려 절하고 한 곁에 서서 말하였다. "거룩하신이여, 저에게 보살도를 말씀하여 주소서."

"선남자여, 나는 보살의 해탈을 얻었으니, 이름이 모든 예술을 잘 아는 것이다. 나는 항상 이 자모(子母)를 부르노라.[2]

아(A 阿)자를 부를 때는 반야 바라밀다 문에 들어가니, 이름이 보살의 위력(威力)으로 차별이 없는 경계에 들어감이니라.

타(Ta 多)자를 부를 때는 이름이 그지없는 차별한 문,

파(Pa 波)자를 부를 때는 법계에 두루 비침,

차(Ca 寂)자를 부를 때는 넓은 바퀴로 차별을 끊음,

나(Na 那)자를 부를 때는 의지한 데 없고 위가 없음을 얻음,

라(La 邏)자를 부를 때는 의지함을 여의고 때가 없음,

다(Da 柂)자를 부를 때는 물러가지 않는 방편,

바(Va 波)자를 부를 때는 금강 마당,

다(Da 茶)자를 부를 때는 넓은 바퀴,

사(Sa 沙)자를 부를 때는 바다 광,

바(Ba 縛)자를 부를 때는 두루 내어 편안히 머무름,

타(Ta 哆)자를 부를 때는 원만한 빛,

야(Ya 也)자를 부를 때는 차별을 모아 쌓음,

슈타(Stha 瑟吒)자를 부를 때는 넓은 광명으로 번뇌를 쉬게 함,

카(Ka 迦)자를 부를 때는 차별 없는 구름,

사(Sa 裟)자를 부를 때는 큰 비를 퍼부음,

마(Ma)자를 부를 때는 큰 물이 부딪치어 흐르고 여러 봉우리가 가지런히 솟음,

가(Ga 伽)자를 부를 때는 두루 나란히 정돈함,

타(Tha 他)자를 부를 때는 진여의 평등한 공,

자(Ja 社)자를 부를 때는 세상 바다에 들어가 깨끗함,

스바(Sva 鎖)자를 부를 때는 모든 부처님의 장엄을 생각함,

---

[2] 여기에 응용한 경은 遮那經과 五字經이 중심이다. 5자, 阿·多·波·寂·那이다.

다(Dha 柂)자를 부를 때는 모든 법더미를 관찰하여 가려냄,

사(Sa 奢)자를 부를 때는 모든 부처님의 교법 바퀴(敎輪)의 광명을 따름,

카(Kha 佉)자를 부를 때는 인행(因行)을 닦는 지혜 광,

크샤(Ksa 叉)자를 부를 때는 모든 업 바다를 쉬는 광,

스타(Sta 娑多)자를 부를 때는 번뇌의 막힘을 덜고 깨끗한 광명을 얻음,

즈냐(Jña 壤)자를 부를 때는 세간의 지혜 문을 지음, 흐르다(三合)자를 부를 때는 죽사리 경계의 지혜 바퀴,

바(Bha 婆)자를 부를 때는 온갖 지혜 궁전의 원만한 장엄,

차(Cha 車)자를 부를 때는 수행하는 방편 광이 제각기 원만함,

스마(Sma 娑麽)자를 부를 때는 시방을 따라 부처님들을 현재에 봄,

흐바(Hva 訶婆)자를 부를 때는 모든 인연 없는 중생을 관찰하고 방편으로 거두어 걸림 없는 힘을 내게 함,

트사(Tsa 縒)자를 부를 때는 행을 닦아 모든 공덕 바다에 나아가 들어감,

가(Gha 伽)자를 부를 때는 모든 법 구름을 가진 견고한 바다 광,

타(Ta 佗)자를 부를 때는 원하는 대로 시방의 부처님들을 두루 봄,

나(Na 拏)자를 부를 때는 글자 바퀴에 다함이 없는 여러 억 글자가 있음을 관찰함,

스파(Spha 婆頗)자를 부를 때는 중생을 교화하여 끝가는 곳,

스카(Ska 婆迦)자를 부를 때는 광대한 광 걸림 없는 변재의 광명 바퀴가 두루 비침,

이사(Ysa 也娑)자를 부를 때는 모든 불법의 경계를 선전하여 말함,

스차(Sca 室者)자를 부를 때는 모든 중생세계에 법 우뢰가 진동함,

타(Tha 佗)자를 부를 때는 '나'가 없는 법으로 중생을 깨우침, 라(La 陀)자를 부를 때는 모든 법륜의 차별한 광이 이름인 반야 바라밀다 문에 들어가느니라.

내가 이런 자모를 부를 때에 이 42반야 바라밀다 문을 머리로 삼아 한량없고 수없는 반야 바라 바라밀다 문에 들어가느니라.

나는 다만 모든 예술을 잘 아는 보살의 해탈을 알 뿐이니, 저 보살들이 모든 세간과 출세간의 교묘한 법을 지혜로 통달하여 저 언덕에 이르며, 다른 지방의 이상한 예술을 모두 종합하여 알아 남음이 없으며, 글과 산수를 속속들이 이해하고 의학과 술법으로 여러 가지 병을 잘 치료하며, 어떤 중생들이 귀신에게 들리었거나 원수에게 저주되었거나 나쁜 별의 변괴를 입었거나 송장에게 쫓기

거나, 간질·조갈 따위의 병에 걸린 것을 모두 구원하여 쾌차하게 하는 일과, 또 금·옥·진주·보배·산호·바이두우랴·마니·자거·게살라 등의 보배가 나는 처소와 종류가 같지 않음과 값이 얼마나 가는지를 잘 분별하여 알며, 마을이나 영문·시골·성시나, 크고 작은 도시들과, 궁전·공원·바위·샘물·숲·진펄 등의 사람들이 살 수 있는 데를 보살이 모두 다 지방을 따라 거두어 보호하는 일과, 또 천문·지리와, 사람의 상의 길흉과 새·짐승의 음성을 잘 관찰하여, 구름·안개의 기후로 시절의 흉풍과 국토의 태평하고 나쁜 것을 짐작하는 일과, 이러한 세간의 모든 기술을 모두 잘 알아 근원까지 통달하는 일과, 또 세간에서 뛰어나는 법을 분별하며, 이름을 바로 알고, 이치를 해석하며 본체와 모양을 관찰하고 따라 수행하며, 지혜로 속속들이 들어가 의심도 없고 걸림도 없고 어리석지도 않고 완악하지도 않고 근심과 침울함도 없이 현재에 증득하지 못함이 없는 일들이야, 내가 어떻게 알며 그 공덕행을 어떻게 말하겠는가.

이 마가다국에 한 부락이 있고 거기 성이 있으니, 이름은 바다나요, 그 성에 우바이가 있으니 이름이 현승(賢勝)이니라. 그대는 그에게 가서 보살이 어떻게 보살행을 배우며, 보살도를 닦느냐고 물으라."

이때 선재동자는 모든 예술 잘 아는 동자의 발에 엎드려 절하고 물러갔다.

⑤ 현승우바이(賢勝優婆夷)의 이생문(利生門)

ㄱ. 자문시법(諮問示法)
선재동자는 바다나 성을 향하여 가서 현승우바이에게 이르러 발에 절하고 두루 돌고 합장하고 공경하며 한 곁에 서서 여쭈었다.

"거룩하신이여, 보살도를 말씀하여 주소서."

"선남자여, 나는 보살의 해탈을 얻었으니, 이름은 의지할 곳 없는 도량이라. 이미 스스로 깨우쳐 알고 또 다른 이에게 말하느니라.

또 다함없는 삼매를 얻었으니, 저 삼매법이 다함이 없고 다함이 없는 것이 아니라, 능히 온갖 지혜의 성품인 눈을 냄이 다함없고, 온갖 지혜의 성품인 귀를 냄이 다함없고, 온갖 지혜의 성품인 코를 냄이 다함없고, 온갖 지혜의 성품인 혀를 냄이 다함없고, 온갖 지혜의 성품인 몸을 냄이 다함없고, 온갖 지혜의 성품인 뜻을 냄이 다함없고, 온갖 지혜의 성품인 공덕파도(功德波濤)를 냄이 다함없고, 온갖 지혜의 성품인 지혜 광명을 내는 것과, 온갖 지혜의 성품인 빠른 신통을 냄이 다함없는 연고니라.

　나는 다만 이 의지할 곳 없는 도량 해탈을 알 뿐, 저 보살들의 모든 것에 집착이 없는 공덕의 행이야, 내가 어떻게 다 알고 말하겠는가. 남쪽에 한 섬이 있으니, 이름이 옥전(沃田)이요, 거기 장자가 있으니, 이름이 견고한 해탈이니라. 그대에게 가서 물으라."

　이 때 선재동자는 현승의 발에 절하고 우러러 사모하면서 남쪽으로 떠났다.

⑥ 견고장자(堅固長子)의 해탈문(解脫門)

ㄱ. 자문시법(諮問示法)

　그 성에 이르러서는 장자에게 나아가 발에 절하고 두루 돌고 합장 공경하여 한 곁에 서서 여쭈었다.

　"거룩하신이여, 저는 이미 무상보리심을 내었사오나, 보살이 어떻게 보살행을 배우며, 어떻게 보살도를 닦는지를 알지 못하나이다. 거룩하신 이께서 잘 가르친다 하오니, 말씀하여 주소서."

　"착한 남자여, 나는 보살의 해탈을 얻었으니, 이름이 집착한 생각이 없이 청정한 장엄이니라. 나는 이 해탈을 얻고부터는 시방의 부처님 계신 데 와서 바른 법을 부지런히 구하여 쉬지 아니하였노라.

　나는 다만 이 집착한 생각이 없이 청정한 장엄 해탈을 알 뿐이니, 저 보살들이 두려울 것 없음을 얻어 크게 사자후하며, 넓고 큰 복과 지혜의 무더기에 편안히 머무는 일이야, 내가 어떻게 알며, 그 공덕의 행을 말하겠는가.

　이 성중에 한 장자가 있으니, 이름은 묘한 달이라. 그 장자의 집에는 항상 광명이 있으니, 그대는 그에게 가서 물으라."

　이 때 선재동자는 견고한 장자의 발에 절하고 물러갔다.

⑦ 묘월장자(妙月長者)의 광명문(光明門)

ㄱ. 자문시법(諮問示法)

　묘한 달 장자의 있는 데 가서 발에 절하고 두루 돌고 합장하고 공경하면서 한 곁에 서서 여쭈었다.

　"거룩하신이여, 저에게 보살도를 일러주옵소서."

　"선남자여, 나는 보살의 해탈을 얻었으니, 이름은 깨끗한 지혜 광명이니라.

나는 다만 이 지혜 광명 해탈을 알 뿐, 저 보살들이 한량없는 해탈법문을 증득한 것은 알지 못한다. 저 남쪽에 성이 있으니, 이름이 출생(出生)이요, 거기 장자가 있으니 이름은 이길 이 없는 군대니라. 그대는 그에게 가서 보살이 어떻게 보살행을 배우며 닦느냐고 물으라."

이 때 선재동자는 묘한 달 장자의 발에 절하고 떠났다.

⑧ 무승군장자(無勝軍長者)의 무진상문(無盡相門)

ㄱ. 자문시법(諸問示法)

점점 그 성에 나아가 장자가 있는 데 이르러서는 발에 절하고 두루 돌고 합장 공경하면서 한 곁에 서서 여쭈었다.

"거룩하신이여, 저는 이미 무상보리심을 내었사오나, 보살이 어떻게 보살행을 배우며, 어떻게 보살도를 닦는지를 알지 못하나이다. 거룩하신 이께서 잘 가르치신다 하오니, 말씀하여 주소서."

"착한 남자여, 나는 보살의 해탈을 얻으니, 이름이 다함없는 형상이니라. 나는 이 보살의 해탈을 증득하였으므로 한량없는 부처님을 뵈옵고 무진장(無盡藏)을 얻었노라.

나는 다만 이 다함없는 형상 해탈을 알 뿐이니, 저 보살들이 한정없는 지혜와 걸림없는 변재를 얻은 것이야, 내가 어떻게 알겠는가.

이 성 남쪽에 한 촌락이 있으니, 이름은 법이요, 그 촌락에 바라문이 있으니, 이름이 가장 고요함이니라. 그대에게 가서 물으라."

이 때 선재동자는 이길 이 없는 군대 장자의 발에 절하고 떠났다.

⑨ 최적정바라문(最寂靜婆羅門)의 원어문(願語門)

ㄱ. 자문시법(諸問示法)

점점 남쪽으로 가다가 그 촌락에 이르러 가장 고요한 바라문을 보고 발에 절하고 두루 돌고 합장 공경 한 곁에 서서 여쭈었다.

"거룩하신이여, 저에게 보살도를 말씀하여 주소서."

"선남자여, 나는 보살의 해탈을 얻었으니, 이름이 진실하게 원하는 말이라. 3세보살들이 이 말을 인하여, 내지 무상보리에 물러가지 않나니 이미 물러간 이도 없고 지금 물러가는 이도 없고, 장차 물러갈 이도 없느니라.

나도 진실하게 원하는 말에 머물렀으므로 뜻대로 짓는 일이 만족하지 않는 일이 없느니라. 나는 다만 이 진실하게 원하는 말의 해탈을 알 뿐이니, 저 보살들이 진실하게 원하는 말과 더불어 행함이 어기지 않으며, 말은 반드시 진실하여 허망하지 않아서, 한량없는 공덕이 이로부터 나는 일이야, 내가 어떻게 알며 말하겠는가. 저 남쪽에 성이 있으니, 이름이 묘한 뜻 꽃문이요, 거기 동자가 있으니, 이름이 덕 나는 이요, 아가씨가 있으니 이름이 덕 있는 이니라. 그대는 그들에게 가서 물으라."

이 때 선재동자는 법을 존중히 여기므로 바라문의 발에 절하고 떠났다.

⑩ 덕생동자·유덕녀의 환주문(幻住門) – 화엄경 제77권

ㄱ. 자문시법(諮問示法)

그 때 선재동자는 점점 남으로 가다가, 묘한 뜻 꽃문성에 이르러 덕 나는 이 동자와 덕 있는 이 아가씨를 보고는, 그 발에 엎드려 절하고 오른쪽으로 돌고 앞에 서서 합장하고 말하였다.

"거룩하신이여, 저에게 보살도를 말씀하여 주소서."

"선남자여, 우리는 보살의 해탈을 증득하였으니 이름이 눈어리처럼 머무름이니라."

이 해탈을 얻었으므로, 모든 세계가 다 눈어리처럼 머무는 줄로 보나니, 인연으로 생긴 탓이며, 모든 중생이 다 눈어리처럼 머무는 줄로 보나니, 업과 번뇌가 일어난 탓이며, 모든 세간이 다 눈어리처럼 머무는 것이니 무명과 존재(有)와 욕망(肯) 따위가 서로 인연이 되어 생기는 탓이며, 모든 법이 다 눈어리처럼 머무는 것이니, 내란 소견 따위의 갖가지 눈어리 같은 인연으로 생기는 탓이며, 모든 3세 다 눈어리처럼 머무는 것이니, 내란 소견 따위의 뒤바뀐 지혜로 생기는 탓이며, 모든 중생의 생기고 없어지고 나고 늙고 병들고 죽고 근심하고 슬퍼하고 괴로운 것이 다 눈어리처럼 머무는 것이니, 허망한 분별로 생기는 탓이니라.

모든 국토가 다 눈어리처럼 머무는 것이니, 생각·마음·소견이 뒤바뀌어 무명으로 나타나는 탓이며, 모든 성문과 벽지불이 다 눈어리처럼 머무는 것이니 지혜로 끊는 분별로 이루어지는 탓이며, 모든 보살이 다 눈어리처럼 머무는 것이니, 스스로 조복하고 중생을 교화하려는 여러 가지 행원으로 이루어지는 탓이며, 모든 보살 대중의 변화하고 조복하는 여러 가지 일이 다 눈어리처럼 머무는 것이니, 서원과 지혜의 눈어리로 이루어지는 탓이니라. 눈어리 같은 경계의 성품을 헤아릴 수 없느니라. 우리 두 사람은 다만 이 눈어리처럼 머무는 해탈을 알 뿐이니, 저 보살이 그지없는 일의 눈어리 그물에 잘 들어가는 공덕행이야, 우리가 알며 말하겠는가."

동자와 아가씨는 자기의 해탈을 말하고는 부사의한 선근력으로써 선재동자의 몸을 부드럽고 빛나고 윤택케 하고 말하였다.

"이 남쪽에 해안국이 있고 거기 대장엄(大莊嚴) 동산이 있으며, 그 안에 광대한 누각이 있으니, 이름은 비로자나 장엄이라. 보살의 선근과보로 좇아 생겼으며, 보살의 생각하는 힘·서원력·자재력·신통력·보살의 교묘한 방편·보살의 복덕과 지혜로 생겼느니라.

부사의한 해탈에 머무른 보살은 크게 가엾이 여기는 마음으로 중생을 위하여 이러한 경계를 나타내며, 이러한 장엄을 모으는 것이니라. 미륵보살이 그 가운데 있으니, 본래 태어났던 부모와 권속과 백성들을 거두어 주어 성숙케 하고, 또 함께 태어나고 함께 수행하던 중생들을 대승 가운데서 견고하게 하고, 또 저 모든 중생들로 하여금 있는 곳을 따르고 선근을 따라서 성취케 하려는 연고니라.

또 그대에게 보살의 해탈문을 보이려는 연고며, 보살이 모든 곳에서 자재하게 태어남을 보이고, 보살이 갖가지 몸으로 여러 중생들 앞에 나타나서 항상 교화함을 보이고, 보살이 크게 가엾이 여기는 힘으로 모든 세간의 재물을 거두어 주며 싫어하지 않음을 보이고, 보살이 모든 행을 갖추 닦으면서도 모든 행이 모양 여읜 것을 보이고, 보살이 여러 곳에서 태어나되 모든 태어남이 모양이 없는 줄 아는 것을 보이려는 연고니라.

그대는 그에게 가서, 보살이 어떻게 보살행을 행하며, 보살도를 닦으며, 보살의 계율을 배우며, 보살의 마음을 깨끗이 하며, 보살의 서원을 내며, 보살의 도를 돕는 거리를 모으며, 보살의 머무는 지위에 들어가며, 보살의 바라밀다를 만족하며, 보살의 죽고 사는 것이 없는 법의 지혜(無生忍)를 얻으며, 보살의 공덕법을 갖추며, 보살 선지식을 섬기는가를 물으라.

왜냐하면 저 보살은 모든 보살행을 통달하였으며, 모든 중생의 마음을 알고 그 앞에 나타나서 교화 조복하며, 모든 바라밀다를 이미 만족하였고, 모든 보살의 지위에 머물렀고, 모든 보살의 지혜(忍)를 이미 증득하였고, 모든 보살의 지위에 이미 들어갔고, 구족한 수기 주심을 이미 받았고, 모든 보살의 경계에 이미 이르렀고, 모든 부처님의 신통력을 이미 얻었고, 모든 여래가 온갖 지혜인 감로의 법수로 정수리에 부음을 받았느니라.

저 선지식은 그대의 선근들을 윤택케 하고, 보리심을 증장케 하고, 뜻을 견고케 하고, 착한 일을 더하게 하고, 보살의 근을 자라게 하고, 그대에게 걸림없는 법을 보이고, 그대를 보현의 지위에 들어가게 하고, 그대에게 보살의 원·보현행을 말하고, 모든 보살의 행원으로 이룩한 공덕을 말하리라.

그대는 한 가지 착한 일을 닦고, 한 가지 법을 비추어 알고, 한 가지 수기를 얻고, 한 가지 지혜에 머무름으로써 끝가지 이르렀다는 생각을 말 것이며, 한정한 마음으로 6도 10지에 머물러서 불국토를 깨끗이 하거나 선지식을 섬기지 말아야 하느니라. 왜냐하면 보살은 한량없는 선근을 심어야 하며, 보리의 기구를 모아야 하며, 보리의 일을 닦아야 하며, 교묘한 회향을 배워야 하기 때문이니라.

한량없는 중생 세계를 교화해야 하며, 중생의 마음·근성·지혜를 알아야 하며, 중생의 행을 보아야 하며, 중생을 조복해야 하고 한량없는 번뇌를 끊어야 하며, 업의 버릇을 깨끗이 해야 하며, 나쁜 소견을 없애야 하며, 물든 마음을 제해야 하며, 깨끗한 마음을 내야 하며, 괴롬의 독살을 뽑아야 하며, 애욕 바다를 말리어야 하며, 무명의 어둠을 깨뜨려야 하며, 교만한 산을 부숴야 하며, 결박을 끊어야 하며, 존재의 강을 건너야 하며, 태어나는 바다를 말려야 하고 한량없는 중생들을 5욕의 진창에서 뛰어나게 하며, 3세 옥에서 벗어나게 하며, 성인의 길에 있게 해야 하느니라. 한량없는 탐욕의 행을 소멸해야 하며, 성내는 행을 깨끗이 다스려야 하며, 어리석은 행을 깨뜨려야 하며, 마의 그물을 초월해야 하며, 마의 업을 여의어야 하며, 보살의 욕망을 다스려야 하며, 보살의 방편을 증장해야 하며, 보살의 더 올라가는 근을 내야 하며, 보살의 결정한 지혜를 밝혀야 하며, 보살의 평등에 들어가야 하며, 보살의 공덕을 깨끗케 해야 하며, 보살의 행들을 닦아야 하며, 보살의 세간을 따르는 행을 나타내야 하고 한량없는 믿는 힘을 내야 하며, 정진력에 머물러야 하며, 바르게 생각하는 힘을 깨끗이 해야 하며, 삼매의 힘을 채워야 하며, 깨끗한 지혜력을 일으켜야 하며, 수승하게 이해력을 굳게 해야 하며, 복덕력을 모아야 하며, 슬기력을 길러야 하며, 보살력을 일으켜야 하며, 여래력을 원만히 해야 하고 한량없는 법문을 분별하고, 분명히 알고, 청정하게 해야 하며, 한량없는 법광명을 내야 하며, 한량없는 법의 비춤을 지어야 하며, 한량없는 종류의 근을 비추어야 하며, 한량없는 번뇌병을 알아야 하며, 한량없는 묘한 법약을 모아야 하며, 한량없는 중생병을 고쳐야 하느니라.

또 한량없는 단 이슬 공양을 잘 장만해야 하며, 불국토에 가야 하며, 여래에게 공양해야 하며, 보살의 모임에 들어가야 하며, 부처님의 교화를 받아야 하며, 중생의 죄를 참아 받아야 하며, 나쁜 길의 고난을 없애야 하며, 중생을 선한 길에 나게 해야 하며, 4섭법으로 한량없는 중생을 거두어 줘야 하고 마땅히 한량없는 다라니 문을 닦으며 큰 서원의 문을 내며 크게 인자하고 크게 서원력을 닦으며, 법을 부지런히 구하여 항상 쉬지 않으며, 생각하는 힘·신통한 일을 일으키며, 지혜의 광명을 깨끗이 하며, 중생의 길에 나아가며, 모든 존재에 태어나며, 차별한 몸을 나타내며, 말을 알아야 하며, 차별심에 들어가야 하며, 보살의 큰 궁전에 머물러야 하며, 보살의 깊고 미묘한 법을 보아야 하며, 보살의 알기 어려운 경계·행하기 어려운 경계를 알아야 하며, 보살의 존중한 위의를 갖추어야 하며, 보살의 들어가기 어려운 바른 지위에 나아가야 하느니라. 보살의 갖가지 행을 알아야 하며, 보살의 두루한 신통력을 나투어야 하며, 보살의 평등한 법 구름을 받아야 하며, 보살의 그지없는 행의 그물을 넓혀야 하며, 보살의 그지없는 바라밀다를 만족해야 하며, 보살의 한량없는 수기를 받아야 하며, 보살의 한량없는 지혜의 문에 들어가야 하며, 보살의 한량없는 지위를 다스려야 하며, 보살의 한량없는 법문을 깨끗이 해야 하며, 보살들이 그지없는 겁에 있으면서 한량없는 부처님께 공양하고, 말할 수 없는 불국토를 깨끗이 장엄하며, 말할 수 없는 보살의 서원을 내는 것을 같이 해야 하느니라.

요령을 들어 말하면, 모든 보살행을 두루 닦아야 하고, 모든 중생 세계를 두루 교화해야 하고, 모든 겁에 두루 들어가야 하고, 모든 곳에 두루 태어나야 하고, 모든 세상을 두루 알아야 하고, 모든 소원을 두루 채워야 하고, 모든 부처님께 두루 공양해야 하고, 모든 보살의 원과 두루 같아야 하고, 모든 선지식을 두루 섬겨야 하느니라.

그대는 선지식 구하기를 게을리 하지 말아야 하나니, 선지식을 보고 만족함을 내지 말며, 선지식에게 묻기를 수고로와 하지 말며, 선지식에 친근하되 물러갈 생각을 내지 말며, 선지식에 공양하기를 쉬지 말아야 하며, 선지식의 가르침을 받고 잘못 알지 말아야 하며, 선지식의 행을 배우되 의심하지 말며, 선지식이 뛰어나는 문을 말함을 듣고 망설이지 말며, 선지식의 번뇌를 따르는 행을 보고 혐의하지 말며, 선지식에게 믿고 존경하는 마음을 변경하지 말아야 하느니라.

무슨 까닭이냐. 보살이 선지식을 인하여 모든 보살행을 들으며, 공덕을 성취하며, 큰 원을 내며, 선근을 이끌어 내며, 도를 돕는 일을 모으며, 법광명을 열어 밝히며, 뛰어나는 문을 드러내 보이며, 청정한 계율을 닦으며, 공덕법에 머물며, 광대한 뜻을 깨끗하게 하며, 견고한 마음을 증장하며, 다라니와 변재문을 구족하며, 청정한 갈무리를 얻으며, 선정의 광명을 내며, 훌륭한 서원을 얻으며, 동일한 원을 받으며, 훌륭한 법을 들으며, 비밀한 곳을 얻으며, 법보의 섬에 이르며, 선근의 싹을 늘게 하며, 지혜의 문을 자라게 하며, 깊고 비밀한 갈무리를 보호하며, 복덕 더미를 가지게 해야 하기 때문이느니라.

모든 보살의 태어나는 길을 깨끗이 하며, 바른 법의 구름을 받으며, 큰 서원의 길에 들어가며, 보리의 과에 나아가, 묘한 행을 거두어 가지며, 공덕을 열어 보이며, 여러 지방에 가서 묘한 법을 들으며, 광대한 위엄과 공덕을 찬탄하며, 크게 자비한 힘을 내며, 훌륭한 자재력을 거두어 가지며, 보리의 부분을 내며, 이익하는 일을 짓느니라.

보살이 선지식의 유지함을 인하여 나쁜 길에 떨어지지 않으며, 선지식의 거두어 줌을 인하여 대승에게 물러가지 않으며, 선지식의 염려함을 인하여 보살의 계율을 범하지 않으며, 선지식의 수호함을 인하여 나쁜 벗을 따르지 않으며, 선지식의 길러 줌을 인하여 보살의 법에 이지러짐이 없으며, 선지식의 붙들어 줌을 인하여 범부의 자리를 초월하며, 선지식의 가르침을 인하여 2승의 지위를 초월하며, 선지식의 지도를 인하여 세간에 뛰어나며, 선지식의 길러 줌을 인하여 세상법에 물들지 않으며, 선지식을 섬김으로 인하여 모든 보살행을 닦으며, 선지식께 공양함을 인하여 모든 도를 돕는 법을 갖추며, 선지식을 친근하므로 업과 번뇌에 좌절되지 않으며, 선지식을 믿으므로 세력이 견고하여 모든 마를 무서워하지 않으며, 선지식을 의지하므로 모든 보리의 부분법을 증장하느니라.

무슨 까닭이냐. 선지식은 모든 장애를 깨끗이 하며, 죄를 소멸하며, 어려움을 제하며, 악한 짓을 그치게 하며, 무명의 캄캄한 밤을 깨뜨리며, 소견의 욕을 부수며, 죽고 사는 성에서 나오게 하며, 세속 집을 버리게 하며, 마의 그물을 찢으며, 괴로운 살을 뽑으며, 무지하고 험난한 곳을 여의케 하며, 삿된 소견의 벌판에서 헤어나게 하며, 모든 존재의 강을 건너게 하며, 모든 삿된 길을 여의게 하느니라.

또 보리의 길을 보여 주며, 보살법을 가르치며, 보살행에 편안히 머물게 하며, 온갖 지혜로 나아가게 하며, 지혜의 눈을 깨끗하게 하며, 보리심을 자라게 하며, 크게 가엾이 여김을 내며, 묘한 행을 연설하며, 바라밀다를 말하며, 나쁜 동무를 배척하며, 모든 지위에 머물게 하며, 참음을 얻게 하며, 선근을 닦아 익히게 하며, 도 닦는 기구를 장만케 하며, 큰 공덕을 베풀어 주느니라.

또 갖가지 지혜의 자리에 이르게 하며, 기뻐서 공덕을 모으게 하며, 뛰놀면서 모든 행을 닦게 하며, 깊고 깊은 이치에 들어가게 하며, 뛰어나는 문을 열어 보이게 하며, 나쁜 길을 막아 버리게 하며, 법광명으로 비추게 하며, 법비로 윤택케 하며, 모든 의혹을 소멸케 하여, 모든 소견을 버리게 하며, 모든 불지혜를 자라게 하며, 모든 부처님의 법문에 편안히 머물게 하느니라.

선지식은 어머니와 같으니, 불종자를 내는 연고며, 아버지와 같으니, 광대하게 이익하는 연고며, 유모와 같으니 보호하여 나쁜 짓을 짓지 못하게 하는 연고며, 스승과 같으니, 보살의 배울 것을 보여주는 연고며, 좋은 길잡이와 같으니, 바라밀다의 길을 보여 주는 연고며, 좋은 의사와 같으니, 번뇌병을 치료하는 연고며, 설산과 같으니, 온갖 지혜의 약을 자라게 하는 연고며, 용맹한 장수와 같으니, 모든 두려움을 제거하는 연고며, 강을 건네주는 사람과 같으니, 죽고 사는 빠른 물에서 나오게 하는 연고며, 뱃사공과 같으니, 지혜의 보배 섬에 이르게 하는 연고라.

항상 이렇게 바른 생각으로 선지식을 생각해야 하느니라.

또 그대가 모든 선지식을 받자와 섬기는 데는 땅과 같은 마음을 내야 하나니, 무거운 짐을 지고도 고달프지 않은 연고며, 금강과 같은 마음을 내야 하나니, 뜻과 소원이 경고하여 깨뜨릴 수 없는 연고며, 철위산과 같은 마음을 내야 하나니, 모든 괴롬으로 요동할 수 없는 연고며, 시중하는 사람과 같은 마음을 내야 하나니, 시키는 일을 모두 순종하는 연고며, 제자와 같은 마음을 내야 하나니, 가르치는 일을 어기지 않는 연고며, 하인들과 같은 마음을 내야 하나니, 여러 가지 일하는 것을 싫어하지 않는 연고며, 어머니 봉양함과 같은 마음을 내야 하나니, 여러 가지 괴롬을 받아도 고달프다 하지 않는 연고며, 머슴살이 같은 마음을 내야 하나니, 시키는 일을 어기지 않는 연고며, 거름 치는 사람과 같은 마음을 내야 하나니, 교만을 버리는 연고며, 익은 곡식 같은 마음을 내야 하나니, 고개를 숙이는 연고며, 양순한 말과 같은 마음을 내야 하나니, 나쁜 성질을 여의는 연고며, 큰 수레와 같은 마음을 내야 하나니, 무거운 짐을 운반하는 연고며, 길들은 코끼리 같은 마음을 내야 하나니, 항상 복종하는 연고며, 수미산 같은 마음을 내야 하나니, 흔들리지 않는 연고며, 좋은 개와 같은 마음을 내야 하나니, 주인을 해하지 않는 연고며, 전다라(栴茶羅)같은 마음을 내야 하나니, 교만함을 떠난 연고며, 불깐 소와 같은 마음을 내야 하나니, 성내는 일이 없는 연고며, 배와 같은 마음을 내야 하나니, 가고 오는 데 게으르지 않는 연고며, 교량과 같은 마음을 내야 하나니, 건네주면서도 고달픈 줄 모르는 연고며, 효자와 같은 마음을 내야 하나니, 기색을 받들어 순종하는 연고며, 왕자와 같은 마음을 내야 하나니, 내리는 조칙을 따라 행하는 연고라.

또 그대가 자기의 몸은 병난 것 같이 생각하고, 선지식은 의사, 말씀하는 법은 약, 닦는 행은 병이 나은 것 같이 생각하라.

또 자기의 몸은 먼 길 떠난 것, 선지식은 길잡이, 말씀하는 법은 곧은 길, 닦는 행은 갈 곳에 간 것 같이 생각하라.

또 자기의 몸은 강을 건너려는 것, 선지식은 뱃사공, 말씀하는 법은 노(楫), 닦는 행은 언덕에 닿은 것 같이 생각하라.

또 자기의 몸은 곡식의 모, 선지식은 용왕, 말씀하는 법은 비, 닦는 행은 곡식이 영그는 것과 같이 생각하라.

또 자기의 몸은 빈궁한 이, 선지식은 비사문천왕, 말씀하는 법은 재물, 닦는 행은 부자 된 것 같이 생각하라.

또 자기의 몸은 제자, 선지식은 훌륭한 장색(良工), 말씀하는 법은 기술, 닦는 행은 다 안 것 같이 생각하라.

또 자기의 몸은 무서운 것, 선지식은 용맹한 사람, 말씀하는 법은 무기, 닦는 행은 원수를 깨뜨리는 것 같이 생각하라.

또 자기의 몸은 장사꾼, 선지식은 길잡이, 말씀하는 법은 보배, 닦는 행은 주어 모으는 것 같이 생각하라.

또 자기의 몸은 아들, 선지식은 부모, 말씀하는 법은 살림살이, 닦는 행은 살림을 맡는 것 같이 생각하라.

또 자기의 몸은 왕자, 선지식은 대신, 말씀하는 법은 왕의 명령, 닦는 행은 왕관을 쓰는 것, 왕의 옷을 입는 것, 왕의 비단(繒)을 매는 것, 왕의 궁전에 앉은 것 같이 생각하라.

그대는 마땅히 이러한 마음과 뜻으로 선지식을 친근해야 하느니라. 왜냐하면, 이러한 마음으로 선지식을 친근하면, 뜻과 원이 영원히 청정하리라.

또 선지식은 선근을 자라게 하나니, 마치 설산에서 약풀이 자라는 것 같고, 부처님 법의 그릇이니, 마치 바다가 여러 강물을 받아들이는 것 같고, 공덕이 나는 곳이니, 마치 바다에서 여러 가지 보배가 나는 것 같고, 보리심을 깨끗케 하나니, 마치 맹렬한 불이 진금을 불리는 것 같고, 세간 법에서 뛰어나나니, 마

圖四十七

南方有城名爲沃田，彼有長者名堅固解脫。爾時善財，到於彼城，詣長者所，禮足圍繞，合掌恭敬，於一面立。長者言：「善男子，我得菩薩解脫，名無著念清淨莊嚴。我自得是解脫以來，於十方佛所，勤求正法，無有休息。」

47. 옥전성 견고해탈장자로부터 무착념 청정장엄해탈에 대해 듣고 있는 장면

圖四十八

即此城中有一長者名爲妙月，其長者宅常有光明。時善財童子，向妙月所，禮足圍繞，合掌恭敬，於一面立。妙月言：「善男子，我得菩薩解脫，名淨智光明。」

▪ 48. 옥전성 묘월장자로부터 정지광명해탈문에 대하여 듣고 있는 장면

圖四十九

南方有城名出生,彼有長者名無勝軍。善財漸向彼城至長者所,禮足圍繞,合掌恭敬,於一面立。長者言:「我得菩薩解脫,名無盡相。我以證此菩薩解脫,見無量佛,得無盡藏。我唯知此無盡相解脫,得無限智無礙辯才。」

49. 출생성 무승군장자에게서 무진상해탈문에 대하여 법문을 듣고 있는 장면

圖五十

城南有一聚落名之爲法，彼聚落中，有婆羅門名最寂靜。善財童子，詣彼聚落，見最寂靜，禮足圍繞。婆羅門言：「善男子，我得菩薩解脫，名誠願語。過去現在未來菩薩以是語故，乃至於阿耨多羅三藐三菩提，無有退轉。我以住於誠願語故，隨意所作，莫不成滿。」

50. 출생성 남 법취마을 최적정바라문에게서 성원이법문을 듣고 있는 장면

圖五十一

爾時善財童子,漸次南行,至妙意華門城,見德生童子有德童女,頂禮其足。時童子童女,告善財言:「善男子,我等證得菩薩解脫,名為幻住。得此解脫故,見一切世界皆幻住,因緣所生故;一切眾生皆幻住,業煩惱所起故。善男子,幻境自性不可思議。」時童子童女,說自解脫已,以不思議諸善根力,令善財身柔軟光澤。

51. 묘의화문성 덕생동자 유덕녀에게서 보살환주해탈문에 대해서 법문을 듣고 있는 광경

341

圖五十二

爾時善財童子,向海岸國,於毗盧遮那莊嚴藏大樓閣前,五體投地,思惟觀察。乃見彌勒菩薩摩訶薩,無量釋梵護世、無量眷屬,前後圍繞,而共來向莊嚴藏大樓觀所。時彌勒菩薩,觀察善財,指示大眾,歎其功德,前詣樓閣,彈指出聲,其門即開,命善財入。爾時善財童子,見毗盧遮那莊嚴藏樓閣如是種種不可思議自在境界,生大歡喜。彌勒告言:「此解脫門,名入三世一切境界不忘念智莊嚴藏。」

52. 해안국비로자나장엄장 대루각 앞에서 미륵보살에게 입삼세일체경계 부망념지장엄장해탈에 대해 법문을 듣는 장면

圖五十三

爾時善財童子,經由一百一十餘城已,到普門國蘇摩那城,是時文殊師利,遙伸右手,按善財頂,令善財童子成就阿僧祇法門,具足無量大智光明,令得菩薩無邊際陀羅尼,令入普賢行道場。文殊師利,還攝不現。善財童子,普攝諸根,一心求見普賢菩薩,即見普賢菩薩在如來前眾會之中,坐寶蓮花師子之座,諸菩薩眾所共圍繞,智慧境界,無量無邊。

53. 보문국소마나성 문수사리여래회중에 참여 보현보살제행원해해탈문을 얻고 있는 장면

圖五十四

普賢菩薩,即伸右手,摩觸其頂,善財即得一切佛剎極微塵數三昧門。善財童子,觀察普賢菩薩身,一一毛孔中,皆有不可說不可說佛剎海,一一剎海,皆有諸佛,出興于世。善財童子,於普賢毛孔剎中,如是而行,乃至或有經不可說不可說佛剎微塵數劫,念念周徧無邊剎海,教化眾生,令向阿耨多羅三藐三菩提。當是之時,善財童子,則次第得普賢菩薩諸行願海,與普賢等,與諸佛等,解脫自在,悉皆同等。

54. 선재동자가 보현보살의 제불등과 꼭 같아져 일체불찰극미진수 삼매를 얻는 장면이다.

치 수미산이 큰 바다에서 솟아나는 것 같고, 세상 법에 물들지 않나니, 마치 연꽃이 물에 묻지 않는 것 같고, 모든 나쁜 것을 받지 않나니, 마치 큰 바다가 송장을 묵이지 않는 것 같고, 흰 법을 증장케 하나니, 마치 보름달의 광명이 원만한 것 같고, 법계를 밝게 비추나니, 마치 해가 사천하에 비추는 것 같고, 보살 몸을 자라게 하나니, 마치 부모가 아이들을 기르는 것 같느니라.

중요한 것을 말하면, 만일 선지식의 가르침을 따르면 열 곱 말할 수 없는 백천억 나유타 공덕을 얻으며, 그만큼 큰 깊은 마음을 깨끗이 하며, 그만큼 큰 보살 근기를 기르며, 그만큼 큰 보살의 힘을 깨끗이 하며, 열 곱 말할 수 없는 백천억 아승지 장애(障碍)를 끊으며, 그만큼 큰 마의 경계를 초월하며, 그만큼 큰 도를 돕는 일을 만족하며, 그만큼 큰 묘한 행을 닦으며, 그만큼 큰 원을 내게 되느니라.

내가 다시 간략히 말하거니와, 모든 보살의 행·바라밀다·지위·법 지혜·다라니 문·삼매 문·신통한 지혜·외향·서원·불법을 성취하는 것이, 다 선지식의 힘을 말미암나니, 선지식으로 근본을 삼으며, 선지식을 의지하여 생기며, 뛰어나며, 자라며, 머물며, 선지식이 인연이 되고, 선지식이 능히 발기하느니라."

이 때 선재동자는 선지식의 이러한 공덕이 한량없는 보살의 묘한 행을 열어 보이고 한량없이 광대한 불법을 성취함을 듣고, 기뻐 뛰놀면서 덕 나는 이 동자와 덕 있는 이 아가씨의 발에 엎드려 절하고 수없이 돌고 은근하게 앙모하여 하직하고 물러갔다.

⑪ 미륵보살 불과문(佛果門 : 攝德成因門)

ㄱ. 회한구도(悔恨求道)
이 때 선재동자는 선지식의 가르침으로 마음이 윤택하고 바른 생각으로 보살행을 생각하면서 해안국으로 행하였다.

지난 세상에 예경(禮敬)을 닦지 않은 것을 생각하고 즉시 뜻을 내어 부지런히 행하고, 몸과 마음이 깨끗지 못한 것을 생각하고 스스로 조촐하게 하고, 나쁜 업을 지은 것을 생각하고 스스로 끊고, 허망한 생각 일으킨 것을 생각하고 항상 바르게 생각하고, 닦은 행이 자기의 몸만 위한 것을 생각하고 마음을 넓게 가지고 중생들에게 까지 미치게 하고, 욕심의 대상을 따라 다니면서 스스로 소모하던 것이 좋은 맛이 없음을 생각하고 불법을 닦아 근기를 길러 스스로 편안하였다.

지난 세상에 삿된 생각으로 뒤바뀌게 응하던 일을 생각하고 즉시 뜻을 내어 바른 소견으로 보살의 원을 일으키고, 밤낮으로 애쓰며 나쁜 일을 짓던 것을 생각하고 큰 정진을 하여 불법을 성취하려 하고, 5도에 태어난 것이 저나 남의 몸에 이익이 없음을 생각하고 이 몸으로 중생을 이익케 하고 불법을 성취하며 모든 선지식을 섬기려고 원하며 매우 환희한 마음을 내었다.

또 몸이 나고 늙고 병들고 죽는 여러 가지 괴롬의 굴택임을 보고 원하기를, 모든 세월이 다하도록 보살도를 닦는 중생을 교화하며, 여러 여래를 뵈옵고 불법을 성취하며, 모든 불세계로 다니면서 여러 법사(法師)를 섬기고, 모든 불교법에 머물러 있으면서 여러 불법 동무를 구하고, 모든 선지식을 보고 모든 불법을 모아서, 모든 보살의 원과 지혜의 몸을 위하여 인연을 지으려 하였다.

이렇게 생각할 적에 부사의한 한량없는 선근이 자라서, 모든 보살을 믿고 존중하며 희유한 생각을 내고 스승이란 생각을 내었다. 모든 기관이 청정하여지고 선법이 늘었으며, 모든 보살이 공경 공양하던 일을 일으키고, 모든 보살의 허리 굽히며 합장함을 짓고, 모든 보살의 세간을 두루 보는 눈을 내고, 모든 보살의 중생을 염려하던 생각을 일으키고, 모든 보살의 한량없는 서원으로 나투는 몸을 나타내고, 모든 보살의 청정하게 찬탄하던 음성을 내었다.

과거와 현재의 불보살들이 여러 곳에서 성도하심과 신통 변화를 나타내시며, 내지 한 터럭 끝만한 곳에도 두루하지 않은 데가 없음을 상상하여 보았으며, 또 청정한 지혜와 광명한 눈을 얻어 모든 보살의 행하던 경계를 보고 마음은 시방세계 그물에 들어가고, 소원은 허공과 법계에 가득하여, 3세가 평등하여 쉬지 아니하였다. 이러한 모든 것이 다 선지식의 가르침을 믿은 까닭이었다.

선재동자는 이렇게 존중함·공양함·칭찬함·관찰함과 이러한 서원력과 이러한 생각과 이렇게 한량없는 지혜의 경계로써 비로자나 장엄장의 큰 누각 앞에서 엎드려 절하고, 잠깐 동안 마음을 거두고 생각하고 관찰하였으며, 깊이 믿고 이해함과 큰 서원력으로 온갖 곳에 두루한 지혜의 몸이 평등한 문에 들어갔다. 그 몸을 두루 나타내어 모든 여래의 앞과 모든 보살·선지식·여래의 탑·여래의 형상·부처님과 보살이 계시는 처소·법보·성문과 벽지불과 그들의 탑·거룩한 대중인 복밭·부모와 존장·시방의 중생 앞에 있으면서, 위에 말한 것처럼 존중 예경 찬탄하기를, 오는 세상이 끝나도록 쉬지 아니하였다. 허공과 같으니 가와 분량이 없고, 법계와 같으니 막힘과 걸림이 없고, 실제와 같으니 온갖 것에 두루하고, 여래와 같으니 분별이 없고, 그림자와 같으니 지혜를 따라 나타나고, 꿈과 같으니 생각으로 좇아 일어나고, 영상과 같으니 모든 것에 보이고, 메아리와 같으니 인연으로 생기고, 나는 일이 없으니 번갈아 일어나고 없어지고, 성품이 없으니 인연을 따라 변하는 연고라.

또 모든 과보는 업에서 일어나고, 모든 결과는 인, 모든 업은 습기(習氣), 모든 부처님 나심은 믿음, 모든 모양 거리를 변화하여 나타냄은 결정한 알음알이, 모든 나툰 몸 부처님(化佛)은 공경하는 마음, 모든 부처님 법은 선근, 모든 나툰 몸은 방편, 모든 불사는 큰 원, 모든 보살의 닦는 행은 회향, 모든 법계의 광대한 장엄은 온갖 지혜의 경계에서 일어나는 줄을 결정코 알아야 하느니라.

아주 없다는 소견을 여의나니 회향을 아는 연고며, 항상 소견을 여의나니 나는 일이 없음을 아는 연고며, 원인이 없다는 소견을 여의나니 바른 인을 아는 연고며, 뒤바뀐 소견을 여의나니 실제와 같은 이치를 아는 연고며, 자재천이란 소견을 여의나니 남을 말미암지 않음을 아는 연고며, 내라 남이라 하는 소견을 여의나니 인연으로 생기는 줄을 아는 연고며, 가이 있다고 고집하는 소견을 여의나니 법계가 가이 없음을 아는 연고며, 가고 온다는 소견을 여의나니 영상과 같음을 아는 연고며, 있다 없다는 소견을 여의나니 나지도 멸하지도 않음을 아는 연고며, 모든 법이란 소견을 여의나니 공하여 남이 없음을 아는 연고며, 자재하지 못함을 아는 연고며, 소원력으로 나는 줄을 아는 연고며, 모든 모양이란 소견을 여의나니 모양이 없는 짬에 들어가는 연고니라.

모든 법이 종자에서 싹이 나는 것 같음을 아는 연고며, 밀로 만든 인(印)에서 글자가 나는 것 같음, 바탕이 영상과 같음, 소리가 메아리와 같음, 대경이 꿈과 같음, 업이 눈어리 같음, 세상이 마음으로 나타남, 결과가 원인에서 일어남, 과보가 업이 모임인 줄을 아는 연고며, 모든 공덕의 법이 다 보살의 교묘한 방편으로 흘러나온 것임을 아는 연고니라.

선재동자가 이러한 지혜에 들어가서 단정한 마음과 깨끗한 생각으로 누각 앞에서 엎드려서 은근하게 절하니 부사의한 선근이 몸과 마음에 흘러들어서 상쾌하고 기뻤다.

땅에서 일어나 한결같은 마음으로 우러러 보면서, 잠깐도 한눈팔지 아니하고 합장하고 한량없이 돌았고 이렇게 생각하였다.

이 큰 누각은 공하고 모양 없는 원 없음을 아는 이, 모든 법에 분별이 없는 이, 법계가 차별이 없음을 아는 이, 모든 중생을 얻을 수 없음을 아는 이, 모든 법이 남이 없음을 아는 이, 모든 세간에 집착하지 않는 이, 모든 굴택에 집착하지 않는 이, 모든 마음을 좋아하지 않는 이, 모든 대경을 의지하지 않는 이, 모든 생각을 여읜 이, 모든 법이 제 성품이 없음을 아는 이, 모든 차별한 업을 끊은 이, 모든 생각과 마음과 의식을 여읜 이, 모든 도에 들지도 않고 나지도 않는 이, 모든 깊고 깊은 반야 바라밀다에 들어간 방편으로 넓은 문 법계에 머무른 이, 모든 번뇌의 불을 멸한 더 올라가는 지혜로 모든 소견·사랑·교만을 끊은 이, 모든 선정·해탈·삼매·신통과 밝음(明)을 내어 유희하는 이, 모든 보살의 삼매의 경계를 관찰한 이, 모든 여래의 처소에 편안히 머무른 이가 머무는 곳이리라.

　이는 한 겁을 모든 겁에 넣고 모든 겁을 한 겁에 넣어도 그 형상을 망그러치지 않는 이, 한 세계를 모든 세계에 넣고 모든 세계를 한 세계에 넣어도 그 형상을 망그러치지 않는 이, 한 법을 모든 법에 넣고 모든 법을 한 법에 넣어도 그 형상을 망그러치지 않는 이, 한 중생을 모든 중생에 넣고 모든 중생을 한 중생에 넣어도 그 형상을 망그러치지 않는 이, 한 부처님을 모든 부처님에 넣고 모든 부처님을 한 부처님에 넣어도 그 형상을 망그러치지 않는 이, 잠깐 동안에 모든 3세를 아는 이, 잠깐 동안에 모든 국토에 이르는 이, 모든 중생의 앞에 다 그 몸을 나타내는 이, 마음으로 모든 세간을 항상 이익케 하는 온갖 곳에 두루 이르는 이, 모든 세간에서 미리 벗어났으나, 중생을 교화하려고 그 가운데 항상 몸을 나타내는 이, 모든 세계에 애착하지 않으나, 부처님들께 공양하려고 모든 세계에 다니는 이, 본 고장에서 움직이지 않고 모든 세계에 두루 나아가 장엄하는 이, 모든 부처님을 친근하면서도 부처님이란 생각을 일으키지 않는 이, 모든 선지식을 의지하면서도 선지식이란 생각을 내지 않는 이, 모든 마의 궁전에 있으면서도 욕심 경계에 탐착하지 않는 이, 모든 마음과 생각을 아주 여읜 이, 모든 중생 속에 몸을 나타내지마는 자기와 다른 이에게 둘이란 생각을 내지 않는 이, 모든 세계에 두루 들어가지만 법계에 대하여 차별한 생각이 없는 이, 오는 세상의 모든 겁에 머물기를 원하면서도 여러 겁에 길다 짧다는 생각이 없는 이, 한 털끝만한 곳을 여의지 않으면서 모든 세계에 몸을 나타내는 이, 만나기 어려운 법을 능히 연설하는 이, 알기 어려운 법·매우 깊은 법·둘이 없는 법·모양이 없는 법·상대하여 다스릴 수 없는 법·얻을 바 없는 법·희롱 거리 의논이 없는 법에 능히 머무른 이가 머무는 곳이리라.

　이는 대자대비에 머무른 이, 모든 2승의 지혜를 지났고, 모든 마의 경계를 초월하였고, 세상 법에 물들지 아니하고, 보살들의 이르는 언덕에 이르렀고, 여래의 머무시는 곳에 머무른 이 모든 형상을 여의었으면서도 성문의 바른 지위에 들어가지 않고, 모든 법이 나지 않는 줄을 알면서도 나지 않는 법성에 어울리지 않는 이 부정함을 관찰하면서도 탐욕 여의는 법을 증득하지도 않고, 탐욕과 함께 있지도 않으며, 인자함을 닦으면서도 성냄을 여의는 법을 증득하지도 않고, 성내는 일과 함께 하지도 않으며, 인연으로 생기는(緣起) 것을 관찰하면서도 어리석음을 여의는 법을 증득하지도 않고, 어리석음과 함께하지도 않은 이가 머무는 곳이리라.

이는 4선정에 머무르면서도 선정을 따라 태어나지도 않고, 4무량심을 행하면서도 중생을 교화하기 위하여 색계에 태어나지 않고, 4무색정을 닦으면서도 크게 가엾이 여기므로 무색계에 머무르지 않는 이가 머무는 곳이리라. 이는 선정(止)과 지혜(觀)를 닦으면서도 중생을 교화하기 위하여 밝음(明)과 해탈을 증득하지 않고, 버리는 일을 행하면서도 중생 교화하는 일을 버리지 않는 이가 머무는 곳이리라. 이는 공함을 관하면서도 공한 소견을 내지 않고, 모양 없음을 행하면서도 모양에 집착하는 중생을 항상 교화하고, 소원 없음을 행하면서도 보리행의 원을 버리지 않는 이가 머무는 곳이리라.

이는 모든 업과 번뇌에서 자유자재하면서도 중생을 교화하기 위하여 업과 번뇌를 따르며, 죽고 사는 것이 없으면서도 중생을 교화하기 위하여 여러 길에 일부러 들어가는 이가 머무는 곳이리라. 이는 인자함을 행하면서도 여러 중생에게 집착 없으며, 기뻐함을 행하면서도 괴로운 중생을 보고 항상 불쌍히 여기며, 버림을 행하면서도 다른 이를 이익하는 일을 폐하지 않는 이가 머무는 곳이리라.

이는 모든 업과 번뇌에서 자유자재하면서도 중생을 교화하기 위하여 업과 번뇌를 따르며, 죽살이 없으면서도 중생을 교화하기 위하여 받으며, 모든 길을 여의었으면서도 중생을 교화하기 위하여 여러 길에 일부러 들어가는 이가 머무는 곳이리라. 이는 인자함을 행하면서도 여러 중생에게 집착 없으며, 기뻐함을 행하면서도 괴로운 중생을 보고 항상 불쌍히 여기며, 버림을 행하면서도 다른 이를 이익하는 일을 폐하지 않는 이가 머무는 곳이리라.

이는 아홉 가지 차례로 닦는 선정을 행하면서도 욕계에 태어남을 싫어하지 않고, 모든 법이 나지도 않고 멸하지도 않음을 알면서도 실제를 증득하지 않으며, 삼매와 해탈문에 들었어도 성문의 해탈을 취하지 않고, 4성제를 관찰하면서도 소승의 과위에 머물지 않고, 깊은 인연으로 생김을 관찰하면서도 필경까지 고요한 데 머물지 않고, 여덟 가지 성인의 길을 닦으면서도 세간에서 아주 뛰어 나기를 구하지 않고, 범부의 지위를 초월하고도 성문이나 벽지불의 지위에 떨어지지 않고, 다섯 가지 쌓임을 관찰하면서도 여러 가지 쌓임을 아주 멸하지 않고, 4마를 초월하고도 마를 분별하지 않고, 6처(處)에 집착하지 않으면서도 여섯 곳을 아주 멸하지 않고, 진여에 편안히 머무르면서도 실제에 떨어지지 않고, 모든 승을 말하면서도 대승을 버리지 않나니, 이 큰 누각은 이러한 모든 공덕에 머무르는 이가 머무는 곳이리라.

ㄴ. 선재 찬송
이 때 선재동자가 게송으로 말하였다.

이렇게 자비하고 청정한 지혜 세간을 이익하는 미륵보살님
정수리 물을 부은 부처님 장자여래 경계 드신 이의 머무시는 곳
온 세계에 소문나신 부처님 아들 대승의 해탈문에 들어가셨고
법계에 다니어도 집착이 없어 견줄 데 없는 이의 머무시는 곳 (2송 총지덕행)

보시·지계·인욕·정진·선정·지혜 방편과 원력과 신통들까지
대승의 여러 가지 바라밀다를 모두 다 갖춘 이의 머무시는 곳
지혜가 광대하기 허공과 같고 3세 모든 법을 두루 다 알아
걸림 없고 의지 없고 집착 없으니 있는 줄 아는 이의 머무시는 곳

모든 법이 성품 없고 나지도 않고 의지할 데 없음을 분명히 알며
허공에 새가 날 듯 자유자재해 큰 지혜 있는 이의 머무시는 곳
3독 참 성품 분명히 알고 인연법이 허망함을 분별하여도
싫다고 벗어남을 구하지 않는 이렇게 고요한 이 머무시는 곳

세 가지 해탈문과 8정도 5온 12처와 모든 연기를
살피고도 고요한 데 나가지 않은 훌륭하게 교묘한 이 머무시는 곳
시방의 국토들과 모든 중생을 걸림 없는 지혜로 모두 살피어
공한 줄을 알아서 분별치 않는 고요한 데 드신 이의 머무시는 곳

온 법계 다니면서 걸림 없으나 가는 성품 구하여도 얻을 수 없어
공중에 바람 불듯 종적 없나니 의지한 데 없는 이의 머무시는 곳 (7송 자리행)

나쁜 길 모든 중생 고통 받으며 돌아갈 데 없음을 두루 살피고
인자한 광명 놓아 다 없애나니 불쌍하게 여기는 이 머무시는 곳

중생들이 바른 길을 잃어버린 것 소경이 위험한 길 걷는 듯한데
그를 인도 해탈성에 들게 하나니 이와 같은 길잡이의 머무시는 곳
중생들이 악마의 그물에 들어 나고 늙고 병과 죽음 시달리거늘
그들을 해탈케 하여 위안하나니 이렇게 용맹한 이 머무시는 곳

중생들이 번뇌 병에 얽힘을 보고 가엾게 생각하는 마음을 내어
지혜의 약으로써 치료하나니 이렇게 큰 의사의 머무시는 곳
중생들이 나고 죽는 바다에 빠져 헤매고 근심하며 괴롬을 보고
그들을 법 배로써 건지시나니 잘 건지는 어른의 머무시는 곳

중생이 번뇌마다 해맴을 보고 보리의 묘한 보배 마음을 내어
그 가운데 들어가 건지시나니 사람을 잘 낚은 이 머무시는 곳
언제나 큰 서원과 자비하신 눈 모든 중생 받는 괴롬 두루 살피고
죽살이 바다에서 건져 내나니 이러한 가루라왕 머무시는 곳

해와 달이 허공에 떠 있으면서 모든 세간 비추지 않는 데 없듯
지혜의 광명함도 그와 같아서 세상을 비추는 이 머무시는 곳
보살이 한 중생을 교화하려고 미래의 한량없는 겁을 지나듯
이와 같이 모든 중생 다 그러하여 세상을 건지는 이 머무시는 곳

한 국토의 중생을 교화하는 데 오는 세월 끝나도록 쉬지 않는 듯
하나하나 국토에도 다 그러하니 이런 뜻 굳은 이의 머무시는 곳 (10송 이타행)
시방의 부처님들 말씀하는 법 한 자리에 모두 받아 모두 다하며
미래 겁 끝나도록 항상 그러해 지혜 바다 가진 이의 머무시는 곳

모든 세계 바다에 두루 노닐며 모든 도량 바다에 두루 들어가
모든 여래 바다에 공양하나니 이런 행을 닦는 이의 머무시는 곳
모든 수행 바다를 닦아 행하고 그지없는 서원 바다 일으키어서
이같이 겁 바다를 지내시나니 이런 공덕 있는 이의 머무시는 곳

한 털끝에 무량한 세계가 있고 부처님과 겁과 중생 말할 수 없어
이런 것을 분명히 두루 보나니 걸림 없는 눈 가진 이 머무시는 곳
한 생각에 그지없는 겁을 거두어 국토와 부처님과 모든 중생을
걸림 없는 지혜로 바로 아나니 이런 공덕 갖춘 이의 머무시는 곳

시방 세계 부수어 티끌 만들고 큰 바닷물 털끝으로 찍어낸 수효
보살의 세운 원이 이와 같나니 걸림 없는 이들의 머무시는 곳
다라니와 삼매와 큰 서원들과 선정과 모든 해탈 성취하여서
낱낱이 그지없는 겁을 지내니 이러한 참 불자의 머무시는 곳

한량없고 그지없는 여러 불자들 가지가지 법을 말해 중생 건지며
세간의 모든 기술 말씀하나니 이런 행을 닦는 이의 머무시는 곳 (8송 공덕승)
신통과 방편 지혜 성취하였고 눈어리의 묘한 법문 닦아 행하며
시방의 다섯 길에 나타나나니 걸림 없는 이들의 머무시는 곳

보살이 처음으로 마음을 내고 모든 행을 구족하게 닦아 행하며
나툰 몸 한량없이 법계에 가득 이런 신통 있는 이의 머무시는 곳
한 생각에 보리도를 성취하였고 그지없는 지혜의 업 두루 짓고도
세상 인정 모든 생각 발광하나니 헤아릴 수 없는 이 머무시는 곳

신통을 성취하여 걸림이 없고 법계에 모두 돌아다니지마는
마음에는 조금도 얻은 것 없어 이런 지혜 가진 이의 머무시는 곳
보살이 걸림 없는 지혜를 닦고 여러 국토 들어가도 집착이 없어
둘이 없는 지혜로 널리 비추니 '나'가 없는 이들의 머무시는 곳

모든 법 의지 없고 본래 성품도 허공 같이 고요함을 분명히 알아
이러한 경계에서 항상 행하니 이러한 때 여읜 이 머무시는 곳
중생들이 모든 고통 받음을 보고 인자하고 슬기로운 마음을 내어
모든 세간 이익하기 항상 원하니 가엾이 여기는 이 머무시는 곳 (7송 방편승)

불자가 여기 있으면서 중생 앞에 두루 나타나
마치 해와 달처럼 죽살이의 어둠을 제해 버리고

불자가 여기 있으면서 중생의 마음 널리 순종해
한량없는 몸을 나투어 시방 세계에 가득하시고 (2송 하화중생)

불자가 여기 있으면서 모든 세계의 여래 계신 데
두루 다니는 오랜 세월 한량의 수가 없네.
불자가 여기 있으면서 부처님의 법 생각하는데
한량없고 수 없는 겁에 그 마음 싫은 줄 몰라 (2송 상구불법)

불자가 여기 있으면서 잠깐잠깐마다 삼매에 들고
낱낱 삼매 문에서 부처님 경계 열어 밝히고
불자가 여기 있으면서 모든 세계의 한량없는 겁
중생과 부처님의 일을 모두 다 알고

불자가 여기 있으면서 한 생각에 모든 겁 걷어 들이되
다만 중생의 마음 따를 뿐 분별하는 생각 조금도 없고
불자가 여기 있으면서 모든 삼매를 닦아 익히고
하나하나 마음속마다 3세 법 분명히 알고

불자가 여기 있으면서 가부좌 하고 앉아 동하지 않고
모든 세계와 모든 길에 몸을 두루 나타내고 (5송 삼매자재)
불자가 여기 있으면서 부처님의 법 바다 모두 마시고
지혜 바다에 깊이 들어가 공덕 바다를 구족하였고

불자가 여기 있으면서 모든 세계 수효를 모두 알고
세상의 수효와 중생의 수효 부처님 이름과 수효도 그러해
불자가 여기 있으면서 3세 가운데 있는
국토가 이룩하고 망그러짐을 한 생각에 모두 알고

불자가 여기 있으면서 부처님의 행과 서원과
보살들의 닦는 행과 중생의 근성과 욕망 다 알고
불자가 여기 있으면서 한 티끌 속에 있는
한량없는 세계와 도량 중생과 겁을 죄다 보고

한 티끌 속과 같이 모든 티끌 모두 그러해
가지가지 다 구족하여 간 데마다 걸림이 없고
불자가 여기 있으면서 모든 법과 중생과
세계와 시간이 일어나지도 않고 있는 것도 아님을 모두 보며 (7송 지혜광심)

중생을 보는 것처럼 법도 그렇게 여래도 그렇고
세계도 그렇고 소원도 그러해 3세 다 평등하며 (1송 평등)
불자가 여기 있으면서 모든 중생을 교화하고
여래께 공양하고 법의 성품을 생각하며

한량없는 천만 겁에 닦은바 원과 지혜와 행
광대하기 한량이 없어 끝끝내 칭찬할 수 없고
저 여러 매우 용맹하신 이 수행이 걸림 없는 이
이 가운데 계시오매 내 이제 합장하고 경례합니다.

부처님의 장자이시며 거룩하신 미륵보살님
내 이제 공경하여 경례하오니 나를 돌보아 주소서. (4송 결청)

　　이 때 선재동자는 이렇게 보살들을 한량없이 칭찬하고 찬탄하는 법으로, 비로자나 장엄한 큰 누각 안에 계시는 보살들을 찬탄하고는, 허리 굽혀 합장하고 공경 예배하고, 일심으로 미륵보살을 뵈옵고 친근 공양하려 하였다.
　　문득 보니, 미륵보살이 다른 데로부터 오시는 데, 한량없는 하늘·용·야차·건달바·아수라·가루라·긴나라·마후라가왕과, 제석천왕·범천왕·사천왕과 본래 태어난 데 있는 한량없는 권속과 바라문들과, 수없는 백천 중생들이 앞뒤로 호위하고 와서, 장엄장 누각으로 향하시었다.
　　선재동자가 보고는 기뻐 뛰놀면서 땅에 엎드려 절하였다.

　ㄷ. 미륵의 찬탄
　　미륵보살이 선재를 보고 대중에게 그의 공덕을 찬탄하였다.

너희들 선재동자를 보라. 지혜 있고 마음의 청정
보리행을 구하려고 나에게 이른 것이다. (1송 총찬)

잘 왔도다 원만한 인자 잘 왔도다 청정한 가엾음
잘 왔도다 고요한 눈 수행하기 게으름 없고

잘 왔도다 청정한 뜻 잘 왔도다 광대한 마음
잘 왔도다 물러가지 않는 근성 수행하기 게으름 없고
잘 왔도다 동요하지 않은 행 항상 선지식을 찾아
모든 법 통달하고 중생들을 조복하며

잘 왔도다 묘한 도 행하고 잘 왔도다 공덕에 머물고
잘 왔도다 부처 지위 나아가 조금도 게으름 없고,
잘 왔도다 덕으로 몸이 되고 잘 왔도다 법에 훈습(薰習)되고
잘 왔도다 거짓 없는 수행 세간에서 만나보기 어려워

잘 왔도다 미혹 여의고 세상 법에 물들지 않고
이롭고 쇠하고 헐뜯고 칭찬함을 모든 것 분별이 없고
잘 왔도다 안락을 주고 부드럽고 교화를 받아
아첨·속임·성내고 교만함 모든 것 소멸해 버렸네.

잘 왔도다 진실한 불자 시방에 두루 다니며
모든 공덕 늘었고 부드러워 게으름 없어.
잘 왔도다 3세 지혜 모든 법 두루 다 알며
공덕 갈무리 두루 내어 수행에 고달픔 몰라. (9송 찬덕)

문수보살과 덕운비구 여러 불자들이
너를 내게 보내며 너에게 걸림 없는 곳을 보이어
보살의 행 갖추 닦고 모든 중생을 거두어 주어
이렇게 훌륭한 사람이 지금 나에게 왔고 (2송 인연)

모든 여래들의 청정한 경계 구하려고
광대한 서원 물으면서 나를 찾아 왔고
과거·미래·현재의 부처님들의 이루신 행과 업
그대 닦아 배우려고 나를 찾아 왔고

그대는 선지식에게 미묘한 법 구하고
보살의 행 배우려고 나를 찾아 왔고
선지식은 부처님이 칭찬하시고 너의 보리행을 이루게 함을
그대가 생각하고서 나를 찾아 왔고

그대는 선지식이 부모처럼 나를 낳으시고
유모처럼 나를 기르고 보리의 부분 법 늘게 하고
의사처럼 병을 고쳐 주고 하늘처럼 단 이슬 뿌리고
해처럼 바른 길 보여 주고 달처럼 깨끗한 바퀴 굴리며

산처럼 동요하지 않고 바다처럼 늘고 줄지 않고
뱃사공처럼 건네줌을 생각하고 나를 찾아 왔으며
선지식을 그대는 보라. 용맹한 대장과 같고
큰 장사 물주와 같고 큰 길잡이 같아서

바른 법 당기를 세우고 부처님 공덕 보여 주고
나쁜 길 없애 버리고 착한 길 가는 문 열어 주고
부처님의 몸 드러내고 부처님의 광 잘 지키고
부처님 법을 잘 가지므로 그를 우러러 받들면서

청정한 지혜 만족하려고 단정한 몸 갖추려고
귀하신 댁에 태어나려고 나를 찾아 왔네 그려. (11송 來所爲)
너희들 이 사람 보라. 선지식 친근하면서
그를 따라 배운 대로 모든 것을 순종하였고

옛적에 복의 인연으로 문수보살이 발심케 하여
따라 행하고 어기지 않으며 수행하되 게으르지 않았고 (4송 總嘆)
부모와 친속들과 궁전과 재산을
모두 다 버리고 겸손하게 선지식 구하며

이런 뜻을 깨끗이 하니 세간 몸을 아주 여의고
부처님 국토에 태어나 훌륭한 과보 받으리라. (4송 慈悲)

선재동자는 중생들의 나고 늙고 병들고 죽는
고통을 보고 대비심 내어 위없는 도 부지런히 닦고

선재동자는 중생들의 다섯 길을 헤맴을 보고
금강 같은 지혜 구하여 그 괴로운 바퀴 깨뜨리고
선재동자는 중생들의 마음 발 묶음을 보고
세 가지 독한 가지 제하려고 날카로운 지혜의 모습 구하며

중생들 캄캄한 속에서 소경처럼 바른 길 잃거늘
선재동자 길잡이 되어 편안한 곳 보여 주고
참는 갑옷과 해탈의 수레 지혜의 잘 드는 검으로
세 가지 존재한 세계에서 번뇌의 도적 깨뜨리고

선재는 법 배의 사공 모든 중생 널리 건지어
알아야 할 바다(爾焰海) 지나서 보배 섬에 빨리 이르고
선재는 바로 깨달은 해 지혜의 광명과 서원 바퀴로
법계의 허공에 두루 다니며 중생의 굴택 두루 비추고 (7송 悲智)

선재는 바로 깨달은 달 흰 법(白法)이 다 원만하여
인자한 선정 청량한 빛으로 중생의 마음 평등하게
선재는 훌륭한 지혜의 바다 정직한 마음 의지해 있으며
보리의 행 점점 깊어서 모든 법 보배 내는 것이며

선재라는 큰 마음 용이 법계의 허공에 올라가서
구름 덮이고 비를 내려 모든 열매를 성숙케 하고
선재가 법 등불 켜니 믿음은 심지, 자비는 기름
생각은 그릇, 공덕 빛으로 세 가지 독한 어둠 없애며

깨닫는 마음은 칼랄라(迦羅邏) 가엾음은 태요, 인자는 살
보리의 부분인 팔다리 여래장(如來藏)에서 자라고
복덕 갈무리 증장하고 지혜 갈무리 청정하며 (6송 찬덕)
방편 갈무리 열어 헤치고 큰 서원 갈무리 내어

이러한 큰 장엄 중생들을 구호하나니
모든 천상과 인간에서 듣기 어렵고 보기 어려워
이러한 지혜의 나무 뿌리 깊어 동하지 않고
모든 행이 점점 증장해 여러 중생 가리어 주네.

모든 공덕 내려고 모든 법 물으려고
모든 의심 끊으려고 선지식을 전력해 찾으며
의혹의 마군 깨뜨리려고 여러 소견의 때 없애려고
중생의 속박 풀어주려고 선지식을 전력해 구하며

나쁜 길 소멸하려면 인간과 천상의 길 보이려면
공덕의 행을 닦아 열반성에 빨리 들어가고 (5송 妙果)
여러 소견의 어려움 건너려면 여러 소견의 그물 찢으려면
애욕의 강을 말리려면 세 가지 존재의 길 보이려면

세간의 의지가 되려면 세간의 광명이 되려면
3세 스승이 되어 해탈할 곳을 보이라.
세간의 중생들로 하여금 여러 시방의 집착 여의고
번뇌의 졸음 깨닫고 애욕의 수렁에서 뛰어 나게 하려면

갖가지 법을 알고 갖가지 세계를 깨끗케 하여
모든 것 끝까지 이르면 그 마음 매우 즐거우리.
너의 수행 매우 조화롭고 너의 마음 매우 청정하니
닦으려는 공덕이 모든 것 원만하리라.

오래잖아 부처님 뵙고 모든 법 통달해 알고
모든 세계 바다 깨끗이 하여 큰 보리를 이루리라.
모든 수행 바다 채우려고 모든 법 바다 알려고
중생 바다를 제도하려고 이렇게 행을 닦으며,

공덕 언덕에 이르려고 모든 착한 일 내려고
여러 불자들과 함께 이런 마음을 결정하며,

모든 번뇌 끊어야 하고 모든 업 깨끗해야 하고
모든 마 굴복해야 하나니 이런 소원 만족해야 하고

묘한 지혜의 길 내고 바른 법의 길 열고
오래잖아 번뇌와 업과 괴로운 길 버려야 하네.
모든 중생의 바퀴 모든 존재의 바퀴에서 헤매니
네가 법의 바퀴 굴려서 그들의 고통 끊게 하며

너 부처님 종자 가지고 너 법의 종자 깨끗이 하고
너 상가의 종자 모아서 3세 두루하여
모든 애욕의 그물 끊고 모든 소견의 그물 찢고
모든 고통의 그물 구호하여 이 서원의 그물 이루며

중생 세계를 제도하고 국토 세계를 깨끗이 하고
지혜 세계를 모아서 이 마음 세계 이루며
중생들을 기쁘게 하고 보살들을 기쁘게 하고
부처님들 기쁘게 하여 이 기쁨을 이루며

모든 길을 보고 모든 세계를 보고
모든 법을 보아서 이 부처님 견해 이루며
어둠을 깨는 광명 놓고 뜨거움 쉬는 광명 놓고
나쁜 일 없애는 광명 놓아 3세 괴로움 씻으며

하늘 길의 문 열고 부처님 도의 문 열고
해탈의 문을 보여서 중생들 모두 들어가게 하며
바른 길 보여 주고 삿된 길 끊게 하여
이렇게 부지런히 닦으면 보리의 길 성취하리.

공덕 바다를 닦고 세 존재의 바다 건너서
중생 바다로 하여금 고통 바다에서 뛰어 나게 하며
중생 바다에서 번뇌 바다 소멸하고
수행 바다 닦아서 큰 지혜 바다에 들게 하며

너의 지혜 바다 늘리고 너의 수행 바다 닦아서
부처님의 큰 서원 바다를 네가 다 만족하며
네가 세계 바다에 들어가 네가 중생 바다 관찰하고
너의 지혜의 힘으로 모든 법 바다를 마시며

모든 부처님 구름 뵈옵고 공양 구름 일으키고
묘한 법 구름 듣고 이 서원 구름 일으키며
세 존재의 집에 놀고 모든 번뇌의 집 부수고
여래의 집에 들어가 이러한 도를 행하며

삼매문에 두루 들어가고 해탈문에 두루 노닐고
신통문에 두루 머물러 법계에 두루 다니며 (26송 當果)
중생들 앞에 널리 나타나고 부처님 앞에 널리 대하되
마치 해와 달의 광명처럼 이런 힘을 이루며

행하는 일 흔들리지 않고 행하는 일 물들지 않아
새가 허공에 날 듯이 이 묘한 작용 이루며
인드라의 그물처럼 세계 그물 그와 같나니
너는 다 나아가 보라. 바람처럼 걸리지 않으리.

너는 법계에 들어가 모든 세계에 두루 이르러
3세 부처님 뵈옵고 매우 즐거운 마음 내라.
너는 여러 가지 법문 얻었거나 얻을 것이니
마땅히 기뻐 뛰놀되 탐하지 말고 싫어 말아라.

너는 공덕의 그릇 능히 부처님 교법 따르고
보살의 행을 닦으면 이렇게 기특한 일 볼 수 있으리.
이러한 불자들 억 겁에도 만나기 어렵거든
하물며 그러한 공덕과 닦은 도를 볼 수 있으랴. (7송 現德)

너는 사람으로 태어나 좋은 이익 얻었으매
문수보살 같은 이의 한량없는 공덕 보는 것이며

모든 나쁜 길 여의었고 여러 가지 어려운 곳 벗어났으며
근심 걱정 뛰어났으니 착하도다 게으르지 말아야 하네.

범부의 지위를 여의었고 보살 지위에 머물렀으니
지혜의 지위를 만족하여 여래의 지위에 들어가라.
보살의 행 바다와 같고 부처님의 지혜 허공 같은데
너의 소원도 그러하니 마땅히 경행(慶幸)하게 생각하라.

여러 감관 게으르지 말고 바라는 지원 결정하여서
선지식을 가까이 하면 오래잖아 원만히 이루리.
보살의 갖가지 행은 모두 중생을 조복하는 것이니
여러 가지 법문 널리 행하여 행여나 의심 내지 말라.

그대는 부사의한 복과 진실한 믿음 갖추었으니
그리하여 오늘날 여러 불자를 만났느니라.
여러 불자를 그대가 보라 광대한 이익 얻었나니
하나하나의 큰 서원 모두 믿고 받자 오라. (8송 友德)

그대 세 가지 존재에서 보살의 행 닦았으므로
여러 불자들이 그대에게 해탈문 보였느니라.
법 그릇 이룰 사람 아니면 불자들과 함께 있어서
한량없는 겁 지내어도 그 경계 알지 못하나니

네가 여러 보살 보고 이런 법 들을 것은
세간에서 어려운 일이니 크게 다행한 생각 내어라.
법이 너를 보호하며 생각하고 보살이 너를 거두어 주어
네가 가르침 순종하니 참 좋은 일이다, 오래 살리라.

보살의 집에 태어났고 보살의 덕을 갖추었으며
여래 종자 자랐으니 정수리에 물 붓는 지위에 오르리. (5송 行德)
오래잖아서 그대는 여러 불자와 같이 되어서
고통 받는 중생들 보고 편안한 곳에 있게 하오리.

이러한 씨를 심으면 이러한 열매 거두리라.
내 이제 너를 위로하노니 너는 마땅히 기뻐하라.
한량없는 보살들 한량없는 겁에 도를 행했으나
이런 행을 이루지 못하지만 너는 이제 모두 얻었네.

믿고 좋아하고 굳은 정진으로 선재는 이런 행 이루었으니
공경하고 사모하는 맘 있으면 마땅히 이렇게 배우라.
모든 공덕의 행 다 소원에서 생기는 것
선재동자 분명히 알고 항상 부지런히 닦네.

용왕이 구름 일으키면 반드시 비를 내리나니
보살이 소원과 지혜 일으키면 결정코 여러 가지 행을 닦아
어떤 선지식이나 네게 보현의 행 가르치거든
기쁘게 받들어 섬기고 의혹을 내지 말 것이니

네가 한량없는 겁에 욕심을 위하여 몸을 버렸거니와
이제 보리를 구하는 데는 이 버리는 것이 좋은 일
네가 한량없는 겁에 나고 죽는 고통 받느라고
부처님 섬기지도 못하고 이런 행을 듣지도 못했거늘

이제 사람의 몸 되어 부처님과 선지식 만나
보리의 행 들었으니 어찌 기쁘지 않으리.
비록 부처님을 만나고 선지식을 만났더라도
마음이 청정치 못하면 이런 법 듣지 못하지만

만일 선지식에게 믿고 존중하고
의심 없고 고달프지 않아야 이런 법 듣게 되나니.
이러한 법을 듣고 서원하는 마음 내면
이런 사람은 큰 이익 얻으리.

이렇게 마음이 청정하고 항상 부처님 가까이 모시고
모든 보살 친근하면 결정코 보리 이루며

만일 이 법문에 들어가면 모든 공덕 갖추고
나쁜 길 영원히 여의어 모든 고통 받지 않으며

오래잖아 이 몸 버리고 부처님의 국토에 나서
시방의 부처님들과 여러 보살 항상 보리니
지나간 원인 분명히 알고 선지식을 섬긴 힘으로
모든 공덕 증장하는 일 물에서 연꽃 나듯이 (17송 結嘆)

선지식 섬기기 좋아하고 부처님을 부지런히 공양하며
전일한 마음으로 법을 들어 항상 행하고 게으르지 말라 (1송 後友)
그대는 참말 법 그릇 모든 법 갖추고
온갖 도 닦으며 모든 소원 만족케

그대 믿는 마음으로 내게 와서 예경하니
모든 부처님 회중에 오래잖아 들어가리라. (1송 再讚)
착하다, 참 불자여 모든 부처님 공경하나니
오래잖아 모든 행 갖추고 부처님 공덕 언덕에 이르리.

그대는 큰 지혜 있는 문수사리에게 가라.
그이는 너로 하여금 보현의 묘한 행 얻게 하리라. (2송 念思)

그 때 미륵보살이 이렇게 선재의 큰 공덕을 칭찬하였다. 선재동자는 이 게송을 듣고 기뻐 뛰놀면서 털이 곤두서고 슬피 울어 흐느끼며 일어서서 합장 공경하고 우러러 보며, 한량없이 돌았다. 문수사리의 염려한 힘으로, 여러 가지 꽃과 영락과 갖가지 보배가 생각 밖에 손에 가득하였다. 선재동자는 기뻐서 이것을 미륵보살께 받들어 흩었다.
　미륵보살은 선재동자의 정수리를 만지면서 게송으로 말하였다.

착하도다, 참된 불자여 감관을 책려하여 게으르지 않으니
미구에 모든 공덕 구족하여 내 몸이나 문수보살 같이 되리라.

선재동자가 게송으로 대답하였다.

제 생각엔 억 겁 지내도 선지식을 못 만나거든
내 이제 친근하여서 높으신 슬하에 왔나이다.
저는 문수보살의 인연으로 뵙기 어려운 이 뵈었사오니
큰 공덕 가지신 이여 또 빨리 뵈어지이다.

ㄹ. 선재 자문(善財 諮問) — 화엄경 제78권
　그 때 선재동자는 합장 공경하며 미륵보살께 다시 여쭈었다.
　"큰 성인이시여 저는 이미 무상보리심을 내었사오나 보살이 어떻게 보살의 행을 배우며 어떻게 보살의 도를 닦는지를 알지 못하나이다.
　모든 여래께서 거룩하신 이에게 수기하시기를 '한 생에 무상보리를 얻으라' 하셨다 하나이다. 만일 한 생에 위없는 보리를 얻는다 하오면 이미 모든 보살의 머무르는 곳을 초월한 것이며 모든 보살의 생사를 여읜 지위를 이미 지났으며 모든 보살의 지위를 이미 구족하였으며 모든 해탈문에 이미 윤회하는 것이며 모든 삼매법을 성취하였으며 모든 보살행을 이미 통달하였나이다.
　모든 다라니와 변재를 이미 증득하였으며 모든 보살의 자재한 가운데서 이미 자재함을 얻었으며 모든 보살의 조도법을 이미 쌓아 모았으며 지혜와 방편에서 이미 유희하였으며 큰 신통한 지혜를 이미 내었으며 모든 배울 곳을 이미 성취하였으며 모든 묘한 행을 이미 원만하였으며 모든 큰 원을 이미 만족하였으며 모든 부처님의 수기를 이미 받았으며 모든 승의 문을 이미 알았으며 모든 여래의 보호하여 생각하심을 이미 받을 만하나이다.
　모든 부처님의 보리를 이미 거두었으며 모든 부처님의 법장을 이미 가졌으며 모든 불보살의 비밀한 갈무리를 이미 파악하였으며 모든 보살 대중 가운데서 이미 우두머리·번뇌마를 부수는 용맹한 장수·생사하는 벌판의 길잡이·번뇌의 중병을 다스리는 큰 의사가 되었으며 모든 중생 중에서 가장 훌륭하였으며, 모든 세간의 임금 가운데서 자재함을 얻었나이다.
　모든 성인 가운데 가장 제일이 되었으며, 모든 성문과 독각 중에 가장 높아졌으며, 죽살이 바다에서 뱃사공이 되었으며, 모든 중생을 조복하는 그물을 쳤으며, 모든 중생의 근성을 이미 관찰하였으며, 모든 중생 세계를 이미 거두어 주었으며, 모든 보살 대중을 이미 수호하였으며, 모든 보살의 일을 의논하였으며, 모든 여래가 계신 데 이미 몸을 나아갔으며, 모든 여래의 모둠에 이미 머물렀나이다.

모든 중생의 앞에 이미 몸을 나타냈으며, 모든 세상 법에 물들 것이 없었으며, 모든 마의 경계를 이미 초월하였으며, 모든 불경계에 이미 머물렀으며 모든 보살의 걸림 없는 경지에 이미 이르렀으며, 모든 부처님께 이미 부지런히 공양하였으며, 모든 불법과 성품이 이미 같았으며, 묘한 법 비단을 이미 매었으며, 부처님께서 정수리에 물 부어 주심을 이미 받았으며, 온갖 지혜에 이미 머물렀으며, 모든 부처님 법을 이미 널리 내었으며, 온갖 지혜의 지위에 빨리 나아간 것이니이다.

큰 성인이시여, 보살이 어떻게 보살의 행을 배우며 어떻게 보살의 도를 닦으며 닦고 배움을 따라서 모든 불법을 빨리 구족하며 염려하는 중생들을 능히 제도하며 세운 원을 두루 성취하며 일으킨 행을 두루 끝내며 모든 하늘과 사람을 널리 위로하며 제 몸을 저버리지 않고 삼보를 끊어지지 않게 하며 모든 불보살의 종자를 헛되지 않게 하며 모든 부처님의 법안을 가질 수 있나이까."

ㅁ. 미륵의 시법(示法)

㉠ 인칭찬법(人稱讚法)

이때 미륵보살이 도량에 모인 대중을 살펴보시고 선재동자를 가리키면서 말하였다.

"그대들은 이 장자의 아들이 나에게 보살행과 공덕을 묻는 것을 보는가. 이 장자의 아들은 용맹 정진하고 소원이 혼잡하지 않으며 깊은 마음이 견고하여 항상 물러가지 않으며 훌륭한 희망을 갖추어 머리에 불타는 것을 끄듯이 만족한 줄 모르며 선지식을 좋아하여 친근 공양하며 간데마다 찾아다니면서 받들어 섬기고 법을 구하였느니라.

이 장자의 아들은 저번에 복성에서 문수보살의 가르침을 받고 점점 남쪽으로 오면서 선지식을 찾았고 백 열 성을 지난 뒤에 나에게 왔는데 잠깐도 게으른 생각을 내지 않았느니라.

이 장자의 아들은 매우 희유하니 대승을 향하여 큰 지혜를 의지하고 큰 용맹을 내고 크게 가엾이 여기는 갑옷을 입고 크게 인자한 마음으로 중생을 구호하며 큰 정진으로 바라밀다를 행하며 큰 장사 주인이 되어 중생들을 보호하며 큰 법 배가 되어 존재의 바다를 건너며 큰 도에 있으면서 큰 법의 보배를 모으며 넓고 크게 도를 돕는 법을 닦느니라.

이런 사람은 듣기도 어렵고 보기도 어렵고 친근하고 함께 있고 함께 행하기 어려우니라.

　왜냐하면 이 장자의 아들은 모든 중생을 구호하려는 마음을 내어 중생들로 하여금 괴롬을 벗어나고 나쁜 길을 뛰어 넘게 하며 험난을 여의고 무명을 깨뜨리며 죽고 사는 벌판에서 벗어나 여러 길에서 해맴을 쉬고 마의 경계를 건너가며 세상 법에 집착하지 않고 욕심의 수렁에서 헤어나게 하며 탐욕의 굴레를 끊고 소견의 속박을 풀고 생각의 굴택을 헐고 아득한 길을 끊고 교만의 당기를 꺾고 의혹의 살을 뽑고 졸음의 뚜껑을 벗기고 애욕의 그물을 찢고 무명을 없애고 생사의 강을 건너고 아첨하는 눈어리를 여의고 마음의 때를 깨끗이 하고 어리석은 의욕을 끊고 생사에서 벗어나게 하느니라.

　이 장자의 아들은 네 강에 표루하는 이를 위하여 큰 법배를 만들고 소견의 수렁에 빠진 이를 위하여 법 다리를 놓고 어리석음 밤에 헤매는 이를 위하여 지혜 등불을 켜고 생사의 벌판에 다니는 이를 위하여 바른 길을 가리켜 보이고 번뇌의 병에 앓는 이를 위하여 법약을 만들고 나고 늙고 죽음에 고통 받는 이에게는 감로수를 먹여 편안케 하고 탐욕과 성냄과 어리석은 불에 들어 있는 이에게는 선정의 물을 부어 서늘케 하고 근심 걱정이 많은 이는 위로하여 편안케 하고 존재의 옥에 갇힌 이는 달래 나오게 하며, 소견의 그물에 걸린 이는 지혜의 검으로 벗겨 주고 18계의 성에 있는 이에게는 해탈문을 보여 주고 험난한 데 있는 이는 편안한 곳으로 인도하고 결박의 도둑을 무서워하는 이는 두려움 없는 법을 주고 나쁜 길에 떨어진 이는 자비한 손을 주고, 온(蘊)에 구속된 이는 열반성을 보여 주고, 네 가지 요소의 뱀에 감긴 이는 성인의 길로 풀어 주고 여섯 군데 빈 마을에 집착한 이는 지혜의 빛으로 이끌어 내고 사제(邪濟)에 머문 이는 바른 제도에 들게 하고 나쁜 동무를 가까이 하는 이는 선한 동무를 소개하고 범부의 법을 좋아하는 이는 성인의 법을 가르치고 죽 살이 애착하는 이는 온갖 지혜의 섬에 나아가게 하느니라.

　이 장자의 아들은 항상 이런 행으로 중생을 구호하며 보리심을 내고 쉬지 아니하며 대승의 길을 구하여 게으르지 않으며 법의 물 마시기를 싫어하지 않으며 도를 돕는 행을 부지런히 쌓으며 모든 법문을 깨끗케 하기를 좋아하며 보살행을 닦기에 정진을 버리지 않으며 여러 가지 원을 만족하고 방편을 잘 행하며 선지식을 뵈옵는데 만족한 줄을 모르며 선지식 섬기기에 고달픈 줄을 모르며 선지식의 가르침을 듣고 순종하여 행하되 잠깐도 어기지 아니하느니라.

　만일 중생이 무상보리심을 낸다면 그것은 희유한 일이니라. 만일 마음을 내고 또 능히 정진하는 방편으로 부처님의 법문을 모은다면 갑절이나 희유한 일이니라.

또 능히 이렇게 보살도를 구하고, 보살행을 깨끗이 하고, 선지식을 섬기고 머리가 불타는 것을 끄듯 하고, 선지식의 가르침을 순종하고, 견고하게 행을 닦고 보리의 부분법을 모으고 모든 명예와 이끗을 구하지 않고 보살의 순일한 마음을 버리지 않고 집을 좋아하지 않고 욕락에 집착하지 않고 부모와 친척과 동무를 생각하지 않고 다만 보살 동무만을 구하며 몸과 목숨을 돌아보지 않고 다만 온갖 지혜의 길을 부지런히 닦기만 원한다면 이것은 점점 갑절이나 더 하기 어려운 일인 줄을 알아야 하느니라.

다른 보살들은 한량없는 백천만억 나유타 겁을 지내고야 비로소 보살의 원행을 만족하며 능히 불보리에 친근하는 것이어늘, 이 장자의 아들은 한 평생 동안에 불세계를 깨끗이 하고 중생을 교화하고 지혜로써 법계에 깊이 들어가고 모든 바라밀다를 성취하고 모든 행을 능히 넓히고 모든 큰 서원을 원만하고 모든 마업에서 뛰어 나고 모든 선지식을 섬기고 모든 보살도를 청정히 하고 보현의 모든 행을 구족하였으니라."

　ⓛ 법유상망(法喩相望)

이 때 미륵보살은 이렇게 선재동자의 여러 가지 공덕을 칭찬하여 한량없는 백천 중생에게 보리심을 내게 하고 선재동자에게 말하였다.

"착하고, 착하다, 그대는 모든 세간을 이익케 하려고 모든 중생을 구호하려고 모든 불법을 부지런히 구하려고 무상보리심을 내었도다.

그대는 좋은 이익을 얻었고 사람의 몸을 얻었고 목숨이 길고 여래가 나심을 만났고 문수사리 큰 선지식을 보았고 몸은 좋은 그릇이 되어 선근으로 윤택하였고, 흰 법으로 유지되었으며 이해와 욕망이 다 청정하였으며 여러 부처님의 함께 염려하심이 되었으며 선지식들이 함께 거두어 줌이 되었느니라.

왜냐하면 보리심은 종자와 같으니 모든 불법을 내는 연고라. 보리심은 좋은 밭과 같으니 중생들의 깨끗한 법을 자라게 하고, 땅과 같으니 모든 세간을 유지하고, 깨끗한 물과 같으니 모든 번뇌의 때를 씻고, 큰 바람과 같으니 세간에 두루 걸림이 없고, 치성한 불과 같으니 모든 소견인 섶을 태우고, 밝은 해와 같으니, 모든 세간을 두루 비추고, 보름달과 같으니 여러 가지 깨끗한 법이 다 원만하고, 밝은 등불과 같으니 갖가지 법광명을 내는 연고라.

보리심은 깨끗한 눈과 같으니 여러 가지 편안하고 위태한 곳을 널리 보고, 큰 길과 같으니, 여러 사람을 큰 지혜의 성에 들게 하고, 바르게 건네는 것과 같으니 삿된 법을 여의게 하고, 큰 수레와 같으니, 모든 보살을 두루 실어 옮기고, 문과 같으니, 모든 보살행을 열어 보이고, 궁전과 같으니, 삼매법에 편안히 있어 닦게 하고, 공원과 같으니 그 안에서 유희하면서 법의 즐거움을 받고, 집과 같으니, 모든 중생을 편안케 하는 연고며 보리심은 돌아가는 데니, 모든 세간을 이익케 하고, 의지할 데니, 모든 보살의 행이 의지한 곳인 연고라.

　보리심은 아버지와 같으니, 모든 보살을 훈계하여 지도하고, 어머니와 같으니 모든 보살을 낳아 기르고, 유모와 같으니 모든 보살을 양육하고 착한 벗과 같으니, 모든 보살을 성취하여 이익케 하고, 국왕과 같으니 2승 사람들보다 뛰어나고, 황제와 같으니, 모든 원에서 자유자재한 연고이고 보리심은 큰 바다와 같으니, 모든 공덕이 그 가운데 들어가고, 수미산과 같으니, 중생들에게 마음이 평등하고 철위산과 같으니, 모든 세간을 거두어 가지고, 설산과 같으니 모든 지혜의 약풀을 자라게 하고, 향산과 같으니, 모든 공덕의 향을 내고, 허공과 같으니, 모든 묘한 공덕이 넓어 그지없고, 보리심은 연꽃과 같으니, 모든 세간에 물들지 않는 연고라.

　보리심은 잘 길든 코끼리 같으니, 마음이 유순하여 영악하지 않고, 양순한 말과 같으니, 모든 악한 성질을 여의고, 말 모는 이와 같으니, 대승의 모든 법을 수호하고, 좋은 약과 같으니 모든 번뇌병을 치료하고, 함정과 같으니, 모든 나쁜 법을 빠뜨리고, 금강과 같으니 모든 법을 잘 뚫고, 향합과 같으니, 모든 공덕의 향을 담고, 고운 꽃과 같으니 모든 세간에서 보기를 좋아하고, 백전단과 같으니 욕심의 열을 헤쳐 청량케 하고, 검은 침향과 같으니 법계에 두루 풍기는 연고이고 보리심은 선견약과 같으니, 모든 번뇌병을 없애고, 비가마(毘笳摩)약과 같으니, 모든 의혹의 살을 뽑고, 제석과 같으니 여러 임금 중에 가장 높고, 비사문과 같으니 모든 가난한 고통을 끊고, 공덕천과 같으니 온갖 공덕으로 장엄한 연고라.

　보리심은 장엄 거리와 같으니 모든 보살을 장엄하고, 겁말에 타는 불과 같으니 모든 함이 있는 것을 태우고, 남이 없는 뿌리약(無生根藥)과 같으니, 모든 불법을 자라게 하고, 용의 턱에 있는 구슬과 같으니, 모든 번뇌의 독을 소멸하고, 물 맑히는 구슬과 같으니, 모든 번뇌의 흐림을 맑히고, 여의주와 같으니 여러 가난한 이를 구해 주고, 공덕병과 같으니, 모든 중생의 마음을 만족케 하고, 여의수와 같으니 모든 장엄 거리를 비 내리고, 거위깃 옷(鵝衣)과 같으니 모든 생사의 때가 묻지 않고, 흰 털실과 같으니, 본래부터 성품이 깨끗한 연고라.

　보리심은 잘 갈리는 보습과 같으니, 모든 중생의 밭을 갈고 나아라아야나와 같으니, 나라는 소견 가진 대적을 부수고, 뾰족한 살과 같으니, 모든 괴롬의 과녁을 꿰뚫고, 잘 드는 창과 같으니 모든 번뇌 갑옷을 뚫고, 굳은 갑옷과 같으니, 모든 진리대로의 마음(如理心)을 보호하고, 잘 드는 칼과 같으니, 모든 번뇌 머리를 베고, 날카로운 검과 같으니, 모든 교만의 투구를 깨고, 장수의 당기와 같으니 모든 마를 굴복시키고, 잘 드는 톱과 같으니, 모든 무명의 나무를 끊고, 날선 도끼와 같으니, 모든 고통의 나무를 찍고, 병장기와 같으니, 모든 괴롬의 난을 막고, 좋은 손과 같으니, 모든 바라밀다의 몸을 방비하고, 튼튼한 발과 같으니 모든 공덕을 세우고, 안약과 같으니, 모든 무명의 삼눈(翳)을 제하고, 족집게와 같으니, 모든 몸이란 소견의 가시를 뽑는 연고라.

 보리심은 방석(臥具)과 같으니, 생사의 피로함을 덜고, 선지식과 같으니 모든 생사의 속박을 풀고 보물과 같으니, 모든 빈궁을 제하고, 좋은 길잡이와 같으니, 보살의 벗어날 길을 잘 알고 묻힌 갈무리와 같으니, 공덕재물을 다하지 않게 내고, 솟는 샘과 같으니, 지혜의 물을 끊이지 않게 내고, 거울과 같으니, 모든 법문의 영상을 나타내고, 연꽃과 같으니 모든 죄와 때에 물들지 않고, 큰 강과 같으니 모든 건네주는 법을 이끌어 흐르고, 큰 용왕과 같으니, 모든 묘한 법비를 내리고, 목숨과 같으니, 보살의 매우 가엾이 여김인 몸을 유지하고, 단 이슬과 같으니, 죽지 않는 세계에 편안히 머물게 하고, 오랏줄과 같으니, 모든 교화 받을 중생을 끌어당기고, 낚시 미끼와 같으니, 존재의 못(有淵) 속에 사는 이를 끌어내는 연고라.

 보리심은 아가다약과 같으니, 병이 없고 길이 편안케 하고, 소독약과 같으니, 탐애의 독을 소멸하고, 주문을 잘 외는 것 같으니, 모든 뒤바뀐 독을 제거하고, 바람과 같으니 모든 장애의 안개를 걷어버리고, 보배섬과 같으니, 모든 각분(覺分)의 보배를 내고 좋은 종자 같으니, 모든 희고 깨끗한 법을 나게 하고, 주택과 같으니 보살 장사꾼이 무역하는 곳이고, 금부리는 약과 같으니 모든 번뇌의 때를 없애고, 꿀과 같으니, 모든 공덕과 맛을 원만하게 하고, 바른 길과 같으니, 보살들을 지혜의 성에 들어가게 하고, 좋은 그릇과 같으니, 모든 희고 깨끗한 법을 담고, 가물 때의 비와 같으니 모든 번뇌의 티끌을 없애고, 있을 곳이 되나니, 모든 보살의 머무는 곳이고, 자석이 되나니, 성문의 해탈과를 취하지 않는 연고라.

 보리심은 깨끗한 바이두우랴와 같으니, 성질이 맑고 깨끗하여 때가 없고, 제석천왕의 제청보(帝靑寶)와 같으니, 세간과 2승의 지혜보다 뛰어나고, 시간 알리는 북과 같으니 중생의 번뇌 졸음을 깨우고, 맑은 물과 같으니, 성질이 깨끗하여 흐린 때가 없고, 잠부나다금(閻浮金)과 같으니, 모든 함이 있는 선한 것을 무색케 하고, 큰 산과 같으니, 모든 세간에서 우뚝 솟아나고, 돌아갈 데니, 노는 이들을 거절하지 않고, 옳은 이익이니, 모든 쇠퇴하는 이를 제거하고, 기묘한 보배니, 여럿의 마음을 기쁘게 하고, 크게 보시하는 모둠과 같으니, 중생들의 마음을 만족케 하고, 높고 훌륭한 것이니, 중생의 마음으로는 같을 수 없고, 묻힌 갈무리 같으니, 모든 불법을 거두어 모으고, 인드라그물과 같으니, 번뇌의 아수라를 굴복시키고, 바루나바람과 같으니, 모든 교화 받을 이를 흔들고 인드라불과 같으니, 모든 번뇌의 버릇을 태우고, 불탑과 같으니 모든 세간에서 공양할 바인 연고라.

보리심은 이렇게 한량없는 공덕을 성취하나니, 요령을 들어 말하면 모든 불법의 공덕과 평등하니라.

왜냐하면 보리심은 보살행을 내나니, 3세 여래가 보리심으로부터 나시는 연고니라. 그러므로 만일 무상보리심을 내는 이는 이미 한량없는 공덕을 내었으며 온갖 지혜의 길을 널리 거두어 가짐이니라.

사람이 두려움 없는 약을 가지면 다섯 가지 공포를 여의나니, 이른바 불에 타지 않고 독에 걸리지 않고 칼에 상하지 않고 물에 빠지지 않고 연기에 취하지 않음이니라. 보살도 그와 같아서 온갖 지혜의 보리심 약을 얻으면 탐욕의 불에 타지 않고 성내는 독에 걸리지 않고 의혹의 칼에 상하지 않고 존재의 흐름에 빠지지 않고 깨닫고 살피는(覺視) 연기에 취하지 않느니라.

사람이 해탈의 약을 얻으면 마침내 횡액이 없나니, 보살 보리심의 해탈하는 지혜의 약을 얻으면 모든 죽고 사는 횡액을 여의느니라.

사람이 마하웅가약을 가지면 독사가 냄새를 맡고 멀리 도망하나니, 보살도 보리심의 큰 웅가약을 가지면 모든 번뇌의 악한 독사가 그 냄새를 맡고 다 산멸하느니라.

사람이 이길 이 없는 약을 가지면 모든 원수가 이기지 못하나니, 보살도 보리심의 이길 이 없는 약을 가지면 모든 마군을 항복 받느니라.

사람이 비가마약을 가지면 독한 살이 저절로 떨어지나니, 보살도 보리심의 비가마약을 가지면 탐욕·성냄·어리석음·삿된 소견의 살이 저절로 떨어지느니라.

사람이 선견약을 가지면 모든 병을 제멸하나니, 보살도 보리심의 선견약을 가지면 모든 번뇌의 병을 제멸하느니라.

착한 남자여, 약나무가 있으니 이름이 산다나라. 그 껍질을 벗겨서 부스럼에

붙이면 부스럼이 곧 나으며 그 나무껍질은 벗기는 대로 곧 아물어서 끝나지 않나니, 보살의 보리심에서 생기는 온갖 지혜의 나무도 누구나 보고 신심을 내면 번뇌와 업의 부스럼이 곧 소멸되거니와 온갖 지혜의 나무는 조금도 손상하지 않느니라.

약나무가 있는데 이름은 무생근(無生根)이라. 그 세력으로 모든 잠부드비이파의 나무를 자라게 하나니, 보살의 보리심 나무도 그 세력으로 모든 배우는 이 배울 것 없는 이와 보살들의 선법을 증장케 하느니라.

약이 있는데 이름은 아람파(阿籃婆)라. 그것을 몸에 바르면 몸과 마음에 힘이 나나니, 보살의 보리심 라틸람바약도 몸과 마음에 선법을 증장케 하느니라.

어떤 사람이 기억하는 힘 있는 약을 먹으면 한번 들은 일을 기억하고 잊지 않나니, 보살이 보리심 약을 얻으면 모든 불법을 다 듣고 잊어버리지 않느니라.

마치 대련화란 약이 있는데, 그 약을 먹으면 한 겁을 사나니, 보살이 보리심 대련화약을 먹는 것도 그와 같아서 수없는 겁에 목숨이 자유자재 하느니라.

마치 사람이 몸 가리는 약을 쥐면 사람과 사람 아닌 이가 능히 보지 못하나니, 보살도 보리심의 몸 가리는 묘한 약을 잡으면 모든 마들이 능히 보지 못하느니라.

바다에 진주가 있으니 이름은 뭇 보배 두루 모음이라. 이 진주가 있기만 하면 설사 겁말의 불이 세간을 태우더라도 이 바닷물을 한 방울도 감하게 할 수 없나니라. 보살의 보리심 진주도 보살의 서원 바다에 머물러 항상 기억해 가지고 물러가지 않으면 보살의 선근 하나를 무너뜨리는 일도 할 수 없거니와 만일 그 마음이 물러가면 모든 선법이 다 소멸 되느니라.

대광명이란 마니 구슬이 있는데 이 구슬로 몸을 단장하면 모든 보배 장엄거리를 가리어 버려서 거기 있는 광명이 나타나지 못하나니, 보살의 보리심 보배도 몸에 단장하면 모든 2승의 마음 보배를 가리어 버려서 모든 장엄 거리의 광채가 없어지느니라.

물 맑히는 구슬이 능히 흐린 물을 맑히듯이 보살의 마음 구슬도 모든 번뇌의 흐린 때를 맑히느니라.

사람이 물에 머무는 보배를 얻어 몸에 매면 큰 바다에 들어가도 해하지 못하나니, 보살도 보리심의 물에 머무는 묘한 보배를 얻으면 모든 생사하는 바다에 들어가도 빠지지 않느니라.

어떤 사람이 용의 보배 구슬을 얻어가지고 용궁에 들어가면 모든 용이나 구리가 해하지 못하나니, 보살도 보리심 큰 용의 보배 구슬을 얻어가지고 욕계에 들어가더라도 번뇌의 용과 뱀이 해하지 못하느니라.

　제석천왕이 마니 관을 쓰면 다른 하늘 무리들을 가리어 버리나니, 보살도 보리심의 큰 서원인 보배 관을 쓰면, 모든 3세 중생들을 초과하느니라.

　사람이 여의주를 얻으면 모든 빈궁한 괴롬을 멸하나니, 보살도 보리심 여의주 보배를 얻으면 모든 잘못 생활하는 두려움을 멀리 여의느니라.

　사람이 일정주를 얻어 햇빛에 향하면 불이 나나니, 보살도 보리심 지혜의 일정주를 얻어 지혜의 빛에 향하면 지혜의 불이 나느니라.

　사람이 월정주를 얻어 달빛에 향하면 물이 나나니, 보살도 보리심의 월정주를 얻어서 그 구슬로 회향하는 빛에 비추면 모든 선근의 서원 물을 내느니라.

　용왕이 머리에 여의주 보배 관을 쓰면 모든 원수의 두려움을 여의나니, 보살도 보리심의 크게 가엾이 여기는 보배관을 쓰면 모든 나쁜 길의 어려움을 멀리 여의느니라.

　보배 구슬이 있는데, 이름은 모든 세간을 장엄하는 갈무리라. 얻기만 하면 모든 욕망이 만족하나, 이 보배 구슬은 감손함이 없나니, 보리심의 보배도 얻는 이가 있으면 소원이 만족하여지나 보리심은 감손하지 않느니라.

　전륜왕이 마니 보배를 궁중에 놓으면 큰 광명을 내어 모든 어둠을 깨뜨리나니, 보살도 보리심의 큰 마니 보배를 욕계에 두면 큰 지혜의 빛을 놓아 여러 길의 무명의 캄캄함을 깨뜨리느니라.

　마치 제석천왕의 푸른 마니 보배의 광명을 쐬는 이가 있으면 그 빛과 같아지나니, 보살의 보리심 보배도 모든 법을 관찰하여 선근에 회향하면 보리심 빛과 같아지지 않는 이가 없느니라.

　바이두우랴 보배는 백천 년 동안을 부정한 속에 있어도 더러운 데 물들지 않나니, 성품이 원래 깨끗한 연고니라. 보살의 보리심 보배도 백천 겁 동안을 욕계에 있어도 욕계에 물들지 않고 법계와 같나니, 성품이 청정한 연고니라.

　깨끗한 광명이란 보배가 모든 보배의 빛을 모두 가리어 버리나니, 보살의 보리심 보배도 모든 범부와 2승의 공덕을 모두 가리어 버리느니라.

　불꽃이란 보배가 모든 어두움을 다 제하나니, 보살의 보리심 보배도 모든 무지의 어두움을 소멸하느니라.

　바다에 값을 매길 수 없는 보배가 있는데 장사치들이 들어가 따서 배에 싣고 성시에 들어가면 다른 마니주는 백천만 종류라도 광택과 값이 비길 수 없나니, 보리심 보배도 그와 같아서 나고 죽는 바다 속에 있거든 보살이 큰 서원의 배를 타고 깊은 마음이 서로 계속하며 싣고 와서 해탈성으로 들어가면 2승의 공덕으로는 미칠이가 없느니라.

　보배 구슬이 있는데 이름은 자재왕이라. 잠부드이파에 있어서 해·달과는 멀기가 4만 유순이지만 일궁과 월궁에 있는 장엄이 그 구슬에 모두가 구족하게 나타나나니, 보살의 보리심을 낸 깨끗한 공덕 보배도 그와 같아서, 나고 죽는 가운데 있지만 법계인 허공을 비추는 부처님 지혜의 해·달의 모든 공덕이 그 가운데 나타나느니라.

　보배 구슬이 있는데 이름은 자재왕이라. 해와 달의 광명이 비추는 곳에 있는 모든 재물·보배·의복 따위의 값으로는 미칠 수 없나니, 보살의 보리심을 낸 자재왕 보배도 온갖 지혜의 광명이 비추는 곳에 있는 3세의 천상·인간·2승의 가진 누선(漏善)과 무루선(無漏善)의 모든 공덕으로는 미칠 수 없느니라.

　바닷속에 보배가 있는데 이름은 해장이라. 바다 속에 있는 여러 가지 장엄한 일을 두루 나타내나니, 보살의 보리심 보배도 그와 같아서 온갖 지혜 바다의 여러 가지 장엄한 일을 두루 나타내느니라.

　천상에 있는 잠부나다금은 심왕 대 마니 보배를 빼놓고는 다른 보배로는 미칠 수가 없나니, 보살의 보리심을 낸 잠부나다금도 그와 같아서 온갖 지혜의 심왕대보를 빼놓고는 다른 것으로는 미칠 수가 없느니라.

　사람이 용을 길들이는 법을 잘 알면 여러 용 가운데서 자재하게 되나니, 보살도 보리심의 용을 길들이는 법을 잘 알면 모든 번뇌 용 가운데서 자재하게 되느니라.

　용사가 갑주를 입고 장기를 들면 모든 대적이 항복 받지 못하나니, 보살도 보리심의 갑주를 입고 장기를 들면 모든 업과 번뇌의 나쁜 대적이 항복 받지 못하느니라.

　천상에 있는 흑전단향은 한 돈쭝만 살라도 그 향기가 천 세계에 풍기어서 삼천대천세계에 가득한 보배의 값으로는 미치지 못하나니, 보살의 보리심 향도 그와 같아서 잠깐 동안 공덕이 법계에 널리 풍기어서 성문과 연각의 모든 공덕으로는 모두 미치지 못하느니라.

　백전단향을 몸에 바르면 모든 시끄러움을 제멸하고 몸과 마음을 청량케 하나니, 보살의 보리심 향도 그와 같아서 허망하게 분별하는 모든 탐욕·성냄·어리석은 번뇌의 시끄러움을 제멸하고 지혜의 청량함을 구족케 하느니라.

　수미산을 가까이 하면 그 빛깔과 같아지나니 보살의 보리심 산도 가까이 하면 그 온갖 지혜의 빛깔과 같아지느니라.

　파리지트라 나무의 껍질의 향기는 잠부드비아파에 있는 바쉬카꽃·참파카꽃

·수마나꽃들의 향기로는 미칠 수 없나니, 보살의 보리심 나무도 큰 서원을 세운 공덕의 향기는 모든 2승의 샘이 없는 계율·선정·지혜·해탈·해탈 지견의 공덕의 향으로는 미치지 못하느니라.

파리지트라 나무는 비록 꽃이 피지 않았더라도 이것이 한량없는 꽃들이 날 곳인 줄을 알아야 하나니, 보살의 보리심 나무도 그와 같아서 비록 온갖 지혜의 꽃이 피지 않았더라도 이것이 수없는 하늘 사람들의 보리 꽃이 생길 꽃인 줄을 알아야 하느니라.

파리지트라 꽃으로 하룻동안 옷에 풍긴 향기는 참파카꽃·바쉬카꽃·수마나꽃으로는 천년 동안 풍기더라도 미칠 수 없나니, 보살의 보리심 꽃도 한평생 동안 풍긴 공덕의 향은 시방의 모든 부처님 계신 데 사무쳐서 모든 2승의 샘이 없는 공덕으로는 백천 겁을 풍기어도 미칠 수 없느니라.

바다 섬 가운데 야자나무가 있는데, 뿌리·줄기·가지·잎·꽃·과실을 중생들이 항상 가져다 쓰기를 쉴 새가 없나니, 보살의 보리심 나무도 자비와 서원하는 마음을 낸 적부터 내지 부처님이 되어 바른 법이 세상에 머물러 있을 때까지 모든 세간을 항상 이익하여 쉬지 않느니라.

하아타카라는 약물을 사람이 얻으면 한 냥쭝으로 천 냥의 구리를 변하여 진금을 만들어 천 냥의 구리로 이 약을 변할 수는 없느니라. 보살도 보리심을 회향하는 지혜의 약으로 모든 업과 번뇌를 변하여서 온갖 지혜를 만들 수는 있어도, 업과 번뇌로 그 마음을 변할 수는 없느니라.

작은 불이라도 타는 대로 불꽃이 점점 치성하나니, 보살의 보리심도 그와 같아서 반연하는 대로 지혜의 불꽃이 증장하느니라.

마치 한 등불이 백천 등을 켜도 근본 등불이 줄지도 않고 다하지도 않나니, 보살의 보리심 등불도 3세 부처님들의 지혜 등을 두루켜도 줄지도 않고 다하지도 않느니라.

한 등불이 어두운 방에 들어가면 백천년 묵은 어두움이 모두 없어지나니, 보살의 등불도 그와 같아서 중생의 마음방에 들어가면 백천만억 말할 수 없는 겁 동안 묵은 업과 번뇌의 갖가지 어두움이 모두 없어지느니라.

등잔 심지가 크고 작음을 따라 광명을 낼 적에 기름을 더 부으면 밝은 광명이 끝까지 끊어지지 않나니, 보살의 보리심 등불도 그와 같아서 큰 서원으로 심지가 되어 법계를 비추는데 가엾이 여기는 기름을 더하면 중생을 교화하고 국토를 장엄하는 불사를 지어 쉬지 않느니라.

타화자재천왕이 잠부나다 진금으로 만든 천관을 쓰면 욕계 천자들의 장엄으로는 미치지 못하나니, 보살도 보리심 큰 서원의 천관을 쓰면, 모든 범부와 2승의 공덕으로는 미치지 못하느니라.

사자왕의 영각하는 소리를 사자 새끼가 들으면 용맹이 증장하지마는 다른 짐승이 듣고는 숨어버리나니, 부처님 사자왕의 보리심 영각도 그와 같아서 보살들이 들으면 공덕이 증장하지마는, 얻은 바 있는 이가 듣고는 흩어져 물러가느니라.

어떤 사람이 사자의 힘줄로 거문고 줄을 만들어 타면 다른 악기의 줄들이 모두 끊어지나니, 보살도 여래 사자인 바라밀다 몸의 보리심 힘줄로 법 풍류의 줄을 만들어 타면 모든 5욕심과 2승의 공덕 줄이 모두 끊어지느니라.

어떤 사람이 소나 양 따위의 젖을 모아서 바다를 만들었더라도 사자 젖 한 방울을 그 가운데 넣으면 모두 변하여서 걸림 없이 통과하게 되나니, 보살도 그와 같아서, 여래인 사자의 보리심 젖을 한량없는 겁부터 내려오는 업과 번뇌의 젖 바다에 두면 모두 변하여서 걸림 없이 통과하고 마침내 2승의 해탈에 머물지 않느니라.

가릉빈가(迦陵頻伽)새는 난각 속에 있을 적에도 큰 세력이 있어서 다른 새들로는 미치지 못하나니, 보살도 생사의 난각 속에서 보리심을 내면 그 가엾이 여기는 공덕의 세력을 성문이나 연각으로는 미치지 못하느니라.

가루라왕의 새끼는 처음 날 때부터 눈이 밝고 날으는 것도 억세어서 다른 새들은 아무리 오랫동안 자랐더라도 미치지 못하나니, 보살도 보리심을 내어 부처님의 왕자가 되면 지혜가 청정하고 가엾이 여김이 용맹하여 모든 2승은 백천 겁 동안 도행을 닦았더라도 미칠 수 없느니라.

어떤 장사가 손에 날카로운 창을 잡고 굳은 갑옷을 찌르면 걸림 없이 관통되나니, 보살도 그와 같아서 보리심의 날카로운 창을 잡고 삿된 소견으로 따라서 자는 갑옷을 찌르면 모두 뚫고 지나가서 걸림이 없느니라.

마하나아가(那迦)의 용맹한 장사가 성을 내면 이마에 부스럼이 생기며, 부스럼이 아물기 전에는 잠부드비이파의 모든 사람으로는 제어하지 못하나니, 보살도 크게 가엾이 여기는 마음을 내면 반드시 보리심을 내고 보리심을 버리기 전에는 모든 세간의 마와 마의 백성들이 해하지 못하느니라.

활 잘 쏘는 스승의 제자는 비록 그 스승처럼 기술을 익히지 못했더라도, 그 지혜와 방편과 교묘함을 다른 사람들로는 미치지 못하나니, 보살의 마음을 처음 얻어도 모든 지혜와 행이 능숙하지는 못하였어도, 그의 서원과 지혜와 욕망을 모든 세간의 범부나 2승으로 미치지 못하느니라.

사람이 활을 배울 적에 먼저 발을 잘 디디고 뒤에 쏘는 법을 익히나니, 보살도 여래의 온갖 지혜의 도를 배우려면 먼저 보리심에 편안히 머무른 뒤에 모든 불법을 닦아 행하느니라.

요술쟁이가 눈어리를 만들려면 먼저 마음을 내어 눈어리하는 법을 기억한 뒤에 눈어리를 만들어서 성취하나니, 보살도 모든 부처님과 보살의 신통인 눈어리를 일으키려면 먼저 뜻을 내어 보리심을 낸 뒤에야 모든 일이 성취되느니라.

눈어리가 물질이 없는 데서 물질을 나타내나니, 보살의 보리심 모양도 그와 같아서, 비록 형상이 없어서 보지는 못하나, 능히 시방 법계에서 갖가지 공덕 장엄을 널리 보이느니라.

고양이가 잠깐만 쥐를 보아도 쥐가 구멍에 들어가 나오지 못하나니, 보살의 보리심을 내는 것도 그와 같아서 지혜의 눈으로 번뇌와 업을 잠깐만 보아도 모두 숨어버리고 다시 나오지 못하느니라.

사람이 잠부나다금으로 만든 장엄 거리로 단장하면 모든 것을 가리어 버려 먹덩이 같이 되나니, 보살도 그와 같아서 보리심 장엄 거리로 단장하면 모든 범부와 2승의 공덕 장엄을 가리어 버려 빛이 없어지느니라.

좋은 자석은 조그만 힘으로도 모든 철로 된 사슬과 고리를 빨아들이나니, 보살의 보리심을 내는 것도 그와 같아서 한 생각을 일으키면 모든 소견·욕망·무명의 사슬과 고리를 없애 버리느니라.

자석을 철이 마주치면 곧 흩어지고 남는 것이 없나니, 보살의 보리심을 내는 것도 그와 같아서 업과 번뇌와 2승의 해탈이 마주치면 모두 흩어져 없어지고 남는 것이 없느니라.

사람이 바다에 잘 들어가는 이는 모든 물에 사는 족속이 해하지 못하여, 고래의 입에 들어가도 씹거나 삼키지 못하나니, 보살도 그와 같아서 보리심을 내고 바다에 들어가면 업과 번뇌가 해하지 못하며 성문이나 연각의 실제 법에 들어가도 거기 방해되지 않느니라.

사람이 감로수를 먹으면 모든 물건이 해하지 못하나니, 보살도 그와 같아서 보리심의 감로수를 먹으면 성문이나 벽지불의 지위에 떨어지지 않나니, 광대한 자비와 서원이 있는 연고니라.

사람이 안자나약을 얻어 눈에 바르면 인간에 다녀도 사람이 보지 못하나니 보살도 그와 같아서 보리심의 안자나약을 얻으면 방편으로써 마의 지경에 들어가도 모든 마들이 보지 못하느니라 사람이 왕에게 의지하면 다른 이를 두려워하지 않나니 보살도 그와 같아서 보리심의 세력있는 왕에 의지하면 장애와

악도의 험난함을 두려워하지 않느니라.

사람이 물 속에 있으면 불에 타는 것을 두려워하지 않나니, 보살도 그와 같아서 보리심의 선근의 물 속에 머물면 2승 해탈의 지혜 불을 두려워하지 않느니라.

사람이 용맹한 대장에게 의지하면 모든 대적을 두려워하지 않나니, 보살도 그와 같아서 보리심의 용맹한 대장에 의지하면 모든 나쁜 행의 대적을 두려워하지 않느니라.

제석천왕이 금강저를 들면 모든 아수라 무리를 굴복하나니, 보살도 그와 같아서 보리심의 금강저를 들면 모든 마와 외도를 굴복하느니라.

사람이 장수하는 약을 먹으면 길이 건강하여 늙지도 않고 여위지도 않나니, 보살도 그와 같아서 보리심의 장수하는 약을 먹으면 수없는 겁동안 보살행을 닦아도 고달픈 마음도 없고 물들지도 않느니라.

사람이 약을 개려면 먼저 깨끗한 물을 가져와야 하나니, 보살도 그와 같아서 보살행원을 닦으려면 먼저 보리심을 발기해야 하느니라.

사람이 몸을 보호하려며 먼저 생명을 보호하나니, 보살도 그와 같아서 불법을 보호하여 유지하려면 먼저 보리심을 보호해야 하느니라.

사람이 목숨이 끊어지면 부모와 친척을 이익케 하지 못하나니, 보살도 그와 같아서 보리심을 버리고는 모든 중생을 이익케 하지 못하며, 부처님의 공덕을 성취하지 못하느니라.

큰 바다는 망그러뜨릴 수 없나니, 보리심 바다도 업과 번뇌와 2승의 마음으로는 망그러뜨릴 수 없느니라.

햇빛은 별빛으로는 가릴 수 없나니, 보리심 해도 모든 2승의 샘이 없는 지혜의 빛으로는 가릴 수 없느니라.

왕자는 처음 나서도 대신들이 존중함을 종족의 내림이 자재한 연고니, 보살도 그와 같아서 불법에 보리심을 내면 곧 고승과 범행을 오래 닦은 성문 연각들이 함께 존중함은 크게 가엾이 여기는 데 자유자재한 연고니라.

왕자가 모든 신하들 가운데서 자유자재하지는 못하나 이미 왕의 모양을 갖추었으므로 모든 신하들과 평등하지 않으니 태어난 곳이 높은 것같이 보살도 그러하여 모든 업과 번뇌 가운데서 자재하지는 못하나 이미 보리의 모양을 구족하여 모든 1승과는 같지 안하니 종족이 제일인 연고니라.

청정한 마니 보배라도 눈에 병이 있으면 부정한 줄로 보나니, 보살의 보리심 보배도 그와 같아서 지혜가 없어 믿지 않으면 깨끗지 못하다고 하느니라.

어떤 약에 주문(呪)의 세력이 들어있는 것을 만일 중생이 보고 듣고 함께 있으면 모든 병이 다 소멸되나니, 보살의 보리심 약도 그와 같아서 모든 선근·지혜·방편·보살의 서원·지혜가 함께 들어 있는 것을 어떤 중생이 보고 듣고 함께 있으며 생각하면 번뇌병들이 모두 소멸되느니라.

사람이 항상 감로를 가지며 그 몸이 끝까지 망그러지지 않나니 보살도 그와 같아서, 보리심의 감로를 항상 생각해 가지면 서원과 지혜의 몸이 끝까지 변괴하지 않느니라.

기계로 만든 사람이 만일 고동이 없으면 몸이 흩어지고 운동하지 못하나니, 보살도 그와 같아서 보리심이 없으면 수행이 흩어져서 모든 불법을 성취하지 못하느니라.

전륜왕에게 침향 보배가 있는데 이름은 상장(象藏)이라. 이 향을 사르면 왕의 네 가지 군대가 허공으로 날아 올라가나니, 보살의 보리심 향도 그와 같아서, 이 뜻을 내기만 하면 보살의 모든 선근이 세계에서 영원히 벗어나 여래 지혜의 함이 없는 공중에 행하느니라.

금강은 다만 금강 나는 곳과 금나는 곳에서만 나고 다른 보배가 나는 곳에서는 나지 않나니, 보살의 보리심 금강도 그와 같아서, 다만 큰 자비로 중생을 구호하는 금강이 나는 곳이나 온갖 지혜의 지혜인 훌륭한 경지의 금이 나는 곳에서만 나고 다른 중생의 선근에서는 나지 않느니라.

무근이란 나무가 있는데, 선근에서 나지 않고도 가지·잎·꽃·열매가 다 무성하나니, 보살의 보리심 나무도 그와 같아서 뿌리를 찾아 볼 수 없으나 온갖 지혜의 신통과 큰 원인 가지·잎·꽃·열매를 기르며 무성한 그늘이 세계를 두루 덮느니라.

금강은 나쁜 그릇이나 깨진 그릇으로는 담을 수 없으나, 다만 완전하고 묘한 그릇은 제외할 것이니, 보리심 금강도 그와 같아서 용렬한 중생의 간탐하고 질투하고 파괴하고 게으르고 허망한 생각·지혜 없는 그릇에는 담을 수 없고 훌륭한 소원에서 물러나서 산란하고 나쁜 소견 가진 중생의 그릇에는 담을 수 없으나 다만 보살의 깊은 마음인 보배 그릇은 제외할 것이니라.

금강이 모든 보배를 능히 뚫나니, 보리심 금강도 모든 법의 보배를 능히 뚫느니라.

금강이 모든 산을 무너뜨리나니, 보리심 금강도 삿된 소견의 산들을 능히 무너뜨리느니라.

금강이 비록 깨져서 완전치 못하더라도 모든 보배가 미치지 못하나니, 보리심 금강도 비록 뜻이 용렬하여 조금 모자라더라도 모든 2승의 공덕보다 나으니라.

금강은 비록 손상되었어도 모든 빈궁을 제멸하나니, 보리심 금강도 비록 손상하여 모든 행이 나아가지 못하더라도 모든 생사를 여의느니라.

조그만 금강이라도 모든 물건을 깨뜨릴 수 있나니, 보리심 금강도 작은 경계를 들어가도 모든 무지한 의혹을 깨뜨리느니라.

금강은 보통 사람으로는 얻을 수 없나니, 보리심 금강도 뜻이 용렬한 중생으로는 얻을 수 없느니라.

금강을 보배로 알지 못하는 사람은 그 공능도 모르고 작용도 얻지 못하나니, 보리심 금강도 법을 알지 못하는 사람은 그 공능도 알지 못하고 작용도 얻지 못하느니라.

금강은 소멸할 이가 없듯이 보리심 금강도 모든 법이 능히 소멸하지 못하느니라.

금강저를 기운 센 사람들이 능히 들지 못하거니와 큰 나아라아야나의 힘을 가진 이는 제외할 것이니, 보리심도 그와 같아서 모든 2승은 유지하지 못하거니와 보살의 광대한 인연과 견고하고 착한 힘은 제외할 것이니라.

금강은 무슨 물건으로도 깨뜨릴 수 없으나 금강은 능히 모든 물건을 깨뜨리며 그래도 그 자체는 손상하지 않나니, 보리심도 그와 같아서 3세의 수 없는 겁에 중생을 교화하고 고행을 닦으며 성문과 연각으로는 할 수 없는 것을 능히 하지마는 끝까지 고달픈 생각도 없고 손상하지도 않느니라.

금강은 다른 데서는 가지지 못하고 오직 금강 땅에서만 가지나니, 보리심도 그와 같아서, 성문이나 연각은 가지지 못하며 오직 사르바자냐로 나아가는 이는 제외할 것이니라.

금강 그릇은 흠이 없어서 물을 담으면 영원히 새지 않아 땅에 들어가지 않나니, 보리심 금강 그릇도 그와 같아서 선근의 물을 담으면 영원히 새지 않아 여러 길에 들어가지 않느니라.

금강제(金剛除)는 능히 땅을 유지하여 떨어지지 않게 하나니, 보리심도 보살의 모든 행원을 유지하여 떨어져서 3세에 들어가지 않게 하느니라.

금강은 물 속에 오래 있어도 썩지도 않고 젖지도 않나니, 보리심도 그와 같아서, 모든 겁 동안을 생사하는 법과 번뇌의 물 속에 있어도 망그러지지도 않고 변하지도 않느니라.

금강은 모든 불이 태우지도 못하고 뜨겁게 못하나니, 보리심도 그와 같아서 생사의 번뇌 불들이 태우지도 못하고 뜨겁게도 못하느니라.

　삼천대천 세계 중에서 금강 자리만이 부처님이 도량에 앉아서 마군을 항복 받고 정등각을 이루는 일을 유지하는 것이요, 다른 자리로는 유지할 수 없나니, 보리심 자리도 그와 같아서 모든 보살의 원행과 바라밀다와 여러 지혜(忍)와 여러 지위와 회향하고 수기를 주고 보리도를 돕는 법을 닦아 익히며, 불공하고 법을 듣고 받자와 행하는 일을 능히 유지하는 것이요, 다른 마음으로는 유지하지 못하느니라.

　보리심은 이렇게 한량없고 그지없고 말할 수 없이 말할 수 없는 공덕을 성취하느니라. 어떤 중생이 무상보리심을 내면 곧 이렇게 훌륭한 공덕법을 얻느니라. 그러므로 그대는 좋은 이익을 얻었으니 무상보리심을 내어 보살행을 구하여 이러한 큰 공덕을 얻은 연고니라.

　그대가 묻기를 보살이 어떻게 보살행을 배우며 보살도를 닦느냐 하거니와, 그대는 이 비로자나 장엄장 큰 누각에 들어가서 두루 관찰하라. 곧 보살행을 배움을 알 것이요, 배우면 한량없는 공덕을 성취하리라."

　ⓒ 법체전수(法體傳授) - 화엄경 제79권

　그 때 선재동자는 공경히 미륵보살을 오른쪽으로 돌고 여쭈었다.

　"거룩하신 이께서 이 누각 문을 열어 제가 들어가게 하소서."

　이 때 미륵보살이 누각에 나아가 손가락을 튕겨 소리를 내니 문이 열리었고, 선재에게 들어가라 하니 선재동자는 기뻐서 들어갔으며, 문은 곧 닫혔다.

　누각을 보니 크고 넓기 한량이 없어 허공과 같고 아승지 보배로 땅이 되고, 아승지 궁전·문·창호·섬돌·난간·길이 모두 칠보로 되었으며, 아승지 번기·당기·일산이 사이사이 벌여 있고, 아승지 영락·진주영락·적진주 영락·사자진주 영락들이 곳곳에 드리웠으며, 아승지 반달·비단 띠·보배 그물을 장엄하였고, 아승지 보배 풍경이 바람에 흔들려 소리를 내며, 아승지 하늘꽃을 흩고, 아승지 하늘보배로 된 화만 띠를 달고, 아승지 보배 향로를 괴고 아승지 금가루를 비 내리고, 아승지 보배 거울을 달았고, 아승지 보배 등을 켜고, 아승지 보배 옷을 폈다.

　아승지 보배 휘장을 치고, 아승지 보배 자리를 깔고, 아승지 비단을 자리 위에 펴고, 아승지 잠부나다금 동녀 형상·보배 형상·묘한 보배로 된 보살 형상이 간 데마다 가득 찼으며, 아승지 새들은 청아한 소리를 내고, 아승지 보배 울파라 꽃·보배 파드마꽃·보배 쿠무다꽃·보배 푼다리카꽃으로 장엄하고, 아승지 보배나무는 차례로 줄을 지었고 아승지 마니 보배가 큰 광명을 놓아, 이렇게 한량없는 아승지 장엄 거리로 장엄하였다.

또 그 가운데는 한량없는 백천 누각이 있는데, 낱낱이 꾸민 것은 위에 말한 바와 같고, 크고 넓고 화려하기 허공과 같아서 서로 장애하지도 않고 착잡하지도 아니하였다. 선재동자가 한 곳에서 모든 곳을 보듯이, 모든 곳에서도 다 이렇게 보았다.

ㄹ 사건의 전말

이 때 선재동자가 비로자나 장엄장누각이 이렇게 갖가지로 헤아릴 수 없이 자유자재한 경계를 보고, 매우 환희하여 한량없이 뛰놀면서 몸과 마음이 부드러워져서 모든 의혹을 멸하며, 본 것은 잊지 않고 들은 것은 기억하고 생각이 어지럽지 아니하여 걸림 없는 해탈문에 들어가서 마음을 두루 놀리며 모든 것을 두루 보고 널리 예경하였다.

잠깐 머리를 조아리니, 미륵보살의 신통력을 말미암아 자기의 몸이 누각 속에 두루하여 있음을 보겠으며, 또 갖가지 부사의한 자재로운 경계를 보았다.

이른바 미륵보살이 처음에 위없는 보리심을 낼 적에 이런 이름, 성미와, 선지식의 가르침으로 선근을 심던 일을 보겠으며, 오래 살고 겁을 지내면서 이런 부처님을 만나고, 이렇게 장엄한 세계에 있으면서 이렇게 행을 닦고 이렇게 원을 세웠으며, 저 여래의 이러한 대중의 모임에서 이러한 수명과 세월을 지내면서 친근 공양하던 일을 모두 분명하게 보았다.

미륵보살이 처음에 인자한 삼매를 증득하고, 그 뒤부터 자씨라고 하던 일을 보기도 하고, 미륵보살이 묘한 행을 닦으며 모든 바라밀다를 만족하던 일을 보기도 하고, 법 아는 지혜를 얻기도 하고, 지상에 머물기도 하고 청정한 국토를 성취하는 것을 보기도 하였다. 여래의 바른 교법을 보호하며 큰 법사가 되어 죽고 사는 것이 없는 법의 지혜를 얻고, 어느 때 어느 곳에서 어느 여래에게 무상보리 수기를 받던 일을 보기도 하였다.

미륵보살이 전륜왕이 되어서 중생들을 권하여 열 가지 착한 길에 머물게 함을 보기도 하고 사천왕이 되어 중생을 이익케 하고, 제석천왕이 되어 다섯 가지 욕락을 꾸짖고, 수야마천왕이 되어 방일하지 않는 일을 찬탄하고, 투시타천왕이 되어 일생보처 보살의 공덕을 칭찬하고, 화락천왕이 되어 하늘 무리에게 보살들의 변화하는 장엄을 나타내고, 타화자재천왕이 되어 하늘 무리에게 모든 불법을 연설하고, 마왕이 되어 모든 법이 무상하다 말하고, 범천왕이 되어 모든 선정의 한량없이 기쁘고 즐거움을 말하고, 아수라왕이 되어 큰 지혜 바다에 들어가서 법이 눈어리 같음을 알고, 모인 무리들에게 법을 연설하여 모든 교만하고 취하고 거추장스러움을 끊게 함을 보기도 하였다.

또 그가 잠부드비이파에 있으면서 큰 광명을 놓아 지옥의 고통을 구원함을 보기도 하고, 아귀의 세계에서 음식을 보시하여 기갈을 구제함을, 축생의 길에서 여러 가지 방편으로 중생을 조복함, 사천왕의 대중을 위하여 법을 말함, 도리천왕의 대중을 위하여 법을 말함, 수야아마천왕의 대중을 위하여 법을 말함, 투시타천왕의 대중을 위하여 법을 말함, 화락천왕의 대중을 위하여 법을 말함, 타화자재천왕의 대중을 위하여 법을 말함, 대범천왕의 대중을 위하여 법을 말함, 용왕 대중에게 법을 말함, 야차·나찰왕 대중에게 법을 말함, 건달바·긴나라왕 대중에게 법을 말함, 아수라·타아라나바트(陀那婆)왕 대중에게 법을 말함, 가루라·마후라가왕 대중에게 법을 말함, 그 밖에 모든 사람·사람 아닌 이들의 대중에게 법을 말함을 보기도 하였다.

또 성문 대중을 위하여 법을 말함, 연각 대중을 위하여 법을 말함, 처음 마음 낸 이와 내지 일생보처로 정수리에 물을 부은 보살들을 위하여 법을 말함, 초지 내지 십지보살의 공덕을 찬탄함을 보기도 하였다.

또 모든 바라밀다 만족한 이를 찬탄함, 모든 지혜문에 들어감을 찬탄함, 여러 큰 삼매문을 찬탄함, 깊고 깊은 해탈문을 찬탄함, 모든 선정 삼매 신통한 경계를 찬탄함, 모든 보살행을 찬탄함, 여러 가지 큰 서원을 찬탄함을 보기도 하였다.

또 함께 수행하는 보살과 더불어 세간에서 살아가는 기술과 여러 가지 방편으로 중생을 이익케 하는 일을 찬탄함, 일생보처 보살과 더불어 모든 부처님의 정수리에 물 붓는 문을 찬탄함, 미륵보살이 백천년 동안 거닐고 경전을 읽고 외고 쓰고, 부지런히 관찰하고 대중에게 법을 말하며, 모든 성정과 네 가지 한량없는 마음에 들기도 하고, 모든 곳에 두루함과 모든 해탈에 들기도 하고, 삼매에 들어서 방편력으로 신통변화를 나타냄을 보기도 하였다.

여러 보살이 변화삼매에 들어 각각 그 몸의 낱낱 털구멍으로 모든 변화하는 몸 구름을 내는 것, 하늘 무리의 몸 구름을 내는 것, 용 무리의 몸 구름을 내는 것, 야차·건달바·긴나라·아수라·가루라·마후라가·제석·범왕·사천왕·전륜왕·작은 왕·왕자·대신·벼슬아치·장자·거사의 몸 구름을 내는 것, 성문·연각·보살·여래의 몸 구름을 내는 것, 모든 중생의 몸 구름을 내는 것도 보았다.

또 묘한 음성을 내어 보살의 갖가지 법문을 찬탄함, 이른바 보리심의 공덕문을 찬탄하며, 단나바라밀다와 내지 지혜 바라밀다의 공덕문을 찬탄하며, 여러 가지 거두어 주는 것·선정·한량없는 마음과 삼매와 삼마발저(三摩鉢底)와 트임(通)·밝음·다라니·변재·참된 진리·지혜·선정·슬기·해탈·인연·의지와 법문 말함을 찬탄하며, 염처(念處)·4정근(正勤)·7보리분(菩提分)·8성도(聖道)·성문승·독각승·보살승·모든 지혜·모든 지·모든 행·모든 원 따위의 모든 공덕문을 찬탄함을 보았다.

또 그 가운데서 여래를 대중이 둘러싸고 있음을 보았으며, 그 부처님의 나신 곳·가문·몸·오래 머무름과, 도량의 대중이 여러 가지로 같지 아니함을 분명하게 보았다.

또 저 장엄장 안에 있는 여러 누각 중에서 한 누각을 보니, 높고 넓은 훌륭하게 꾸민 것이 가장 좋아서 견줄 데가 없으며, 그 가운데 삼천대천세계의 백억 사천하가 있는데, 백억 투시타천에 낱낱이 미륵보살이 있다가 신으로 내려와서 탄생하는 것을, 제석과 범천왕이 받들어 머리에 올리며, 일곱 걸음을 다니고 시방을 살펴보며 크게 사자후하는 것을 보겠으며, 동자로서 궁전에 거처하고 정원에서 유희하며, 온갖 지혜를 얻기 위하여 출가 고행하고, 유미죽을 받고 도량에 나아가서 항마 성도하고, 보리수를 보시다가 범왕의 권청으로 전법하고, 천궁에 올라가서 법을 연설하는 일과, 겁과 수명과 대중 모둠의 장엄, 국토를 깨끗이 하고 행과 닦음, 중생을 교화하여 성숙케 하는 방편, 사리를 나누어 반포함과 법을 머물러 유지함이 모두 같지 아니함을 보았다.

ㅁ. 궁극적 법연(法緣)

그 때 선재동자는 자기의 몸이 모든 여래의 처소에 있음을 보았으며, 또 저 모든 대중의 모임과 모든 불자를 보고 기억하여 잊지 않았으며 통달하여 걸림이 없었다.

또 모든 누각 안에 있는 보배 그물과 풍경과 모든 악기에서 헤아릴 수 없는 미묘한 음성을 내어 여러 가지 법을 연설함을 들으니, 이른바 보살이 보리심 내는 것·바라밀다 행을 닦음·모든 원·여래께 공경하고 공양함·불국토를 장엄함·불법을 말씀하신 차별을 말하는데, 이렇게 모든 불법을 말하는 소리를 들으니, 화창하고 분명하였다.

또 들으니, 어느 곳 아무 보살은 누구의 법문을 듣고 아무 선지식의 지도로 보리심을 내었으며, 어느 겁에 어느 세계에서 아무 여래의 어느 대중에 있으면서, 아무 부처님의 이러한 공덕을 듣고는 이런 마음을 내고 이런 원을 일으키고 이렇게 광대한 선근을 심었으며, 몇 겁을 지내면서 보살행을 닦다가 얼마나 오랜 뒤에 정각을 이루어, 이러한 이름·이러한 성문·보살을 교화하였으며, 열반한 뒤에 바른 법이 세상에 머물러 있어 몇 겁을 지내면서 이러한 한량없는 중생을 이익케 하였다는 말을 들었다.

또 어느 곳에는 아무 보살이 있어서 보시·계율·인욕·정진·선정·지혜로 이렇게 바라밀다를 닦았다는 말을 듣고, 또 어느 곳에는 아무 보살이 있는데, 법을 구하기 위하여 국왕의 지위·모든 보배·처자·권속이며 손·발·머리·눈 모든 것을 아끼지 않는다는 말을 들었다.

또 어느 곳에는 아무 보살이 있어서 여래의 말씀한 바른 법을 수호하여 큰 법사가 되었으며, 법보시를 널리 행하며 법당을 세우고 법 소라를 불고 법 북을 치고 법 비를 내리며, 불탑을 조성하고 불상을 조성하며, 중생에게 여러 가지 즐거운 도구를 보시한다는 말을 들었다.

또 어느 곳에는 아무 여래가 아무 겁에 등정각을 이루었는데, 국토는 이러하고 모인 대중은 이러하고 수명은 이러하였으며, 이런 법을 말하고 이런 원을 만족하고 이렇게 한량없는 중생을 교화하였다는 말을 들었다.

선재는 이렇게 부사의하고 미묘한 법음성을 듣고, 몸과 마음이 환희하고 부드럽고 기뻐서, 즉시로 한량없는 다라니문과 변재문과, 모든 선정·법·지혜·서원·바라밀다·트임·밝음·해탈·삼매문을 얻었다.

또 보배 거울 가운데서 갖가지 형상을 보았으니, 이른바 부처님 대중이 모인 도량을 보았으며, 또 깨끗한 세계·부정한 세계·깨끗하면서 부정한 세계·부정하면서 깨끗한 세계·불세계·부처님 있는 세계·부처님 없는 세계·소·중·대·인드라 그물 세계·엎어진 세계·잦혀진 세계·평탄한 세계를 보기도 하고, 지옥·아귀·축생이 사는 세계를 보기도 하고, 하늘과 사람이 충만한 세계를 보기도 하였다.

이러한 모든 세계에는 무수한 큰 보살들이 있는데, 다니기도 하고 앉기도 하여서 여러 가지 사업을 하며, 매우 가엾은 마음으로 중생을 딱하게 여기기도 하고, 논문을 지어 세간을 이익케 하기도 하고, 배우고 지니고 쓰고 외고 묻고 대답도 하면서, 세 때로 참회하고 회향하여 원을 세우는 것을 보기도 하였다.

또 보니, 여러 보배 기둥에서 마니왕은 큰 광명 그물을 놓는데, 푸르고 누르고 붉고 희기도 하고, 또 파리빛·수정빛·제청(帝靑)빛·무지개빛·잠부나다 금빛·모든 광명 빛이기도 하였다.

또 잠부나다 금으로 만든 아가씨 형상과 여러 보배 형상이 있는데, 혹은 속에 꽃 구름을 잡고, 혹은 옷 구름을 잡았으며, 당기·번기도 잡고, 화만·일산도 잡고, 여러 가지 바르는 향·가루 향도 잡고, 가장 훌륭한 마니 보배 그물도 잡고, 금 사슬을 드리우고 영락을 걸고, 팔을 들어 공양 거리를 받들기도 하고, 머리를 숙여 마니관을 드리기도 하며, 허리를 굽혀 우러러 보며 잠깐도 한눈팔지 않았다.

또 보니, 저 진주 영락에서 향수가 항상 흐르는데, 여덟 가지 공덕이 구족하고, 바이두우랴와 영락에서는 백천 가지 광명이 한꺼번에 비추며, 당기·번기·그물·일산 따위를 모두 여러 보배로 장엄하였다.

또 보니, 울파라꽃·푼다리카꽃에서는 각각 한량없는 꽃을 내는데, 어떤 것은 손바닥만하고, 어떤 것은 팔뚝같이 길고, 가로 세로가 차바퀴 같기도 하며, 낱낱 꽃마다 갖가지 빛깔과 형상을 나타내어 장엄하였으니 이른바 남자빛깔·형상·여자빛깔 형상·동남·동녀의 형상과, 제석·범천·사천왕·하늘·용·야차·건달바·아수라·가루라·긴나라·마후라가·성문·연각·보살과 같은 모든 중생의 형상들이 모두 합장하고 허리 굽혀 경례하며, 또 여래께서 가부하고 앉았는데, 32거룩한 모습으로 장엄한 것을 보았다.

또 그 깨끗한 바이두우랴로 된 땅에서는 한 걸음 한 걸음 사이마다 부사의한 갖가지 형상을 나타내니, 이른바 세계·보살·여래·누각으로 장엄한 형상들이다.

또 보배 나무에서는 가지·잎·꽃·열매마다 갖가지 반신상을 보게 되니, 이른바 부처님 반신상·보살 반신상, 하늘·용·야차와 내지 사천왕·전륜왕·작은 왕·왕자·대신과 관장(官長) 사부대중의 반신상이며, 그 반신상들은 화만도 들고 영락도 들고, 일심으로 우러러 보면서 한눈을 팔지 않기도 하고, 또 찬탄하기도 하며 삼매에 들기도 하였다. 그 몸은 거룩한 모습으로 장엄하였고, 여러 가지 빛 광명을 놓으니, 금빛·은빛·산호빛·두사라빛·제청(帝靑)빛·비로자나 보배빛, 모든 보배빛·참파카빛 광명들이다.

또 여러 누각의 반달(半月) 형상에서 아승지 일월성신 광명들을 내어 시방에 두루 비추는 것을 보았다.

또 여러 누각의 사방을 둘러 싼 벽에는 한 걸음 한 걸음마다 모든 보배로 장엄하였고, 낱낱 보배에서는 미륵보살이 지난 옛적에 보살도를 수행하던 일을 나타내는데, 혹 머리도 보시하고, 혹은 손·발·입술·혀·어금니·치아·귀·코·피·살·가죽·뼈·골수도 보시하며, 내지 손톱·머리카락 따위를 버리기도 하고, 아내·첩·아들·딸·도성·마을·국토·임금의 지위를 달라는 대로 주기도 하며, 옥에 갇힌 이는 나오게 하고, 결박된 이는 풀리게 하고, 병난 이는 치료하여 주고, 길을 잘못 든 이에게는 바른 길을 가리켜 주었다.

혹은 뱃사공이 되어 바다를 건네주고, 혹은 말이 되어 어려운 일을 구하여 주며, 신선이 되어 경론을 말하고, 전륜왕이 되어 열 가지 착한 일을 말하고, 의사가 되어 병을 치료하기도 하며, 부모에게 효도하고 선지식을 친근하며, 성문·연각·보살·여래도 되어 모든 중생을 교화 조복하며, 혹은 법사가 되어 부처님 교법을 받들어 행하고, 배우고 읽고 외고 이치를 생각하며, 부처님 차이타(支提 : 탑)를 쌓고 불상을 조성하여 자기도 공양하고, 다른 이를 시켜서 향을 바르고 꽃을 흩고 공경하고 예배하며, 이런 일들이 계속되었다.

혹은 사자좌에 앉아 설법하며 중생들을 권하여 열 가지 착한 일에 머물게 하고, 한결같은 마음으로 3보에 귀의하여 5가지 계율과 여덟 가지 지계를 받아 지니게 하며, 출가법을 듣고는 배우고 읽고 외며 이치대로 수행함을 보며, 내지 미륵보살이 백천억 나유타 아승지 겁 동안에 모든 바라밀다를 수행하는 여러 가지 모양을 보기도 하였다.

또 미륵보살의 예전에 섬기던 선지식들이 모든 공덕으로 장엄함을 보았으며, 또 미륵보살이 저 여러 선지식들을 친근 공양하며, 그의 가르침을 받아 행하며 내지 정수리에 물 붓는 지위에 머물러 있거든, 그 때 선지식들이 선재에게 잘 오도다. 동자여, 너는 이 보살의 부사의한 일을 보고 고달픈 마음을 내지 말라' 하는 것을 보았다.

이 때 선재동자는 잊지 않는 기억력을 얻은 연고며, 시방을 보는 청정한 눈·잘 관찰하는 걸림없는 지혜·보살들의 자재한 지혜·보살들이 지혜의 지위에 들어간 광대한 지혜를 얻은 연고로 여러 누각의 낱낱 물건 속에서 이러함과 및 한량없고 부사의하고 자재한 경계와 여러 가지 장엄한 일을 보았다.

마치 사람이 꿈꾸면서 여러 가지 물건을 보는 것 같나니, 이른바 도시나 마을이나, 궁전·공원·산·숲·강·못·의복·음식과, 내지 온갖 살림하는 기구를 보기도 하고, 제 몸과 부모와 형제와 안팎 친척을 보기도 하고, 바다와 수미산과 천궁들과 염부제 사천하 일을 보기도 하고, 그 몸의 키가 커서 백천 유순이 되기도 하거든, 집과 의복이 모두 그러하고, 또 낮에 오랜 세월을 지내면서 눕지도 자지도 않고 안락함을 느끼고, 깨어나서는 꿈인 줄 알지마는 보던 일을 분명하게 기억하느니라.

선재동자도 그와 같아서 미륵보살의 힘으로 가피한 연고며, 3세의 법이 모두 꿈과 같음을 알고, 중생들의 좁은 생각을 없애고, 장애 없이 광대한 지혜를 얻고, 보살들의 훌륭한 경지에 머무르고, 부사의한 방편 지혜에 들어간 연고로 이렇게 자유자재한 경계를 보느니라.

마치 어떤 사람이 죽으려 할 적에는 지은 업을 따라서 과보 받을 것을 보나니, 나쁜 업을 지은 이는 지옥·아귀·축생들이 받는 괴로운 경계를 보는데, 옥졸이 손에 병장기를 들고 성내고 꾸짖고 가두고 잡아가는 것을 보기도 하고, 부르짖고 슬피 탄식하는 소리를 듣기도 하고, 잿물 강·끓는 가마·칼산·검으로 된 나무를 보기도 하여, 여러 가지 핍박으로 갖은 고통을 받느니라.

착한 업을 지은 이는 모든 하늘의 궁전과 한량없는 하늘 대중과 하늘의 채녀들이 갖가지 의복으로 장엄한 것과, 궁전·동산·숲이 아름답고 묘한 것을 보나니, 아직 죽지는 않았으나 업력으로 이런 것을 보느니라.

선재동자도 그와 같아서, 보살업의 부사의한 힘으로 모든 장엄한 경계를 보게 되느니라.

마치 어떤 사람이 귀신에게 잡히면 여러 가지 일을 보기도 하고, 묻는 대로 대답하나니, 선재동자도 그와 같아서, 보살의 지혜로 가지하였으므로 저렇게 여러 가지 장엄한 일을 보기도 하고, 묻는 이가 있으면 모두 대답하느니라.

마치 사람이 용에게 잡히면 스스로 용이다 하며 용궁에 들어가서 잠깐 동안에 몇 해 몇 달을 지낸 줄 아나니, 선재동자도 그와 같아서, 보살의 지혜에 머물렀다는 생각과, 미륵보살의 가지한 바로, 잠깐 동안에 한량없는 겁을 지낸다 하느니라.

마치 범천 궁전의 이름을 장엄장이라 부르거든, 그 속에서 삼천 세계의 모든 물건을 보되 서로 섞이지 않나니, 선재동자도 그와 같아서, 이 누각에서 여러 가지 장엄한 경계가 갖가지로 차별함을 보지마는, 서로 섞이지 않느니라.

마치 비구가 십편처정(拾遍處定)에 들어가면, 가거나 서거나 앉거나 눕거나 들어가는 선정을 따라 경계가 앞에 나타나나니, 선재동자도 그와 같아서, 누각에 들어가면 모든 경계를 분명히 아느니라.

마치 사람이 공중에서 건달바성을 보면, 갖가지 장엄을 모두 분별하여 알고 걸림이 없으며, 또 야차의 궁전이 인간의 궁전과 한 곳에 함께 있어도 서로 섞이지 않고 제각기 업을 따라 보는 것이 같지 않으며, 또 바닷속에서 삼천 세계의 모든 빛깔과 형상을 모두 보며, 또 요술장이는 눈어리의 힘으로 여러 가지 눈어리를 짓느니라. 선재동자도 그와 같아서, 미륵보살의 신통력과, 부사의한 눈어리 같은 지혜의 힘과 눈어리 같은 지혜로 모든 법을 아는 연고와, 보살들의 자재력을 얻은 연고로, 이 누각 속에서 여러 가지 장엄과 자재한 경계를 보는 것이니라.

그 때 미륵보살이 신통력을 거두시고 누각으로 들어가 손가락을 퉁겨 소리를 내고, 선재에게 말하였다.

"착한 남자여, 일어나라. 법성이 이러한 것이니, 이는 보살의 모든 법을 아는 지혜의 인연이 모여서 나타나는 현상이니, 이러한 성품이 눈어리 같고, 꿈같고 그림자 같고, 영상 같아서, 모두 성취하지 못하느니라."

이 때 선재동자는 손가락 퉁기는 소리를 듣고 삼매에서 일어났다.

미륵보살이 말하였다.

"그대가 보살의 부사의하게 자재한 해탈에 머물러 보살들의 삼매의 기쁨을 받았으므로, 보살의 신통력으로 가지하고, 도를 돕는 데서 흘러나오고 원과 지혜로 나타난 여러 가지 훌륭하게 장엄한 궁전을 보았으며, 보살행을 보고 보살법을 듣고, 보살덕을 알고, 여래의 원을 마치었느니라."

"그러하외다. 이는 선지식의 가피하시고 생각하여 주신 위덕과 신통력입니다. 이 해탈문의 이름은 무엇이오니까."

"이 해탈문의 이름은 3세의 모든 경계에 들어가서 잊지 않고 기억하는 지혜로 장엄한 갈무리니라. 이 해탈문 가운데 말할 수 없이 말할 수 없는 해탈문이 있으니, 일생보처 보살이라야 얻는 것이니라."

ㅂ. 보살의 지혜와 신통력

그런데 정신을 차리고 나니 그동안 그 장엄하게 꾸며졌던 세상이 모두 다 없어져 버렸다. 그래서 선재가 물었다.

"이 장엄하였던 것이 어디 갔나이까."

"왔던 데로 갔느니라."

"어디서 왔었나이까."

"보살의 지혜와 신통력으로부터 와서, 보살의 지혜의 신통력을 의지하여 머무른 것이며, 간 곳도 없고 머무른 곳도 없고 모인 것도 아니고 항상 찬것도 아니어서 모든 것을 멀리 여의었으니라.

용왕의 비를 내리는 것이 몸에서 나오는 것도 아니고 마음에서 나오는 것도 아니고 모으는 일도 없지마는, 보지 못하는 것도 아니니, 다만 용왕의 마음에 생각하는 힘으로, 비가 줄줄 내려서 천하에 두루하는 것이며 이런 경계는 헤아릴 수 없느니라.

저 장엄하는 일도 그와 같아서, 안에 머무는 것도 아니고 밖에 머무는 것도 아니지마는, 보지 못하는 것이 아니니, 다만 보살의 위덕과 신통력과, 그대의 선근력으로 그런 일을 보는 것이니라.

마치 요술쟁이가 눈어리를 만들 적에 오는 데도 없어, 오고 가는 일이 없지마는, 요술의 힘으로 분명하게 보는 것이니, 저 장엄하는 일도 그와 같아서, 오는 데도 없고 가는 데도 없어, 오고 가는 일이 없지마는, 습관으로 부사의한 눈어리 같은 지혜력과, 지난 옛적에 세운 큰 서원력으로 이렇게 나타나느니라."

"성인께서는 어디서 오셨나이까."

"보살들은 오는 일도 없고 가는 일도 없이 그렇게 오느니라. 다니는 일도 없고 머무는 일도 없이 그렇게 오느니라. 처소도 집착도 없고 없어지지도 나지도 머물지도 옮기지도 동하지도 일어나지도 연련함·애착·업·과보도 없고 생기지도 멸하지도 아주 없지도 항상 하지도 아니하여 그렇게 오느니라.

보살은 크게 가엾이 여기는 곳에서 오나니, 중생들을 조복하려는 연고라. 크게 인자한 곳에서 오나니, 중생들을 구호하려는 연고라. 깨끗한 곳에서 오나니, 좋아함을 따라서 태어나는 연고라. 크게 서원한 곳에서 오나니, 옛날의 서원력으로 유지하는 연고라. 신통한 곳에서 오나니, 모든 곳에 좋아하는 대로 나타나는 연고라. 동요함이 없는 데서 오나니, 모든 부처님을 항상 떠나지 않는 연고라. 가지고 버림이 없는 데서 오나니, 몸과 마음을 시켜서 가고 오지 않는 연고라. 지혜와 방편인 데서 오나니, 모든 중생을 따라 주는 연고라. 변화를 나타내는 데서 오나니, 영상처럼 화하여 나타나는 연고라.

그러나 그대가 내게 묻기를 어디서 왔느냐 하였으니, 나는 태어난 곳인 말라야데샤국으로부터 여기 왔노라.

그 곳에 방사라는 마을이 있고, 거기 장자가 있으니 이름이 고파알라라. 그 사람은 교화하여 불법에 들어오게 하느라고 거기 있었으며, 또 태어난 곳에 있는 사람들로서 교화를 받을 이들에게 설법하고 또 부모와 권속들과 바라문들에게 대승을 연설하여 들어가게 하느라고 저기 있다가 여기 왔느니라.

"어떤 것이 보살의 태어난 곳이오니까."

"보살이 열 가지 태어나는 곳이 있느니라. 보리심이니, 보살의 집에 나는 연고라. 깊은 마음이니, 선지식의 집에 나는 연고라. 모든 집이니, 바라밀다 집에 나는 연고라. 큰 원이니, 묘한 행의 집에 나는 연고라. 크게 가엾이 여김이 보살의 나는 곳이니, 네 가지 거두어 주는 집에 나는 연고라. 이치대로 관찰함이니, 반야 바라밀다 집에 나는 연고라. 대승이니, 방편인 교묘한 집에 나는 연고라. 중생을 교화함이니, 부처님 가문에 나는 연고라. 지혜와 방편이니, 죽고 사는 것이 없는 법의 지혜의 집에 나는 연고라. 모든 법을 수행함이니, 3세의 모든 여래의 가문에 나는 연고라.

　보살은 반야 바라밀다로 어머니를 삼고, 교묘한 방편으로 아버지를 삼고, 단나 바라밀다는 유모가 되고, 지계 바라밀다는 양모가 되고, 인욕 바라밀다는 장엄 거리가 되고, 정진 바라밀다는 양육하는 이가 되고, 선정 바라밀다는 빨래하는 사람이 되고, 선지식은 가르치는 스승이 되고, 여러 보리의 부분은 동무가 되고, 모든 착한 법은 권속이 되고, 모든 보살은 형제가 되고, 보리심은 집이요, 이치대로 수행함은 집안 규모요, 모든 지(地)는 집이 있는 곳이요, 모든 지혜는 가족이요, 큰 서원은 집안 교법이요, 모든 행을 만족함은 집안 규모를 순종함이요, 대승심을 내도록 권함은 가업을 이음이요. 법물을 정수리에 부어 일생보처가 되는 보살은 왕의 태자요, 보리를 성취함은 가족을 깨끗이 함이니라.

　보살은 이렇게 범부에게 뛰어 나 보살의 지위에 들며, 여래의 가문에 나서 불종자에 머물며, 모든 행을 닦아서 3보를 끊이지 않게 하고, 보살의 종족을 잘 수호하여 보살의 종자를 깨끗이 하며, 태어난 곳이 높아서 허물이 없으므로, 모든 세간의 하늘·사람·마·범천·사문·바라문들이 공경 찬탄하느니라.

　보살이 이렇게 훌륭한 집에 태어나서는, 모든 법이 영상과 같음을 알므로 세간에 싫어함이 없고, 변화함과 같음을 알므로 모든 존재의 길에 물들지 않고, 나가 없음을 알므로 중생을 교화하는 마음에 고달프지 않고, 대자대비로 자체를 삼는 연고로 중생을 거두어 주는데 괴로움을 느끼지 않으며, 나고 죽음이 꿈과 같음을 아는 연고로 모든 겁을 지내어도 두려움이 없으며, 모든 쌓임이 눈어리 같음을 아는 연고로 일부러 태어나도 고달프지 않으며, 18계와 20처가 법계와 같음을 아는 연고로 모든 경계에 망그러질 것이 없으며, 모든 생각이 아지랑이 같음을 아는 연고로 모든 길에 들어가도 의혹하지 않으며, 모든 법이 눈어리 같음을 아는 연고로 마의 경계에 들어가도 물드는 생각을 내지 않으며, 법의 몸을 아는 연고로 모든 번뇌에 속지 않으며, 자유자재함을 얻은 연고로 모든 길에 통달하여 걸림이 없느니라.

　나의 몸은 모든 법계에 두루 나므로 모든 중생의 차별한 형상과 같고, 모든 중생의 갖가지 음성과 같고, 모든 중생의 좋아하는 거동과 같아서 세간을 따라 교화·조복하고, 모든 청정한 중생의 일부러 태어남과 같고, 모든 범부 중생의 짓는 사업·생각과 같고, 모든 보살의 서원과 같아서, 몸을 나타내어 법계에 가득하느니라.

나는 옛적에 나와 함께 수행하다가 지금에는 보리심에서 퇴타한 이를 제도하고, 또 부모와 권속들, 여러 바라문을 교화하여, 대성문이란 교만을 여의고, 여래의 종족 중에 나게 하기 위하여 이 잠부드비이파의 말라야데샤국 구타마을 바라문의 집에 태어났느니라.

나는 이 큰 누각에 있으면서 중생들의 좋아함을 따라 여러 가지 방편으로 교화하고 조복하느니라."

ㅅ. 다시 한번 선우를 소개하다
"나는 중생들의 마음을 따라 주기 위하여, 투시타천에서 함께 수행하던 하늘을 성숙케 하기 위하여, 보살의 복과 지혜와 변화와 장엄이 모든 욕계보다 뛰어남을 보이기 위하여, 그들로 하여금 모든 욕락을 버리게 하려고, 함이 있는 법이 무상함을 알게 하려고, 모든 천인들도 성하면 반드시 쇠함을 알게 하려고, 장차 내려올 적에 큰 지혜의 법문을 일생보처 보살과 함께 토론하려고, 같이 수행하는 이를 거두어 교화하려고, 석가여래께서 보내시는 이를 교화하여 연꽃처럼 깨닫게 하려고, 여기서 목숨을 마치고는 투시타천에 태어나느니라.

내 서원이 만족하고 온갖 지혜를 이루어 보리를 얻을 때에는 그대가 문수보살과 함께 나를 보게 되리라.

그대는 문수사리 선지식에게 가서 '보살이 어떻게 보살의 행을 배우며, 보현의 수행하는 문에 들어가며, 성취하며, 광대하게 하며, 따르며, 청정하게 하며, 원만하는가' 물으라.

왜냐하면 문수사리의 가진 서원을 다른 한량없는 백천억 나유타 보살은 가지지 못하였고, 문수사리는 그 수행이 광대하고 그 서원이 그지없어서 모든 보살의 공덕을 내기를 쉬지 아니하기 때문이니라.

문수사리는 항상 한량없는 백천억 나유타 부처님의 어머니가 되며, 한량없는 백천억 나유타 보살의 스승이 되며, 모든 중생을 교화 성취하여 시방세계에 소문이 났으며, 모든 부처님의 대중 가운데서 법을 연설하는 법사가 되어 모든 여래의 찬탄하는 바며, 깊은 지혜에 머물러 있어 모든 법을 사실대로 보고, 모든 해탈의 경계를 통달하고, 보현의 행하는 행을 끝까지 마치었느니라.

문수사리는 그대의 선지식이니, 그대로 하여금 여래의 가문에 나게 하였고, 모든 선근을 자라게 하였고, 모든 도를 돕는 법을 일으키게 하였고 진실한 선지식을 만나게 하였으며, 그대로 하여금 모든 공덕을 닦게 하고 모든 서원의 그물에 들어가게 하고, 모든 원에 머물게 하며, 그대를 위하여 모든 보살의 비밀법을 말하고 모든 보살과 부사의한 행을 나타냈었으며, 그대와 더불어 옛적에 함께 나고 행하였느니라.

그러므로 그대는 마땅히 문수사리에게 가야 하나니, 고달픈 생각을 내지 말라. 문수사리는 그대에게 모든 공덕을 말하리니, 왜냐하면 그대가 먼저 선지식을 만나고, 보살행을 듣고 해탈문을 들어가고, 큰 원을 만족한 것은, 모두 문수사리의 위덕과 신통의 힘이니라. 문수사리는 모든 곳에서 구경까지 얻게 하느니라."

그 때 선재동자는 그의 발에 엎드려 절하고 수없이 돌고 은근하게 앙모하면서 하직하고 물러갔다.

⑫ 환원문수(還源文殊) — 화엄경 제80권

ㄱ. 의교견증(依敎見證)

이 때 선재동자는 미륵보살이 가르친 대로 점점 나아가 1백 10여성을 지나서 보문(普門)국의 수마나성에 이르러서, 문에 머물러 있으면서 문수사리를 생각하고 따라 관찰하고 두루 찾으며 뵈옵기를 희망하였다.

이 때 문수사리는 멀리서 오른 손을 펴서 1백 10유순을 지나와 선재동자의 정수리를 만지면서 말하였다.

"착하고 착하다. 만일 믿는 근을 여의었던들 마음이 용렬하고 후회하여 공 닦는 행이 갖추지 못하고 정근에서 퇴타하여 한 선근에도 집착하고 조그만 공덕에도 만족하다가 교묘하게 행원을 일으키지 못하며, 선지식의 거두어 주고 보호함도 받지 못하며, 여래의 생각하심도 되지 못했을 것이며, 이러한 법의 성품·이치·법문·수행·경계를 알지 못하고 두루 알음·갖가지 알음·근원까지 지극함·분명하게 이해함·들어감·해탈함·분별함·증득함·얻는 것은 모두 할 수 없으리라."

이 때 문수사리는 이 법을 말하여 보여 주고 가르쳐서 이익하여 기쁘게 하며, 선재로 하여금 아승지 법문을 성취하고 한량없는 큰 지혜의 광명을 구족하여, 보살의 그지없는 다라니·원·삼매·신통·지혜를 얻게 하고, 보현의 도량에 들어가게 하였다가, 선재를 도로 자기의 머무른 곳에 두고는, 문수사리가 작용을 거두고 나타나지 않았다.

⑬ 보현친증(普賢親證)

ㄱ. 의교갈앙(依敎渴仰)

이에 선재동자는 생각하고 관찰하면서 일심으로 문수사리를 뵈오려 하다가, 삼천대천세계의 티끌 수 선지식을 보고, 모두 친근 공경하여 받들어 섬기고, 그들을 보고, 그들의 가르침을 받고 거스르지 아니하였다.

온갖 지혜를 나아가 구하며 증장하는데 크게 가엾이 여기는 바다를 넓히고, 크게 인자한 구름을 더하고, 중생을 두루 살피며 매우 환희하고, 보살의 고요한 법문에 편안히 머물렀으며, 모든 광대한 경계를 널리 반연하고 모든 부처님의 광대한 공덕을 배우며, 모든 부처님의 청정하게 알고 보는 데 들어가서 온갖 지혜와 도를 돕는 법을 늘리며, 모든 보살의 깊은 마음을 닦아 3세 부처님의 나시는 차례를 알며, 모든 법 바다에 들어가 모든 법륜을 굴리고 모든 세간에 태어나며, 모든 보살의 서원 바다에 들어가 모든 겁 동안에 머물면서 보살행을 닦고, 모든 여래의 경계를 밝게 비추고, 모든 보살의 근기를 기르며, 온갖 지혜의 청정한 광명을 얻고 시방을 두루 비추어 어두움을 제하며, 지혜가 법계에 두루하여 모든 세계의 모든 존재에 몸을 널리 나타내어 두루하지 않는데 없으며, 모든 장애를 부수고 걸림 없는 법에 들어가 법계의 평등한 경지에 머물러서, 보현의 해탈 경계를 관찰하였다.

즉시에 보현보살의 이름·행·원·도를 돕는 것·바른 도·모든 지(地)·지의 방편·지의 들어감·지의 더 나아감·지의 머무름·지의 닦아 익힘·지의 궁지·지의 위력·지의 함께 머무름을 듣고, 갈망하여 보현보살을 뵈오려 하였다.

곧 이 금강장 보리도량에서 비로자나 여래의 사자좌 앞에 있는 모든 보배 연화장 자리 위에 앉아서, 허공계와 같으려는 광대한 마음·모든 세계를 버리고 모든 애착을 여의려는 걸림없는 마음·모든 걸림 없는 법에 두루 행하려는 걸림 없는 마음·모든 시방 바다에 두루 들어가려는 걸림 없는 마음·모든 지혜의 경계에 널리 들어가려는 청정한 마음·도량의 장엄을 보려는 분명한 마음·모든 불법 바다에 들어가려는 광대한 마음·모든 중생세계를 교화하려는 두루한 마음·모든 국토를 깨끗이 하려는 한량없는 마음·모든 겁에 머물려는 끝 없는 마음·여래의 10력에 나아가려는 끝나는 마음을 일으켰다.

선재동자가 이런 마음을 일으킬 적에 자기의 선근력과 모든 여래의 가피력과 보현보살과 같이 선근을 심는 힘으로 열 가지 상서로운 모양을 보았다.

이른바 모든 세계가 청정하여 모든 여래의 정등각 이룸을 보고, 나쁜 길이 없음, 여러 가지 묘한 연꽃으로 장엄함, 모든 중생의 몸과 마음이 청정함, 여러 가지 보배로 장엄함, 모든 중생이 여러 가지 모습으로 몸을 장엄함, 여러 장엄 구름이 위에 덮임, 중생들이 인자한 마음을 내어 서로서로 이익케 하며 해롭게 하지 않음, 도량의 장엄함, 중생들이 부처님을 항상 생각함을 보았으니, 이것이 열이다.

또 열 가지 광명한 모양을 보았으니, 이른바 모든 세계에 가는 티끌이 있는데, 낱낱 티끌 속에서 모든 세계의 티끌 수 같은 불광명 그물 구름·광명 바퀴 구름·불형상 보배 구름·불꽃 바퀴 구름을 내어 법계에 두루함을 보았다.

낱낱 티끌 속에서 모든 세계의 티끌 수 같은 묘한 향 구름을 내어 시방에 두루하여 보현의 모든 행원과 큰 공덕 바다를 칭찬함을 보았다.

낱낱 티끌 속에서 모든 세계의 티끌 수 같은 일월성신 구름을 내는데, 모두 보현보살의 광명을 놓아 법계에 두루 비침을 보았다.

낱낱 티끌 속에서 모든 세계의 티끌 수 같은 중생들의 몸 형상 구름을 내는데 불광명을 놓아 법계에 두루 비침을 보았다.

낱낱 티끌 속에서 모든 세계의 티끌 수 같은 여러 부처님 형상 마니 구름을 내어 법계에 가득함을 보았다.

낱낱 티끌 속에서 모든 세계의 티끌 수 같은 보살의 몸 형상 구름을 내어 법계에 가득하며, 중생들로 하여금 모두 뛰어나서 소원이 만족케 함을 보았다.

낱낱 티끌 속에서 모든 세계의 티끌 수 같은 여래의 몸 형상 구름을 내며 여러 부처님의 광대한 서원을 말하여 법계에 두루함을 보았다. 이것이 열이다.

이 때 선재는 이 10종 광명상을 보고 이렇게 생각하였다.

'나는 이제 반드시 보현보살을 보고 선근을 더할 것이며, 모든 부처님을 보고 여러 보살의 광대한 경지에 대하여 결정한 지혜를 내어 온갖 지혜를 얻을 것이다.'

이 때 선재동자는 여러 감관을 거두어 일심으로 보현보살을 보려고 크게 정진하며 마음이 물러가지 아니하였고, 넓은 눈으로 시방의 모든 불보살을 관찰하면서, 보이는 것마다 보현보살을 뵈옵는 생각을 지었으며, 지혜의 눈으로 보현의 도를 보니, 마음이 광대하기 허공과 같았고, 크게 가엾이 여김이 견고하기 금강과 같았으며, 오는 세월이 끝나도록 보현보살을 따라다니면서 생각생각마다 보현행을 순종하여 닦으려 하였고, 지혜를 성취하고 여래의 경지에 들어 보현의 지위에 머물려 하였다.

  ㄴ. 견문친증(見聞親證)

 이 때 선재동자가 보니, 보현보살의 여래의 앞에 대중이 모인 가운데서 보배 연꽃 사자좌에 앉았는데, 모든 보살들이 함께 둘러 모셨으며, 가장 특수하여 세간에 짝할 이가 없으며, 지혜의 경지는 한량없고 그지없으며, 헤아리기 어렵고 생각하기 어려워 3세 부처님과 평등하며 모든 보살들이 살펴 볼 수 없었다.
 또 보니, 보현보살의 몸에 있는 낱낱 털구멍에서 모든 세계의 티끌 수 광명 구름을 내어 법계와 허공계의 모든 세계에 두루하며, 모든 중생의 괴롬과 근심을 멸하여 보살들이 매우 환희하게 하였다.
 또 낱낱 털구멍에서 모든 세계의 티끌 수 같은 갖가지 빛 향 불꽃 구름을 내어, 법계와 허공계 있는 모든 부처님의 대중이 모인 도량에 두루하여 널리 풍김을 보았다.
 또 낱낱 털구멍에서 모든 세계의 티끌 수 같은 여러 가지 꽃구름을 내어 법계와 허공계에 있는 모든 부처님의 대중이 모인 도량에 두루하여 묘한 꽃들을 비 내림을 보았다.
 또 낱낱 털구멍에서 모든 세계의 티끌 수 향나무 구름을 내어, 법계 허공계에 있는 모든 불대중이 모인 도량에 두루하여 여러 가지 묘한 향을 비 내림을 보았다.
 또 낱낱 털구멍에서 모든 세계의 티끌 수 옷 구름을 내어, 법계와 허공계에 있는 모든 부처님의 대중이 모인 도량에 두루하여 여러 가지 묘한 옷을 비 내림을 보았다.
 또 낱낱 털구멍에서 모든 세계의 티끌 수 보배나무 구름을 내어 법계와 허공계에 있는 모든 부처님의 대중이 모인 도량에 두루하여 마니 보배를 비 내림을 보았다.
 또 낱낱 털구멍에서 모든 세계의 티끌 수 색계 하늘의 몸 구름을 내어 법계에 가득하여 보리심을 찬탄함을 보았다.
 또 낱낱 털구멍에서 모든 세계의 티끌 수 범천의 몸 구름을 내어 여러 여래에게 묘한 법륜을 굴리도록 권함을 보았다.
 또 낱낱 털구멍에서 모든 세계의 티끌 수 욕계 천왕의 몸 구름을 내어, 모든 여래의 법륜을 보호하고 유지함을 보았다.
 또 낱낱 털구멍에서 잠깐잠깐마다 모든 세계의 티끌 수 같은 3세 부처님 세계 구름을 내어 법계와 허공계에 두루하여 모든 중생의 돌아갈 데 없는 이에게는 돌아갈 데를 지어 주고, 보호할 이 없는 이에게는 보호할 이를 지어 주고, 의지할 데 없는 이에게는 의지할 데를 지어 줌을 보았다.

또 낱낱 털구멍에서 잠깐 잠깐마다 모든 세계의 티끌 수 같은 청정한 불세계 구름을 내어 법계와 허공계에 두루하거든 모든 부처님이 그 가운데 나시어 보살 대중이 가득함을 보았다.

또 낱낱 털구멍에서 잠깐잠깐마다 모든 세계의 티끌 수 같이 깨끗하면서 부정한 불세계 구름·청정치 못한 불세계 구름·부정한 불세계 구름을 내어 법계와 허공계에 두루하여 순전히 물든 중생들을 모두 청정케 함을 보았다.

또 낱낱 털구멍에서 잠깐잠깐마다 모든 세계의 티끌 수 중생의 몸 구름을 내어 법계와 허공계에 두루하여 교화 받을 중생들을 따라서 다 무상보리를 내게 함을 보았다.

또 낱낱 털구멍에서 잠깐잠깐마다 모든 세계의 티끌 수 같은 보살의 몸 구름을 내어 법계와 허공계에 두루하여 갖가지 부처님의 이름을 칭찬하여, 중생들의 선근을 증장케 함과 모든 세계에서 여러 부처님과 보살들이 처음 마음을 낸 때부터 생긴 선근을 드날림과 모든 세계의 낱낱 세계에서 여러 보살의 서원 바다와 보현보살의 청정하고 묘한 행을 칭찬하여 드날림을 보았다.

또 낱낱 털구멍에서 잠깐잠깐마다 보현보살의 수행 구름을 내어 모든 중생의 마음을 만족케 하고 온갖 지혜의 도를 갖추 닦아 익힘을 보았다.

또 낱낱 털구멍에서 모든 세계의 티끌 수 같은 바로 깨달음 몸 구름을 내어 온갖 세계에서 바른 깨달음을 이루며, 보살들로 하여금 큰 법을 증장케 하고 온갖 지혜를 이루게 함을 보았다.

이 때 선재동자는 보현보살의 이렇게 자유자재한 신통경계를 보고는 몸과 마음이 두루 기뻐서 한량없이 뛰놀았다.

보현보살의 몸의 부분마다 낱낱 털구멍에, 모두 삼천대천세계의 바람 둘레(風輪)·물 둘레·땅 둘레·불 둘레와 바다와 강과 보배 산인 수미산·철위산과, 마을·영문·도시와 궁전, 동산과 지옥·아귀·축생·염마왕 세계와 하늘·용·8부와, 사람과 사람 아닌 이와, 욕계·색계·무색계와, 해·달·별·바람·구름·우뢰·번개 들이 있음을 거듭거듭 보며, 낮·밤·달·시간과, 해와 겁에 부처님이 세상에 나심과 보살의 모임과 도량의 장엄과 이런 일을 모두 분명하게 보았다.

이 세계를 보는 것처럼 시방에 있는 모든 세계도 그렇게 보고, 현재의 시방

세계를 보는 것처럼 과거와 미래의 모든 세계들로 그렇게 보는데, 제각기 다른 것이 서로 섞이거나 어지럽지 아니하였다. 이 비로자나여래의 처소에서 이렇게 신통력을 나타내는 것같이 동방 연화덕 세계의 현수 부처님 처소에서 신통력을 나타내는 것도 그러하였으며, 동·남·서·북방과 네 간방과 상·하방의 모든 세계의 여러 처소에서 신통력을 나타냄도 모두 그러한 줄을 알았다.

시방의 모든 세계와 같이 시방의 모든 세계의 낱낱 티끌 속에도 모두 법계의 여러 부처님 대중이 있고, 낱낱 불소에서 보현보살이 보배 연꽃 사자좌에 앉아서 신통력을 나타냄도 모두 그러하였으며, 저 낱낱 보현보살의 몸에는 3세의 모든 경계와 모든 불세계와 모든 중생과 모든 부처님의 나타나심 모든 보살 대중을 나타냈으며, 또 모든 중생의 음성과 모든 부처님의 음성과 모든 여래의 굴리시는 법륜과 모든 보살의 이루는 행과 모든 여래의 신통에 유희함을 들었다.

선재동자는 보현보살의 이렇게 한량없고 부사의한 큰 신통력을 보고 곧 열 가지 지혜 바라밀다를 얻었다. 이른바 잠깐잠깐 동안에 모든 불세계에 두루하는 지혜 바라밀다와 잠깐잠깐 동안에 모든 불소에 나아가는, 모든 여래께 공양하는, 모든 여래의 계신 데서 법을 듣고 받아 가지는, 모든 여래의 법륜을 생각하는, 모든 부처님의 부사의한 큰 신통한 일을 아는, 한 귀절 법을 말하시는데 오는 세상이 끝나도록 변재가 다하지 않는, 깊은 반야로 모든 법을 관찰하는, 모든 법계와 실상바다에 들어가는, 모든 중생심을 아는, 보현의 지혜와 행이 모두 앞에 나타나는 지혜 바라밀다니라.

선재동자가 이것을 얻은 뒤에는 보현이 오른손을 펴서 그 정수리를 만지었고, 정수리를 만진 뒤에는 곧 모든 세계의 티끌 수 삼매문을 얻었는데, 각각 모든 세계의 티끌 수 삼매로 권속을 삼았다.

낱낱 삼매에서 옛날에 보지 못하던 모든 세계의 티끌 수와 같은 불바다를 보았고, 그와 같은 온갖 지혜도 돕는 기구를 모았고, 그와 같은 온갖 지혜의 가장 묘한 법을 내었고, 그와 같은 온갖 지혜의 큰 서원을 세웠고, 그와 같은 큰 서원 바다에 들어갔고, 그와 같은 온갖 지혜의 뛰어나는 요긴한 길에 머물렀고, 그와 같은 보살들의 닦는 행을 닦았고, 그와 같은 온갖 지혜의 큰 정진을 일으키었고, 그와 같은 온갖 지혜의 깨끗한 광명을 얻었다.

이 사바세계의 비로자나 불소에서 보현보살이 선재동자의 정수리를 만진 것처럼 시방에 있는 세계들과 저 세계의 낱낱 티끌 속에 있는 모든 세계의 모든 불소에 있는 보현보살도 모두 이와 같이 선재동자의 정수리를 만지었고, 얻은 법문도 또한 같았다.

　이 때 보현보살이 선재동자에게 말하였다.

　"착한 남자여, 그대는 나의 이 신통력을 보았는가."

　"보았나이다. 이 부사의한 큰 신통의 일은 오직 여래께서만 알겠나이다."

　"나는 과거의 말할 수 없이 말할 수 없는 세계의 티끌 수 겁에 보살행을 행하며 온갖 지혜를 구하였노라.

　낱낱 겁 동안에 보리심을 청정케 하려고 말할 수 없이 말할 수 없는 세계의 티끌 수 부처님을 받들어 섬겼노라.

　낱낱 겁 동안에 온갖 지혜와 복덕 거리를 모으려고 말할 수 없이 말할 수 없는 세계의 티끌수와 같은 널리 보시하는 도움을 마련하고 모든 세간의 다 듣고 알게 하였으므로 무릇 구하는 것을 다 만족케 하였노라.

　낱낱 겁 동안에 온갖 지혜의 법을 구하려고 말할 수 없이 말할 수 없는 세계의 티끌 수 재물로 보시하였노라.

　낱낱 겁 동안에 불지혜를 구하려고 말할 수 없이 말할 수 없는 세계의 티끌 수 도시와 마을과 국토왕의 지위와 처자·권속과, 눈·코·혀·몸·살·손·발과, 신명까지도 보시하였노라.

　낱낱 겁 동안에 온갖 지혜의 머리를 구하려고 말할 수 없이 말할 수 없는 세계의 티끌 수 머리로 보시하였노라.

　낱낱 겁 동안에 온갖 지혜를 구하려고 말할 수 없이 말할 수 없는 세계의 티끌 수 여래의 계신 데서 공경 존중하고 받들어 섬기고 공양하며, 의복·방석·음식·탕약 등 필요한 것을 모두 보시하였고, 그 법 가운데서 출가도를 배우고 불법을 수행하고 바른 교법을 보호하였느니라.

　생각하니 그러한 겁 바다에서 잠깐 동안 불법을 순종치 않았거나 잠깐 동안 성내는 마음·나와 내 것이란 마음·나와 남을 차별하는 마음·보리를 여의는 마음을 내거나, 생사하는 가운데 고달픈 마음·게으른 마음·장애하는 마음·미혹한 마음을 일으키지 않았고, 다만 위가 없고 무너뜨릴 수 없고, 온갖 지혜를 모으는 도를 돕는 법인 큰 보리심에 머물렀노라.

　나는 불국토를 장엄하되, 크게 가엾이 여기는 마음으로 중생을 구호하고 교화하여 성취하며, 부처님께 공양하고 선지식을 섬기며, 바른 법을 구하여 널리 선전하고 보호하며 유지하기 위하여 모든 안·밖의 것을 모두 버리고 신명까지도 아끼지 않았으며 모든 겁해의 인연을 말하였노니, 겁 바다는 다할지언정 이 일을 다함이 없느니라.

나의 법 바다에는 한 글자 한 글귀도 전륜왕의 지위를 버려서 구하지 않은 것이 없느니라. 온갖 소유를 버려서 얻지 않은 것이 없느니라.

내가 법을 구한 것은 모든 중생을 구호하기 위한 것이니, 한결같은 마음으로 생각하기를 '모든 중생이 이 법에 들어지이다. 지혜의 광명으로 세간을 두루 비추어지이다. 출세간의 지혜를 열어 보여지이다. 중생들이 모두 안락함을 얻어지이다. 모든 부처님의 가지신 공덕을 두루 칭찬하여지이다' 하였노라.

나의 이러한 과거의 인연은 말할 수 없이 말할 수 없는 세계의 티끌 수 겁 동안에 말하여도 다할 수 없느니라.

그러므로 나는 이러한 도를 돕는 법력과, 선근력, 크게 좋아하는 힘, 공덕을 닦은 힘, 모든 법을 사실대로 생각하는 힘, 지혜 눈의 힘, 부처님의 위덕과 신통력, 크게 자비한 힘, 깨끗한 신통력, 선지식의 힘으로써, 이것이 최고요, 3세에 평등하고 청정법의 몸을 얻고 청정하고 위가 없는 육신을 얻어서 세간을 초월하고 중생의 좋아하는 마음을 따라서 형상을 나타내며, 모든 세계에 들어가고 온갖 곳에 두루하여, 여러 세계에서 신통을 나타내어 보는 이로 하여금 모두 기쁘게 하노라.

그대는 나의 이 육신을 보라. 이 육신은 그지없는 겁 바다에서 이루어진 것이니, 한량없는 천억 나유타 겁에도 보기 어렵고 듣기 어려우니라.

만일 중생이 선근을 심지 못하거나 선근을 조금 심은 성문이나 보살들로는 나의 이름도 듣지 못하거든 하물며 나의 몸을 볼 수 있겠느냐.

만일 중생이 내 이름을 듣기만 하여도 무상보리에서 물러가지 않을 것이며, 만일 나를 보거나 접촉하거나 맞거나 보내거나 잠깐 동안 따라 다니거나, 꿈에 나를 보거나 들은 이도 역시 그러하리라.

어떤 중생이 하루 낮 하룻 밤 동안 나를 생각하고 곧 성숙한 이도 있고, 혹 7일·7야·보름·한 달·반 년·1년·백·천 년·한 겁·백 겁, 내지 말할 수 없이 말할 수 없는 세계의 티끌 수 겁에 나를 생각하고 성숙한 이도 있으며, 혹 1생·백 생, 내지 말할 수 없이 말할 수 없는 세계의 티끌 수 생 동안 나를 생각하고 성숙한 이도 있으며, 혹 나의 광명 놓은 것을 보거나 내가 세계를 진동하는 것을 보고, 무서워하거나 즐거워한 이들도 모두 성숙하게 되리라.

나는 이러한 세계의 티끌 수 방편문으로써 모든 중생들을 무상보리에서 물러가지 않게 하노라.

만일 중생이 나의 청정한 세계를 보고 들은 이는 반드시 이 청정한 세계에 날 것이요, 만일 중생이 나의 청정한 몸을 보고 들은 이는 반드시 나의 청정한 몸 가운데 날 것이니라. 그대는 마땅히 나의 청정한 몸을 보아야 하느니라."

이 때 선재동자가 보현보살의 몸을 보니 잘생긴 모습과 사지 골절의 낱낱 털구멍에 말할 수 없이 말할 수 없는 불세계 바다가 있고, 낱낱 세계 바다에 부처님이 세상에 나시는데, 큰 보살들이 둘러 모시었다. 또 보니, 모든 세계 바다가 갖가지로 건립되고 갖가지 형상이요 갖가지로 장엄하고 갖가지 큰 산이 두루 둘리었으며, 갖가지 빛 구름이 허공에 덮이고 갖가지 부처님이 나시어서 갖가지 법을 연설하시는 일들이 제각기 같지 아니하였다. 또 보니, 보현보살이 낱낱 세계 바다에서 모든 세계의 티끌 수 나툰 몸 구름을 내어 시방의 모든 세계에 가득하고 중생들을 교화 무상보리로 향하게 하며, 선재동자는 또 자기의 몸이 보현의 몸속에 있는 시방의 모든 세계에 있어서 중생을 교화함을 보았다. 또 선재동자가 세계의 티끌 수 선지식을 친근하여서 얻은 이러한 근의 지혜 광명을 보현보살이 얻은 선근에 비하면, 백 분의 일도 미치지 못하고 백천 분의 일에도 미치지 못하며, 백천억 분의 일, 내지 산수와 비유로도 미치지 못하였다.

이 선재동자가 처음 마음을 낸 때부터 보현보살을 보던 때까지 그 중간에 들어갔던 모든 불세계 바다에 대하여, 지금 보현보살의 한 털구멍 속에서 잠깐 동안에 들어간 불세계 바다는 앞의 것보다 말할 수 없이 말할 수 없는 세계의 티끌 수 배가 지나며, 이 한 털구멍과 같이 모든 털구멍도 역시 그러하니라.

선재동자가 보현보살의 털구멍에 있는 세계에서 한 걸음을 걸을 적에 말할 수 없는 세계의 티끌 수 세계를 지나가며, 이와 같이 걸어서 오는 세월이 끝나도록 걸어도 오히려 한 털구멍 속에 있는 세계 바다의 차례·갈무리·차별·두루 들어감·이루어짐·무너짐·장엄과 그 끝난 데를 알지 못하느니라.

또 불바다의 차례·갈무리·차별·두루 들어감·생김·없어짐과 그 끝난 데도 알지 못하느니라.

또 중생 세계에 들어가 중생의 근성을 아는 일과 중생들을 교화 조복하는 지혜와 보살의 머무르는 깊은 자재함과 보살이 들어가는 여러 지(地)와 길과 이 바다들과 끝난 데도 알지 못하느니라.

선재동자가 보현보살의 털구멍 세계에 있어서 혹 한 세계에서 한 겁 동안을 지내면서 걷기도 하고 내지 말할 수 없이 말할 수 없는 세계의 티끌 수 겁 동안을 지내면서 걷기도 하며, 또 이 세계에서 없어지고 저 세계에 나타나지도 않으면서 잠깐잠깐 동안에 그지없는 세계 바다에 두루하여 중생들을 교화하여 무상보리에 향하게 하였다.

ㄷ. 문불승덕(聞佛勝德)

이 때를 당하여 선재동자는 차례로 보현보살의 행원의 바다를 믿어서 보현보살·부처님들과 평등하며, 한 몸이 모든 세계에 가득하여 세계·행·바르게 깨달음·신통·법륜·변재·말씀·음성·힘과 두려움 없음·부처님의 머무심·대자대비·부사의한 해탈과 자재함이 모두 평등하였다.

이 때 보현보살이 게송을 말하였다.

너희들 번뇌의 때 털어 버리고 한 맘으로 정신 차려 들으라.
여래께서 바라밀다 구족하시고 해탈의 참된 길을 내가 말하리라.
세상 떠나 부드럽고 훌륭한 장부 그 마음 깨끗하기 허공과 같고
지혜해의 큰 광명 항상 놓아서 중생의 어리석은 어둠 없애네.

여래는 보고 듣기 어렵삽거늘 한량없는 억겁에 이제 만나니
우담바라 좋은 꽃 어쩌다 핀 듯 그러므로 부처 공덕 들어야 하고
세간을 따라 주며 지으시는 일 요술장이 모든 사실 나타내는 듯
중생 마음 기쁘도록 하심이언정 분별하여 여러 생각 내지 않았네.

그 때 보살들은 이 게송을 듣고, 일심으로 갈망하여, 여래 세존의 진실한 공덕을 듣잡기 위하여 이렇게 생각하였다.

'보현보살은 모든 행을 갖추 닦으시고, 성품이 청정하시며, 하시는 말씀이 헛되지 않으시니 모든 여래께서 칭찬하시도다.'

이 생각을 하고는 갈망하는 마음이 더욱 간절하였다.

이 때 보현보살은 공덕과 지혜를 갖추 장엄하시니, 마치 연꽃이 3세의 모든 티끌에 묻지 않는 듯하여서, 여러 보살에게 말하였다.

"그대들은 자세히 들으라. 내가 이제 부처님의 공덕 바다에서 한 방울만큼 말하려 하노라."

하고 곧 게송을 말하였다.

부처 지혜 크고 넓기 허공 같아서 중생들의 마음에 두루하시고
세간의 헛된 생각 모두 알지만 갖가지 다른 분별 내지 않으며
한 생각에 3세 법 모두 다 알고 중생들의 근성도 잘 아시나니

비유하면 교묘한 요술쟁이가 잠깐잠깐 모든 일을 나타내는 듯 (2송 무장애공덕)

중생들의 마음과 갖가지 행과 옛날에 지은 업과 소원을 따라
그들의 보는 것은 갖지 않지만 부처님은 생각이 동하지 않고 (1송 진여청정공덕)
어떤 이는 간 데마다 부처님께서 온 세계에 가득함을 뵈옵지마는
어떤 이는 마음이 깨끗지 못해 무량겁에 부처님을 보지 못하며

어떤 이는 믿고 알고 교만이 없어 생각대로 여래를 뵈옵지마는
어떤 이는 아첨하고 마음이 부정 억겁 동안 찾아도 만나지 못해.
어떤 이는 간 데마다 부처님 음성 아름답게 내 마음 기쁘게 하나
어떤 이는 백천만억 겁을 지내도 마음이 부정하여 듣지 못하며 (3송 무공무유공덕)

어떤 이는 청정한 큰 보살들이 삼천대천세계에 가득 차 있어
보현의 온갖 행을 갖춘 가운데 여래께서 의젓하게 앉음을 보며
이 세계가 미묘하기 짝이 없음은 오랜 세월 부처님 장엄하신 것
비로자나 거룩하신 부처님께서 이 안에서 깨달아 보리 이루고

혹 보니 아름다운 연꽃 세계에 현수여래 그 가운데 앉아 계신 데
한량없는 보살 대중 둘러 모시고 보현행을 부지런히 닦기도 하며,
혹은 보니 무량수불 계시는 곳에 관자재보살들이 둘러 모시고
정수에 물 붓는 지위에 있어 시방의 온 세계에 가득 찼으며

어떤 이는 삼천대천세계들이 여러 장엄 묘희세계 비슷하온데
아촉여래 그 가운데 앉아계시고 향상과 같은 보살 모두 다 보며
어떤 이는 소문 높은 월각부처님 금강당보살님과 함께 하시어
거울 같은 묘한 장엄 머물러 있어 깨끗한 시방세계 찾음을 보며

혹은 보니 일장 세존 부처님께서 좋은 광명 청정한 국토에 계서
정수리에 물 부은 보살과 함께 시방에 가득하여 법을 말하고
혹은 보니 금불꽃 큰 부처님이 지혜 당기 보살과 함께 하시어
광대한 모든 세계 두루 다니며 법을 말해 중생의 눈병 없애고

하나하나 털끝마다 말할 수 없는 부처님이 32상 구족하시고
여러 보살 권속에게 호위되어서 가지가지 법을 말해 중생을 제도.
어떤 이는 한 터럭 구멍을 보니 구족하게 장엄한 넓은 세계에
한량없는 여래가 가운데 있고 청정한 불자들이 가득 찼으며

혹은 보니 조그만 한 티끌 속에 항하수 모래 수의 국토가 있고
한량없는 보살이 가득 차 있어 말할 수 없는 겁에 행을 닦으며
혹은 보니 한 터럭 끝만한 곳에 한량없는 티끌 수 세계가 있어
가지가지 짓는 업이 각각 다른데 비로자나 부처님 법륜 굴리고

혹은 보니 어떤 세계 깨끗지 않고 어떤 세계 깨끗한 보배로 되어
여래께서 한량없이 오래 사시며 열반하실 때까지 모두 나타내
시방의 모든 세계 두루하셔서 갖가지로 부사의한 일을 보이고
중생들의 맘과 지혜, 업을 따라서 교화하여 모두 다 깨끗케 하며

이와 같이 위없는 대도사들이 시방의 모든 국토 가득차 있어
갖가지 신통한 힘 나타내심을 조금만 말하리니 그대 들으라. (15송 三事無着德)
혹은 보니 석가여래 부처되신지 부사의한 많은 겁을 이미 지냈고
혹은 이제 처음으로 보살이 되어 시방에서 모든 중생 이익하시며

혹은 보니 석가모니 사자님께서 부처님 공양하며 도를 행하고
혹은 보니 사람 중에 가장 높은 이 갖가지 힘과 신통 나타내시며
보시도 행하시고 계율도 갖고 욕도 참고 정진하고 선정도 하며
반야·방편·원과 힘과 지혜를 닦아 중생의 마음 따라 나타내시며 (3송 修行治障德)

바라밀다 끝까지 닦기도 하고 모든 지(地)에 편안히 있기도 하며
다라니와 삼매와 신통과 지혜 이런 것을 나타내어 다함이 없고
한량없는 겁 동안에 수행도 하고 보살의 참는 자리 있기도 하며
물러가지 않는 곳에 머무르기도 하고, 정수리에 법의 물을 붓기도 하며

범왕·제석·사천왕 몸 나타내고 크샤트라·바라문도 나타내어서
갖가지 모양으로 장엄하는 일 요술쟁이 뭇 코끼리 만들어내듯. (3송 항복외도덕)

투시타서 처음 내려오기도 하고 궁중에서 시녀들을 맞아들이며
어떤 때는 모든 향락 다 버리고 출가하여 세속 떠나 도를 배우며

혹은 처음 태어나고 혹은 멸하고 출가하여 이상한 행을 배우고
혹은 보니 보리수 아래 앉아서 마군을 항복 받고 정각 이루며
부처님이 처음으로 열반도 하고 높고 묘한 탑을 쌓아 세간에 가득
탑 가운데 부처 형상 모시기도 해 때를 알아 이렇게 나타내시며

혹은 보니 무량수 부처님께서 청정한 보살들께 수기 주시되
위없는 대도사가 되리라 하여 보처불로 극락세계 있기도 하며
어떤 이 한량없는 억천 겁 동안 부처님 일 지으시고 열반에 들며
혹 보니 이제 처음 보리 이루고 어떤 이는 묘한 행을 닦기도 하며

혹은 보니 여래의 청정한 달이 범천왕의 세상과 마의 궁전과
자재천궁·화락천에 있기도 하여 가지가지 신통변화 나타내시며
혹은 보니 투시타 하늘 궁전에 한량없는 천인이 둘러 모시고
그들에게 법을 말해 환희케 하며 마음 내어 부처님께 공양도 하고

혹은 보니 수야아마 하늘 궁전과 도리천·사천왕과 용왕의 궁전
이러한 여러 가지 궁전에 있어 그 안에서 형상을 나타내시며
연등불 세존님께 꽃을 흩으며 머리카락 땅에 깔아 공양하시고
그로부터 묘한 법 깊이 깨달아 언제나 이 길로써 중생을 교화.

오래 전에 열반하신 부처도 있고 어떤 이는 처음으로 보리 이루며
어떤 이는 한량없는 겁에 사시고 어떤 이는 잠깐만에 열반도 하며
모습이나 광명이나 사는 수명과 지혜로나 보리나 열반하는 일
회중이나 교화 받는 위의와 음성 이런 것인 낱낱이 수가 없으며

어떤 때는 엄청난 몸을 나투니 비유하면 큰 보배 수미산 같고
혹은 보니 가부 앉음 움직이잖아 그지없는 세계가 충만하시며
혹은 보니 둥근 광명 한 길도 되고 어떤 이는 천만억 유순도 되며
한량없는 국토에 비추다가도 어떤 때는 온 세계에 가득 차시고

혹은 보니 부처님 80년 살고 백천만억 세월 살기도 하며
헤아릴 수 없는 겁을 살기도 하여 이렇게 몇 갑절을 더 지나가고
부처 지혜 깨끗하고 걸림이 없어 한 생각에 3세 법 두루 다 알되
마음의 인연으로 생긴 것이매 생멸이 덧없어서 제 성품 없고

한 세계 가운데서 정각 이루고 모든 세계 곳곳마다 이루시는 일
모든 것 하나 되고 하나도 그래 중생의 마음 따라 나타내시며 (16송 세간불애덕)
여래의 위가 없는 도에 계시어 두렵잖고 열 가지 힘 성취하시며
지혜를 구족하고 걸림 없으사 열두 가지 법륜을 굴리시나니

네 가지 참된 이치 분명히 알고 열두 가지 인연법 분별하시며
법과 뜻과 듣기 좋은 걸림 없는 말 네 가지 변재로써 연설하시며
모든 법은 나도, 모양도 없고 업의 성품 일어나지도, 잃지도 않아
모두 여의어서 허공 같으니 부처님 방편으로 분별하시며

여래께서 이렇게 법륜 굴리어 시방의 모든 국토 진동하시니
궁전과 산과 강이 흔들리지만 중생들은 조금도 놀라게 않고
여래께서 광대한 소리로 연설 근성과 욕망 따라 이해케 하며
마음 내어 의혹을 덜게 하시나 부처님은 처음부터 마음 안내며

보시하고 계행 갖고 인욕과 정진 선정과 반야이며 방편과 지혜
대자·대비·대회·대사 듣기도 하여 갖가지 음성이 각각 다르고
4념(念)과 네 가지 정근 신통과 신족과 근의 힘과 깨닫는 길과
모든 생각·신통과 선정·지혜의 한량없는 방편 법문 듣기도 하고

용·신·8부중과 사람과 비인 범천·제석·사왕천의 하늘 무리들
부처님의 한 음성 법을 말하여 그들의 종류 따라 다 알게 하고
탐욕 많고 성 잘 내고 어리석음과 분하고 가리우고 질투와 교만
8만 4천 번뇌가 각각 다르나 제각기 다스리는 법문을 듣고

희고도 깨끗한 법 닦지 못한 인 열 가지 계행 말해 듣게 하시고
벌써부터 보시하며 조복한 이는 고요한 열반 법문 들려주시며

어떤 사람 용렬하고 자비가 없어 싫어하고 떠나려 하면
세 가지 해탈 법문 말해 들려 줘 괴롭 없는 열반락 얻게 해 주고

어떤 사람 본 성품이 욕심이 적어 3세를 등지고 고요하려면
인연으로 생기는 법 말해 주어서 독각승을 의지하여 여의케 하고
어떤 이 청정하고 마음이 커서 보시·계율 모든 공덕 갖추 행하며
여래를 친근하여 자비한 이는 대승법을 말하여 듣게 하시고

어떠한 국토에선 1승법 듣고 2승과 3승이며 4승·5승과
내지 한량없는 승을 듣게 하나니 이런 것이 모두 다 여래의 방편
열반의 고요함은 다르잖으나 지혜와 행 낮고 못해 차별 있나니
마치 허공 성품은 하나이지만 나는 새가 멀고 짧아 같지 않은 듯

부처님의 음성도 그와 같아서 모든 법계 허공에 두루하거든
중생들의 마음과 지혜를 따라 듣는 바와 보는 바가 각각 다르다.
부처님 지난 세월 모든 행 닦고 좋아하는 마음 따라 법을 말하나
이것 저것 계교하는 마음 없나니 누구에게 말하고 누구에게는 안하리

여래의 얼굴에서 큰 광명 놓아 8만 4천 가지가 구족하시니
말씀하는 법문도 그와 같아서 세계에 두루 비춰 번뇌 없애며 (18송 안립정법덕)
청정하온 공적과 지혜 갖추고 세 가지 세간들을 항상 따르나
비유하면 허공이 물들지 않듯 중생들을 위하여 나타나시며

나고 늙고 병나 죽는 괴롭 보이며 세상에서 장수함도 보이시나니
세간 사람 따라서 나타내시나 성품은 청정하여 허공과 같고
법계의 모든 국토 끝단 데 없고 중생의 근성·욕망 한량없으나
여래의 지혜 눈이 분명히 보고 교화할 정도 따라 길을 보이며 (3송 수기별덕)

허공과 시방 세계 끝이 없고 거기 있는 천상·인간 많은 대중들
그들의 생김새가 같지 않거든 부처님 몸 나투심도 그와 같나니
사문들이 모인 속에 있을 적에는 머리와 수염 깎고 가사 수하고
옷과 바루 가지고 몸 보호하면 그들이 즐거워서 번뇌를 쉬고

어떤 때에 바라문을 친근할 적엔 그를 위해 파리한 몸 나타내어서
지팡이와 물병 들고 항상 깨끗해 지혜를 구족하여 변론 잘하고
옛 것 뱉고 새 것 삼켜 배 채우고 바람과 이슬 마셔 먹지 않으며
앉았거나 섰거나 꼼짝 앉나니 이러한 고행으로 외도를 굴복 (4송 보화 2신덕)

세상의 계행 가져 스승도 되고 의학을 통달하고 언론 잘하며
글씨나 수학이나 천문과 지리 이 몸의 길흉·하복 모두 잘 알고
모든 선정 해탈문에 깊이 들었고 삼매와 신통 변화 지혜 행하며
말 잘하고 글 잘하고 놀기도 잘해 방편으로 불도에 들게 하나니 (2송 단일체의덕)

훌륭한 옷을 입어 몸치레하고 머리에는 화관 쓰고 일산을 받고
군병들이 앞뒤에서 호위하면서 군중에게 위엄 펴서 작은 왕 굴복
어느 때는 재판하는 법관이 되어 세간의 모든 법률 분명히 알고
잘하고 잘못한 것 밝게 살피어 모든 사람 기뻐서 복종케 하며

어떤 때는 제왕의 보필(補弼) 되어 임금의 정치하는 법을 잘 쓰니
시방이 이익 얻어 두루하지만 모든 중생 웬 일인지 알지 못하며
어떤 때는 좁쌀 같은 임금도 되고 날아서 다니시는 전륜왕 되어
왕자들과 시녀와 모든 권속들 교화를 받지만 알지 못하고

세상을 보호하는 사천왕 되어 왕과 용과 야차들을 통솔도 하고
그들에게 묘한 법을 연설하여서 모두들 기뻐하며 복되게 하고
어떤 때는 도리천 천왕이 되어 선법당 환희원에 머무르면서
머리에 화관 쓰고 법을 말하니 천인들이 쳐다보고 측량 못하며

수야아마·투시타천에도 있고 화락천·자재천과 마왕의 처소
마니 보배 궁전에 거처하면서 진실한 행을 말해 조복케 하고
범천들이 모인 데 가기도 하여 한량없는 네 마음과 선정 말하며
환희케 하고서는 떠나가지만 오고 가는 형상을 알지 못하고

아카니타 하늘에 이르러서는 깨달음의 부분인 보배 꽃들과
한량없는 공덕을 말하여 주고 버리고 가지마는 아는 이 없고 (9송 슈入諸行德)

여래의 걸림 없는 지혜로 보는 그 가운데 살고 있는 여러 중생들
모두 다 그지없는 방편문으로 갖가지 교화하여 성취케 하여 (1송 當生妙智德)

요술장이 이상한 요술을 부려 여러 가지 눈어리를 만들어 내듯
부처님의 중생 교화 그와 같아서 그들에게 여러 가지 몸을 보이며
비유컨대 깨끗한 달 허공에 있어 중생들이 초생·보름 보게 되며
수많은 강과 못에 영상이 비쳐 크고 작은 별의 빛을 뺏어버리듯

여래의 지혜 달도 세간에 떠서 둥글고 이지러짐 보여주는데
보살의 마음 물엔 영상 있지만 성문들의 별빛은 광명이 없고
비유컨대 바다에 보배가 가득 청정하여 흐리잖고 한량없거든
4주(洲) 세계 중생과 모든 것들의 영상이 그 가운데 나타나나니

부처님 몸 공덕 바다 그와 같아서 때 없고 흐리잖고 가이없어서
법계에 살고 있는 모든 중생들 형상이 나타나지 않는 것 없어. (5송 勝解示現德)
비유컨대 밝은 해가 광명 놓으면 본 고장 떠나잖고 시방 비추니
부처님 해 광명도 그와 같아서 가고 옴이 없어도 어둠을 없애.

비유컨대 용왕이 큰 비 줄 적에 몸에서나 마음에서 나지 않지만
넓은 땅을 두루 적셔 흡족케 하고 찌는 더위 씻어서 서늘케 하니
부처님의 법비도 그와 같아서 부처 몸과 마음에서 나지 않지만
여러 많은 중생을 깨우쳐 주어 세 가지 독한 불을 꺼 버리시며 (3송 所依加行德)

여래의 청정하고 묘한 법의 몸 온 누리 3세에 짝이 없으며
세간의 말로써는 형용 못하니 그 성품 있도 않고 없도 않은 탓
의지한 데 없으나 어디나 있고 안 가는 데 없으나 가지 않나니
허공에 그린 그림 꿈에 보듯이 부처님의 성품도 이렇게 보라. (2송 법신성만덕)

3세에 있고 없는 모든 법들을 부처님께 비유는 할 수 없나니.
산림 속에 살고 있는 새와 짐승들 허공을 의지하여 사는 것 없고 (1송 隨心現大德)
바닷속에 마니 보배 한량없는 빛 부처님 몸 차별도 그와 같아서
여래는 빛 아니고 아님도 아니며 응하여서 나타나고 있는 데 없어

허공이나 진여나 실제이거나 열반과 법의 성품 적멸 따위나
이와 같이 진실한 법으로만이 여래를 드러내어 보일 수 있다. (3신 무한덕)
세계 티끌 같은 마음 헤어서 알고 큰 바다 물이라도 마셔 다하고
허공을 측량하고 바람 붙잡아 맨대도 부처님의 공덕 말로 다 못해 (결덕)

이러한 공덕 바다 누가 듣고서 기뻐하며 믿는 마음 내는 이들은
위에 말한 공덕을 얻게 되리니 여기에서 의심을 내지 말아라. (勸信)

ㄹ. 거듭 보인(普因)을 보이다

그 때에 보현보살이 부처님의 수승하신 공덕을 찬탄하고 나서 모든 보살과 선재동자에게 말씀하시었다.

"여래의 공덕은 비록 시방에 계시는 일체 모든 부처님께서 불가설 불가설 불찰 극미진수 겁을 지내면서 계속하여 말씀하시더라도 다 말씀하지 못하느니라. 만약 이러한 공덕문을 성취 하고자 하거든 마땅히 열 가지 넓고 큰 행원을 닦아야 하나니, 첫째는 모든 부처님께 예배하고 공경하는 것, 둘째는 부처님을 찬탄한 것, 셋째는 널리 공양하는 것, 넷째는 업장을 참회하는 것, 다섯째는 남이 짓는 공덕을 기뻐하는 것, 여섯째는 설법하여 주시기를 청하는 것, 일곱째는 부처님께 이 세상에 오래 계시기를 청하는 것, 여덟째는 항상 부처님을 따라 배우는 것, 아홉째는 항상 중생을 수순하는 것, 열째는 지은 바 모든 공덕을 널리 회향하는 것이니라."

㉠ 예경제불(禮敬諸佛)

선재동자가 사뢰었다.

"어떻게 예배하고 공경하오며 내지 어떻게 회향 하오리까."

"모든 부처님께 예배 공경한다는 것은 진법계 허공계 시방삼세 일체불찰 극미진수 모든 부처님을 내가 보현행원력으로 눈앞에 대하듯 깊은 믿음을 내어서 청정한 몸과 말과 뜻을 다하여 항상 예배 공경하되 낱낱 부처님 계신 곳마다 불가설불가설 불찰 극미진수 몸을 나투고 낱낱 몸으로 불가설불가설 불찰 극미진수 부처님께 두루 예배 공경하는 것이니 허공계가 다하면 나의 예배하고 공경함도 다하려니와 허공계가 다할 수 없으므로 나의 예배 공경함도 다함이 없느니라.

이와 같이 하여 중생계가 다하고 중생의 업, 중생의 번뇌가 다하면 나의 예

배 공경도 다하려니와 중생계 내지 중생의 번뇌가 다함이 없으므로 나의 예배 공경도 다함이 없어 생각생각 상속하여 끊임이 없되 몸과 말과 뜻으로 짓는 일에 지치거나 싫어하는 생각이 없느니라.

  ⓒ 칭찬여래(稱讚如來)
 또한 부처님을 찬탄한다는 것은 진법계 허공계 시방삼세 일체세계에 있는 극미진의 그 낱낱 미진 속마다 일체세계 극미진수 부처님이 계시고, 그 낱낱 부처님 계신 곳마다 다 한량없는 보살들이 둘러계심에 내 마땅히 깊고 깊은 수승한 알음알이의 분명한 지견으로 각각 변재천녀의 혀보다 나의 미묘한 혀를 내며, 낱낱 혀마다 한량없는 음성을 내며, 낱낱 음성마다 한량없는 온갖 말을 내어서 일체 부처님의 한량없는 공덕을 찬탄하며 미래세가 다하도록 계속하고 끊이지 아니하여 끝없는 법계에 두루하는 것이니라.
 이와 같이 하여 허공계 중생계와 중생의 업 중생의 번뇌가 다하면 나의 찬탄도 다하려니와 허공계 내지 중생의 번뇌가 다함이 없으므로 나의 이 찬탄도 다함이 없어 생각생각 상속하여 끊임이 없되, 몸과 말과 뜻으로 짓는 일에 지치거나 싫어하는 생각이 없느니라.

  ⓒ 광수공양(廣修供養)
 또한 널리 공양한다는 것은 진법계 허공계 시방삼세 일체불찰 극미진마다 각각 일체세계 극미진수의 부처님이 계시고, 낱낱 부처님 계신 곳마다 한량없는 보살들이 둘러계심에 내가 보현행원으로 깊고 깊은 믿음과 분명한 지견을 일으켜 여러 가지 으뜸가는 묘한 공양구로 공양하되 이른바 화운·만운·천운·악운·천산개운·천의복운이며 가지가지 하늘의 향인 도향·소향·말향이며 이와 같은 많은 공양구가 각각 수미산만 하며, 또한 여러 가지 등을 켜되 소등·유등이며 여러 가지 향유등이며 이와 같은 등의 낱낱 심지는 수미산 같고 기름은 큰 바닷물 같으니 이러한 여러 가지 공양구로 항상 공양하는 것이니라. 모든 공양 가운데는 법공양이 가장 으뜸이 되나니 이른바 부처님 말씀대로 수행하는 공양, 중생들을 이롭게 하는 공양, 중생을 섭수하는 공양, 중생의 고를 대신 받는 공양, 선근을 부지런히 닦는 공양, 보살업을 버리지 않는 공양, 보리심을 여의지 않는 공양이니라.
 앞에 말한 공양으로 얻은 공덕을 일념 동안 닦는 법공양의 공덕에 비한다면 백 분의 일도 되지 못하며, 천 분의 일도 되지 못하여 백천구지 나유타 분과 가라 분과 산 분과 수 분과 비유 분과 우바니사타 분의 일도 또한 되지 못하느니라. 왜냐하면 모든 부처님께서는 법을 존중히 하시는 까닭이며, 말씀대로 행하면 많은 부처님이 출생하시는 까닭이며, 또한 보살들이 법공양을 행하면 곧 여래께 공양하기를 성취하나니, 이러한 수행이 참된 공양이 되는 까닭이니라. 이 넓고 크고 가장 수승한 공양을 허공계·중생계가 다하고 중생의 업, 중생의 번뇌가 다하면 나의 공양도 다하려니와, 허공계와 내지 중생의 번뇌가 다함이 없으므로 나의 이 공양도 다함이 없어, 생각생각 상속하여 끊임이 없되 몸과 말과 뜻으로 짓는 일에 지치거나 싫어하는 생각이 없느니라.

ㄹ 참제업장(懺除業障)

또한 업장을 참회한다는 것은 보살이 스스로 생각하기를 '내가 과거 한량없는 겁으로 내려오면서 탐내는 마음과 성내는 마음과 어리석은 마음으로 말미암아 몸과 말과 뜻으로 지은 모든 악한 업이 한량없고 가이없어 만약 이 악업이 형체가 있는 것이라면 끝없는 허공으로 용납할 수 없으리니, 내 이제 청정한 삼업으로 널리 법계 극미진수 세계 일체 불보살 전에 두루 지성으로 참회하되, 다시는 악한 업을 짓지 아니하고 항상 청정한 계행의 일체 공덕에 머물러 있으오리다' 하는 것이니라.

이와 같이 하여 허공계·중생계가 다하고 중생의 업, 중생의 번뇌가 다하면 나의 참회도 다하려니와, 허공계와 내지 중생의 번뇌가 다함이 없으므로 나의 참회도 다함이 없어, 생각생각 상속하고 끊임이 없되 몸과 말과 뜻으로 짓는 일에 지치거나 싫어하는 생각이 없느니라.

ㅁ 수희공덕(隨喜功德)

또한 남이 짓는 공덕을 기뻐한다는 것은 진법계 허공계 시방삼세 일체불찰 극미진수 모든 부처님께서 처음 발심하실 때로부터 일체지를 위하여 부지런히 복덕을 닦되 몸과 목숨을 돌보지 않기를 불가설불가설 불찰 극미진수겁을 지내고 낱낱 겁마다 불가설불가설 불찰 극미진수의 두목과 수족을 버리고 이와 같은 일체 난행 고행을 갖가지 바라밀문을 원만히 하며 갖가지 보살 지지를 증득하여 들어가며 모든 부처님의 위없는 보리를 성취하며 내지 열반에 드신 뒤에 사리를 분포하실 때까지의 모든 선근을 내가 다 따라 기뻐하며, 저 시방 일체 세계의 육취 사생 일체 종류 중생들의 짓는 공덕을 내지 한 티끌만한 것이라도 모두 따라 기뻐하며 시방삼세의 일체 성문과 벽지불인 유학 무학들의 지은 모든 공덕을 내가 따라 기뻐하며, 일체 보살들이 한량없는 난행 고행을 닦아서 무상정등보리를 구하는 넓고 큰 공덕을 내가 모두 따라 기뻐하는 것이니라.

　이와 같이 하여 허공계·중생계가 다하고 중생의 업, 중생의 번뇌가 다하여도 나의 이 따라 기뻐함은 다함이 없어 생각생각 상속하고 끊임이 없되 몸과 말과 뜻으로 짓는 일에 지치거나 싫어하는 생각이 없느니라.

　　ⓑ 청전법륜(請轉法輪)
　또한 설법하여 주시기를 청한다는 것은 진법계 허공계 시방삼세 일체불찰 극미진마다 각각 불가설불가설 불찰 극미진수의 광대한 불세계가 있으니 이 낱낱 세계에 염념중에 불가설 불가설 불찰극미진수의 부처님이 계셔서 등정각을 이루시고 일체 보살들로 드리워 계시거든 내가 그 모든 부처님께 몸과 말과 뜻으로 갖가지 방편을 지어 설법하여 주시기를 은근히 권청하는 것이니라.

　이와 같이 하여 허공계·중생계가 다하고 중생의 업, 중생의 번뇌가 다하여도 나의 항상 일체 부처님께 바른 법 설하여 주시기를 권청하는 것은 다함이 없어 생각생각 상속하고 끊임이 없되 몸과 말과 뜻으로 짓는 일에 지치거나 싫어하는 생각이 없느니라.

　　ⓢ 청불주세(請佛住世)
　또한 부처님께 이 세상에 오래 계시기를 청한다는 것은 진법계 허공계 시방삼세 일체불찰 극미진수의 모든 부처님께서 장차 열반에 드시려 하실 때와 또한 모든 보살과 성문 연각인 유학 무학과 내지 일체 모든 선지식에게 두루 권청하되 '열반에 드시지 말고 일체 불찰 극미진수 겁토록 일체 중생을 이롭게 하여 주소서' 하는 것이니라.

　이와 같이 하여 허공계·중생계가 다하고 중생의 업, 중생의 번뇌가 다하여도 나의 이 권청은 다함이 없어 생각생각 상속하고 끊임이 없되 몸과 말과 뜻으로 짓는 일에 지치거나 싫어하는 생각이 없느니라.

　　ⓞ 상수불학(常隨佛學)
　또한 항상 부처님을 따라 배운다고 하는 것은 이 사바세계의 비로자나여래께서 처음 발심하실 때로부터 정진하여 물러나지 아니하고 불가설불가설의 몸과 목숨을 보시하시되 가죽을 벗기어 종이를 삼고 뼈를 쪼개어 붓을 삼고 피를 뽑아 먹물을 삼아서 쓴 경전을 수미산같이 쌓더라도 법을 존중히 여기는 고로 신명을 아끼지 아니하거든 어찌 하물며 왕위·성읍·촌락·궁전·정원·산림이나 일체 소유와 갖가지 난행 고행일 것이며, 내지 보리수하에서 대보리를 이루시던 일이나 갖가지 신통을 보이시사 갖가지 변화를 일으키시던 일이나 갖가지 부처님 몸을 나투사 갖가지 중회에 처하시되 혹은 모든 대보살 중회도량 혹은 성문 벽지불등 중회도량 혹은 전륜성왕 소왕권속등 중회도량 혹은 찰제리나 바라문이나 장자나 거사의 중회도량에 처하시며 내지 천룡팔부와 인 비인 등 중회도량에 처하시면서 이러한 갖가지 회중에서 원만하신 음성을 마치 큰 우뢰소리와도 같게 하여 그들의 좋아함을 따라서 중생을 성숙 시키시던 일이나 내지 열반에 드심을 나투시는 이와 같은 일체를 내가 다 따라서 배우기를 지금의 세존이신 비로자나불께와 같이 하는 것이니라.

이와 같이 하여 진법계 허공계 시방삼세 일체불찰의 미진 중에 계시는 일체 부처님께도 또한 다 이와 같이 하여 염념 중에 내가 다 따라 배우느니라.

이와 같이 하여 허공계·중생계가 다하고 중생의 업, 중생의 번뇌가 다하여도 나의 이 따라 배움은 다함이 없어 생각생각 상속하고 끊임이 없되 몸과 말과 뜻으로 짓는 일에 지치거나 싫어하는 생각이 없느니라.

㉘ 항순중생(恒順衆生)

또한 항상 중생을 수순한다는 것은 진법계·허공계·시방세계에 있는 중생들이 갖가지 차별이 있으니 이른바 알로 나는 것, 태로 나는 것, 습기로 나는 것, 화해서 나는 것들이 혹은 지수화풍을 의지하여 살기도 하며 혹은 허공이나 초목에 의지하여 살기도 하는 저 갖가지 생류·몸·형상·모양·수명·종족·이름·심성·지견·욕망·행동·거동·의복·음식으로 갖가지 마을·성읍·궁전에 처하며 내지 모든 천룡팔부와 인 비인 등과 발 없는 것, 두 발 가진 것, 네 발 가진 것과, 여러 발 가진 것 들이며, 빛깔 있는 것, 빛깔 없는 것, 생각 있는 것, 생각 없는 것, 생각 있는 것도 아니요, 생각 없는 것도 아닌 이러한 여러 가지 중생들을 내가 다 수순하여 갖가지로 받아 섬기며 공양하기를 부모와 같이 공경하며 스승이나 아라한이나 내지 부처님과 조금도 다름없이 받들되, 병든 이에게는 어진 의원이 되고, 길 잃은 이에게는 보배를 얻게 하나니, 보살이 이와 같이 평등이 일체 중생을 이익하게 하는 것이니라.

왜냐하면 만약 보살이 능히 중생을 수순하면 곧 모든 부처님을 수순하여 공양함이 되며 만약 중생을 존중히 받들어 섬기면 곧 여래를 존중히 받들어 섬김이 되며 만약 중생으로 하여금 환희심이 나게 하면 곧 일체 여래로 하여금 환희하시게 함이니라. 모든 부처님께서는 대비심으로 체를 삼으시는 까닭에 중생으로 인하여 대비심을 일으키고 대비로 인하여 보리심을 발하고 보리심으로 인하여 등정각을 이루시나니 비유하건데 넓은 벌판 모래밭 가운데 한 큰 나무가 있어 만약 그 뿌리가 물을 만나면 지엽이나 꽃이나 과실이 모두 무성하는 것과 같아서 생사광야의 보리수왕도 역시 그러하니 일체 중생으로 나무뿌리를 삼고 여러 불보살로 꽃과 과실을 삼거든, 대비의 물로 중생을 이익하게 하면 즉시에 여러 불보살의 지혜의 꽃과 과실이 성숙되느니라. 만약 보살들이 대비의 물로 중생을 이익하게 하면 무상보리를 성취하는 까닭이니라. 그러므로 보리는 중생에 속하는 것이니, 만약 중생이 없으면 일체 보살이 마침내 무상정각을 이루지 못하느니라.

너희들은 이 뜻을 이렇게 알라 중생에게 마음이 평등한 고로 능히 원만한 대비를 성취하며, 대비심으로 중생을 수순하는 고로 곧 부처님께 공양함을 성취하느니라.

보살이 이와 같이 중생을 수순하나니 허공계·중생계가 다하고 중생의 업, 중생의 번뇌가 다하여도 나의 이 수순은 다함이 없어 생각생각 상속하고 끊임이 없되, 몸과 말과 뜻으로 짓는 일에 지치거나 싫어하는 생각이 없느니라.

㋩ 보개회향(普皆回向)

또한 지은 공덕을 널리 회향한다는 것은, 처음에 부처님께 예배 공경하는 것으로부터 중생을 수순하는 것까지의 모든 공덕을 진법계 허공계 일체중생에게 남김없이 회향하여 중생으로 하여금 항상 안락하고 일체 병고는 영영 없기를 원하며, 악한 일을 하고자 하면 하나도 됨이 없고 착한 업을 닦고자 하면 다 속히 성취하여 일체 악취의 문은 닫아버리고 인간에나 천상에나 열반에 이르는 바른 길은 열어 보이며, 모든 중생이 그 지어 쌓은 모든 악업으로 인하여 얻게 되는 일체의 극중한 과보는 내가 다 대신 받아서 저 중생으로 하여금 모두 해탈케 하여 마침내 무상보리를 성취하게 하는 것이니라.

보살이 이와 같이 그 닦은 공덕을 회향하나니 허공계·중생계가 다하고 중생의 업, 중생의 번뇌가 다하여도 나의 이 회향은 다하지 아니하여 생각생각 상속하고 끊임이 없되 몸과 말과 뜻으로 짓는 일에 지치거나 싫어하는 생각이 없느니라.

이것이 보살이 열 가지 대원을 구족하고 원만하게 함이니 만약 모든 보살이 이 대원에 수순하여 나아가면 능히 일체 중생을 성숙함이며 무상보리에 수순함이며 보현보살의 한량없는 모든 행원을 원만히 성취함이니, 이 까닭에 너희들은 이 뜻을 마땅히 이와 같이 알지니라.

만약 어떤 선남자 선여인이 시방 무량무변 불가설불가설 불찰 극미진수 일체 세계에 가득찬 으뜸가는 묘한 칠보와 또한 모든 인간과 천상에서 가장 수승한 안락으로 저 모든 세계에 있는 중생들에게 보시하며 저 모든 세계에 계시는 불 보살께 공양하기를 저 불찰 극미진수 겁을 지내도록 항상 계속 하고 끊이지 아니하여 얻을 공덕과 다시 어떤 사람이 이 원왕(願王)을 잠깐 동안 듣고 얻을 공덕과를 비교하면 앞에 말한 공덕은 백 분의 일도 되지 못하며 천 분의 일도 되지 못하며 내지 우바니사타 분의 일에도 또한 미치지 못하느니라. 다시 어떤 사람이 깊은 신심으로 이 대원을 받아 가지고 읽고 외우거나 내지 한 게송만이라도 쓴다면 속히 오무간업이 소멸하되 세간에 있는 심신의 모든 병과 모든 고뇌와 내지 불찰 극미진수의 일체악업이 모두 소멸하며, 또한 일체 마군·야차·나찰·구반다·비사사나 부다 등 피를 빨고 살을 먹는 모든 악한 귀신들이 다 멀리 달아나거나 혹 발심하여 가까이 와서 친근하며 수호하리니, 이 까닭에 이 원왕(願王)을 외우는 사람은 이 세간을 지냄에 조금도 장애가 없어 마치 공중의 달이 구름 밖으로 나온 듯하니라.

그러므로 모든 불보살이 칭찬하시며 일체 인간·천상이 마땅히 예배 공경하며 일체 중생이 마땅히 공양하리니 이 선남자는 훌륭한 사람 몸을 받아서 보현의 모든 공덕을 원만히 하고 마땅히 오래지 않아 보현보살과 같은 미묘한 몸을 성취하여 32대장부상이 구족할 것이며, 만약 인간이나 천상에 태어나면 난데마다 수승한 종족 가운데 나며 능히 일체 악취는 다 없애며 일체 악한 벗은 다 멀리하고 일체 외도는 다 조복받고 일체 번뇌에서 해탈하는 것이 마치 사자왕이 뭇 짐승들을 굴복시키는 것과 같아서 능히 일체 중생의 공양을 받을 것이니라. 또 이 사람이 임종할 마지막 찰나에 모든 육근은 모두 흩어지고 일체의 친족들은 모두 떠나고 일체 위엄과 세력은 다 사라지고 정승대신과 궁성 내외와 코끼리나 말이나 모든 수레와 보배나 재물 등 이러한 모든 것들은 하나도 따라오는 것이 없건만 오직 이 원왕(願王)만은 서로 떠나지 아니하여 어느 때나 항상 앞길을 인도하여 일찰나 동안에 극락세계에 왕생하여 즉시에 아미타불·문수·보현·관자재·미륵보살 등을 뵈오리니 이 모든 보살들이 몸매가 단정 엄숙하며 구족한 공덕으로 장엄하고 계시거든 그 때에 그 사람 스스로가 연꽃 속에 태어났음을 보게 되고 불수기를 받고 나서는 무수 백천만억 나유타 겁을 지내도록 시방의 불가설불가설 세계에 널리 다니며 지혜력으로 중생들의 마음을 따라 이익이 되게 하며, 머지않아 마땅히 보리도량에 앉아서 마군들을 항복 받고 등정각을 성취하며 미묘한 법문을 설하여 능히 불찰 극미진수 세계의 중생으로 하여금 보리심을 발하게 하고 그 근기와 성질을 따라서 교화 성숙시키며 내지 한량없는 미래겁이 다하도록 널리 일체 중생을 이롭게 할 것이니라.

저 모든 중생들이 이 대원왕을 듣거나 믿고 다시 받아 가지고 읽고 외우며 널리 남을 위하여 설한다면 이 사람의 지은 공덕은 부처님을 제하고는 아무도 알 사람이 없나니 그러므로 너희들은 이 원왕을 듣고 의심을 내지 말지니라. 마땅히 지성으로 받으며 받고는 능히 읽고 읽고는 능히 외우며 외우고는 능히 지니고 내지 베껴 써서 널리 남을 위하여 설한다면 이 모든 사람들은 일념간에 모든 행원을 다 성취하며 그 얻는 복의 무더기는 한량이 없고 가이없어 능히 대 번뇌 고해 중에 빠진 중생들을 제도하여, 마침내 생사에서 벗어나 아미타불 극락세계에 왕생하게 되리라."

그 때 보현보살이 이 뜻을 거듭 펴고자 게송3)으로 말씀하였다.

가이 없는 시방세계 그 가운데 과거 현재 미래의 부처님들께
　맑고 맑은 몸과 말과 뜻을 기우려 빠짐없이 두루두루 예경하옵되
　보현보살 행과 원의 위신력으로 널리 일체 여래전에 몸을 나투고
　한 몸 다시 찰진수효 몸을 나투어 찰진수불 빠짐없이 예경합니다.

일미진중 미진수효 부처님 계셔 곳곳마다 많은 보살 모이시었고
　무진법계 미진에도 또 그 같이 부처님이 충만하심 깊이 믿으며
　몸몸마다 한량없는 음성으로써 다함없는 묘한 말씀 모두 내어서
　오는 세상 일체겁이 다할 때까지 부처님의 깊은 공덕 찬탄합니다.

아름답기 으뜸가는 여러 꽃타래 좋은 풍류 좋은 향수 좋은 일산들
　이와 같은 가장 좋은 장엄구로써 시방삼세 부처님께 공양하오며

---

3) 게송 중 먼저 51송은 보현 10원 중 7원을 거듭 읊은 것이고, 다음 40송은 3원을 읊은 것이며, 그 다음 1송은 無着을 설한 경의 덕을 읊고, 마지막 3송은 권수(勸修)를 읊은 것이다.

으뜸가는 좋은 의복 좋은 향들과 가루향과 꽂는 향과 등과 촛불의
낱낱 것을 수미산의 높이로 모아 일체 여래 빠짐없이 공양하오며

넓고 크고 수승하온 이해심으로 시방삼세 부처님을 깊이 믿삽고
보현보살 행원력을 모두 기우려 일체제불 빠짐없이 공양합니다.
지난세상 내가 지은 모든 악업은 무시이래 탐심 진심 어리석음이
몸과 말과 뜻으로 지었음이라 내가 이제 남김없이 참회합니다.

시방삼세 각 종류 모든 중생과 성문 연각 유학 무학 여러 이승과
일체의 부처님과 모든 보살의 지니옵신 온갖 공덕 기뻐합니다.
시방세계 계시옵는 세간등불과 가장 처음 보리도를 이루신님께
위없는 묘한 법문 설하시기를 내가 이제 지성 다해 권청합니다.

부처님이 반열반에 들려하시면 찰진겁을 이 세상에 계시오면서
일체중생 안락하게 살펴주시길 있는 지성 기울여서 권청합니다.
예경하고 찬탄하고 공양한 복덕 오래계셔 법문하심 청하온 공덕
기뻐하고 참회하온 온갖 선근을 중생들과 보리도에 회향합니다.

내가 여러 부처님을 따라 배우고 보현보살 원만행을 닦고 익혀서
지난 세상 시방세계 부처님들과 지금 계신 부처님께 공양하오며
여러 가지 즐거움이 원만하도록 오는 세상 부처님께 공양하옵고
삼세의 부처님을 따라 배워서 무상보리 속히 얻기 원하옵니다.

시방세계 일체의 모든 세계의 넓고 크고 청정한 묘장엄 속에
모든 여래 대중에게 위요되시며 큰 보리수 아래에 계시옵거든
시방세계 온갖 종류 모든 중생이 근심 걱정 여의어 항상 즐겁고
심히 깊은 바른 법문 공덕 받고 모든 번뇌 남김없이 없애지이다.

내가 보리 얻으려고 수행할 때에 나는 국토 어디서나 숙명통 얻고
날 때마다 출가하여 계행을 닦아 깨끗하고 온전하여 새지 않으며
천과 용과 야차들과 구반다들과 사람들과 사람 아닌 이들에까지
그네들이 쓰고 있는 여러 말로써 가지가지 소리로 설법하오며

청정하온 바라밀을 힘써 닦아서 어느 때나 보리심을 잊지 않으며
모든 업장 모든 허물 멸해 버리고 일체의 묘한 행을 성취하오며
연꽃잎에 물방울이 붙지 않듯이 해와 달이 허공에 머물잖듯이
어두운 맘 미욱한 업 마경계라도 세간살이 그 속에서 해탈 얻으리

일체악도 온갖 고통 모두 없애고 중생에게 즐거움을 고루 주기를
찰진 겁이 다하도록 쉬지 않으며 시방중생 위하는 일 한 없으리.
어느 때나 중생들을 수순하면서 오는 세상 일체겁이 다할 때까지
보현보살 광대행을 항상 닦아서 위없는 대보리를 원만하리라.

나와 같이 보현행을 닦는 이들 어느 때나 같은 곳에 함께 모이어
몸과 말과 뜻의 업이 모두 같아서 일체행원 다 같이 닦아지오며
바른 길로 나를 돕는 선지식께서 우리에게 보현행을 일러주시면
어느 때나 나와 같이 함께 모여 어느 때나 환희심을 내어지이다.

원합노니 모든 여래 모든 불자에 둘리워서 계시옴을 항상 뵈옵고
광대하온 공양을 항상 올리되 미래 겁 다하여도 싫어함 없으며
제불세존 미묘법문 모두 지니고 일체의 보리행을 빛내오면서
구경으로 청정하온 보현의 도를 미래 겁이 다하도록 닦아지이다.

시방법계 넓은 세상 중생 속에서 내가 짓는 복과 지혜 한정이 없고
정과 혜와 모든 방편 해탈삼매로 한량없는 부처님 계셔
일미진중 미진수효 세계가 있고 세계마다 한량없는 부처님 계셔
곳곳마다 많은 대중 모인 가운데 보리행을 연설하심 항상 뵈오며

한량없는 시방법계 모든 세계와 털끝마다 과현미래 삼세의 바다
한량없는 부처님과 많은 국토에 두루두루 무량겁을 수행하오리.
일체여래 말씀하심 청정함이여 한 말씀 속 여러 가지 음성 갖추고
모든 중생 뜻에 맞는 좋은 음성이 음성마다 부처님의 변재이시라

시방세계 과현미래 여래께서는 어느 때나 다함없는 그 말씀으로
깊은 이치 묘한 법문 설하시거든 나의 깊은 지혜로써 요달하리라.

나는 오는 세상까지 깊이 들어가 일체겁을 다하여 일념 만들고
과거 현재 미래의 일체겁 중에 한 생각 즈음으로 들어가오며

일념으로 과현미래 삼세 가운데 계시옵는 인사자님 모두 뵈옵고
부처님 경계 중의 환과도 같은 자재해탈 모든 위력 수용하오며
한 터럭 끝에 있는 극미진 중에 과현미래 장엄세계 나타내고
시방법계 미진세계 모든 털끝도 모두 깊이 들어가서 엄정하오리.

오는 세상 시방법계 조세등(照世燈)께서 성도 설법 교화하시며
하옵실 일 마치시고 열반 들려면 내가 두루 나아가서 섬기오리다.
일념에서 두루하는 신통의 힘과 일체문에 다 통하는 대승의 힘
지와 행을 널리 닦은 공덕의 힘과 위신으로 널리 덮는 자비의 힘과

청정장엄 두루하는 복덕의 힘과 집착 없고 의지 없는 지혜의 힘과
정과 혜의 모든 방편 위엄의 힘과 넓고 널리 쌓아 모은 보리의 힘
일체 것이 청정하온 선업력으로 일체의 번뇌의 힘 멸해버리고
일체의 마군의 힘 항복 받아서 일체의 모든 행력 원만히 하여

한량없는 모든 세계 엄정히 하며 한량없는 모든 중생 해탈케 하며
한량없는 모든 법을 분별 잘하여 한량없는 지혜 바다 요달하오며
한량없는 모든 행을 청정히 하며 한량없는 모든 원을 원만히 하며
일체여래 친근하고 공양하면서 무량겁을 부지런히 수행하옵고

과거 현재 미래세 일체여래의 위없는 보리도인 모든 행원을
남김없이 공양하고 원만히 닦아 보현보살 큰행으로 보리 이루리.
일체여래 부처님의 맏아드님은 그 이름 거룩하신 보현보살님
내이제 온갖 선근 회향하오니 지와 행이 나도 저와 같아지이다.

몸과 말과 뜻의 업이 항상 깨끗하고 모든 행 국토도 다시 그러해
이러하온 지혜가 보현이시니 바라건대 나도 저와 같아지이다.
일체에 청정하온 보현의 행과 문수사리 법왕자의 모든 대원의
온갖 사업 남김없이 원만히 닦아 미래세가 다하도록 끊임없으며

한량없는 많은 수행 모두 닦아서 한량없는 모든 공덕 모두 이루고
한량없는 모든 행에 머물러 있어 한량없는 신통묘용 요달하오며
문수사리 법왕자의 용맹지혜도 보현보살 지혜행도 그러하시니
모든 선근 내가 이제 회향하여서 저를 따라 일체를 항상 배우리.

삼세여래 부처님이 칭찬하시는 이와 같은 위없는 모든 대원에
내가 이제 온갖 선근 회향하옵은 수승하온 보현행을 얻고잡니다.
원합노니 이 목숨 다하려 할 때 모든 업장 모든 장애 다 없어져서
찰나 중에 아미타불 친견하옵고 그 자리서 안락세계 얻어지이다.

내몸이 저 세계에 가서 나고는 그 자리서 이 대원을 모두 이루고
온갖 것을 남김없이 원만히 이뤄 일체중생 이롭도록 하여지오며
저 부처님 회상은 청정하시니 내가 그때 연꽃 속에 태어나서
무량광 부처님을 친견하옵고 그 자리서 보리기(記) 받아지오며

부처님의 수기를 받자옵고는 수없는 백구지의 화신을 내고
지혜의 힘 광대하여 시방에 퍼져 일체중생 이롭도록 하여지이다.
허공계가 다하고 중생 다하고 업과 번뇌 다하면 모르거니와
이와 같은 일체 것이 다함 없을새 나의 원도 마침내 다함없으리.

가없는 시방국토 장엄하온바 온갖 보배 부처님께 공양하옵고
일체세계 인천대중 미진겁토록 가장 좋은 안락으로 보시한대도
어떤 사람 수승하온 보현원왕을 한번 듣고 마음에서 믿음을 내고
무상보리 구할 생각 간절만 하면 이 사람의 얻는 공덕 저를 지내니

간 데마다 나쁜 벗을 멀리 여의며 영원토록 모든 악 만나지 않고
무량광 부처님을 속히 뵈워서 위없는 보현원을 모두 갖추리
이 사람 길이길이 수명 얻으며 난데마다 항상 좋은 사람 몸 받고
머지않아 마땅히 보현보살의 크고 넓은 보살행 성취하리라.

지난날에 어리석고 지혜 없어서 무간지옥 빠질 중죄 지었더라도
보현행원 대원왕을 읽고 외우면 일념간에 저 중죄가 소멸하리니

날 적마다 좋은 가문 좋은 얼굴 좋은 상호 밝은 지혜 원만하여서
모든 마와 외도들이 범접 못하니 삼계중생 온갖 공양 능히 받으며

오래잖아 보리수 밑에 나아가 파순이도 마군중도 항복 받고서
무상정각 성취하고 법을 설하여 모든 중생 빠짐없이 이익주리라.
누구든지 보현원을 읽고 외우고 받아 갖고 대중 위해 연설한다면
그 과보는 부처님만 능히 아시니 어김없이 무상보리 얻게 되리라.

어떤 사람 보현원을 능히 외우는 그 선근의 소분만을 말씀한다면
일념간에 일체공덕 원만하여서 중생들의 청정원을 성취하리라.
내가 지은 수승하온 보현의 행의 가없는 수승한 복 회향하오니
바라건대 고해 중의 모든 중생이 하루 속히 극락세계 얻어지이다.

결론(流通分)

    그 때에 보현보살이 부처님 앞에서 이 넓고 큰 보현원왕의 청정 게송을 설하시니 선재동자는 한량없이 뛸듯 기뻐하였고 일체 보살들은 모두 크게 환희하였으며 여래께서는 '옳다 옳다' 하시며 칭찬하시었다.
    그 때에 세존께서 거룩하옵신 여러 보살과 더불어 이와 같은 불가사의 해탈경계의 수승한 법문을 연설하실 적에 문수사리보살을 상수로 하는 대보살들과 그 보살들이 성숙하신바 육천의 비구들과 미륵보살을 상수로 하는 현겁의 일체 대보살들이시며 무구보현보살을 상수로 하는 일생보처이시며 관정위에 이르신 대보살들과 널리 시방 여래 세계에서 모이신 일체찰해 극미진수의 모든 보살과 대지 사리불 마하 목건련 등을 상수로 하는 대성문들과 인간과 천상과 세간의 모든 임금과 하늘·용·야차·건달바·아수라·가루라·긴나라·마후라가·인 비인 등 일체 대중들이 부처님의 말씀을 듣고 다들 크게 환희하고 믿고 받아 받들어 행하였다.

📖 편집후기

　병술년(2006) 정월 초 서봉사 주지 정신스님께서 화엄론절요 1권과 무영당 법룡대선사 전국선원수좌회장 비디오테이프 1개와 평상시 육성이 든 녹음테이프 1개를 가지고 와서 "우리 스님 백일재가 얼마 남지 아니했는데 무영탑을 세우고 추모집을 한 권 내드리고 싶습니다" 하셨다.

　지난해 가을 금강선원 식구들과 함께 동화사 비로전을 방문하여 노선사를 친히 뵈온 바 있으므로 옛정을 생각해서라도 당연히 서둘러 이 책을 내드려야 되겠다고 생각하고 책을 들여다보니 순 한문으로 된 책자가 자그마치 515쪽이나 되어 상당한 시간이 걸리기 전에는 감히 엄두를 낼 수 없었으므로 평상시 범룡스님께서 일생성불론을 주장하실 때는 반드시 선재동자 입법계품을 그 예로 드셨으므로 80화엄경 60권부터 80권까지 53선지식을 찾아 성불하는 과정을 정리하고 거기 중국 이운봉선생께서 선조들의 은혜에 보답하기 위해 정성들여 그린 선재구법 54화를 삽입, 추모집을 만들기로 했다.

일생을 산 부처로 부처님 말씀대로 살다 가신 스님,
스님의 영전에 이 글을 바쳐드린다 하더라도
"쓸데없는 짓 그만하고 중생들이나 잘 살펴라."
하실 테지만 그래도 스승을 사모하는 상좌의
마음이 너무도 간절하기 때문에 차마 뿌리치지 못하고
이 글을 정리한 것이니 자비심으로 받아주십시오.

혹 책 속에 미진한 점이 있더라도 이것은 오직
편집인들에게 잘못이 있을 뿐이니
독자여러분께서는 사랑의 채찍을 보내주시기 바랍니다.
앞의 서문은 범룡큰스님께서 단기 4324년 10월1일
화엄론절요를 영인하여 쓰신 발문을 발췌한 것이다.

불기 2550년 3월 5일
세계불교 법왕청 대표 활안 한정섭

梵龍大禪師百日追慕輯

선재동자 구도행각

인 쇄 일　2006년 3월 7일
발 행 일　2006년 3월 13일

편　　찬　정신 배 부 성
과　　주　활안 한 정 섭

발 행 처　불교정신문화원
　　　　　경기도 가평군 외서면 대성리 산 185번지
　　　　　전화 / (031) 584-0657 · 4170
　　　　　등록번호 / 76.10.20 경기 제6호

인 쇄 처　이화문화사 (02-732-7096~7)

연 락 처　강원도 홍천군 서석면 검산리 233
　　　　　삼신산 서봉사
　　　　　전화 / (033)436-1140

값 30,000원